经济法文库（第二辑）

Economic Law Library

经济法前沿问题(2015)

The Economic Law Herald 2015

◎ 顾功耘 罗培新 主编

北京大学出版社
PEKING UNIVERSITY PRESS

图书在版编目(CIP)数据

经济法前沿问题.2015/顾功耘,罗培新主编.—北京:北京大学出版社,2016.8
(经济法文库·第2辑)
ISBN 978-7-301-27342-5

Ⅰ.①经… Ⅱ.①顾… ②罗… Ⅲ.①经济法—研究—中国—2015
Ⅳ.①D922.290.4

中国版本图书馆 CIP 数据核字(2016)第 174916 号

书 名	经济法前沿问题(2015)
	Jingjifa Qianyan Wenti (2015)
著作责任者	顾功耘 罗培新 主编
责 任 编 辑	朱梅全 孙智慧 朱彦
标 准 书 号	ISBN 978-7-301-27342-5
出 版 发 行	北京大学出版社
地 址	北京市海淀区成府路 205 号 100871
网 址	http://www.pup.cn
电 子 信 箱	sdyy_2005@126.com
新 浪 微 博	@北京大学出版社
电 话	邮购部 62752015 发行部 62750672 编辑部 021-62071998
印 刷 者	北京宏伟双华印刷有限公司
经 销 者	新华书店
	730 毫米×980 毫米 16 开本 22.75 印张 421 千字
	2016 年 8 月第 1 版 2016 年 8 月第 1 次印刷
定 价	62.00 元

未经许可,不得以任何方式复制或抄袭本书之部分或全部内容。
版权所有,侵权必究
举报电话: 010-62752024 电子信箱: fd@pup.pku.edu.cn
图书如有印装质量问题,请与出版部联系,电话: 010-62756370

"经济法文库"总序

我国改革开放三十余年来的经济法制状况,可以用"突飞猛进"这几个字形容。仅从经济立法看,在完善宏观调控方面,我国制定了预算法、中国人民银行法、所得税法、价格法等法律,这些法律巩固了国家在财政、金融等方面的改革成果,为进一步转变政府管理经济的职能,保证国民经济健康运行提供了一定的法律依据。在确立市场规则、维护市场秩序方面,我国制定了反不正当竞争法、消费者权益保护法、城市房地产管理法等法律,这些法律体现了市场经济公平、公正、公开、效率的原则,有利于促进全国统一、开放的市场体系的形成。

然而,应该看到,建立与社会主义市场经济相适应的法制体系还是一个全新的课题。我们还有许多东西不熟悉、不清楚,观念也跟不上。尤其是面对未来逐步建立起的完善的市场经济,我们的法制工作有不少方面明显滞后,执法、司法都还存在着许多亟待解决的问题。

三十余年的经济法研究呈现出百家争鸣、百花齐放的良好局面,各种学术观点和派别不断涌现。但是,总体来说,经济法基本理论的研究还相当薄弱,部门法的研究更是分散而不成系统。实践需要我们回答和解释众多的疑难困惑,需要我们投入精力进行艰苦的研究和知识理论的创新。

在政府不断介入经济生活的情况下,我们必须思考一些非常严肃的问题:政府介入的法理依据究竟是什么?介入的深度与广度有没有边界?政府要不要以及是否有能力"主导市场"?我们应如何运用法律制度驾驭市场经济?

在国有企业深化改革过程中,我们不能不认真研究这样一些问题:国有的资本究竟应由谁具体掌握和操作?投资者是否应与监管者实行分离?国有企业应覆盖哪些领域和行业,应通过怎样的途径实现合并和集中?如何使国有企业既能发挥应有的作用,又不影响市场的竞争机制?

加入WTO以后,我国经济、政治、社会生活的方方面面都会发生重大影响。我们必须研究:市场经济法制建设将面临什么样的挑战和机遇?在经济全球化的背景下,我们的经济法制将如何在国际竞争中发挥作用?国外的投资者和贸易伙伴进入我国,我们会提供一个什么样的法律环境?我们又如何采取对策维护国家的经济安全和利益?

面对环境日益恶化和资源紧缺的生存条件,循环经济法制建设任务繁重。如何通过立法确定公众的权利义务,引导和促进公众介入和参与循环经济建设?怎样增强主动性和控制能力,以实现经济发展与环境资源保护双赢,实现利益总量增加?如何发挥法律的鼓励、引导、教育等功能,通过受益者补偿机制,平衡个体与社会之间的利益?

在市场规制与监管方面,如何掌握法律规制监管的空间范围、适当时机和适合的力度?在法律上,我们究竟有什么样的有效规制和监管的方式、方法和手段?对各类不同的要素市场,实行法律规制和监管有什么异同?

……

我们的经济法理论研究应当与经济生活紧密结合,不回避现实经济改革与发展中提出的迫切需要解决的问题,在观念、理论和制度等方面大胆创新。这是每一个从事经济法科学研究者和实际工作者应尽的义务和光荣职责。我们编辑出版"经济法文库",就是要为经济法研究者和工作者提供交流平台。

"经济法文库"的首批著作汇集的是上海市经济法重点学科和上海市教委经济法重点学科的项目成果,随后我们将拓展选择编辑出版国内外众多经济法学者的优秀研究成果。我们坚信,这些优秀成果一定会引起社会各方面的广泛关注,一定会对我国的经济法制建设起到推动和促进作用。

期望"经济法文库"在繁花似锦的法学苑中成为一株奇葩。

华东政法大学　顾功耘

CONTENTS 目　录

第一编　经济法总论

法治视野下政府与市场边界解析　　　　张华松
一、西方国家关于政府与市场关系理论
　　发展的沿革　　　　　　　　　　　2
二、我国政府与市场关系的历史经验　　　6
三、政府与市场关系良性互动所应遵循的
　　原则　　　　　　　　　　　　　　12
四、厘清政府与市场的边界　　　　　　15
五、结语　　　　　　　　　　　　　　21

我国政府与市场关系的认识与反思
　　——以2015年股市危机中政府"救市"
　　　举措为例　　　　　　　　　　李　秦
一、2015年股市危机中我国政府"救市"
　　举措概述　　　　　　　　　　　　22
二、我国政府与市场关系的历史演变与
　　定位　　　　　　　　　　　　　　24
三、"救市"举措中我国政府与市场关系的
　　认识　　　　　　　　　　　　　　26
四、政府与市场关系的理论演进和各国
　　主要"救市"举措比较　　　　　　30
五、我国"救市"举措之政府与市场关系的
　　思考　　　　　　　　　　　　　　36
六、结语　　　　　　　　　　　　　　40

论司法在经济发展中的调整功能
　　——经济法语境下的思考　　　　　　姜丽丽
　　一、引言　　　　　　　　　　　　　42
　　二、对现有观点的梳理及述评　　　　43
　　三、司法调整功能在经济发展中的脉络
　　　　梳理　　　　　　　　　　　　46
　　四、司法在经济发展中调整功能的思考　58
　　五、结语　　　　　　　　　　　　　59

第二编　宏观调控法律制度

房产税减免税法律制度之构建　　　　吕铖钢
　　一、问题的提出　　　　　　　　　　61
　　二、理论的支撑　　　　　　　　　　67
　　三、境外的检视　　　　　　　　　　72
　　四、减免税的设计　　　　　　　　　79

我国慈善事业税收调控法律问题研究
　　——以《慈善法》实施为背景　　　　祁　琳
　　一、引言　　　　　　　　　　　　　83
　　二、税收对慈善事业的调控功能　　　84
　　三、慈善事业税收调控的理论基础　　85
　　四、我国慈善事业税收调控的现状评估　88
　　五、国外慈善税收法律的比较借鉴　　91
　　六、完善我国慈善税收法律制度的路径
　　　　设计　　　　　　　　　　　　93
　　七、结语　　　　　　　　　　　　　97

人民币利率宏观调控法治化的价值分析
　　——基于人民币利率市场化的背景　　朱　飞
　　一、人民币利率市场化及与利率宏观调控
　　　　关系的基本描述　　98
　　二、走出与人民币利率宏观调控法治化
　　　　有关的认识误区　　103
　　三、人民币利率宏观调控法治化的价值
　　　　分析　　108
　　四、余论　　115

第三编　市场秩序规制法律制度

标准必要专利滥用市场支配地位法律问题研究
　　——以知识产权政策与竞争政策的关系为
　　　　视角　　鲍颖焱
　　一、问题的产生：知识产权政策与竞争
　　　　政策的冲突　　118
　　二、标准必要专利纠纷为何成为冲突焦点　　120
　　三、标准必要专利滥用市场支配地位的
　　　　判定　　124
　　四、知识产权政策与竞争政策的调和　　131

公用企业交叉补贴的法律破解　　姚　瑶
　　一、公用企业领域的交叉补贴：含义及危害　　136
　　二、公用企业交叉补贴法律规制失范的
　　　　缘由　　141
　　三、公用企业交叉补贴的法律解决之道　　146

能源矿产资源产权公平配置的法律路径 孙 哲
- 一、能源矿产资源产权的公平配置是能源发展转型的制度基石 153
- 二、能源矿产资源产权配置不公的制度根源 164
- 三、能源矿产资源产权公平配置的法律制度设计 173
- 四、结语 183

第四编 国有经济参与法律制度

国有企业类型化管理中的分类标准 王几高
- 一、引言 184
- 二、国企分类改革的简要回顾 185
- 三、对现行国有企业类型划分的认识和反思 189
- 四、国企分类改革的理论基础 192
- 五、现代市场经济背景下的国有企业类型划分的标准 201

第五编 对外经济管制法律制度

外资信息报告制度研究 郭靖祎
- 一、问题的提出 209
- 二、问题分析：外资信息报告制度有违改革发展方向 211
- 三、原因探究：外资信息报告制度设计理念出现偏差 218
- 四、完善建议：以信息分层管理共享为导向推进改革 222

我国零售业海外投资的法律保障研究　　　徐　磊
　　一、问题的提出　　　　　　　　　　　229
　　二、我国零售业国际化投资法律体系概况　231
　　三、我国零售业国际化投资的法律保障
　　　　体系和框架构想　　　　　　　　　238

第六编　市场运行监管法律制度

互联网支付监管问题研究　　　　　　　　吕　洁
　　一、引言　　　　　　　　　　　　　　244
　　二、互联网支付监管问题的提出　　　　245
　　三、互联网支付的基础法律关系及监管　248
　　四、互联网支付的监管问题与风险　　　253
　　五、互联网支付的监管建议　　　　　　261

保险监管法制的新趋势
　　——放松管制与加强监管　　　　　寺岛美贵子
　　一、保险法修改的动向　　　　　　　　270
　　二、保险监管体系的新趋势　　　　　　277
　　三、扩大保险公司业务的范围
　　　　——放松管制　　　　　　　　　　282
　　四、加强偿付能力监管　　　　　　　　285
　　五、结语　　　　　　　　　　　　　　290

销售衍生性金融商品之监管
——以我国台湾地区法制为例　　　　　　王冠玮
　　一、引言　　　　　　　　　　　　　291
　　二、衍生性金融商品概述　　　　　　292
　　三、销售衍生性金融商品之监管　　　298
　　四、我国台湾地区对于销售衍生性
　　　　金融商品之规范　　　　　　　　306
　　五、结语　　　　　　　　　　　　　311

食品安全社会共治模式研究　　　　　胡文韬
　　一、问题的提出　　　　　　　　　　313
　　二、食品安全政府监管的缺陷与不足　314
　　三、食品安全社会共治模式的价值与功效　318
　　四、经济法范畴内食品安全社会共治
　　　　模式的构建　　　　　　　　　　322
　　五、食品安全社会共治模式构建设想　328

论我国碳交易市场监管制度的完善　　宋　婧
　　一、引言　　　　　　　　　　　　　335
　　二、我国碳交易市场监管机制存在的问题　339
　　三、完善我国碳交易市场监管制度的建议
　　　　——基于效力与效率的考量　　　347
　　四、结语　　　　　　　　　　　　　353

第一编　经济法总论

法治视野下政府与市场边界解析

张华松[*]

现代社会中,人们越来越意识到政府和市场是推动社会前进的两个"轮子"。政府和市场的边界之间如何划分以及政府在经济活动中扮演什么角色是两百多年来经济学界争论最激烈的问题之一,时至今日仍无定论。[①] 基于在不同的历史演变背景下对这一问题的观察角度不同,各国政府通常会选择多种市场调节与政府干预的匹配模式,其中最关键的还是政府如何摆好自己的位置,在什么范围、什么时候和以什么方式干预市场,具体来说就是政府和市场的边界问题。在法治中国的视野下,以法治思维和法治方式探索政府与市场的合理边界,找到发挥二者最优作用的最佳契合点,是决定我国改革事业,特别是经济体制改革成败的关键环节。

---

[*] 张华松,华东政法大学2014级博士研究生,上海第一中级人民法院审判员。
[①] 世界著名经济学家、诺贝尔经济学奖得主约瑟夫·斯蒂格利茨2014年3月在接受《中国社会科学报》访问时针对政府与市场的关系作出论断,认为二者间需要一个平衡,但这种平衡在各个国家不同时期和不同的发展阶段又各不相同,因此这个问题还没有统一的结论。参见姜红:《不平等现象加剧是新兴国家面临的一大挑战——访诺贝尔经济学奖得主、哥伦比亚大学约瑟夫·斯蒂格利茨》,载《中国社会科学报》2014年4月28日。

一、西方国家关于政府与市场关系理论发展的沿革

"市场可被理解成是一个充当买者与卖者之间的关系性合约网络。"①西方主流经济学理论大多从强调市场的"自由"开始,发现市场的"缺陷",继而想到政府的作用,又显现了政府的"缺陷",再一次想到市场的作用,经过数次的往返实践,人们才意识到必须依靠"两只手"的作用推动社会前进。

(一) 重商主义与古典自由主义(政府是"守夜人")

16世纪中期,欧洲各王国开始实施重商主义(Mercantilism)。直至18世纪后期,重商主义一直在欧洲各国调节政府与市场关系经济理论中占据主导地位。威廉·斯塔福、托马斯·孟等重商主义倡导者的具体主张尽管在内容上有一定差异,如有的强调应少一些从其他国家购买商品,有的则认为应多一些将商品卖给其他国家,但在本质上都强调政府对市场的强力干预。这一时期,政府干预主义在政府与市场关系中占据主导地位。

起源于17、18世纪的古典自由主义则主张采取反对国家干预的自由放任的政策措施,直至20世纪30年代。古典自由主义的代表人亚当·斯密所处的时期正是英国从封建农本经济的逐步瓦解过渡到市场经济日趋成熟的时代,即"重商时代"。1776年,亚当·斯密在《国民财富的性质和原因的研究》(即《国富论》)中认为:重商主义以货币作为衡量国家富裕程度的唯一标准,政府将尽可能多地积累货币财富作为国家目标,而不是将个人和企业的收益最大化作为驱动目标。② 在亚当·斯密看来,管得越少的政府就越是好政府,充分信任市场的自身调节能力,提倡"看不见的手"在资源有效配置中的作用,认为国家经济只有在自然和自由的制度下才能得到最好的发展。当时的经济学家认为,在完全的自由竞争条件下,市场可以完美地发挥调节作用,使社会总供给等于总需求,从而使经济能够顺利地发展。

在这一阶段,人们将政府管理市场经济的角色比喻成"守夜人",对于政府管理市场经济的要求,仅限于在微观层面的消极管理。亚当·斯密在《国富论》中提出,政府对于经济的职责有三项:一是保护社会;二是设立严明的司法机关,保护社会上个人的财产和人身;三是建设并维护某些公共事业和设施。在这三项

---

① 〔美〕埃里克·弗鲁博顿、〔德〕鲁道夫·芮切特:《新制度经济学:一个交易费用分析范式》,姜建强、罗长远译,上海人民出版社2006年版,第350页。
② 参见〔英〕亚当·斯密:《国民财富的性质和原因的研究》(下卷),郭大力、王亚南译,商务印书馆2011年版,第218页。

政府职责中,前两项都是在微观层面对市场经济的管理。一个政府通过法律管理微观经济的典型例子是1804年法国制定的《拿破仑法典》(即《法国民法典》)。这部两百多年前制定的民法典分3卷35编126章2281条,对市场经济的所有方面几乎都作出了规定,其内容大致涵盖了我国现有的《民法通则》《公司法》《合同法》《物权法》《婚姻法》《担保法》《合伙企业法》等的内容。其中,《法国民法典》对不同类型合同的规定就达一千多条。《法国民法典》颁布后的两百多年里,发达市场经济国家在运用一套法律体系管理微观经济方面有巨大的发展,这套法律体系的严密程度,我国还未达到。①

(二) 凯恩斯主义(政府是"管控者")

20世纪30年代,资本主义世界爆发了空前严重的经济危机,对世界经济稳定造成了巨大的冲击,个人在追求效率的过程中,导致社会公平的破坏;经济大萧条、失业、环境污染等问题的出现,暴露出古典自由主义的重大缺陷,即市场不是万能的。西方主要国家以1933年开始的罗斯福新政为标志,逐渐将凯恩斯主义作为政府与市场关系中的指导理论,建构能够对市场进行强力干预的政府。

凯恩斯认为,危机发生的根源在于需求不足,当经济危机发生时,政府调控的重心不应是刺激生产,因为这样会导致更多的生产过剩,而应该通过制定公共开支政策、增加就业等方式促进就业、引导消费,从而扩大需求。凯恩斯在《就业、利息和货币通论》中提出国家调节经济的主张,认为没有国家的积极干预,资本主义就会灭亡,②政府干预渐渐成为被普遍接受的观点。凯恩斯主义通过对资本主义经济危机的分析,进一步揭示了政府与市场的关系,其坚持的政府与市场关系理论就是政府干预理论。凯恩斯主张通过制定一系列经济救市法案,实现政府有效干预经济的目的。同样是对市场经济的干预,因为干预理念与干预方式的转变,导致重商主义下的政府扮演的是"独裁者"的角色,而凯恩斯主义下的政府则表现为"管控者"的角色。③

凯恩斯主义对资本主义的经济法理论和立法实践产生了重大影响。例如,英国政府1944年发表了《就业指导白皮书》,英国国会1946年通过了《就业法》。这些充分体现了凯恩斯所倡导的"政府干预市场"的指导思想。二战结束以后,西方主要资本主义国家还制定了旨在限制不正当竞争的反垄断法。

---

① 参见张明澍:《论政府与市场关系的两个主要方面》,载《政治学研究》2014年第6期。
② 参见〔英〕约翰·梅纳德·凯恩斯:《就业、利息和货币通论》,徐毓枬译,译林出版社2011年版。
③ 参见姚佳隆、高超:《政府与市场的良性互动:经济学家眼中的政府定位》,载《法制博览》2014年第3期。

（三）新自由主义（政府是"执法者"）

在凯恩斯主义指导下，西方国家经历了长达二十多年的经济高速增长，这一黄金时代被称为"凯恩斯时代"。但是，20世纪70年代两次石油危机的爆发使得西方国家经历了战后最深重的经济危机，整个资本主义世界陷入了经济滞胀的困境。凯恩斯主义束手无策。[1] 一定程度上，政府干预经济克服了市场失灵，但同样也显现了政府失灵的风险。"政府的政策与计划不仅没有给人们的生活带来益处，反而还降低了人们的生活质量，政府自身造成的公共问题比所解决的问题还多。"[2]

在这一背景下，倡导政府对市场放松管制的政党逐渐在欧美主要国家赢得执政地位，其中最为著名的是1979年获得执政权力的英国撒切尔政府和1980年获得执政权力的美国里根政府。它们采用以哈耶克为代表的新自由主义经济学主张，大力推进民营化运动，在一定程度上解决了欧美国家面临的问题。新自由主义继承了古典自由主义的精神，反对政府对经济的过度干预，正如哈耶克所说："经济活动的自由乃是法律之下的自由而非指反对政府的一切行动。"[3]但是，新自由主义在主张充分经济自由的基础上，还是实行有限的政府干预。相对于古典自由主义所称的"守夜人"角色，政府在新自由主义的视角下，从法治的维度对市场经济进行干预。这种干预并非凯恩斯主义所推崇的"管控者"角色，更多地体现为"执法者"角色。

（四）新凯恩斯主义（政府是"中间人"）

2008年，资本主义国家再次爆发经济危机，新自由主义经济学所倡导的放任主义在欧美各国引发一系列经济问题，乃至酿成全球金融危机。新自由主义经济学容易导致盲目扩大消费，最后形成虚假的市场繁荣，具有明显的缺点。诸多学者及政客将这次经济危机的爆发归因于政府对市场的长期放任。在这一背景下，新凯恩斯主义取代新自由主义，成为欧美主要国家的主流经济学。这些国家的政府在新凯恩斯主义的指导下，开始对市场进行大量干预。

新凯恩斯主义寻求的是政府与市场的最佳结合，进行"适度"的政府干预。它从不完全竞争和信息不完全两方面论证了市场机制的失灵，从而在微观理论基础前提下坚持原凯恩斯主义宏观经济政策有效性的思想，认为政府有必要运

---

[1] 参见何秉孟主编：《新自由主义评析》，社会科学文献出版社2004年版，第16页。
[2] 〔美〕史蒂文·科恩、威廉·埃米克科恩：《新有效公共管理者》，王巧玲等译，中国人民大学出版社2001年版，第1页。
[3] 何信全：《哈耶克自由理论研究》，北京大学出版社2004年，第117页。

用经济政策来调节总供求；又在坚持政府干预的政策趋向下,更加强调市场机制的作用,主张"适度"的国家干预。① 政府主张强调干预和放任之间的"中间人"角色。

(五) 西方国家对于政府与市场关系的认识和实践过程总结

1. 政府与市场的边界是互补、动态的

只有二者协调地发挥作用,才能保持社会经济健康运行。在西方,政府职能变化表现为一种张力,膨胀后必然收缩,收缩后又注定膨胀,呈现周期性,是对市场变化的一种被动适应与调整。另外,它又是上层建筑自发适应经济基础和生产力的一种表现。经济基础和生产力是不断变动的,上层建筑要随之改变。这给我们带来的启示是,政府的职能范围和具体职能在不同时期有着不同要求:当市场干预不足时,加大政府干预力度;当市场干预过度时,减少政府干预力度。"我们既要认识到市场的力量和局限性,又要认识到以矫正市场失灵为目标的政府的力量和局限性。"②市场在发展之中,不同时期有不同特征,市场失灵亦有不同的表现形式,政府应当根据市场变化相机抉择,不能指望一劳永逸的方法。这对提高政府效能提出了非常高的要求。

2. 政府对市场的干预和放任逐渐融合

回顾西方国家政府与市场关系的发展历程,重商主义、凯恩斯主义和新凯恩斯主义这三种属于干预主义,其中重商主义的干预力度最强,其他两种经济学理论的干预力度逐渐降低;古典自由主义和新自由主义这两种属于放任主义,其中古典自由主义的放任程度最强,新自由主义的放任程度稍弱。倡导干预主义和放任主义的理论交替占据主导地位,呈现出钟摆运动的形态。③ 这表明,政府对市场的干预力度或放任程度在逐渐变小,展现出两种主义逐渐融合的趋势。同时,两类经济学理论在不断吸纳对方的可取之处,朝着实现"干预—放任主义"的方向发展。出现这种趋势的最重要原因是,新自由主义经济学部分地吸纳了凯恩斯主义经济学中政府对市场进行干预的观点。换言之,新自由主义经济学的放任力度降低了,这使政府对市场的干预逐渐成为常态的表现之一。"直接的政府管制并不必然带来比由市场和企业更好的解决问题的结果,但同样也不能认

---

① 参见张传辉:《基于新凯恩斯主义的政府角色重新定位》,载《行政论坛》2011年第2期。
② 〔美〕斯蒂格利茨:《发展与发展政策》,纪沫、全冰、海荣译,中国金融出版社2009年版,第24页。
③ 参见曹冬英:《西方国家政府与市场关系的钟摆运动及其启示》,载《福建行政学院学报》2015年第2期。

为这种政府行政管制不会导致经济效率的提高。"①

3. 处理好政府与市场的关系必须符合一国历史和文化传统

西方国家在实践中演变出不同的市场经济模式,既是一国自主选择的结果,也建立在该国历史和文化传统的基础之上,不存在放之四海而皆准的市场经济模式。比如,新自由主义虽然有缺陷,但它符合美国崇尚个人奋斗的个人主义文化传统,与该国文化结合能让其保持短期的繁荣。日本于20世纪80年代引入新自由主义经济模式,但它与该国崇尚集体主义的社会文化发生激烈冲突,出现严重水土不服,打击了日本产业的创新能力,直到现在也没有找到自己的路。②这说明,一国的市场经济模式必须与该国历史和文化传统相符合,否则二者会发生冲突,损害经济和社会效率。

4. 政府与市场的关系还同社会理想相关

市场经济发展与人类社会理想之间存在矛盾,导致市场模式分化和政府职能摇摆,单纯的市场经济发展的结果,不但会重复经济周期,而且会产生贫富分化,不能满足人们对社会美好和公正的需求。究竟是要为了追求所谓的经济效率而对市场毫不干预,还是通过政府干预来推动社会向符合理想的方向前进?近一百年来,西方国家政府承担了越来越多的社会责任。在政府作用下,西方社会的福利水平不断提高,这是不争的事实。政府与市场关系的核心问题,不仅是提高经济效率,更是实现社会理想。

二、我国政府与市场关系的历史经验

我国对政府与市场关系的认识是一个循序渐进的过程。如何处理经济发展过程中政府与市场的关系,使政府与市场在各自的领域和合理的边界内发挥作用,是新中国经济发展史中一个贯穿始终的问题。

(一) 1978年改革开放之前,计划经济体制占绝对主导地位,市场几乎不起作用

如何评价新中国前30年经济建设和发展的得失?在我国已经实行市场经济的今天,有必要梳理和审视这一问题,以澄清和纠正历史虚无主义思潮在这方面造成的混乱。③ 20世纪50年代,我国经济体制由计划与市场并重逐步转向以

---

① 〔美〕罗纳德·哈力·科斯:《企业、市场与法律》,盛洪、陈郁译校,上海三联书店1990年版,第94页。
② 参见杜飞进:《论政府与市场》,载《哈尔滨工业大学学报(社会科学版)》2014年第2期。
③ 参见魏静茹:《新中国政府与市场关系的历史和未来——访中国社会科学院当代中国研究所副所长、研究员武力》,载《理论视野》2014年第4期。

行政管理为特征的计划经济,将市场机制逐渐从经济运行中排斥出去。这与其说是学习苏联社会主义模式的结果,不如说是当时中国的经济基础、发展要求和国际环境共同促成的结果。首先,新中国成立之初,市场调节并没有显现出其正向调节的作用。相反,私营金融业过度膨胀、城市失业问题严重、生活必需品短缺、外贸受到西方封锁等因素,使得通过价格机制调节供求关系以达到均衡的市场机制难以发挥作用。其次,国家安全的因素。新中国成立前一百多年里挨打受欺的教训、朝鲜战争爆发后严峻的国际环境以及美国对于中国安全的现实威胁,都使得新中国政府出于国家安全的考虑,不得不选择优先快速发展重工业以建立强大国防的经济政策。最后,突破"贫困陷阱"的因素。新中国成立时,面临以积贫积弱的传统农业为主的产业结构和众多的人口,虽然通过土地改革实现了"耕者有其田",但由于人均生产资料严重匮乏,农民吃饱饭后就无剩余。要突破低收入的"贫困陷阱",实现工业化起飞,显然靠市场的作用短期内难以实现。但是,经过二十多年的工业化建设,我国在一穷二白的经济基础上,建立起了独立、完整的工业体系和国民经济体系。

简单地说,20世纪50年代形成的计划经济体制在当时至少适应了我国追求高速工业化和建立独立工业体系的要求,在经济落后的条件下,保证了高积累和优先快速发展重工业,建立了独立的、比较完整的工业体系和基础设施,最突出的是水利建设;在经济落后和高积累情况下,除在个别非正常时期外,保证了人民的基本生活和社会安定。上述作用是市场经济体制短期内无法起到的。还应该看到,实行了几十年的计划经济体制,虽然管理水平较低,但是提高了我国政府管理经济的能力,积累了丰富的计划管理的经验和教训。这一点对于改革开放以后我国政府实行宏观经济调控、保障国民经济持续快速增长起到了一定作用。

计划经济的合理性及其优势随着经济发展而呈现出递减的趋势,特别是在战争危险降低、国际形势发生有利于我国的变化时,这种权力高度集中、剩余高度积累、运行高度紧张的体制弊病越来越突出,不利于调动各方面的积极性。这是1978年开始进行经济体制改革的大背景。

(二) 1978年以来的经济体制改革从根本上说实现了社会主义计划经济向市场经济的转型

我国的经济体制改革始于1978年党的十一届三中全会。改革发展的过程,也是一个重新认识和调整政府与市场关系的过程。到党的十八届三中全会召开前,这一过程大致可以划分为两个阶段:

1. 从党的十一届三中全会到十四大之前

这一时期,主要是在认识上逐步突破市场经济只存在于资本主义制度下的偏见,提出社会主义也可以搞市场经济。这在总体上是强调以政府为主配置资源,市场的地位开始逐步确立。党的十一届三中全会提出,要多方面地改变同生产力发展不相适应的生产关系和上层建筑,坚决实行按经济规律办事,重视价值规律的作用。这表明,我党在坚持社会主义制度的前提下,开始探讨计划和市场结合的问题。1979年11月,邓小平在会见外宾时首次提出"社会主义也可以搞市场经济",他说:"市场经济只存在于资本主义社会,只有资本主义的市场经济,这肯定是不正确的。社会主义为什么不可以搞市场经济,这个不能说是资本主义。我们是计划经济为主,也结合市场经济,但这是社会主义的市场经济。"①这一思路和提法,为探索发挥市场作用提供了前提。1981年党的十一届六中全会通过的《关于建国以来党的若干历史问题的决议》在总结新中国成立以来经济建设正反两方面经验的基础上提出:"必须在公有制基础上实行计划经济,同时发挥市场调节的辅助作用。要大力发展社会主义的商品生产和商品交换。"②1982年,党的十二大进一步指出:"正确贯彻计划经济为主、市场调节为辅的原则,是经济体制改革中的一个根本性问题。"③这些提法已经肯定了市场调节的"辅助作用",不再完全排斥市场经济。1984年党的十二届三中全会通过的《中共中央关于经济体制改革的决定》,突破了把计划经济和商品经济对立起来的传统观念,明确指出:"社会主义计划经济必须自觉依据和运用价值规律,是在公有制基础上的有计划的商品经济。"④这在马克思主义历史上第一次提出了社会主义"商品经济"的概念。之后,随着以城市为重点的经济体制改革全面铺开,商品经济获得迅猛发展,党对计划和市场的关系又有了新的认识。"我们以前是学苏联的,搞计划经济。后来又讲计划经济为主,现在不要再讲这个了。"⑤党的十三大报告进一步指出:"社会主义有计划商品经济的体制,应该是计划与市场内在统一的体制。……总体上来说应当是'国家调节市场,市场引导企业'的机制。"⑥其后,邓小平又发表了一系列论述,比如,"不要以为,一说计划经济就是社会主义,一说市场经济就是资本主义,不是那么回事,两者都是手段,市场也可以为社会主义服务"⑦,"计划和市场都是经济手段"⑧等。这些重要论述为我党最终确定建立社会主义市场经济体制的目标奠定了坚实的基础。

---

① 《邓小平文选》第2卷,人民出版社1994年版,第236页。
② 《三中全会以来重要文献选编》(下),人民出版社1982年版,第841页。
③ 《十二大以来重要文献选编》(上),人民出版社1986年版,第22—23页。
④ 《十二大以来重要文献选编》(中),人民出版社1986年版,第568页。
⑤ 《邓小平文选》第3卷,人民出版社1993年版,第203页。
⑥ 《十三大以来重要文献选编》(上),人民出版社1991年版,第26页。
⑦ 《邓小平文选》第3卷,人民出版社1993年版,第367页。
⑧ 同上书,第373页。

就政府与市场的关系而言,一方面是恢复了市场机制并且不断扩大调节范围,二是政府的职能从全能型向效能型转变。改革计划经济体制首先始于过去被束缚最多、危机最深的农业,家庭联产承包责任制的巨大成效和乡镇企业的异军突起改变了农村经济的微观机制。同时,在 20 世纪 80 年代突破了单一公有制和按劳分配这两个过去作为社会主义经济制度基石的理论束缚,从而为建立新型的社会主义市场经济发展道路奠定了微观经济基础。政府原有经济职能主要从两个方面逐渐消解。一是放权让利,给原有公有制经济自己活动的空间,允许非公有制经济和"三资"企业存在和发展;二是逐步放松对整个经济的行政控制,退出部分领域,让市场机制发挥调节作用。政府越来越多地将原来由自己直接管理的领域让渡给市场。

2. 从党的十四大到十八届三中全会

这一时期明确提出"使市场在资源配置中起决定性作用"和"更好发挥政府作用",实现了党对市场经济规律性认识的又一次突破和升华。党的十四大指出:"我国经济体制改革确定什么样的目标模式,是关系整个社会主义现代化建设全局的一个重大问题。这个问题的核心,是正确认识和处理计划与市场的关系。"① 十四大提出,我国经济体制改革的目标是建立社会主义市场经济体制,强调"就是要使市场在社会主义国家宏观调控下对资源配置起基础性作用,使经济活动遵循价值规律的要求,适应供求关系的变化"②;要加快政府职能的转变,转变的根本途径是政企分开,政府的职能主要是"统筹规划,掌握政策,信息引导,组织协调,提供服务和检查监督"③。党的十四届三中全会对怎样发挥市场在资源配置中的基础性作用,以及如何转变政府职能、建立宏观体系作出了具体部署。1997 年党的十五大在提出"要加快国民经济市场化进程","进一步发挥市场对资源配置的基础性作用"的同时,重点强调了政府进行宏观调控的目标和手段体系。④ 2002 年,党的十六大提出"在更大程度上发挥市场在资源配置中的基础性作用,健全统一、开放、竞争、有序的现代市场体系",并对政府职能作了新的界定,即"经济调节、市场监管、社会管理和公共服务"。⑤ 2007 年,党的十七大对这一问题的表述是:"要深化对社会主义市场经济规律的认识,从制度上更好发挥市场在资源配置中的基础性作用,形成有利于科学发展的宏观调控体系。"⑥

---

① 《改革开放三十年重要文献选编》(上),中央文献出版社 2008 年版,第 659 页。
② 同上书,第 659—660 页。
③ 同上书,第 661 页。
④ 参见《改革开放三十年重要文献选编》(下),中央文献出版社 2008 年版,第 903 页。
⑤ 同上书,第 1253—1254 页。
⑥ 同上书,第 1732 页。

党的十八大明确提出,要"更大程度更广范围发挥市场在资源配置中的基础性作用"。党的十八届三中全会考虑各方面意见和顺应现实发展要求,提出"使市场在资源配置中起决定性作用"和"更好发挥政府作用",对政府和市场关系问题从理论上作出新的表述。

一方面,这是对我国社会主义市场经济内涵"质"的提升。党从一开始逐步认识到市场只是配置资源的手段,提出要发挥市场的"重要"作用,到明确提出使市场在资源配置中起"基础性作用",进一步明晰了市场的地位和作用,对经济社会发展产生了巨大的推动作用。但是,该提法还是有一些不确定性,给政府在市场之上配置资源提供了空间,从而使人们在政府与市场关系的认识上可能发生摇摆和分歧。党的十八届三中全会提出市场起"决定性作用",这就表明其他力量虽然可以影响和引导资源配置,但决定者还是市场,因此基本经济制度、政府职能、市场体系等方面的改革都要以此为基础。这一新要求抓住了我国经济体制改革的深层次问题,"有利于在全党全社会树立关于政府和市场关系的正确观念,有利于转变经济发展方式,有利于转变政府职能,有利于抑制消极腐败现象"[1]。另一方面,相应地,对政府发挥作用的要求也更加明确。政府作用和市场作用是不同的。如何发挥政府作用?它与市场作用的边界在哪里?一段时间以来,特别是在 2008 年世界金融危机爆发后,我国学者有着不同的见解。党的十八届三中全会科学定位,对这一问题作出了明确回应,对政府这只"有形的手"该如何伸、伸到哪里、伸多长,划定了明确的边界,即市场作用是第一性,政府作用是第二性。政府的干预和调控必须通过市场发挥作用,必须符合市场运行的客观规律,而不是直接干预微观主体的活动。同时,突出市场的"决定性"作用,并不是说管得最少的政府,就是管得最好的政府,而是管得最合适、最有效的政府,才是最好的政府,既要解决好政府"越位"问题,也要解决好政府"缺位"和"错位"等问题。[2]

(三)当前我国政府与市场关系上存在的问题

改革开放三十多年,我国市场经济改革和经济发展取得了举世瞩目的成就。然而,当前的政府改革可谓是一场"破冰之旅",当我们步入改革的"深水区"时,发现政府与市场关系仍然有较大偏差和问题。

1. 政府在与市场的关系上处于强势地位,话语权不对等

改革开放以来,我国政府职能转变取得的进展是巨大的,正是在政府角色的

---

[1] 《中国共产党第十八届中央委员会第三次全体会议文件选编》,人民出版社 2013 年版,第 96 页。
[2] 参见何树平、刘凯鹏:《政府和市场关系的新定位、新要求》,载《福建论坛(人文社会科学版)》2014 年第 1 期。

大转型中,释放出一个具有自我扩展潜力的市场体系。但是,相对于完善市场经济体系的客观要求,政府角色转型依然严重滞后。在全能主义国家体制背景制约下,我国赶超型的发展战略已经将政府的主导作用发挥到了极致。以GDP总量增长为目标、以资源配置的行政控制为手段、以投资和出口为主要动力、以经济运行的行政干预为主要手段的政府主导型发展模式,已经形成了强大的思维定式和僵硬的体制惯性,甚至固化为特定的利益结构。因此,通过市场竞争完全能够解决的大量社会事务仍然被政府抓牢不放,而诸多市场经济条件下的政府核心职能,如义务教育、医疗卫生、社会保障等基本公共事务却被不负责任地推给市场,造成了混乱局面。更值得关切的是,传统的政府主导型发展模式事实上已经形成了一种顽固的自我强化机制,即当经济发展面临挑战时,习惯性地以强化政府的资源配置功能的方式扩大行政干预。虽然这种控制和干预能够在短期内刺激经济增长并取得一定成效,但从长远看,却逆转了政府与市场关系的演变,妨碍了市场体系的成熟和政府角色的转型。政府的治理能力决定了市场作用的发挥,同时也限制了政府自身效用的发挥。

2. 政府与市场边界的划定缺乏法律依据

政府与市场的边界问题,说到底就是公权力范围的问题。但是,由于我国相应的法律法规不是很健全,在确定公权力范围时较为模糊,并没有清晰的界定。随着社会的发展,地方政府逐渐意识到确定公权力范围的重要性。因此,我国的一些地方政府开始拟定"地方政府权力清单",[①]以合理规划政府的公权力范围。值得注意的是,虽然这是一种进步,但权力清单上的内容还值得进一步商榷。

3. 政府与市场边界模糊,具有不确定性

绝不能说政府与市场之间没有界限,只是这种界限很模糊,具有不确定性。因为在市场经济下,政府在处理问题时会带有"经济人"的色彩,影响政府的形象与公信力。此外,政府在处理不同问题时,会采用不同的规则来处理,导致政府的边界不确定,具有一定的延展性。当政府认为是自己的管辖范围时,可能会更改权力界限,干涉经济活动,影响市场的健康发展。

4. 政府与市场的边界缺乏管理

人们对政府的依赖,导致在现实生活中,无论是政府、市场还是第三方组织,对于政府与市场的边界认识不清,关注度不高,没有及时划分边界的意识。政府在处理不同问题时,确定的边界范围不同,因此政府对于边界的管理缺乏合理性、科学性。虽然我国存在外部监管部门,但鉴于外部监管部门与政府千丝万缕的利害关系,导致一些外部监管流于形式,丧失了监管的真正意义。第三方组织

---

① 参见王春业:《论地方行政权力清单制度及其法制化》,载《政法论丛》2014年第6期。

并没有被并入监督体系中,也降低了对政府边界进行监管的力度。①

三、政府与市场关系良性互动所应遵循的原则

二战结束后到现在,全世界一百八十多个发展中经济体中只有我国台湾地区与韩国两个经济体从低收入变成中等收入,然后进入高收入水平;只有13个经济体从中等收入变成高收入,其中只有日本和亚洲"四小龙"不是位于西欧周边,且不是与发达经济体原本差距不大,而绝大多数发展中经济体长期落入低收入或中等收入陷阱。造成上述现象的最主要原因就是没有处理好政府与市场的关系。

取得成功的少数经济体有一个共同的特点:在经济发展和转型中,既有"有效的市场",也有"有为的政府",二者缺一不可。"有效的市场"是指企业以追求利润为根本,只有在充分竞争、完善有效的市场体系之下形成的价格信号,才能使企业家按照当时要素禀赋所决定的比较优势进行技术、产业的选择,从而使整个经济体具有竞争优势。"有为的政府"是指经济发展是一个技术、产业、基础设施和制度结构不断变迁的过程,随着技术不断创新、产业不断升级,基础设施和上层制度安排也必须随之不断完善。基础设施和上层制度的完善不是单个企业家所能推动的,必须由政府发挥因势利导的功能,组织协调相关企业的投资或由政府自己提供这方面的完善。另外,政府还需对技术创新、产业升级过程中先行企业所面对的风险和不确定性予以适当补偿,这样根据比较优势的变化,技术和产业才能不断顺利进行创新和升级。所以,一个发展成功的经济体必然是以市场经济为基础,再加上一个有为的政府。② 在成功的背后,必然存在着某些不变的因素,正是这些因素构成了政府与市场良性互动所应遵循的基本原则,也是我们所探求的基本理念。

(一)尊重市场规律原则

尊重市场规律的核心就在于对市场本身的理解。所谓市场,是某种商品或劳务的卖方与买方组成的一个群体,买方作为一个群体决定了一种产品的需求,而卖方作为一个群体决定了一种产品的供给。③ 市场经济的基本特点是决策机制属于分散决策,协调机制是价格,激励机制是个人物质利益。市场机制运转循

---

① 参见陈鹭:《法治语境下中国政府与市场边界探究》,载《法制与社会》2015年第16期。
② 参见林毅夫:《政府与市场的关系》,载《国家行政学院学报》2013年第6期。
③ 参见〔美〕曼昆:《经济学原理》,梁小民、梁砾译,北京大学出版社2012年版,第69页。

环的原动力是市场活动参与者的经济利益。市场是联结主要经济关系和各种交易行为的纽带，各市场主体之间的交易活动引起商品、服务和生产要素等市场客体的流动，从而推动整个市场体系的运行。价格是调整经济关系的基础。价格由供求关系决定，各市场主体通过自由交换而形成价格，价格涨落又会引导生产和消费行为，从而使资源从利润率较低的部门向利润率较高的部门流动。随着资源从利润率较低部门流出，商品供给减少，价格会有所提高，从而提高利润率；资源向利润率较高部门流入，商品供给增加，价格会有一定程度下降，利润率也会降低。在连续的生产周期，资源会向着所有部门达到社会平均利润率的方向持续流动，从而实现资源的高效配置，提高整个社会的劳动生产率和生产效率。"市场就像一部复杂而精良的机器，它通过价格和市场体系来协调个人和企业的各种经济活动，在没有人刻意管理的情况下，它能解决涉及亿万个未知变量或相关关系的生产和分配的问题。"[1]正是这样一个复杂的市场结构体系以及由此形成的价格机制、竞争机制、反馈机制和风险机制等功能，使得虽然市场经济是分散决策的机制，但就像受到"看不见的手"引导一样，市场主体在追求利益最大化的过程中，也在促进资源的合理配置。

但是，市场并非那么完美和万能，由于市场主体的分散独立、信息获取缺乏对称性、受局部和独立利益的驱使，市场机制表现出鲜明的自发性、唯利性、盲目性和滞后性等特点。市场调节作为一种事后调节，对资源稀缺引发的矛盾和利益冲突往往一筹莫展、束手无策。市场机制的局限性无法克服和预防市场失灵的出现，从而导致一系列经济问题和社会问题的产生。

所谓尊重市场规律，包含两层含义：一是科学认识市场的供求、价格和竞争三大基本机制的运行规律。准确把握市场规律的新形式、新变化，充分信任市场机制的自身调节功能并给予市场主体足够的自治空间，以防止出现政府过度干预经济的倾向。二是切勿盲目崇拜市场规律，反对"市场万能主义"。当政府干预市场经济时，应当立足于市场调节机制的运行规律并充分考虑市场失灵的负面因素，从而保证政府职能定位的科学性、合理性，避免政府角色定位的"越位"与"错位"，实现政府与市场两种调节机制走向理想的均衡状态。

（二）维护公平正义原则

政府对于市场的干预是维护公平正义的表现。政府在市场主体追求个人利益最大化的过程中，综合考量各方面因素对市场经济所产生的影响，协调个人利

---

[1] 〔美〕保罗·萨缪尔森、威廉·诺德豪斯：《经济学（第十九版）》，萧琛等译，商务印书馆2012年版，第34页。

益与社会利益的冲突,削弱影响市场良性运行的不利因素。因此,以维护公平正义作为政府角色定位的核心价值,与经济法维护社会利益的根本目标具有内在逻辑一致性,①同时对于政府的市场干预行为具有高度的指导意义。

在经济法视野下,公平正义原则由公平、自由和秩序三大部分组成:(1)公平更多地体现为对于弱势群体的倾斜性保护。从对平等竞争的维护到对市场活动的监管,从区域经济发展的兼顾到产业结构的调整,经济法无不体现其对弱者的保护。政府在制定市场规则时,不能有远有近、有亲有疏,应反对垄断和不正当竞争,更好地释放经济活力。(2)自由是指既尊重市场主体的主观自由,又约束市场主体的行为自由。如果市场经济一味地崇尚"丛林法则",其结果必然是市场紊乱、社会问题频发,只有通过政府适当限制市场主体的行为自由,才能真正体现出经济法的自由价值。(3)秩序是建构在社会整体的安全和效率之上的准则,"市场之手"追求效率,"政府之手"关注安全,二者相互协作才能使市场经济在宏观与微观两个层面都能够得到良好的、有序的运行。"必须高度重视、充分发挥市场在微观配置资源、调节经济利益关系中的积极有效作用",宏观层面如社会供求总量的平衡、公共产品和公共服务的提供、城乡区域差距的缩小、稀有资源的配置,主要由市场来做是做不好的。② 在市场经济领域中,政府在公平正义这一核心价值的指导下,通过适度干预市场的方式实现公平、自由、秩序的协调和统一。

(三)贯彻有为政府原则

良好的市场设计可以通过寻找一些规则以促进市场更有效地运作。在经济法视野下,政府干预市场的目的与经济学上政府干预市场的目的应该存在共通之处。经济法对于政府角色定位的讨论,也只有建立在"有为政府"的构建基础之上才具有现实意义。

有为政府原则包括:(1)法治政府。市场交易有序、有效进行的一个基本条件就是法治,发挥市场决定作用的前提是建设法治社会、法治政府。保障市场经济顺利运行的法治包含两方面的内容:一是保障市场自由(市场准入、资源分配)的法治;二是保障市场秩序(市场监管)的法治。市场自由涉及私法领域,理应主要由市场来调节,要求政府更少地干预;而市场秩序涉及公法领域,则要求政府更多地加以监管。但是,现在的问题是,政府过多关注市场自由,而对于市场秩序的监管却不到位。所以,只有在法律的框架内厘清政府与市场的权力、责任关

---

① 参见沈敏荣:《对政府与市场关系的法律思考》,载《政法学刊》2000年第2期。
② 参见魏礼群:《正确认识与处理政府与市场关系》,载《毛泽东邓小平理论研究》2014年第5期。

系,明确各自主要发挥作用的领域,才能使经济社会步入良性、健康的发展轨道。(2)有限政府。行政权力源自公民的授予。政府应拥有为维护社会公益、公民权利、市场秩序所必需的有限权力,并接受公民监督。有限政府的本质在于通过权利制约权力,筑起一道限制政府权力的围墙,防止政府对市场过度干预。行政权力可以成为保护公民权利最有效的工具,但也可能异化为侵害权利的权力。因此,必须划定市场权利与行政权力的界限,最大限度地保障市场权利。依照法律规定,一切行政权力必须源于法律法规的授权,否则政府就不能拥有足够的合法性基础,无法获得公民对政府的信任和支持。而市场主体的权利只需要遵守限制性法律规定,非经法律规定不被限制、剥夺,防止政府干预"错位"或"越位"现象的出现。①(3)"阳光政府"。事实证明,行政权运行中腐败现象的出现大多是由行政权的封闭性、隐蔽性所造成的。"阳光政府"是权力公开、过程透明和公众参与的政府。如果说法治政府和有为政府是把权力关进制度的笼子里,那么"阳光政府"则是让全社会把笼子里的权力如何运行看得清楚明白,让人们感受到看得见的正义。从信息不对称的角度讲,公开权力比监督权力更易操作,社会公众的监督比内部监督更加有效、快捷,成本更低。

四、厘清政府与市场的边界

处理好政府与市场关系的前提和关键是对政府与市场的边界作出合理划分,在此基础上才能在资源配置方面全面发挥市场的决定性作用,并更好地发挥政府的作用。2014年7月,国务院《关于促进市场公平竞争维护市场正常秩序的若干意见》(国发〔2014〕20号)提出:法不禁止的,市场主体即可为;法未授权的,政府部门不能为;法有规定的,政府部门必须为。此即"负面清单""权力清单""责任清单"。三张清单的出现首度系统性厘清了政府与市场的边界。

(一)法不禁止的,市场主体即可为("负面清单")

"法不禁止的,市场主体即可为",即凡是市场主体基于自愿的投资经营和民商事行为,只要不属于法律法规禁止进入的领域,不损害第三方利益、社会公共利益和国家安全,政府不得限制,称为"负面清单"(Negative List)。"负面清单"又称"消极清单""否定列表",一般是指在国际投资协定中,缔约方在承担若干义务的同时,以列表形式将与这些义务不符的特定措施列入其中,从而可以维持这

---

① 参见李昌麟主编:《经济法理念研究》,法律出版社2009年版,第137页。

些不符措施,或者以列表形式列出某些行业,保留在将来采取不符措施的权利。① "负面清单"一旦制定,须经缔约双方协商一致才能修改。通俗地讲,"负面清单"是一个国家禁止或限制外资进入的行业和措施清单,相当于投资领域的"黑名单"。"负面清单"管理模式在我国主要体现为 2013 年、2014 年上海自贸区发布的两版"负面清单"以及 2015 年 10 月由国务院发布的《关于实行市场准入负面清单制度的意见》(国发〔2015〕)。②

"负面清单"模式的潜在内涵就在于只告诉市场主体不能做什么,至于能做什么、该做什么,由市场主体根据市场变化作出判断。这体现了"法无禁止即可为"的现代私权自治法律原则,与过去我国一直采取的"正面清单"模式(即列明了市场主体或企业可以投资、经营哪些领域,不允许进入清单之外的领域)相对应。"负面清单"模式体现的是一种法治思维,是法治的限权和赋权思维的具体表现,具有丰富的法治意蕴。③

1. "负面清单"体现了现代法律思维和理念

"负面清单"这一管理模式体现了由政府管理到社会治理、由政府高权到法律主治、由全面干预到自主调节、由政府导向到竞争协调、由本土精神到全球视野的法治精神。④ 长期以来,我们习惯于采用"正面清单"(诸如各种目录)的管理思维,对清单范围以外的领域,时刻提防市场主体有所作为。这种管理思维实质是一种预防性思维,有正面作用,既可以防范可能产生的过度竞争、重复建设等风险,也有利于避免随意从事投资经营活动而造成经济社会损失。但是,在这一管理思维方式指导下,管理者总担心出现难以控制的问题,而容易导致管得太宽太细,遏制了社会创新。特别是随着行业分工越来越复杂,创新越来越难以预见,其负面影响越来越突出。"负面清单"模式认为,法律法规明确禁止或限制的领域,市场主体不能进入;凡是清单没有列明的领域,市场主体皆可以进入。即推定市场主体有行为的自由,在"法律的沉默空间",政府机关也不得设置额外的审批程序,实际上就给了市场主体非常大的行为自由,⑤这种自由其实就是经济活力的保证。

---

① 参见龚晓峰:《法无禁止即可为——"负面清单"模式介绍》,载《中国党政干部论坛》2014 年第 9 期。
② 该意见将"市场准入负面清单"分为两类,一类是禁止准入类负面清单,另一类是限制准入类负面清单。对"市场准入负面清单"以外的行业、领域、业务等,各类市场主体皆可依法平等进入。
③ 李克强总理于 2014 年 2 月 11 日在国务院第二次廉政工作会议上谈到政府进一步简政放权时明确指出:"负面清单"管理模式,对市场主体,是"法无禁止即可为";而对政府,则是"法无授权不可为"。这也是我国政府总理对"法无禁止即可为"这一现代私法自治法律原则首次正面、明确的回应。
④ 参见张淑芳:《负面清单管理模式的法治精神解读》,载《政治与法律》2014 年第 2 期。
⑤ 参见王利明:《负面清单——一种新的治国理政模式》,载《北京日报》2014 年 9 月 22 日。

2. "负面清单"有效地限制和规范了公权力,特别是审批权

在"正面清单"管理模式下,虽然法律没有规定,但是政府实际上通过规章制度等各种规范性文件行使审批权,限制市场主体进入相关领域。审批权是政府部门权力一个最集中的体现,它直接决定了审批对象、审批内容,其实质是对资源的一种间接分配。"负面清单"模式规定,凡是清单之外的,法律没有限制、禁止的部门领域,不得再进行审批。这就意味着只要不是"负面清单"列举的事项,政府无权进行审批,实际上形成了对政府权力一种有效的制约和规范,体现了法治的基本精髓即规范公权力。同时,政府的行政行为更加公开、透明。法治所追求的一个重要目标就是实现公开、透明、预期的效果。"负面清单"模式可以说在很大层面上实现了这样的效果。①

3. "负面清单"有助于完善我国法律规则体系

在当前全球化程度越来越高的背景下,一国经济很难脱离他国独立发展,法治建设同样如此。我国所采用的"负面清单"模式以及"法无禁止即可为"的法律理念都源自于西方。由于法治模式的根本不同,过去我国往往以行政手段强力落实自己在国际经济协定中的相关义务,忽视法律程序的运用;而美国等西方发达国家则经常以国内法律或三权分立制度、联邦制等为借口,抵制或抵消其已经对他国作出的承诺。"负面清单"是国内法治与国际规则接轨的一条必由之路。通过借鉴西方发达国家的经验,加快完善诸如外资安全审查、反垄断审查等法律制度,培育适应开放型经济的法律规则体系,既可以使我们在更大范围、更广领域、更高层次上参与国际经济技术合作和竞争,防范国际经济风险,又有助于为各类市场主体创造公平竞争的市场和法律环境。

(二)法未授权的,政府部门不能为("权力清单")

党的十八届四中全会确定了全面推进依法治国的目标,作出了深入推进依法行政、加快建设法治政府的重大部署,明确提出:"各级政府及其工作部门依据权力清单,向社会全面公开政府职能、法律依据、实施主体、职责权限、管理流程、监督方式等事项",明确了"权力清单"(Positive List)制度所包含的主要指标和内容。

所谓"权力清单"制度,一般是指政府及其职能部门对所掌握的各项公共权力进行全面统计,对每项权能进行细化后制成"清单",并详细说明每项行政权的职能定位、管理权限、操作流程等。"权力清单"实际上指明了行政权力所涉及的

---

① 参见龚柏华:《"法无禁止即可为"的法理与上海自贸区"负面清单"模式》,载《东方法学》2013年第6期。

领域和范围,既表明了政府可以做的事情,也划定了行政权的边界。① 在"权力清单"范围内的,政府应该做且必须做;而在此范围之外的,政府则不能做。"权力清单"制度标志着我国政府对市场的经济干预从"权力经济"向"法治经济"的重大转变。②

1."权力清单"强化政府职权的法治化

"权力清单"用行政法明确行政主体资格、行政权力的概念、行政权力的微观内容。③"权力清单"制度并不是简单的政府权力缩减,它划清了政府的权力边界,明确政府能做什么,不能做什么;该管什么,怎么管。由于政府是公权力的主体,具有强制性,其权力的行使多与公民、企业等市场主体的切身利益密切相关,没有约束的政府权力极易对市场主体的私权利造成侵害。"权力清单"要求公开政府权力运行流程,将权力关进"透明"的笼子,定其位,明其权,规其责,束其手。④ 按照依法行政的要求,行政权只能来源于法律,行政权的运用必须服从法律,并受法律的约束。⑤ 政府"权力清单"主要源于法律法规的授权,因此政府行使每一项权力都必须以法律法规为依据,超出法律规定就是越权,即"法无授权为禁止"。因此,遏制政府权力的扩张,规范、约束公权力,有效维护和保障市场主体的私权利,是制定"权力清单"的目标。

2."权力清单"强调市场主体的自主决定性

公民、企业等市场主体的私权利,一般涉及个体的私人生活领域,相对于政府的公权力,较为弱小。因此,市场主体行使权利时基本不会对政府权力造成损害。要保障市场主体的私权利,就需要给予市场主体权利足够的行使空间。就权利的"自由度"来说,只要是法律没有明文禁止的事项,都是市场主体的权利行使范围,即"法无禁止即自由"。市场主体可依"权力清单"制度进行自由裁量并控制市场经营行为风险、系统风险,自主决定经营行为,让市场主体在市场经济中充分展示其风险自负的经营能力。"权力清单"将简政放权作为政府职能转变的突破口,还权于市场,让"错装在政府身上的手回归到市场",释放改革红利,打造中国经济的升级版。⑥ 2015 年 3 月,在十二届全国人大三次会议上,李克强总理在做 2014 年政府工作报告时指出,继续把简政放权、放管结合作为改革的重头戏。国务院各部门 2014 年全年取消和下放 246 项行政审批事项。

---

① 参见王春业:《论地方行政权力清单制度及其法制化》,载《政法论丛》2014 年第 6 期。
② 参见苏丽芳:《政府权力清单与经济法权力干预耦合研究》,载《湖北行政学院学报》2015 年第 2 期。
③ 参见关保英:《权力清单的行政法构造》,载《郑州大学学报(哲学社会科学版)》2014 年第 6 期。
④ 参见刘云亮:《权力清单视野下规制政府有形之手的导向研究》,载《政法论丛》2015 年第 1 期。
⑤ 参见叶必丰:《行政行为原理》,商务印书馆 2014 年版,第 189—190 页。
⑥ 参见吕天玲:《"政府之手"和"市场之手"之争》,载《决策探索》2013 年第 23 期。

(三) 法有规定的,政府部门必须为("责任清单")

"权力清单"尽管为政府部门依法行使职权提供了具体的直接依据,但是如果不对政府部门的越权、消极履职、不作为等行为制定刚性的责任羁束规定,很难确保"权力清单"的实施效果,因而建立与"权力清单"配套的"责任清单"(Liability List)十分必要。从对政府权力实施效果的影响作用来看,"责任清单"比"权力清单"更具有执行意义和约束效力,它对政府部门及其公务人员行使行政权力的行为形成了直接、具体的责任约束和责任考核。

"责任清单"以细化政府部门职责、理清责任边界、健全权力监管制度为核心,强化政府部门的公共服务理念,形成权责明确、权责一致、分工合理、运转高效的部门职责体系。① 权力和责任是一个行政结构缺一不可的两个支柱,"责任清单"与"权力清单"互相制约,防止责权失衡。

1. 明确"责任清单"才能让权力受到有效监督

现代法治国家本质上应是"权利国家"而不是"权力国家",应遵循"权力法定"原则和"权利天赋"原则。对于公权力,应当适用"法无授权即禁止"原则,凡是未经法律赋予的权力都不是合法权力;而对于私权利,应当适用"法无禁止即自由"原则,公民的生命权、财产权、健康权、受教育权、知情权等都是与生俱来的合法权利。要保障这种"合法权利"不受侵害,就需要政府执法人员及其他工作人员切实遵循"责任清单",而不单单依赖于"权力清单"。建立"责任清单",逼着政府部门去承担新责任,好比"在伤口上撒盐",这是一个痛苦挣扎的过程,但只有明确了"责任清单",才能倒逼权力在运行时更加谨慎,才能更好地让公众去监督权力主体的所作所为,才能对于僭越权力边界的行为采取有效的监督。

2. 明确"责任清单"才能构建法治型政府

法治型政府即依法治理各种公共事务的政府。政府的治理行为应当根据法律法规来实施,在治理过程中也要受法律法规的羁束。法治型政府强调法治与政府行为的动态结合与有机统一。目前的"权力清单"主要集中在前端的行政行为,但真正要约束政府的"手","把权力关进制度的笼子里",还需要向中端和后端延伸。"责任清单"制度把体现法治精神、建设法治政府作为理念和目标,体现了权力与责任的动态平衡,明确并督促政府依法正当行使权力,不仅符合法治政府未来的发展趋势,而且这样的政府也必然是有为、有效、有限的政府。

---

① 参见崔浩、桑建泉:《责任清单制度的建构理念与责任关系》,载《行政管理改革》2015 年第 6 期。

(四)"负面清单""权力清单""责任清单"三者的关系

三张"清单"的本质是从制度层面对政府与市场关系的重新审视、定位。三张"清单"三位一体,具有清晰的改革逻辑,可以说是经济体制改革的"路线图"。①"负面清单"从经济改革切入,瞄准政府与市场的关系,打破许可制,扩大了企业创新空间;"权力清单"和"责任清单"从行政体制改革切入,瞄准规范政府权力,作出明确界定,是自上而下的削权。三张"清单"不仅指出核心问题是处理好政府与市场的关系,更回答了如何处理好这种关系,明确了能够抓在手中的具体办法,也就是把这三张"清单"列清楚、理顺畅、落下去。

1. 关键是法制环境

无论是"权力清单"的"法无授权即禁止",还是"负面清单"的"法无禁止即自由",抑或是"责任清单"的"法定责任必须为",可以清楚地看出都是围绕"法"来具体操作的。三张"清单"首先体现了"有限"精神,也就是权力受法定(或制度规定)的数量、边界和程序的三维立体限制,遇到边界即需止步或谨慎通过,意味着行政权被关进了"笼子"。其次,三张"清单"对权力和权利的分解,本质上是民主决策手段,或者说依法治理手段,体现了一种制衡的精神。② 因此,处理好政府与市场的关系,把三张"清单"落到实处,关键是以法定责任治理权力缺位,以法治精神处理政府与市场的关系。用法律来明确政府权力和社会权益的边界划分,其中就包括公权力如何合法行使并受到制约、建设法治型政府和服务型政府。要用系统性的法律法规来明确规定政府管理经济的各种行为,减少政府的过多干预,建设"有限政府"。在"责任清单"内要尽职,管到了"权力清单"外就是违法。对于市场来说,依法平等使用生产要素进行公平竞争,是社会主义市场经济条件下各种所有制经济公平发展的基础。三张"清单"对政府、企业、市场等关系进行了界定,由此改革就有了清晰的"路线图"。也只有在法治的基础上,对每个细节都认真审视,我国才能真正做到深化改革。以往没有如此明确的定位,改革往往按政府主管部门的意见行事,极易出现偏颇。

2. 重点是简政放权

"简政"就是精简政务、机构和人员,重点是缩减行政权;"放权"就是将权力

---

① 在2014年9月10日的达沃斯论坛上,李克强总理提出了政府治理的三张"清单",即政府要拿出"权力清单",明确政府该做什么,做到"法无授权不可为";给出"负面清单",明确企业不该干什么,做到"法无禁止皆可为";理出"责任清单",明确政府该怎么管市场,做到"法定责任必须为"。参见《李克强详解施政清单:政府要拿出权力清单》,http://www.chinanews.com/gn/2014/09-10/6578987.shtml,2015年12月20日访问。

② 参见郭人菡:《基于"权力清单"、"权利清单"和"负面清单"的简政放权模式分析》,载《行政与法》2014年第7期。

下放,或将权力转化为权利,赋予社会(公民)或市场。可见,简政放权的核心是将行政权力(尤其是审批权)向社会、市场放开,把应该交给市场的事情交出去,本质上是对政府、社会和市场三者关系的重新审视与定位。三张"清单"相当于先给企业"松绑",再捆住政府乱作为的"手",待明确政府责任后,研究如何发挥政府"有形之手"的作用,确立政府与市场的新关系、新秩序。必须指出的是,政府与市场并不是天然对立的,它们有各自独立的活动空间;而在共同的活动空间,它们是可以有机结合的。因此,在深化改革的大背景下,推进简政放权和政府职能转变,还有一个"责任清单"。如果乱改一通,同样也会走向政府与市场关系的对立面。因此,十八届三中全会在强调使市场在资源配置中起决定性作用的同时,也强调了更好地发挥政府作用这一点。

3. 还需激发市场活力

"权力清单""责任清单"是上限,清晰地界定了政府权力,让权力在阳光下运行,使群众监督更加有据可依;"负面清单"是底线,界定了市场行为的边界,最大程度地减少企业投资的盲目性和不确定性,让企业可以放开手脚大胆地干,释放了企业投资的活力,扩宽了发展的空间,比优惠政策更具吸引力。隐含在三张"清单"背后的逻辑其实就是限制权力、激发活力、鼓励创新。只有划出权力的边界,权力才不会被滥用;只要解除市场的束缚,企业创新就会更加有活力。从经济改革角度切入的"负面清单"制度,实行以来效果显著。这份清单的最大作用是提升了市场主体的活跃度。随着"负面清单"的推广,只有法律法规明确禁止的领域,市场主体才无法进入。这不但有利于放宽市场准入、鼓励公平竞争、建设法治经济,也会更多地释放改革红利,激发社会创造活力。

五、结　　语

在经济体制改革进入"深水区"后,处理好政府与市场的关系成为现阶段我国全面深化改革的核心和重点。首要的前提和关键是,要准确把握并合理划分政府与市场的边界。在我国当前的经济生活中,我们面临的主要矛盾仍然是政府行政干预范围太广,行政垄断的力量过强,政府和市场的职责定位不清晰。"负面清单""权力清单""责任清单"本质上是从制度层面对政府与市场关系的重新审视、定位,在法治基础上厘清了政府与市场的关系,明晰权力边界,确立法治经济,体现了我国对市场规律和社会主义法治经济原理的认识,反映了我国由"权力经济"向"法治经济"的转变。

我国政府与市场关系的认识与反思

——以 2015 年股市危机中政府"救市"举措为例

李 秦[*]

经济法是调整国家干预市场的法,国家(政府)与市场的关系是经济法关注的焦点问题,[①]也是经济法研究的逻辑起点。[②] 这是经济法的基本理论问题,也是一个常讲常新的问题。每一次市场危机发生后,都会出现新一轮关于政府与市场关系的讨论,2015 年我国股票市场的危机也不例外。本文以 2015 年我国股市危机中政府采取的种种处置危机的措施为例,认识和反思当前我国政府与市场的关系问题。

一、2015 年股市危机中我国政府"救市"举措概述

(一) 2015 年我国股票市场概述

从 2014 年 7 月中旬开始的近一年中,我国 A 股的总市值从 28 万亿元快速暴增到 78 万亿元,成为总市值规模仅次于美国的全球第二大股市。[③] 然而,2015 年 6 月 15 日之后的两个多月时间里,我国股市发生了令世界目瞪口呆的变化。从 6 月 15 日至 8 月 26 日,沪指从 5178.19 点暴跌到了 2850.71 点,跌掉了 45%。这期间,大量的高杠杆资金账号爆仓而被强平,高杠杆资金争相去杠

---

[*] 李秦,华东政法大学 2015 级博士研究生,华东政法大学经济法学院讲师。
[①] 参见顾功耘主编:《经济法教程》,上海人民出版社、北京大学出版社 2013 年版,第 28 页。
[②] 参见王维阳、杨鹏亮:《政府与市场的关系:经济法学研究的逻辑起点》,载《榆林高等专科学校学报》2003 年第 3 期。
[③] 参见李曙光:《关于"股灾"与"救市"的法学思考》,载《中国法律评论》2015 年第 3 期。

杆逃离,犹如爆发了一场"金融踩踏"。我国股市经历了千股涨停到跌停、千股停牌等罕见的极端市场现象,创造了股市发展历史上的多个"之最",不得不让人震颤和深思。

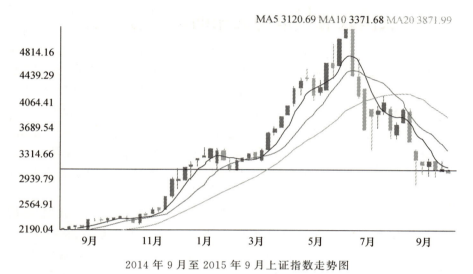

2014年9月至2015年9月上证指数走势图

数据来源:国泰君安大智慧。

(二)2015年我国政府"救市"举措

2015年6月下旬开始,我国股票市场出现了连续的断崖式暴跌现象。为扭转股市"一泻千里"的跌势,防范系统性金融风险的发生,我国政府各部门相继组成或加入"救市"的"国家队大军",打出了一系列"政策组合拳"。6月27日,央行首先决定定向降低存款准备金率并下调贷款和存款基准利率。7月9日,央行又向中国证券金融股份有限公司(以下简称"证金公司")提供了充足的再贷款。同时,央行决定根据证金公司需求,继续通过多种方式向其提供流动性支持;证金公司则通过股票质押的方式,向共21家证券公司提供2600亿元的信用额度,用于证券公司自营股票的增持;证金公司对公募基金赎回予以支持,并向包括华夏、嘉实、易方达、南方以及招商在内的5家基金公司申购2000亿元主动型基金份额,每家各获得400亿元。7月4日,中国证券业协会发布《21家证券公司联合公告》,公布四条"救市"措施:(1)21家证券公司以2015年6月底净资产15%出资,合计不低于1200亿元,用于投资蓝筹股ETF;(2)上证综指在4500点以下,在2015年7月3日余额基础上,证券公司自营股票盘不减持,并择机增持;(3)上市证券公司积极推动回购本公司股票,并推进本公司大股东增持本公司的股票;(4)按照证监会发布的《证券公司融资融券业务管理办法》等相关规定,完善逆周期调节机制,及时调整保证金比例、担保证券折算率、融券业务规模等相关指标,在风险可控的前提下尽量平稳地做好客户违约处置工作。另外,国资委要求中央企业在股市异常波动期间,不得减持所控股上市公司的股票,又在国资委网站发布全体央企的承诺书,支持央企承诺在不减持股票的同时,还要积极增持股票;财政部要求国有金融企业不得减持股票,并要求中央管理的国有金融企业不减持所持有的控股上市公司股票,支持国有金融企业在股价低于合理价值时予以增持;保监会提高保险资金投资蓝筹股票的资产比例,符合条件的保险公司,将投资单一蓝筹股票的比例上限由占上季度末总资产的5%调整为10%;证监会暂停IPO发行,已经缴纳的IPO认股款退款,控制清理配资的节奏,限制上市公司控股股东及董监高减持股份,打击恶意做空者;公安部介入股市,协同证监会排查恶意卖空股票与股指的线索,部署打击恶意做空股市者。

从以上种种救市举措可以看出,在中央政府直接决策与领导下,我国政府多个部门自2015年6月底开始动用财政、金融、行政、司法等多种手段进行"救市"。但是,此轮政府"救市"的市场效果仍然值得深思。其中,政府与市场的关系问题再次成为学界和整个社会讨论的热点问题。

二、我国政府与市场关系的历史演变与定位

这里要说明的是,本文所回顾的我国政府与市场关系的历史,是指新中国成立后至今这一历史时期。基于我国政府在社会经济活动中的角色、地位和职能定位的不同,可以分四个阶段对我国政府与市场的关系加以考证。

第一阶段是1978年改革开放以前,计划经济体制下的政府干预。在这一阶段,我国的社会生产和再生产的一切方面和过程都由政府决定,形成了政府过度干预下的中央指令计划模式,完全否定市场机制和价值规律。在这种体制下,政府在社会经济活动中处于绝对支配地位,政府权力对于经济的干预范围十分广泛。计划指令不仅控制了企业宏观决策权,而且控制了微观经营权,企业的产供销、人财物都被纳入国家统一管理的计划范围中,企业只是计划指令的被动接受者。国家通过计划机制配置资源,价格只是体制内的核算工具,而不具有市场调节功能。同时,社会分配和居民消费亦由政府计划安排。在这一阶段,计划指令代替市场机制,行政分配代替市场选择,政府对市场的经济干预是全面的、绝对的。

第二阶段是1978—1991年,从计划经济向市场经济转变的过渡转型期。虽

然政府仍占据主导地位,但市场亦得到发展壮大。在计划经济体制时代,市场遭到压制,计划在最大限度上取得对社会资源配置的主宰地位。我国自1978年进入改革时代后,市场的作用开始逐步得到体现,但是市场作用的发挥还是有保留的与渐进式的。1984年7月,中共中央在北戴河开会讨论《中共中央关于经济体制改革的决定》的提纲。当年10月,中共中央十二届三中全会通过了这个决定,正式提出"有计划的商品经济","商品经济"第一次被写进党的决议。尽管如此,从1978年到1991年,我国从来没有放弃计划经济体制的模式。因此,在这13年间,政府与市场的关系仍是政府处于主导地位,但是各种市场因素开始萌芽并缓慢发展壮大。[1]

  第三阶段是1992—2012年,政府与市场并重时期。随着改革开放的不断深入,在社会产品及生产要素的流动与分配中,市场机制发挥着越来越重要的资源配置作用,改革在促进经济高速发展的同时,也显示出市场机制配置资源、调节经济的优越性与高效性。与此过程相适应,我国经济决策层和理论界开始逐渐放弃"计划"的提法,正式给予市场更高的地位。1992年初,邓小平视察深圳时,对于深圳充分发挥市场机制配置作用所取得的辉煌成绩给予了高度评价和肯定,并号召全国加快经济改革的步伐。邓小平南方讲话后,我国终于在理论上确立了经济改革的目标模式就是建立社会主义市场经济体制。社会主义市场经济目标模式的提出,从理论上彻底破除了对计划经济的崇拜,认为计划和市场都只是社会主义经济的两种手段,市场机制应在资源配置中起基础性的作用。1992年秋,在党的第十四大会议上,江泽民代表党中央作了题为《加快改革开放和现代化建设步伐,夺取有中国特色社会主义事业的更大胜利》的报告,明确提出了我国经济体制改革的目标是建立社会主义市场经济体制,即要使市场在社会主义国家宏观调控下对资源配置起基础性作用。党的十五大提出"使市场在国家宏观调控下对资源配置起基础性作用",党的十六大提出"在更大程度上发挥市场在资源配置中的基础性作用",党的十七大提出"从制度上更好发挥市场在资

---

[1] 1979年开始的传统计划经济体制的解体过程为市场发挥资源配置作用创造了条件和空间。到20世纪90年代初期,由国家下达的指令性计划在工业总产值中仅占11.6%,如果加上部门和省下达的指令性计划,也不过16%,其余部分则为指导性计划,大多数直接进入市场,由市场调节。在物资分配方面,由国家计委负责平衡分配的生产资料,由1978年的256种减少到1991年的22种。就工业消费品而言,1978年由商业部门计划分配的有188种,1991年减少到20种。这些变化说明,企业生产需要的原材料已经更多地从市场上购买,其产品主要不是依靠国家统购统销。据估计,20世纪90年代初期,企业所需的原材料和产品销售的70%依靠市场解决。在商品价格决定上,国家定价产品比重不过30%,由市场决定价格的,在工业消费品零售总额中占90%,在农副产品收购总额中占85%,在生产资料出厂价格中占70%。总的来说,由市场定价的比例已经由1979年的不足9%扩大到90年代初期的80%左右。参见郭哲:《政府与市场》,湖南大学出版社2010年版,第168页。

源配置中的基础性作用",党的十八大提出"更大程度更广范围发挥市场在资源配置中的基础性作用"。可以看出,在经济发展的这20年间,我国对政府与市场关系的认识在不断深化,经济运行中政府计划和市场调节两种手段并用,政府与市场的关系处于齐肩并行的模式。

第四阶段是2013年至今,市场在资源配置中起决定性作用的目标确立。十八届三中全会公报指出,经济体制改革是全面深化改革的重点,核心问题是处理好政府和市场的关系,使市场在资源配置中起决定性作用和更好发挥政府作用。相比过去使用的"市场在资源配置中起基础性作用"的提法,现阶段的定位极大地提升了市场机制的重要性。世界经济发展的历史也充分证明,在商品经济条件下,市场对资源配置是最有效率的。但是,市场本身也有其弱点和不足之处,市场调节也会具有短期性、滞后性、不确定性等市场缺陷问题,即我们通常说的市场失灵问题的存在。这要求在社会主义市场经济条件下,也必须由政府对经济进行宏观调控,更好地发挥政府的作用。政府的职责和作用就是要保持宏观经济的稳定,加强和优化公共服务,保障公平竞争,加强对市场的监管,维护市场秩序,推动经济社会可持续发展,促进共同富裕,弥补市场失灵。[①]可见,在当今我国经济发展的新阶段,在政府与市场的关系方面,市场是优先的、决定性的,政府是候补的、辅助的,政府的经济干预行为应该是审慎的,要以市场调节失灵的领域为限。

三、"救市"举措中我国政府与市场关系的认识

(一)政府积极履行干预市场的经济职能

政府职能是政府在依法对国家政治、经济和社会公共事务进行管理时应承担的职责和所具有的功能,其中经济职能是政府非常重要的职能之一。经济职能是政府为了国家经济的发展,对社会经济生活进行的组织和管理,包括宏观调控和市场监管两大内容。2015年6月开始的股票市场的断崖式暴跌,对银行等金融机构的资产安全已构成威胁,[②]对这样突如其来的市场危机如不及时予以干预,极易酿成系统性的金融危机,从而对我国的整体经济产生极大的破坏力。

---

① 参见《习近平:关于〈中共中央关于全面深化改革若干重大问题的决定〉的说明》,http://cpc.people.com.cn/n/2013/1116/c64094-23561783-4.html,2015年10月16日访问。

② Capital集团经济学家王志浩指出,2015年上半年银行对非银行机构的贷款增加了3万亿元人民币,这一部分钱大部分是流到股市的。参见陈健:《从"疯牛"到"股灾"的反思》,载《上海金融报》2015年7月14日。

为了稳定股票市场,弥补市场失灵,缓解市场的悲观情绪,我国政府在6月到8月的两个多月时间里,积极履行国家经济管理职能,由"一行三会"牵头,有近十个部门参与组成"救市国家队",采取了几十种类型各异的干预市场的"救市"举措,以积极应对股票市场的突发危机。

从国际经验看,由于奉行不干预的自由主义经济政策,1929—1933年的世界性经济危机爆发之时,以胡佛总统为代表的美国政府克制干预,尽量让市场自行恢复,结果使危机拖延了较长时间,直到"罗斯福新政"才使美国走出泥沼。近些年,在吸取了相关经验教训后,美国、日本和欧洲的央行都曾出手买入股票和释放信贷以扭转股市暴跌的局面。① 因此,我国政府在股市危机时刻积极"救市",既符合国际市场惯例,又符合更好发挥政府作用这一理论上的新进展,②且对稳定股市和国家整体经济具有重要的实践意义。

(二)政府与市场的关系仍存在实质上的缺陷

1. 市场的决定作用未受到应有的尊重

2013年召开的十八届三中全会通过的《中共中央关于全面深化改革若干重大问题的决定》的报告中,就有关政府与市场之间的关系问题已经作了非常明确的定位,就是要使市场在资源配置中起决定性作用。理论和实践都证明,市场配置资源是最有效率的形式。市场决定资源配置是市场经济的一般规律,市场经济本质上就是市场决定资源配置的经济。健全社会主义市场经济体制,就是要在遵循这条规律的前提下,着力解决市场体系不完善、政府干预过多和监管不到位问题。市场起决定性作用要求市场主体的地位平等,市场主体交易自由,市场交易的规则法定;政府对市场的干预应是辅助性的,以间接干预为主,以恢复和实现市场的自我调节功能为目标。具体到2015年我国股市暴跌,有关部门、机构的"救市"举措、干预方式整理如下:

部门	救市举措	干预方式
证监会	(1)暂缓新股发行 (2)限制上市公司控股股东及董监高减持股份 (3)查处内幕交易、操纵市场,打击恶意做空 (4)放松产业资本增持股份的限制 (5)控制清理配资节奏	直接干预

---

① 参见林然:《各国"救市"招数借鉴:不只是买入》,载《股市动态分析》2015年第30期。
② 参见《习近平:关于〈中共中央关于全面深化改革若干重大问题的决定〉的说明》,http://cpc.people.com.cn/n/2013/1116/c64094-23561783-4.html,2015年10月16日访问。

(续表)

部门	救市举措	干预方式
银监会	(1) 对已到期的股票质押贷款与客户重新确定期限 (2) 调整证券投资的风险预警线和平仓线 (3) 鼓励银行为证金公司提供同业融资	直接干预
保监会	提高保险资金投资蓝筹股票的资产比例	直接干预
证金公司	(1) 申购基金、购买股票 (2) 为券商提供融资	直接干预
国资委	(1) 中央企业不得减持所控股上市公司股票 (2) 支持中央企业增持股价偏离其价值的所控股上市公司股票	直接干预
财政部	(1) 股市异常波动期间,财政部在履行出资人职责时,承诺不减持所持有的上市公司股票 (2) 要求中央管理的国有金融企业不减持所持有的控股上市公司股票 (3) 支持国有金融企业在股价低于合理价值时予以增持	直接干预
中央汇金公司	(1) 在股市异常波动期间,承诺不减持所持有的上市公司股票 (2) 要求控股机构不减持所持有的上市公司股票,支持控股机构择机增持 (3) 在二级市场买入 ETF	直接干预
中金所	(1) 大幅提高卖出持仓的交易保证金 (2) 限制指数期货客户日内单方向开仓交易量 (3) 加强"异常交易行为"监管 (4) 单日开仓交易量不能超过 10 手 (5) 提高各个合约品种的保证金各 10% (6) 平仓手续费由万分之一点五增至万分之二十三 (7) 实名制	直接干预
央行	(1) 降低存款准备金率和利率 (2) 重启逆回购 (3) 为证金公司提供流动性支持	间接干预
公安部	会同证监会排查恶意卖空股票与股指的线索	直接干预

由上可见,各部门的"救市"举措和干预方式主要都是直接作用于市场的,多是对市场和市场主体的支配和控制,间接的宏观调节性的措施较少。各部门齐上阵,全面干预市场。中金所采取的大幅提高卖出持仓的交易保证金、限制指数期货客户日内单方向开仓交易量、提高各个合约品种的保证金等改变市场交易规则的举措,限制了市场主体交易自由的基本权利。国资委、财政部要求央企不减持上市公司股票等,也在一定程度上扭曲了市场的基本供求机制。从市场发展的方向看,这些直接干预的举措是有碍市场秩序和市场制度环境稳定的。这

与我们现在对政府与市场关系的定位是有矛盾的,并没有体现出市场的决定性作用,反而更多地反映出政府的主导作用,市场的决定性作用的目标定位没有受到充分尊重和遵循。

2. 政府对市场的监管与规范作用没有更好地发挥

(1) 监管部门对监管信息的掌握不充分。2015年股市危机虽已过去,但引发危机的原因仍是众说纷纭,如外资做空A股论、实体经济疲软论、场外配置清查论、股指期货联动论等,难有定论。有一点可以确定,本轮股市危机确实起源于证监会对场外配资的清查。然而,场外配资的规模究竟有多大? 2015年6月29日,证监会新闻发言人张晓军称,从对场外配资初步调研情况看,通过HOMS系统接入证券公司的客户资产规模约4400亿元。这一数字远低于机构的预测。由于场外配资形式多样化,且数据未公开,目前尚很难统计。有配资公司人士称,考虑到第三方软件平台上运行的伞形配资、信托配资、私募等,粗略估计,规模至少在万亿元以上,甚至可能和"两融"(券商融资融券业务)相当。另据场外配资公司人士估计,目前场外配资包括民间配资和伞形信托。初步估算,配资公司大约有1万家,平均规模约为1亿—1.5亿元,保守估计,整体的配资规模约为1万亿—1.5万亿元。① 这是我国首次将杠杆大规模引入资本市场,场外配资杠杆不透明,缺乏数据,暴露了监管部门的认识不足问题。监管部门本需要加强证券研究,尤其是前瞻性问题的研究。但是,银监会、证监会在这次股市危机之前都没有对整个市场的杠杆资金进行全面的摸底,在这方面明显出现了监管缺位问题,导致后续对市场的配资清理出现了意想不到的结果。

(2) 各监管部门在"救市"行动中缺乏必要的监管协调。自2015年6月底开始的股票市场持续大跌中,"救市"举措分别由几个不同的部门陆续发布和实施:市场流动性提供由央行负责,"两融"资金与证券交易市场由证监会监管,场外配资由银监会监管;险资入市由保监会负责,"救市"资金由财政部负责,央企由国资委监管,由此形成了"一行、一部、一委、三会"的分散监管模式。在这个多头模式下,国资委、财政部都要求央企不减持所持有的上市公司股票,这样就存在部门间的重复监管和监管协调问题。央企主要由国资委负责,财政部要求央企不减持上市公司股票也存在监管错位之嫌。在本次的"救市大军"中,公安部最终也加入进来,会同证监会排查、打击恶意卖空行为。证券交易市场本是由证监会负责监管的,证监会如发现违法证券行为构成犯罪,应移交公安部门侦查,而"救市"中公安部门在市场监管阶段介入确有监管错位之嫌。另外,场外配资

---

① 参见《证监会回应融资客踩踏:强平规模很小,场外配资风险已有释放》,http://stock.hexun.com/2015-06-30/177153723.html,2015年10月17日访问。

由银监会监管,那么本次证监会清理场外配资行动之前是否与银监会进行过事前的监管协调,这是有疑问的。因为从后续的市场发展看,证监会是不太了解场外配资的具体情况的。从以上实例中可以看出,各部门的"救市"行为确实显露出政府在市场监管方面尚存在监管缺位、监管越位、监管错位等深层次的监管协调较弱的问题。

(3) 各部门"救市"行动的制度依据不明确。市场经济是法治经济。但是,在我国已有的《公司法》《证券法》《保险法》《商业银行法》《中国人民银行法》《企业国有资产法》等有关金融市场的法律规范中,均没有涉及股市异常波动的紧急救助预案和处置的法律制度,也没有单独制定类似金融市场危机紧急处置应对的法律制度。因此,2015年"一行、二部、一委、三会"组成的政府"救市大军",在如何界定股市危机、如何采取"救市"举措、采取何种级别的"救市"举措、采取"救市"举措的程序、如何对"救市"举措实施进行必要的监督和效果评估、"救市"举措后期如何退出等方面,都没有明确的法律规范指引。这导致整个"救市"过程中,该不该"救市"、"救谁"与"不救谁"、"救市"是否真正有效、在真实风险与道德风险间如何抉择等问题,一直在考问着政府的"救市"行动。因为没有明确的法律制度标准,这些问题让政府"救市"部门无法有效回应。

从上述分析可以看出,"救市"中的一系列法律问题一直困扰着政府和市场。可以说,政府对市场的监管与规范作用有待更好地发挥。

四、政府与市场关系的理论演进和各国主要"救市"举措比较

政府与市场的关系数百年来一直是社会发展中重要的基本理论问题,也是经济学的重要理论基础。15世纪末伴随着封建制度的瓦解和资本主义生产关系的萌芽、发展,关于政府与市场关系的最初的资本主义经济学说即重商主义,在16世纪中期逐渐形成。重商主义强调政府干预经济,利用国家力量建立工业,发展对外贸易,禁止金银输出,增加金银输入,从而获得和增加出口盈余以积累财富。① 但是,随着资本主义经济的进一步发展,重商主义后为古典自由主义所取代。② 古典自由主义的杰出代表亚当·斯密反对重商主义,认为经济应当靠市场这只"无形的手"来调节,政府只充当"守夜人"的角色。亚当·斯密在其

---

① 参见〔英〕罗杰·E. 巴克豪斯:《西方经济学史》,莫竹芩、袁野译,海南出版社、三环出版社2007年版,第56页。

② 参见荆林波主编:《中国贸易发展报告(2012)》,社会科学文献出版社2012年版,第40页。

《国富论》一书中就主张,个人追求私利的结果自然而然会增进整个社会的利益,社会经济的运行应该交由市场这只"看不见的手"去指挥。① 法国经济学家萨伊也是大力倡导经济自由主义的代表,他认为一个仁慈的政府应当尽量减少干涉,只管好国防、司法以及公共事业就行了。他对政府干预经济持批评态度。② 但是,1929—1933 年爆发的空前严重的经济危机,暴露了市场失灵的问题,主张政府积极干预经济的凯恩斯主义占据了主导地位。凯恩斯主义倡导国家干预,认为国家在危机发生时应当积极地采取各种"救市"举措干预市场以摆脱经济萧条的状况。"看不见的手"并不存在,市场是无法依靠自身的力量摆脱危机的,只有通过政府这双"看得见的手"对经济进行积极干预,才能摆脱经济危机带来的衰退等问题。"罗斯福新政"就是凯恩斯主义成功的一个典型范例。但是,进入 20 世纪 70 年代后,凯恩斯主义无法解释和解决西方国家普遍出现的"滞涨"难题,于是新自由主义学派兴起。新自由主义将市场失灵归因于政府的干预而非市场本身的缺陷,认为政府本身也有难以克服的缺陷,并由此提出了政府失灵的假说。即当政府提供公共物品时趋于浪费以及滥用资源时,政府行为将无法提高经济效率或者使收入分配状况得到改善。因此,新自由主义倡导充分发挥自由市场的作用,主张资源的有效配置只能由市场进行,反对政府过度干预市场。新凯恩斯主义则吸收和借鉴了古典自由主义和新自由主义经济学理论的合理成分。新凯恩斯主义认为,经济面临导致持久性的巨大冲击时,政策干预是必要且有效的,因为市场经济存在固有的缺陷,且经济周期调整的过程运转得较缓慢,政府干预的力度应当大而及时。经过近几百年来有关政府与市场关系的经济理论反思和发展实践检验,新凯恩斯主义已被大多数国家和学者认可和接受,成为许多国家制定政策时的重要参考。新凯恩斯主义在强调政府干预是必要的和有效的前提下,承认市场机制的基础作用,主张对市场的"适度"国家干预。③

以上关于政府与市场关系的不同经济学理论主张主要可以分为自由主义和政府干预主义两大类别,两类不同理论主张的主要分歧在于市场是否具备自我调整能力、政府是否也会失灵、政府干预对经济的长期效果等。它们在这些问题上的观点大相径庭,而这些问题恰恰是政府是否要适时干预市场所需考虑的关键性因素。在长达几百年的世界经济发展中,有关政府与市场关系问题的不同理论主张不断接受实践的检验和洗礼,相互借鉴和融合,最终承认市场机制的基础作用,主张政府要对市场进行"适度"干预的新凯恩斯主义得到世界大多数国

---

① 参见〔英〕亚当·斯密:《国富论》,唐日松等译,华夏出版社 2005 年版,第 497—516 页。
② 参见晏智杰主编:《西方市场经济理论史》,商务印书馆 1999 年版,第 159 页。
③ 参见肖伟:《论证券市场危机下政府救市的适度性》,载《海峡法学》2012 年第 2 期。

家的认可和实施。这也为在不同历史时期,世界各国政府在金融危机中的积极干预实践所证实。

(一) 1929—1933年大萧条中美国主要"救市"举措

随着1929年纽约证券交易所"黑色星期五"股灾的爆发,20世纪最大规模的金融危机拉开序幕。1929年到1932年,美国工业生产总值下降了46.2%,物价下跌了32.6%,失业人数高达1300万,工资下降35%,工厂倒闭家数14万。[1] 美国经济陷入崩溃,生产力水平严重倒退。1933年3月,罗斯福上台后推行新政。"罗斯福新政"主要包括以下几个方面内容:

(1) 对金融业进行紧急救助。首先,实施《紧急银行法》,阻止居民对银行的挤兑,财政部向银行提供救助,大银行共得到总计约30亿美元的贷款支持。其次,制定《银行存款保险法》,由政府对银行存款进行担保,有效恢复储户对金融机构的信心,金融秩序得到积极的恢复。

(2) 推行积极的财政政策。罗斯福政府采取了一系列刺激经济的财政政策,如成立公共事业振兴署、建筑政府工程实现以工代赈、成立农业调整署等。罗斯福还推行了大幅减税计划,有利于经济萧条时期的经济快速复苏。

(3) 实施扩张性的货币政策。"罗斯福新政"实施以后,货币供应量大幅上升,从1933年到1937年,增长了近42%。[2] 宽松的货币政策快速增加了市场的流动性,金融市场的融筹资和资金配置功能都得到了一定的恢复。

(4) 对金融体系进行改革,成立新的金融部门,制定新金融法案。1932年,美国成立了金融重建公司,财政部向金融重建公司提供资金,购买问题金融机构股权,向银行业注资。金融重建公司由此获得被注资银行的投票权,被注资银行在资本充足率达到10%以上时才可以回购股权。1933年,美国又建立了复兴银行公司,给损失惨重的金融机构提供贷款,以使市场能有稳定的贷款资金来源。同年,美国还实施了《格拉斯—斯蒂尔法案》,禁止银行开展证券业务,确立了银行业和证券业分业经营的模式。1934年,美国成立了联邦住房金融委员会,对发放抵押贷款的金融机构加强监管,防范市场风险。

(二) 20世纪80年代日本主要"救市"举措

20世纪80年代,日本的房地产和股市价格不断上涨,金融业大量逐利资金

---

[1] 参见何龙斌:《当前美国金融危机与1929年金融危机的比较》,载《科学对社会的影响》2009年第4期。

[2] See B. S. Bernanke, The Macroeconomics of the Great Depression: A Comparative Approach, Journal of Money, Credit, and Banking, 1995.

纷纷涌入这两个行业。但是,90年代后,由于"广场协议"的签订,日元不断升值,导致日本房地产市场和股市因承受不了市场的压力而暴跌。日本股指从1989年10月到1992年8月比最高峰期下降了63%,①房地产价格在1992年后也大幅下跌。由于资产价格的快速下跌,银行大量贷款无法回收,许多金融机构损失惨重,更有众多中小银行破产。为挽救遭受危机重创的日本经济,消化银行的大量不良资产,日本政府通过定量宽松的货币政策等举措积极"救市",1998年推出财政投融资综合计划,第一次是16万亿日元,第二次是23.9万亿日元的紧急经济对策。这笔巨额支出约相当于当时日本GDP的4%,且后一次的紧急经济对策中有6万亿日元以上的减税和17万亿日元以上的多项公共支出项目,包括了提高公共产品投资、增加科研经费和发展信息技术高科产业等。② 随着银行业危机的持续恶化,日本政府还加大了对金融系统的援助。1998年10月,日本通过《金融复苏法》,政府为该项法案拨款5200亿美元,直接注入问题金融机构。在股票市场上,2002年9月18日,日本央行又作出了令世人惊讶的决定,直接收购11家全国性的商业银行以及4家地方商业银行所持有的市值已大为缩水的上市公司股票,③意图切断股价与银行资本间的纽带,从而消除日本金融危机的重要潜在诱因,并把此举措作为挽救日本金融危机的重大手段,以期稳住暴跌的股票市场,维护日本金融体系的安全。

(三) 20世纪80年代北欧金融危机中的"救市"举措

1985年,北欧国家取消了金融机构的放贷限额,提高了金融自由化的程度。由于金融管制的放松,金融市场投机气氛迅速加剧,芬兰、瑞典、挪威三国的房地产和股票市场泡沫不断扩大。房市和股市的泡沫使银行更大规模地发放贷款,导致银行承担了过高的信贷风险。1991年,利率不断上升,北欧三国的资产价格迅速下跌,经济陷入衰退,不良贷款比值迅速攀升,金融市场危机爆发。危机爆发后,北欧三国果断采取了相应的"救市"行动。1991年,芬兰央行接管了SkopBank银行,随后又将部分银行国有化。1992年,芬兰政府使用公共资金向银行注资,建立了政府保证基金,对银行业进行担保。瑞典动用了140亿美元基金接管了国内最大的Nordbanken银行,还成立了资产处理公司,对银行业不良资产进行剥离出售,缓解银行业的流动性不足。在北欧金融危机的救助中,瑞典

---

① 参见《这次"股灾"非比寻常? 从1989日本股灾、1991台湾股灾看A股走势》,http://stock.591hx.com/article/2015-07-07/0000896212s.shtml,2016年2月18日访问。
② 参见李萍:《浅析20世纪90年代日本反危机政策》,载《东北亚论坛》2015年第1期。
③ 参见闻岳春、蔡建春:《日本金融大地震:央行入市收购股票》,载《证券市场导报》2002年第12期。

向银行共注入资本650亿瑞典克朗,相当于GDP的5%;芬兰共注入资本542亿芬兰马克;挪威共注入资本249亿挪威克朗。① 北欧金融危机中,政府"救市"是较为成功的,在危机出现后便迅速作出应对,避免了像30年代的美国和90年代的日本那样陷入长期衰退。

(四)2008年次贷危机中各国主要"救市"举措

因房地产市场的次级抵押贷款及其衍生品的不断发展,房地产和金融市场的资产泡沫化越来越高。2008年9月,美国次级贷款危机终于集中爆发。先是房利美和房地美两大住房抵押贷款机构被政府接管,其后投行雷曼兄弟申请破产保护、美林被收购、保险巨头AIG接受联邦援助等,危机持续蔓延。受此影响,美股开始大幅下跌,道琼斯工业指数2008年9—12月累计跌幅31.2%,2009年3月甚至一度跌破7000点。② 次贷危机迅速升级为全球金融危机并拖累实体经济,美、欧、日等主要经济体陷入全面衰退,新兴市场经济体增速显著放缓。为了应对金融危机、摆脱经济衰退,各主要经济体纷纷出台巨额经济刺激方案,并大幅降息至历史最低水平,美、英、日等国还配合实施了定量宽松的货币政策。

危机爆发之初,美联储以及欧、日等多国央行开始向市场注资,以解决流动性短缺问题。2007年9月,美联储降低联邦基金利率50个基点,10月和12月又再次降息25个基点;从2008年1月至12月又7次下调了联邦基金利率,由4.25%降低至0—0.25%的历史低点。③ 次贷危机后,美联储历史上少有地大幅度降息,两年内累计下调了联邦基金利率5个百分点。欧洲央行紧跟美联储的步伐,分6次下调欧元区主导利率至1%。日本央行也在2008年10月底开始降息,经过几轮降息后,银行间无担保隔夜拆借利率从0.1%降至0—0.1%,事实上再次实行零利率货币政策。④

除降息外,美联储同时又实施宽松的货币政策,将贴现窗口最长期限增加到了30天,还增加了货币投放,这些举措都积极地增加了市场流动性。2007年12

---

① 参见朱民、边红卫:《危机挑战政府——全球金融危机中的政府救市措施批判》,载《国际金融研究》2009年第2期。
② 参见伍巧芳:《〈2009美国复苏与再投资法案〉及其对我国的启示》,载《江西社会科学》2010年第7期。
③ 参见尹继志:《美联储应对金融危机的货币政策:效果、特点与问题》,载《浙江金融》2011年第9期。
④ 参见《欧洲中央银行宣布将欧元区主导利率下调至1%》,http://news.xinhuanet.com/world/2011-12/08/c_111228655.htm,2016年2月19日访问;《日本央行将银行间无担保隔夜拆借利率降至零至0.1%》,http://news.xinhuanet.com/world/2010-10/05/c_12631105.htm,2016年2月19日访问。

月,美联储与欧洲央行宣布了货币互换协议,此后又与其他14家央行先后达成货币互换协议以稳定美元汇率。

在财政政策方面,美国采取了减税、退税、增加政府支出和转移支付等措施,政府推出的7870亿美元经济刺激计划中有35%是减税。① 同时,美国政府还启动了大规模的银行救助方案,实施直接针对次级债券市场的措施,由政府出资购买一些金融机构持有的不良债券,以避免部分持有大量不良资产的金融机构陷入破产。美联储还通过发放贷款救助一些"大而不能倒"的大型金融机构,如AIG、花旗银行和美林银行等,以防止金融风险的蔓延,从而控制系统性风险。

为减轻危机向实体经济蔓延的不利影响,各国政府还推行了一些宏观经济刺激计划或方案。美国政府采取的宏观经济刺激方案分别是:2008年10月小布什政府实施的7000亿美元不良资产救助计划、2009年2月奥巴马政府出台的7870亿美元的经济刺激计划、美国财政部的2万亿美元金融稳定计划、2009年3月美联储的定量货币宽松政策以及2010年美联储购买6000亿美元长期国债的货币宽松政策。世界其他国家也纷纷出台了各自的"救市"举措。例如,2008年10月,德国公布了5000亿欧元的"救市"计划;法国实施了3600亿欧元的融资计划;英国向银行机构提供了2000亿英镑短期信贷;日本央行创下了单日向市场注资4.5万亿日元的历史记录;俄罗斯向银行机构提供了9500亿卢布的救助金。②

(五)各国主要"救市"政策总结

伴随着金融市场的出现和发展,金融危机的"魔咒"总是在某一区域甚至世界范围内反复上演。尽管引发危机的原因可能大相径庭,但是危机的破坏性却是相似的,都可以令经济崩溃,民生凋敝。正因如此,各国在危机来临时,大都积极采取"救市"举措,以期应对和走出危机,恢复经济发展。比较20世纪30年代至21世纪初世界各国主要金融市场危机的历史和各国政府的积极"救市"举措,各国"救市"采用的手段大都具有多样性和综合性。"救市"举措主要可以分为货币政策、财政政策、金融业的紧急救助措施、金融监管体系的改革和金融危机应对的专门法案等。货币政策主要是降息、公开市场操作和再贷款等。在区域性或世界范围的历次金融危机中,大都可以看到不同国家以降息和再贷款的方式应对危机,降息的力度甚至达到零利率或负利率的水平。财政政策的救助措施主要包括减税、实施大规模购买性支出等宏观经济刺激计划等手段。除了常用

---

① 参见王庆皓:《金融危机中的政府"救市":理论与实证分析》,江西财经大学2011年博士论文。
② 同上。

的货币政策和财政政策,在历次金融危机的应对中,宏观调控手段还包括向金融机构注资、制定金融危机的处置法案、进行金融监管体制改革等。这一系列的救助举措的综合运用,既积极地、间接地介入市场,干预和处置市场危机,又不对市场进行直接的、过度的干预;既注重树立市场的信心,又有重点、有选择地进行经济激励和刺激;既注重当前的市场救助,又重视法制的建设、救助的长期效果以及救助机制的完善。尊重市场的基础作用,以恢复市场调节机制为主体的政府适度干预举措,甚至是后危机时代的制度变革,对危机救助举措的评估,以及救助程序中对政府干预实施的制度监督和检查,这些积极的方面都非常值得我国在处置金融市场危机情况时加以吸收和借鉴。

五、我国"救市"举措之政府与市场关系的思考

2015年股市危机中,我国政府的"救市"历程堪称是证券市场发展中危机处置的一个经典样本。通过对这个样本的分析可知,我国未来政府与市场的关系尚有以下几个方面需要我们认真反思:

(一)坚定市场决定的理念,明确政府干预的目标

在本轮"救市大军"中,各部门各显神通,有直接改变交易规则的,有直接进入市场买入股票的,有禁止减持股票的,有要求增持股票的,有暂停新股发行的等,干预措施可谓多种多样。然而,各部门的"救市"举措所坚持的理念是否清晰、"救市"目标是否明确,是存在很大疑问的。中共十八届三中全会已经明确了政府与市场的关系中,市场是决定性的,政府干预只能在市场失灵的范围内发挥作用。因此,政府"救市"的目标非常清晰,就是通过有效果、有效率的适度干预,将市场从失灵状态调整恢复至正常运行状态,然后政府干预退出。换言之,不能因为市场失灵的出现就将市场调节的决定性地位抛弃,选择政府全方位的干预,扭曲市场本身的供求机制,甚至取代市场调节,而应该以市场决定的理念,明确政府干预的目标是恢复市场的调节作用;否则,会给证券市场遗留下很多问题,阻碍我国证券市场的市场化改革,导致证券市场呈现显著的"政策市"特征,股价跟随市场消息、政策暴涨暴跌,偏离市场本身的价值规律。可以借鉴的是,美国政府在干预中就十分强调政府"救市"的目标是恢复市场的功能。例如,2008年的《紧急经济稳定法案》(Emergency Economic Stabilization Act of 2008)就开宗明义地指出,政府采取"救市"措施的目的是恢复金融系统的稳定性和流动性。[①]

[①] 参见《紧急经济稳定法案》第2条。

所以,通过反思本次政府对证券市场危机处置的经验和教训,我们应该更加坚定市场决定的理念,政府的介入与干预是有限的,其作用和效果也是有限的。在市场正常运行的情况下,应尽量少地动用政府的资源,尽量少地运用政府的权力。政府虽然无时不在,但是在市场规范运行时,要让市场主体感觉不到政府的存在。① 在市场功能出现失灵的情况下,政府干预也要适度,所采取的干预措施要坚持市场思维,明确以恢复市场的正常功能为政府干预的目标,切忌以干预取代市场。

(二) 注重政府干预措施的间接性

政府干预市场的方式可以分为直接干预和间接干预两种。政府的干预直接作用于市场交易主体的为直接干预,政府从较为宏观的角度调节供需的干预方式为间接干预。我国早在党的十五大就已提出要使市场在国家宏观调控下对资源配置起基础性作用,十八届三中全会更是强调要处理好政府和市场的关系,要使市场在资源配置中起决定性作用。现代经济学理论也主张政府要对市场进行"适度"干预,以克服市场失灵、恢复市场功能为取向。这就要求政府对市场实施的干预以宏观角度的间接干预为主,通过市场机制和市场信号,从经济利益上影响和引导市场主体的行为而进行市场调节。其主要方式应是通过市场参数和经济杠杆,如利率、税率、汇率等方式,影响市场的运行和发展。在这方面,我们可以参考和借鉴世界其他国家历史上应对危机时所采取的一些措施。例如,1929—1933 年大萧条和 2008 年次贷危机中,美国政府通过对金融业进行紧急救助,推行积极的财政政策减税退税,实行扩张性的货币政策多次降息,还推行了一些宏观经济刺激计划的"救市"举措,积极从间接的宏观角度为市场提供流动性,预防银行系统性风险,恢复市场信心,维护金融市场的稳定,并进一步阻止经济陷入衰退。反观我国 2015 年股市危机中政府众多的"救市"举措,以央行为代表的宏观间接干预市场的措施较少,而以各个部门为代表的直接干预市场的举措较多,如限制上市公司控股股东及董监高减持股份;股市异常波动期间,财政部在履行出资人职责时,承诺不减持所持有的上市公司股票;要求中央管理的国有金融企业不减持所持有的控股上市公司股票;支持国有金融企业在股价低于合理价值时予以增持;限制指数期货客户日内单方向开仓交易量,公安部会同证监会排查恶意卖空股票与股指的线索等。政府干预直接作用于市场主体,市场主体的交易自由被限制,干扰了市场正常运行的基本供求机制,这样的政府干预就有"过度"之嫌了。因此,在政府与市场的关系中,以市场机制为基础,从长

---

① 参见顾功耘:《政府在经济治理中的职能》,载《经济法研究》2014 年第 2 期。

期发展的角度出发,政府对市场的干预应该以宏观性、间接性的调节措施为主,以保护和恢复市场机制为目标,使政府和市场真正都能各司其职、各扬所长。

(三) 政府与市场互动的法治化

在中共十八届三中全会提出"使市场在资源配置中起决定性作用"和十八届四中全会提出"全面推进依法治国"的背景下,政府对市场的任何介入干预都应于法有据。但是,反观我国本次股市危机处置,政府各个部门实施干预措施的随意性很大。例如,证监会在没有完全掌握市场配资真实状况的情形下出台清理配资的措施;国资委和财政部要求中央企业不得减持所控股上市公司股票;中金所大幅提高卖出持仓的交易保证金,限制指数期货客户日内单方向开仓交易量,提高各个合约品种的保证金和平仓手续费等直接干预市场的举措,都在提出政府与市场互动的法制依据问题。

权力具有天然的扩张性,绝对的权力意味着绝对的腐败。所以,在政府与市场互动的过程中,必须遵循相应的法律制度,以法律制度有效制约权力。要解决政府对市场干预权力滥用问题,避免政府"救市"中的随意性,我们需要通过立法明确界定政府干预的权源、范围、手段以及法律责任等,由法律来划分政府与市场的边界。市场从来不缺乏交易参与者,而是缺乏游戏规则的制定与遵守,所以确保市场规范运行的法治建设非常重要。为此,我们可以借鉴国外一些国家干预金融市场危机的法律成果,如美国20世纪30年代大萧条中的立法《格拉斯—斯蒂格尔法案》,日本在20世纪80年代金融市场危机救助中通过的《金融再生法》和《金融健全化法案》,美国2008年次贷危机后出台的《紧急经济稳定法案》等。我们可以在处置市场危机后,及时反思政府危机干预中遇到的问题和危机处置中汲取的经验,制定如《金融市场紧急状态法》或《金融市场危机干预法》等法律法规,在对"股灾"的认定,对市场流动性危机或系统性风险的认定,政府干预市场的目标、方式、政策工具及退出程序,采取何种级别的救助举措,采取救助举措的程序,如何对救助举措实施进行必要的监督和效果评估,后期如何退出等方面进行立法规范,完善政府与市场互动的法律制度,为预防和处置未来可能再次发生的金融风险,避免政府再次陷入救与不救、如何施救、救助的边界等问题的困境提供法制依据。

(四) 突破路径依赖,规范政府失灵

1993年,道格拉斯·诺斯因其"路径依赖"(Path Dependence)理论成功地阐释了经济制度的演进而获得了诺贝尔经济学奖。路径依赖是指人类社会中的技术演进或制度变迁均有类似于物理学中的惯性,一旦进入某一路径就可能对

这种路径产生依赖。惯性的力量会使这一选择不断自我强化,让人们难以摆脱,人们的一切选择都会受到路径依赖的影响,人们过去作出的选择决定了他们现在可能的选择。路径依赖理论对于正处于经济体制转型过程中的我国来说非常具有现实意义。从计划经济体制向市场经济体制的转型是一个重大的制度变化过程,这个过程是具有路径依赖特征的。自新中国成立至 20 世纪 90 年代初的四十几年间,我国一直施行的是计划经济体制,社会资源配置和经济运行都是依靠政府这只"强有力的手"来规划和指挥。四十几年的运行实践早已使人们对政府产生了隐性的心理依赖,更使政府坚信干预市场为理所当然。政府对市场的干预难以摆脱路径依赖的特性,所以实践中容易产生政府对市场的过度干预问题。在 2015 年股市危机发生后政府对市场的深度干预举措中,我们也能感受到历史路径依赖的负面影响。因此,在政府与市场关系的反思中,我们必须重视制度转型中的路径依赖问题,以十八届三中全会有关让市场在资源配置中起决定性作用的决定为契机,以 20 世纪 90 年代以来我国市场经济体制建设的实践为基础,突破原有的政府指挥市场的历史路径依赖,实现政府与市场关系的路径演化和新型路径创造。

现阶段,要突破原有的政府指挥市场的历史路径依赖,实现使市场在资源配置中起决定性作用的政府与市场关系的新常态,我们必须重视反思理论和实践中的政府失灵问题。以 2015 年股市危机为例,在"救市"资金入场后,买入标的选择和具体操盘方面所浮出的"道德风险"问题,是市场关注的重要焦点。一方面,本次"救市"进程中,证金公司直接买入的对象并非整个市场,而是集中在了部分权重股上,权重股持有者以大型机构为主,对于其他非权重个股则投入过少。"救市"中不公平的问题显现,从而引发了"救市"是"救指数"还是"救流动性"、是救市场还是自己救自己的争论。另一方面,具体参与"救市"操盘的人员有相当一部分来自于各大商业机构,而这部分"操盘手"对于"救市"资金的流量、流向有着更为详细清晰的了解,这也带来了严重的信息不对称。这部分来自各个商业机构的"操盘手"对于"救市"资金的去向,买入个股的价格、数量以及策略都比一般投资者掌握了更多的信息,很有可能存在"操盘手"据此进行其他市场操作或者将信息透露给相关人员或机构的利益输送行为,甚至有"操盘手"用"救市"资金大举买入自己手中所持有的证券,从而拉升其市场价格,使自己从中获益。[①]

美国著名经济学家、诺贝尔经济学奖得主布坎南曾把政府比喻为"拥有独立

---

① 参见《中信证券确认多名高管协助调查或涉违法交易》,http://money.163.com/15/0830/20/B29T0F6P00252G50.html,2015 年 10 月 18 日访问。

利益的巨物",其公共选择理论就认为政府是一个有自身利益的实体,政府失败不可避免。① 政府行为本身不但具有自利性,当存在信息不对称、制度设计漏洞或者缺乏必要的监督机制等问题时,还会产生资源配置低效的政府失灵问题。② 因为政府"救市"中的决策、执行和监督等任何一个环节,都离不开政府部门中的个人行动,所以政府"救市"的实际效果很大程度上要取决于具体决策和执行者能否超越集团利益和个人利益的影响,否则政府行为一旦为部门利益或个人利益所左右,就必然要陷入低效甚至失败的境地。"救市"中出现的利益输送问题,就促使我们不得不反思政府干预市场过程中已经产生的道德风险等政府失灵问题,要尽快通过完善和修补市场的制度漏洞,对"国家队"的"救市"过程进行检查和监督,防止个别机构或个人以"救市"之名行谋部门私利、个人私利之实。法定化的程序控制和有效的监督能弥补政府中的制度缺陷和人性弱点,是提高干预的效率和准确性的重要手段。③ 同时,监督也是解决干预权越位、错位和缺位的重要措施。2008 年美国次贷危机后通过的《紧急经济稳定法案》就确立了政府干预的监督机制。例如,法案规定,总审计长应持续性地对救援计划进行监督,并要每 60 天向国会报告一次;对因财政危机而动用的保证金进行管理;为确保财政部的行动不武断、反复无常,或者不违反法律规定等,政府提供标准的司法审查程序,包括指令性政策和其他救济政策。④

六、结　　语

在 2015 年我国证券市场这场突如其来的危机中,政府各部门采取多举措积极干预市场,政府与市场的关系问题再次成为我们思考的焦点。为纠正与弥补市场机制的局限和缺陷,克服市场失灵问题,政府对经济的适度干预是必要的。但是,我们也必须清楚,政府不是万能的。政府对经济的干预是外在的、人为的,政府的干预行为有可能违背市场的内在规律,打乱原有的市场结构和运行机制,损害市场机制,产生政府失灵问题。我国虽然历经了几十年的市场化道路,但当政府面对危机时,"救"与"不救"、"救谁"与"不救谁"、"通过市场运作"还是"直接介入"以及"道德风险"和"真实风险"这些问题仍然抉择艰难。反思整

---

① 参见闫焱、彭玫:《布坎南公共选择理论与我国政府决策行为》,载《社会科学论坛(学术研究卷)》2007 年第 2 期。
② 参见冯涛、李湛:《政府、市场关系的动态演化与中国经济增长》,载《陕西师范大学学报(哲学社会科学版)》2011 年第 2 期。
③ 参见胡光志、靳文辉:《国家干预经济中政府失灵的人性解读及控制》,载《现代法学》2009 年第 3 期。
④ 参见黎四奇:《对美国救市法案之评价及其对我国之启示》,载《法律科学》2009 年第 1 期。

个"救市"过程,我国政府与市场间的关系问题还有许多需要我们重新审视的方面。正如米尔顿·弗里德曼所言,只有危机才能真正带来改变。这时,一切采取的行动皆来自深层存在的思想。① 只有通过危机中对政府与市场关系的重新审视和反思,准确定位政府与市场的关系,遵循市场决定的理念,完善有关政府与市场关系的法律制度,才能实现危机救助措施的成功蜕变,真正做到政府与市场各归其位、各司其职。

---

① 参见〔美〕杰夫·马德里克:《政府与市场的博弈——20世纪70年代以来金融的胜利与美国的衰落》,李春梅、朱洁译,机械工业出版社2013年版,第1页。

论司法在经济发展中的调整功能

——经济法语境下的思考

姜丽丽[*]

一、引　言

在经济法的基本理论中,经济法奠基于市场经济,为国家干预市场与市场干预国家的有机统一体,而现代意义的经济法体现了政府的管理职能,[①]亦即政府代表国家行使"无形之手"之职能。因此,经典的经济法概念认为,经济法是国家管理市场或经济的法。[②] 在经济法律关系的构成上,作为主权代表的国家和政府为恒定的一方,包括企业在内的经济组织以及中介组织则为另一方,而后者在某些条件下又具备一定的管理职能,可视为国家在一定领域的替代物。对于司法在经济法语境下与市场、政府之间的关系,现有的研究着墨不多,学界对此也主要围绕与市场秩序规制有关的反垄断行为、反不正当竞争以及与消费者权益保护有关的诉讼案件展开。在政府与市场的关系问题上,司法仅起着协助经济法实施的辅助作用。然而,事实上,由于我国经济体制改革的特殊历程,司法的个案裁决乃至规则确立,出人意料地发挥着经济法意义上的"调整"[③]功能。本文拟通过梳理三十余年来司法工作的整体脉络,力图展现司法在经济体制改革及经济法体系发展过程中的调整思路,以更客观、全面地评价司法在"政府—市

---

[*] 姜丽丽,华东政法大学2015级博士研究生,江苏省无锡市中级人民法院审判员。
[①] 参见顾功耘主编:《经济法教程(第三版)》,上海人民出版社、北京大学出版社2013年版,第31—33页。
[②] 同上书,第40—41页。
[③] "调整"一词的说法系考虑了司法的中立性品质,在立场上有别于政府干预、管理市场的角色定位。

场"关系构建中的价值,以及司法在经济法中的地位和作用。

二、对现有观点的梳理及述评

经济法虽然是调整国家管理经济之法,但构成经济法领域的经济法律规范除了大量的行政法律规范外,还有适当的民事和刑事法律规范。因此,无论建构经济法理论基础的观点如何不同,①都不否认从政府与市场的相互干预关系这一基本立足点衍生出经济法律关系的二元结构,即以功能个体间的准私法性质的经济法律关系和以政府为一方主体的准公法性质的经济法律关系,前者如消费者权益保护法中经营者与消费者的关系、反不正当竞争法中经营者之间的关系,后者如反垄断法中反垄断执法机关在执法中产生的与企业间的法律关系等。② 经济法理论界对司法在准私法性质法律关系中的调整功能并无太大质疑,对程序规则的架构与裁判理念也多有建言,分歧主要聚焦于对准公法性质法律关系的调整方面,由此形成了司法节制主义和司法积极主义两种截然不同的立场。

(一) 司法节制主义立场下的非主流作用

1. 经济法对社会整体利益的调整超越司法个案解决的模式

经济法涉及市场准入、企业社会责任、宏观调控、不正当竞争关系和垄断、社会分配等问题,已经不再是单纯的传统诉讼法律关系中的当事人之间权利义务的较量,而是影响极其广泛的社会群体之间的利益衡量。③ 从司法受理的案件类型而言,关涉到经济法领域的比较常见的案件类型主要是反不正当竞争关系、反垄断的案件或者消费者权益保障的案件,数量少,可受理法院不具有普遍性。司法在解决经济法领域纠纷的作用上并不如解决私人之间的经济关系纠纷那么重要,"经济法作为部门法,其对区域和市场结构矛盾或失衡的调整,超越了传统的行为控制理论思维和制度模式"④。经济法对市场经济的整体关注,远远超出司法纠纷可以解决的管辖范畴。特别是在我国,既无违宪审查制度,经济公益诉讼也主要停留在理论探讨层面。更不用说,即使是存在违宪审查制度的国家,以

---

① 例如,北方经济法学派认为,经济法基本理论架构为经济法总论、宏观调控法与市场规制法;南方经济法学派则认为,经济法基本理论架构还应涵盖市场运行监管法、国有经济参与法、对外经济管制法。
② 参见刘水林:《"需要国家干预"的整体主义解释》,载单飞跃、卢代富等:《需要国家干预:经济法视域的解读》,法律出版社 2005 年版,第 42—47 页。
③ 参见甘强:《经济法作为部门法确立之后的几点思考》,载《经济法论坛》2013 年第 1 期。
④ 陈婉玲:《经济结构调整对传统行为控制理论的超越》,载《法学论坛》2014 年第 2 期。

美国为例,司法在宏观调控、市场监管领域也并不总是显得那么积极。由此可知,经济法的现代性决定了司法不可能居于主导地位。

2. 经济法对市场管理的要求超越司法裁量能力

以波斯纳为代表的观点认为,法院应当从世俗争论中抽身,严格依照法律规则办案,法官应该明确自己并非政治家、不行使自由裁量权、不考虑社会后果,并可据此要求不被干涉。理由是,法院与市场规制部门在信息获取方面存在差距,法官在市场管理方面缺乏专业知识,为避免决策失误、掣肘市场规制部门的决策效率和效果,应采取"超脱"策略。①虽然这种司法"超脱主义"是以对行政行为进行司法审查为讨论背景,但的确切中了司法在面对分工复杂、日趋专业的市场管理领域时实力不济的短板。看上去,似乎司法对市场进行专业判断缺乏规制主体所具备的复杂分析和专业判断的能力,②因而在"市场—政府"的经济法关系结构中,司法应被排除在外。

3. 经济法以行政执法为主导的实施机制优于诉讼机制的发挥

经济法是社会秩序法,实现方式以事前责任担当为主。在实施机制上,经济法主要表现为以行政执法为主导,以私法(诉讼)为辅助。在司法理念上,经济法体现出法益保护上的积极能动。规制中大量出现的执法司法化以及在司法过程中的一定的能动性就是对此的回应。③ 现实中,绝大部分的市场行为由市场管理主体——政府或者其授权的部门监督管理,经济管理过程中的纠纷绝大部分在行政执法程序中优先得到处理,司法仅仅以最后的监督者角色出现。

(二)权力约束和权利自治视角下的司法积极主义

1. 经济法与宪法的协调发展需要司法审查

有观点从经济法与宪法协调发展的角度,提出法院应通过司法审查提升两者关系的一致性和协调性。④ 但是,我国对抽象行政行为的司法审查仅限于规章以下的规范性文件,且为附带性审查,目前也不存在对立法审查探讨的空间。对抽象行为的附带性审查,又会遭遇前述以波斯纳为代表的司法节制主义所担忧的专业能力不够的问题。

2. 经济法的基础权利要求充分的权利救济体系

另有观点从经济法的基本权利以及权利救济的角度,展望经济诉讼的进一

---

① 参见波斯纳于2012年7月在芝加哥大学法学院为学院法律经济学首届暑期班所做的演讲。转引自陈若英:《超脱或者应对——法院与市场规制部门的竞争》,载《北大法律评论》2013年第1期。
② 比如,美国大萧条中联邦最高法院对"罗斯福新政"的态度从反对到支持的变化过程。
③ 参见刘水林:《经济法的问题意识、观念基础和本质属性》,载《经济法论坛》2013年第1期。
④ 参见张守文:《论经济法与宪法的协调发展》,载《现代法学》2013年第4期。

步发展,提出国家干预和行业自治都应当是经济法学的研究领域,而目前有关经济法权利(力)范畴的界定都没有有效地将经济法对行业自治中的中介组织的关注反映和体现出来,并指出经济法的基本权利包括经济治理权、经济自治权。前者包括宏观调控权、市场规制权,后者包括经济平等、自由、发展、民主权。该观点提出,权利救济要充分,包括民事诉讼方式、公益诉讼方式、行政诉讼方式以及集体协商抗议等非诉讼方式。① 该观点对司法在经济法纠纷中的作用充满了期待,与传统经济法视野关注权力和干预的角度不同,它从权利和自治的角度进一步充实经济法学的研究内涵,将经济法主体的权利自治与司法救济衔接起来,从微观、具体方面发挥司法对市场经济的治理功能。

3. 公共利益界定需要司法个案介入

还有一种观点从公共利益的认定角度切入,认为在公共利益的界定领域应发挥司法功能。因为公共利益或者说社会整体利益是国家干预、管理市场的目的所在,所以如何界定公共利益也是经济法领域的经典话题。在公共利益的界定模式上,学界存在三种意见:一是主张公共利益由权力机关以"一事一议"的方式界定;二是主张司法机关对公共利益的认定享有最终决定权;三是主张立法机关在普通法律上予以界定。② 此观点肯定了司法机关通过个案阐述公共利益的正当性。在个案的切入方式上,不少经济法学者注意到了公益诉讼这一途径,呼吁建立保障经济法实施的公益诉讼制度。③ "显然社会整体利益的代表并不是唯一的,市场失灵也可以通过非政府组织来解决,甚至在特定情况下如公益诉讼中,个人也可以充当社会整体利益的代表。"④

有学者进一步提出,鉴于实践中违反经济法的案件数量很多,有经济行政案件、违反市场监管法和宏观调控法的经济纠纷案件等,因此法院内部组织结构的设置应该与经济法的调整对象的特殊性相对应,建议重建人民法院新的经济审判庭。⑤ 实践中,事关经济法领域的一些纠纷主要交由商事审判部门或者知识产权审判部门、涉外商事部门处理,比如涉及不正当竞争案件、商业秘密案件、反垄断法的实施等事关市场经济秩序的案件,由于在司法理念、裁判方法上以及实施保障方面与一般的民商事案件差异很大,不仅扰乱了法官的专业思维判断,也制约了司法在经济法实施中作用的发挥。

---

① 参见鲁篱:《论经济法的基本权利(力)范畴体系》,载《经济法研究》2013 年第 1 期。
② 参见石英、王勇:《经济法视野下公共利益保护的法律限度》,载《当代法学》2012 年第 4 期。
③ 参见岳彩申:《论经济法的形式理性》,法律出版社 2004 年版,第 291 页。
④ 卢代富:《经济法对社会整体利益的保护》,载《现代法学》2013 年第 4 期。
⑤ 参见杨紫烜:《以中华人民共和国宪法为依据制定和实施经济法》,载《经济法研究》2013 年第 1 期。

(三) 观点的总体评述

1. 过于集中在纠纷解决的表象上

总体上,上述观点主要从"纠纷解决"这一静态的、个案的、微观的角度对司法的功能发挥进行论述,既有担忧司法在处理宏观经济政策问题上的专业不足而友善地提出司法克制主义,也有对司法在相关领域创新规则的越界行为提出质疑;既有从经济法的实施机制角度定位司法的辅助功能,也有从公共利益的角度认为司法应对此享有最终的决定权;既有呼吁针对经济法纠纷日益复杂多元而应重建经济法审判部门予以回应,也有从经济法权力、权力范畴体系角度构建私法的救济途径等;既涉及行政诉讼中是否要扩大抽象行政行为审查,以及理论界近年来一直在探讨的经济法公益诉讼的问题等程序性问题,还涉及私人间的经济诉讼中如何判断公共利益这一实体问题。

2. 忽视我国经济法体系形成的特殊背景

事实上,如果将司法放置在政府—市场这一"二元结构"的背景下解读,置于改革开放三十余年来历史发展的动态演变过程中,我们会发现,司法在经济发展过程中实际发挥着特殊的调整功能。所谓调整,是相对于政府管理市场经济的"无形之手"而言的。其特殊性在于,与构筑在发达商品经济基础上的发展路径不同,我国的市场经济是从高度集中的计划经济体制经自上而下的推动转型至市场经济体制,是市场、市场主体、市场规则等基本元素从无到有的培育过程,也是经济法理论体系从零到共识形成的凝聚过程。在此背景下,司法体现了强烈的服从经济体制转型的政策色彩,其调整方式、理念以及手段展现出了与上述观点截然不同的复杂性。

三、司法调整功能在经济发展中的脉络梳理

有学者按照"关系—体制—制度"的线索,以 1984 年、1993 年、2013 年的三中全会为节点,基于政策与司法的紧密关系,揭示历次重要"改革决定"对经济法共识和经济法制度形成的影响路径。[①] 笔者也以此三个节点,通过观察 1980—2015 年的最高人民法院工作报告,并结合我国的经济体制改革和经济法制度的形成路径,分析司法在经济发展中是如何发挥其调整功能的。

---

① 参见张守文:《"改革决定"与经济法共识》,载《法学评论》2014 年第 2 期。

(一) 第一阶段(1978—1983年):经济体制改革服务于政权稳定,司法主要以刑事手段调整规范经济秩序,经济压制色彩浓厚

以党的十一届三中全会为标志,党的中心工作从群众运动转到社会主义现代化建设道路上,对过于集中的经济管理体制进行放权改革,维护政权稳定和恢复经济生产秩序是主要目的,法院主要以刑事手段调整规范经济秩序,体现了浓厚的管制性色彩。

1. 维稳前提下的经济体制改革思路及理论认识

这一阶段的中国社会既面临清理"文革"时期遗留下来的历史问题,同时也要迅速地将"以阶级斗争为纲"的思路转换到国民经济的恢复与发展上。1978年的十一届三中全会决定标志着全国范围内的群众运动结束,全党工作的着重点应该转移到社会主义现代化建设上来,提出要改革过度集中的经济管理体制,指出"我国经济管理体制的一个严重缺点是权力过于集中,应该有领导地大胆下放,让地方和工农业企业在国家统一计划的指导下有更多的经营管理自主权;应该着手大力精简各级经济行政机构,把它们的大部分职权转交给企业性的专业公司或联合公司;应该坚决实行按经济规律办事,重视价值规律的作用,注意把思想政治工作和经济手段结合起来"①。十一届三中全会虽然提出要为过于僵化的经济管理体制松绑,但仅限于管理制度的放开,并未触及产权制度改革,市场经济主体和主体意识依然受到压制。

经济法体系尚处在萌芽阶段,理论基础远未形成。这一时期的改革政策主要还是着眼于微观层面的放权让利,以增强企业活力为中心环节,企业的改革还不涉及根本的产权制度,计划经济体制仍然是国家政权所竭力维护的基础,经济民主、平等、可持续发展等基本理念几乎没有讨论的余地和现实基础,政府与市场的界限划分并没有清晰的主线,一切概念都在不确定之中,在经济领域政治化处理方式十分普遍。

2. 司法通过刑事手段维持管制经济

在"计划""市场""商品经济"等时髦词语还未频繁进入大众视野时,破坏社会主义经济秩序与危害政权稳固被认为具有逻辑关联,导致出现经济问题政治化、刑罚化处理的思维模式,刑事制裁成为维护社会主义经济制度的重要手段,部分经济犯罪罪名以今日的眼光看来是十分可笑的,比如投机倒把罪②。

---

① 十一届三中全会报告。
② 法律意义上的"投机倒把罪"概念是在1979年《刑法》出台后才有的。1979年《刑法》第117条规定:"违反金融、外汇、金银、工商管理法规,投机倒把,情节严重,处三年以下有期徒刑或者拘役,可以并处、单处罚金或者没收财产。"

最高人民法院的工作报告反映了当时较为浓厚的刑事调整的色彩。比如，1980年的工作报告基本着墨于冤假错案工作的复核验收与整顿社会秩序，1981年的工作报告中提到"还依法严惩了一些重大的走私、投机倒把等破坏社会主义经济秩序的犯罪分子"。另外，1982年第五届全国人大常委会第二十二次会议通过《关于严惩严重破坏经济的罪犯的决定》，中共中央、国务院作出《关于打击经济领域中严重犯罪活动的决定》，开展了打击经济领域中严重犯罪的专项活动。这些走私贩私、贪污受贿、投机诈骗、盗窃国家和集体财产等严重破坏经济的罪犯，被拔高到破坏对外开放、破坏搞活经济政策的正确执行、破坏保卫社会主义现代化建设的高度。这一时期的普通经济纠纷案件（不包括民事纠纷），年不过一两万件，主要是"一些企业之间老大难的经济合同纠纷和国民经济调整中新发生的经济合同纠纷"[①]。

这一时期，政府继续扮演着无所不能的全能型角色，虽然企业有更多的被下放经营管理自主权，但市场经济的主体身份和经济自由仍然受到压制，社会主义经济秩序与维护政权持续稳定的逻辑联系，导致对不符合计划经济体制的自由做法以刑事手段进行调整，体现了浓厚的管制性色彩。在自由市场的力量尚处萌芽期间，司法通过刑事制裁的手段维持管制经济。

（二）第二阶段（1984—1992年）：市场经济的"二元结构"基础逐渐形成，司法对经济调整的压制性色彩逐渐减弱

十二届三中全会决定建立有计划的商品经济，以增强企业活力为改革的中心环节，系统推进经济体制改革；市场经济的"二元结构"基础逐渐形成，财税体制、价格体制、金融体制等宏观调控领域的基本架构得以建立，经济法的相关制度共识形成；司法的调整重点、方向仍然延续了前一阶段的基本立场，但逐步从压制自由经济走向放宽和规范。

1. 市场经济的"二元结构"制度共识逐渐形成

1984年的十二届三中全会强调增强企业活力是改革的中心环节，提出"要使企业真正成为相对独立的经济实体，成为自主经营、自负盈亏的社会主义商品生产者和经营者，具有自我改造和自我发展的能力，成为具有一定权利和义务的法人"[②]，进一步放开企业自营自主权。这"不仅推动了民法上的法人制度的建立，也培育了经济法上的调制受体，进而为经济法上的宏观调控和市场规制所需要的市场体系奠定了基础"[③]。这一时期颁布了大量的经济法规，政府管理经济

---

① 1982年最高人民法院工作报告。
② 十二届三中全会报告。
③ 张守文：《"改革决定"与经济法共识》，载《法学评论》2014年第2期。

的权力受到削弱和限制,同时许多其他重要的经济法制度也不断出现,奠定了宏观调控的基础框架。

"政府—企业"关系的定位,实则是对政府与市场的关系、市场经济主体经济自由权与政府管制市场边界的一次重大制度共识,促使理论界关注市场经济主体的经济自由权。市场主体的发展与国家宏观调控框架的初步建立,相应影响了经济法理论共识的建立,但是歧见大于共识,比如经济法与民法、经济法与行政法的理论区分尚处于混乱状态,而市场经济的政府与市场"二元结构"逐渐出现区分轮廓。在经济法理论共识和制度框架的迅速形成期,从计划经济体制向社会主义市场经济体制的过渡期,司法调整表现出经济管制、培育市场经济主体与规范市场竞争秩序等多重特点。

2. 司法调整在经济管制与经济自由之间的界限不明

一方面,司法站在保障经济建设的高度,将打击严重破坏经济犯罪的行为作为经济调整的首要手段,刑事制裁范围凸显政府与市场之间的激烈博弈。1984—1992年最高人民法院的工作报告无一例外地将严厉打击经济犯罪分子作为保障经济建设的重头工作,置于工作报告的首位。这一阶段经历了两次"严打",将对经济犯罪的打击上升到了保障经济建设而非稳定政权的高度。在当时的历史背景下,专政和阶级斗争思想惯性十分顽强,对于自由市场发展过程中出现的各种违法甚至犯罪现象,以阶级斗争的思维而不是以经济学上的"自私的人"看待和处理,这直接导致当时经济调整的重刑主义倾向。多份报告中就将贪污、诈骗等犯罪视作受资产阶级自由化思潮的影响,使用"不劳而获想致富"等表述。①

另一方面,在从完全管制的计划经济体制转向对市场的宏观调控过程中,游移的政策红线导致罪与非罪的界限十分模糊,"走私、贪污、投机倒把、非法经营罪"是这一阶段经济犯罪中的高频词;政策上对"政府—市场关系"的阶段性认定,导致了刑事打击的偏差,曾一度出现"改革家纷纷落马"现象。如何界定单位

---

① 例如,1986年最高人民法院工作报告中就资产阶级思想的腐蚀和毒害问题进行了长篇鞭挞:"我国绝大多数人民的生活已经有了改善,一部分有了很大的改善。现在有些人走上严重犯罪道路,并不是由于生活困难,主要是由于资产阶级腐朽思想的侵蚀。唯利是图,不顾一切地'向钱看'是最严重的思想侵蚀。为了捞钱,有些人就不择手段,不顾国格人格,出卖国家机密,出卖国家利益,践踏党纪国法,什么卑鄙龌龊、伤天害理的事都干得出来。有的单位不顾一切地唯利是图,竟然把一些惯犯、在逃犯、骗子和林、江反革命集团的一些骨干分子等等,当做'能人',当做'摇钱树',委以重任,给以大权,让他们拿着巨款、公章、介绍信四处招摇撞骗。为了捞钱,有的企业、事业单位和国家机关巧立名目,以什么'公司''中心'的名义,进行投机倒把、走私贩私、扰乱金融等违法犯罪活动;有的单位执法犯法、知法犯法,有的人甚至不惜与不法商人狼狈为奸。在封建社会、资本主义世界司空见惯的行贿、受贿等丑恶现象,近来竟然在我们的一些地区、一些单位流行开来。许多大的投机诈骗犯所以能得逞,就是因为他们用重金收买了一些干部为他们大开绿灯,大行方便,甚至同他们同流合污、共同犯罪。"

主管人员的贪污行为与分配红利的行为,如何界定地方政府、国有企业走私与发展地方经济的关系,如何认定合同诈骗与正常的经济纠纷问题……面对这些经济体制改革过程中出现的新情况,最高人民法院提出"坚持实事求是的思想路线,在'准'字上狠下功夫"①,要区分缺乏经验发生的差错同违法犯罪的界限,要区分经济上的不正之风同经济犯罪的界限,要区分官僚主义造成的问题同犯罪的界限,要区分在改革、开放、搞活中某些制度、办法不完善而发生的问题同贪污受贿、走私贩私、投机诈骗等犯罪的界限等。赵恒东被控贪污一案②即为上述思路的典型案例。法院认为赵恒东在经手相关款项过程中有些错误做法,但不构成犯罪,后赵恒东被无罪释放。可见,司法运用刑事手段维持社会经济秩序的严厉性已经开始软化,在罪与非罪的个案裁量上显示出审判思维逐步转向承认和尊重市场主体的经济自由权。

3. 司法调整经济关系中的政策性色彩

在政府对经济的管制关系逐步松绑,市场经济主体资格身份、市场行为愈加获得认可的同时,却存在市场秩序规则的缺失问题,③导致无序非法竞争状态,危害市场统一和消费者利益的现象或者案件层出不穷。"不少地方出现一些票霸、菜霸、鱼霸,欺行霸市","大量生产或销售假药、假酒、有毒食品"④,"假冒商标、制售伪劣商品"⑤,"产品质量和假冒、伪劣商品,严重损害消费者利益而引起的纠纷明显增多"⑥等一些实质溢出当时刑法调整范围的犯罪行为。对这类违反市场竞争秩序、损害消费者利益的行为,司法选择以制造、贩卖假药罪,投机倒把罪,假冒商标罪,非法经营罪,以其他危险方法危害公共安全罪,玩忽职守罪进行定罪处罚。这虽然有违罪刑法定的现代刑法原则,但是在当时无序的市场经济规则情形下,法院对经济秩序的调整在刑事手段上也颇有策略和灵活性。

这一时期的司法站在调节社会主义经济关系和经济活动的宏观角度重视和加强经济审判工作。比如,1986 年最高人民法院工作报告中提到,根据经济体制改革的深入进行和国民经济的进一步发展的新形势,人民法院必须把经济审

---

① 1987 年最高人民法院工作报告。
② 1986 年,被告人赵恒东因被指控利用主管省计算机协会翻译、出版、销售科技资料之便,贪污咨询津贴和奖励费等款十万多元,被起诉到沈阳市中级人民法院。参见 1987 年最高人民法院工作报告。
③ 这一时期颁布的经济法规主要有:《土地管理法》(1986 年)、《全民所有制工业企业法》(1988 年)、《中外合作经营企业法》(1988 年)、《烟草专卖法》(1991 年)、《外商投资企业和外国企业所得税法》(1991 年)、《关于发展高产优质高效农业的决定》(1992 年)以及《关于加快发展第三产业的决定》(1992 年)等。参见顾功耘主编:《经济法教程(第三版)》,上海人民出版社、北京大学出版社 2013 年版,第 245 页。
④ 1986 年最高人民法院工作报告。
⑤ 1989 年最高人民法院工作报告。
⑥ 1990 年最高人民法院工作报告。

判工作放到调节社会主义经济关系和经济活动的高度上予以重视和加强;1990年最高人民法院工作报告提到,深化改革和社会主义经济建设服务的方针,调整经济关系,积极主动地为经济建设服务;1991年最高人民法院工作报告提到,全国各级法院坚持为改革开放和发展经济服务的指导思想,制裁违法经营、破坏经济秩序的行为,促进商品市场的健康发展。这一时期,最高人民法院工作报告的用词带有强烈的为经济体制改革保驾护航的政治使命感。

司法在经济领域中的调整功能虽然借助于民商事审判展现,但其调整领域及调整思维却紧随政策形势,其整体工作体现了强烈的公共利益色彩:(1)配合整顿市场主体,①对党政机关和事业单位开办的"四无公司"债务,通过司法解释确立清理规则。(2)推进产业结构调整,在实践中主要表现为市场主体按计划有序退出,即政策性破产。(3)维护金融秩序。② 1989年最高人民法院工作报告明确提出,要维护和促进资金流转,同时建议将民间借贷纳入法制轨道,推动金融监管。(4)监管市场监管者等,③从行政诉讼角度强调加强对市场监管者的监管。(5)统一市场规则要求,认识到地方保护主义导致的地区封锁和市场分割与社会主义有计划商品经济和国内的统一市场不相容,④颇具市场经济的法治理念意识。其所涉及的调整范围,所对应的正好是市场经济所需的平等主体,要求政企分开、企业具有独立人格,市场经济所需要的畅通的进出机制,即优胜劣汰的竞争机制,市场经济运行中至关重要的金融及监管问题,以及对市场监管者的监管问题,与经济法的基本理论研究相对应。

4. 司法辅助培育市场主体、确立市场规则

我国的经济体制改革和对经济法基本理论的认识,是在高度管制的计划经

---

① 比如,1988年最高人民法院工作报告中就写道:"1984年下半年以及1985年上半年,许多'四无公司'一哄而起,一些党政机关和事业单位也纷纷经商办企业。这些'公司'、企业有不少负债累累。1985年8月,国务院发出关于进一步清理和整顿各类公司的通知;1986年2月,中共中央和国务院又发出关于进一步制止党政机关和党政干部经商办企业的规定。经过整顿,一些'四无公司'的执照被取消了,党政机关与所办企业脱钩了,但这些'公司'、企业遗留下的债务纠纷很多,起诉到法院后,有的找不到被告;有的'要钱没有,要命一条';有的主管机关不负责清偿债务。对这样的纠纷,法院判决后,无法执行。我们认为,党政机关和事业单位开办的企业停办或脱钩后,应当按照中央、国务院有关规定,承担其开办企业的经济责任和法律责任。"

② 1989年最高人民法院工作报告中就提到,出现生产、经营性借贷多、金额大、利率高等方面的变化,人民法院依法保护民间正当的借贷关系和债权人的利益,积极扶持个体经济的发展,维护和促进资金的流转,限制和取缔高利盘剥。为了使民间借贷纳入法治的轨道,我们建议在国家制定民间借贷法律以前,由省、自治区、直辖市人大根据需要和可能,制定地方性法规。在此后的报告中,"维护金融秩序稳定"成为高频词。

③ 1993年最高人民法院工作报告中加强对市场监管者的监管和行政诉讼;加强对侵犯企业生产、经营自主权和向企业乱收费、乱摊派、乱罚款等案件的审理,维护企业的合法权益;加强对土地、工商、税务、环保等行政案件的审理,促进商品的生产和流通。

④ 参见1991年最高人民法院工作报告。

济基础上,从自上而下的改革推动中发展起来的,面临的情况复杂、特殊,在划分政府与市场边界的同时,还需竭力培育参与市场经济竞争的主体,确立市场运行的规则。所以,司法的调整并不是在制度规则准备充分的情况下悠然自得地适用,而是从政治的高度,结合政策,"灵活适用"现有可见的法律,必要时通过作出司法解释,调整经济关系和经济秩序。这种调整高度配合着国家经济体制改革的战略。

这一时期的司法工作重点围绕解放和发展生产力这一主旋律,以"是否有利于生产力的发展"这个政治经济色彩浓厚的口号开展工作,坚持审判工作为经济建设服务的指导思想。通过审判活动,促进社会主义市场经济体制的建立和完善,依法保护有利于解放和发展生产力的行为,限制不利于解放和发展生产力的行为,制裁那些破坏解放和发展生产力的行为。这一时期的司法通过强硬手段整顿混乱的经济秩序,确立和维护市场经济规则。

(三) 第三阶段(1993—2013 年):市场基础性地位确立,司法在市场准入、行为自由、竞争公平等方面的调整理念趋向宽松自由

十四届三中全会确定建立社会主义市场经济体制,使市场在国家宏观调控下对资源配置起基础性作用。会议对市场经济的理论和相应制度的阐述,影响了经济法的基本理论体系和内容的建立。司法对经济发展的调整,体现了与国家宏观调控和市场秩序规制的密切配合,在市场准入、行为自由、竞争公平等方面的调整理念趋向宽松自由。在社会公共利益的目标下,司法的政策性表现尤其明显。

1. 市场基础性地位的确立与经济法共识的凝聚

与 1984 年的改革决定所确立的有计划的商品经济不同,十四届三中全会决定明确建立社会主义市场经济体制,使市场在国家宏观调控下对资源配置起基础性作用,并阐述了市场经济的理论和相应制度,提出了国际共同的经济法理论和制度基础,经济法理论共识逐渐形成。在政府和市场关系方面,强调建立适应市场经济要求的现代企业制度,构建符合市场经济要求的政企关系,为市场经济主体的培育奠定基础;在资源配置方面,发挥市场机制在资源配置中的基础性作用,培育和发展生产金融市场、劳动力市场、房地产市场、技术市场和信息市场等要素市场,放开对市场的管制,从而使"经济法要以现代市场经济为基础"成为学界共识;在市场竞争规制方面,提出规范市场行为,打破地区、部门的分割和封锁,反对不正当竞争,创造平等竞争的环境,形成统一、开放、竞争、有序的大市场,从而确立了经济法调整的市场体系基础;在政府职能方面,强调建立以间接手段为主的完善的宏观调控体系,保证国民经济的健康运行,从而更加明确了作为经济法主体的政府的宏观调控职能。① 这一时期的经济立法非常迅速，在宏观调控，包括财税立法、金融监管领域，以反不正当竞争法、反垄断法和消费者权益保护法为代表的市场秩序规制领域，乃至国有经济参与法方面，颁布了大量的法律、法规、规章乃至其他规范性文件。这些经济立法活动弥补了市场运行的自身缺陷，促进了经济体制改革的法治化运行。也就是在此阶段，经济法与民商法、行政法等部门法相互补充、共同发展，构筑起一个成熟而完备的社会主义法律体系。②

2. 司法工作思路整体转变

理念既定，则方向明朗。这一阶段，司法的重心事实上已经转到经济体制的转型和保障经济建设上来，刑事打击手段更多地以维护社会稳定和保障国家宏观调控转型，而非过多地以维护政权稳定的名义；经济审判工作很大一部分围绕国企改革、农村土地承包经营权的流转、维护金融秩序、防范金融风险、保障市场公平竞争秩序等展开，以确保社会主义市场经济平稳、健康发展。审判工作重点紧贴全局的经济形势，并适时而动，采取更加灵活的调整方式，这种灵活性又呈现出带有某种倾向性的非中立性。在2008年的次贷危机中，司法在经济调整中的能动作用或者说政策性偏好表现得更加明显，中国特色的司法能动主义也是在那次危机后确立起来的。

以改革、发展、稳定为工作思路，以配合国家经济体制的进一步改革和经济发展的宏观战略，这从历年的最高人民法院工作报告对工作的总体概括和围绕经济发展履行审判职能的主题词的表述变化可见一斑。对工作报告中的主题词、关键词的运用意味深长，暗含着立场、态度转变的信号问题。比如，1997年的工作报告就开宗明义地提出坚持审判工作为改革开放和社会主义现代化建设服务的指导思想；1998年的工作报告的主题词是围绕"保障改革、促进发展、维护稳定"的基本任务，开展各项审判工作；1999年的工作报告提出坚持"三个至上"的工作指导思想，坚持为大局服务、为人民司法，及时把握国内外经济社会发展的新变化，坚持服务大局，依法保障经济社会又好又快发展；2010年的工作报告紧紧围绕党中央关于"保增长、保民生、保稳定"的战略决策，为促进经济平稳较快发展与社会和谐稳定作出了积极努力。上述报告开篇的主题词中，很明显地将审判工作与经济社会发展紧密联系起来。这一阶段，由于统一了经济体制改革的方向，确立了社会主义市场经济的总体发展思路，形成了经济法理论的基

---

① 参见张守文:《"改革决定"与经济法共识》，载《法学评论》2014年第2期。
② 参见顾功耘主编:《经济法教程(第三版)》，上海人民出版社、北京大学出版社2013年版，第250页。

本共识,尽管对私有制的定位问题还处于一个逐渐深化的过程,但是整个国家的工作重心从前一阶段的以政治为纲转向以经济建设为重心,并影响了经济审判的工作方向。

3. 刑事制裁目的回归本源

这一阶段,对刑事打击的重点回归到维持社会和经济秩序稳定,并不过分地与政权稳定联系起来;对经济犯罪领域的审判也逐渐从意识形态分歧中分割出来,回归其本来的经济性色彩,即通过严厉的刑事调整手段稳定经济秩序,进而实现政治稳定的调整思路被抛弃了。纵观这一阶段的经济犯罪案件,除贪污、贿赂、挪用公款外,走私、偷税漏税、非法集资、虚开增值税发票、金融诈骗、制售假冒伪劣商品等破坏税收管理秩序、金融管理秩序、市场竞争秩序的犯罪较为常见,这与保障我国当时的金融、财税、外贸外汇体制改革密切相关,投机倒把罪也随着1997年《刑法》的修订销声匿迹。司法在经济犯罪领域的调整,已经从单纯的维持市场领域的准入、流通秩序转向到对市场和管理部门的兼顾,将犯罪归结为资产阶级自由化、享乐主义的说法也消失了,刑事制裁的政治性色彩减弱,经济性色彩增强,反映了思路从改革到公平、从经济体制改革到转变经济增长方式、从转性到优化的变化。

4. 经济审判目的转向

在配合国家经济发展的基本战略过程中,司法在经济发展中的调整主旨从经济体制改革转向促进经济发展。一系列关于审判工作与经济发展关系的表述表明,司法竭力在经济发展领域增加分量:1994年最高人民法院工作报告提到,运用司法手段调节经济关系,保障市场经济的发展,加强对金融纠纷案件的审理,为国家宏观调控提供司法保障。[①] 1997年最高人民法院工作报告的主题为依法调节经济关系和其他社会关系,保护公民、法人的合法权益。1998年最高人民法院工作报告提到,金融是现代经济的核心;依法审理金融纠纷案件,加强金融法治。1999年最高人民法院工作报告提到,发挥审判职能,防范金融风险,维护国家经济安全;保障企业改革,运用司法手段,防范和化解金融风险。2000年最高人民法院工作报告提到依法调节经济关系,保障和促进经济发展。2001年最高人民法院工作报告提到,人民法院积极参与整顿和规范市场经济,加强商

---

① 1994年最高人民法院工作报告提到,1994年中共中央、国务院作出加强宏观调控的决策后,最高人民法院对通过审判工作保障宏观调控顺利实施的问题,及时作出了具体部署。各级人民法院针对近年来资金拆借混乱,部分贷款逾期不能收回,造成银行信贷部门资金周转困难的情况,大力开展清理拆借资金和收回逾期贷款的专项审判活动。全年共审结这类合同纠纷案件267853件,比上年上升46.38%。人民法院还依法受理了一批在深化改革、扩大开放中出现的新类型金融纠纷案件。全年共审结股票、债券、票据和融资租赁纠纷案件1838件,比上年上升57.09%,促进了金融市场的发育。

事案件的审理,规范市场行为,维护市场秩序。2003年最高人民法院工作报告提到,依法妥善处理涉及经济秩序与金融秩序的案件,促进经济持续快速健康发展。2004年最高人民法院工作报告提到,依法保护各类市场主体,促进社会主义市场经济健康发展。2007年最高人民法院工作报告提到,充分发挥民事审判职能,促进经济社会又好又快发展。2009年最高人民法院工作报告提到,努力为落实宏观经济政策提供司法保障,高度关注国际金融危机对我国的影响,牢固树立服务大局、执法为民的法治理念,努力为保持经济平稳较快发展提供司法保障,加强对国际金融危机的司法应对。2010年最高人民法院工作报告提到,高度关注经济社会发展的司法需求,努力为经济社会又好又快发展服务。2011年最高人民法院工作报告提到,加强商事审判工作,依法促进经济平稳较快发展。

  法院在经济发展中的调整脉络大致可概括为从调节经济关系到规范、保障、促进经济发展,其要旨在于从继续回应经济体制改革的路线政策,到社会主义市场经济法律基本建立、改革的基本框架得到落实后,关注市场主体的利益,从积极运用司法方式促进国有企业改革、金融体制改革、住房制度改革、粮食流通体制改革、社会保障体制改革等重大改革措施的贯彻落实,到平等保护市场主体的合法权益。从这一点看,司法在经济发展中的着眼点逐渐从宏观过渡到微观,但是这一阶段的调整宗旨还是紧紧围绕改革促进经济建设,司法的"负担"还是比较重的。

  5. 司法的经济调整策略更具灵活性

  权力天生有一种扩张的冲动,司法权也一样。在用司法手段调整经济关系、促进经济发展的过程中,司法权不仅局限于单纯的审判权,也不满足于以司法建议的形式延伸审判职能,因此司法能动主义理念萌生出来。这一时期经历了两次国际金融危机,2008年发端于美国的次贷危机对我国的经济冲击比较大,司法能动主义理念在此背景下被提出。事先介入、灵活裁量、"放水养鱼"等超越司法中立性的做法被摸索出来。尤其是在破产案件的审理中,以维稳之名,要么达到立案标准的不予立案、不予破产,要么强行做好债权人的说服工作,进入破产重整程序。冠以"法律效果与社会效果并举"之名,实际上最后往往两个效果都不好。2009年最高人民法院工作报告中就提到,"各级法院慎用查封、扣押、冻结等强制措施,及时提出司法建议,帮助困难企业渡过难关,积极发挥审判工作为国家宏观调控政策服务的作用"、"审慎处理企业破产案件"等,都与当时的宏观经济形势密切相关。

  (四)第四阶段(2014年至今):市场在资源配置中的决定性地位确立,司法调整更加注重对经济自由的保护

  十八届三中全会提出深化经济体制改革,使市场在资源配置中起决定性作用。在政府与市场的边界划分,税制改革,以及推动经济更有效率、更加公平、更可持续发展①方面,与经济法理论界共识一致,此时司法对经济发展的调整思维从宏观着眼转向关注微观个体,更加注重市场经济下个体的自由和公平。

经济体制改革是全面深化改革的重点,其核心问题是处理好政府和市场的关系,使市场在资源配置中起决定性作用和更好地发挥政府作用。市场的决定性作用的提出,有助于明确市场的定位,使政府与市场、公共利益与私人领域皆可以依据不同的原则和规则,分别向社会提供公共物品和私人物品,由此形成理论和制度的"二元结构"。②

1. 司法更加注重市场自发形成的规则

市场在资源配置中的决定性作用反映在司法理念上,凡是市场可以决定的游戏规则由市场决定,政府一般不直接插手干预,司法的调整思维应遵循市场决定规则论,而非压制。司法面对监管的空白地带,往往秉持消极、中立的态度,等待市场自发规则的形成。这一审判理念在我国首例股权众筹融资案③中得到了淋漓尽致的体现:首先,以《合同法》第 52 条规定判断股权融资合同是否有效,结合《证券法》判断是否属于公开发行证券的情形、是否应落入融资监管范畴;其次,将合同本身与合同的履行分开,从法律技术上回避了股权众筹融资操作中可能涉及的有限合伙人人数超限问题;最后,在违约方及违约责任的认定上,引入了信息披露真实这一理念,也契合了支撑"互联网+时代"健康发展的信用社会、信用经济的关键。由此,案件的裁判理念和技巧已经突破了个案纠纷解决的范

---

① 效率优先、兼顾公平以及可持续发展等原则早已成为经济法的基本原则。参见顾功耘主编:《经济法教程(第三版)》,上海人民出版社、北京大学出版社 2013 年版,第 67—74 页。

② 参见张守文:《"改革决定"与经济法共识》,载《法学评论》2014 年第 2 期。

③ 案情为:原告北京飞度网络科技有限公司旗下的"人人投"是一家股权众筹平台,被告北京诺米多餐饮管理有限责任公司是依托"人人投"平台融资的公司。2015 年 1 月,双方签订"委托融资服务协议",诺米多公司委托飞度公司融资 88 万元,用于开设排骨快餐合伙店。根据双方协议,如成功融资,诺米多公司将支付相当于委托融资金额 5% 的费用。签订协议后,诺米多公司为飞度公司在第三方支付平台充值 17.6 万元的先行融资款项,并完成项目选址、签署租赁协议和公示义务。随后,飞度公司通过"人人投"平台发布股权融资信息,86 位投资者认购了总额为 70.4 万元的股权融资并在"易宝支付"中予以付款。诺米多公司在临近开业前 5 天要求飞度公司拨付融资款时被拒绝,飞度公司提出诺米多公司承租房屋存在违建、无房产证以及租金过高等问题。诺米多公司事后提出,该项众筹融资有 87 位合伙人,有违《合伙企业法》有关合伙人数不得超过 50 人的规定。双方均以对方违约为由互送了解约通知书,合同已经解除,却因赔偿数额争议诉至法院。飞度公司要求诺米多公司支付委托融资费与违约金 10.77 万元。诺米多公司则以违约为由,向飞度公司提出反诉,要求飞度公司返还 17.6 万元并支付相应利息,同时判令飞度公司赔偿诺米多公司损失 5 万元。9 月 15 日下午,北京市海淀区人民法院一审首先确认双方的众筹融资合同有效,同时指出,诺米多公司存在信息披露不实的情况并可能导致交易风险,直接导致交易各方的信任关系丧失,诺米多公司应为合同的不能履行承担更大的责任。故一审判决,诺米多公司给付飞度公司委托融资费用 2.5 万元以及违约金 1.5 万元,飞度公司返还诺米多公司出资款 17.6 万元;驳回原告飞度公司其他诉讼请求;驳回反诉原告诺米多公司其他反诉请求。

畴,直接推动了整个行业的合法化、规则化发展。

正如华尔街所形成的共识,"决定华尔街游戏规则的不是金融机构或者监管机构,而是纽约南区检察院(即华尔街所在地的检察机关)。其原因在于:任何金融产品和金融交易的合法性检验(尤其是罪与非罪)往往取决于检察机关的指控与否,而且由于检察机关启动的是刑事追诉,被指控的嫌疑人面对的不仅仅是金融赔偿等民事责任,还涉及丧失名誉和人身自由等刑事处罚,所形成的压力非同寻常"①。由于司法对纠纷拥有最终裁决权(撇开一部分不起诉的案件),因此也可以这么认为,在市场机制发挥决定性作用的经济体制下,司法最终扮演游戏规则决定者的角色。

2. 更关注平等个体合法权益的保护

比如,2013年和2014年的最高人民法院工作报告中,都提到紧紧围绕"让人民群众在每一个司法案件中感受到公平正义"的目标,加强商事审判工作。依法平等保护各类市场主体的合法权益,为加快转变经济发展方式、实现经济稳中求进提供司法保障,具体细化到破产案件中,不再强调"放水养鱼",而是规范破产程序,保障债权人公平受偿;同时,通过加强对经济社会发展新情况、新问题的司法应对,认真研究服务实体经济、民间借贷等方面的法律问题,及时提出司法建议,积极防范和化解风险。司法对于经济发展的调整,更多地通过顺应司法规律,为经济社会健康发展提供司法保障,突出了"健康发展",隐含的意思是更加尊重市场规律,减少不正当的干预。

综上,三十余年来,我国司法在经济发展中的调整功能具有如下几个特点:

一是从微观个案着手,着眼于宏观。历年来的最高人民法院工作报告,在其关键词句的选用上几乎均可看到"宏观""形势""调控"这些字眼;在个案的解决上,法律效果、社会效果乃至政治效果的统一是案件处理的最佳标准,而这三个效果的评判标准又是与时俱进的,充满了不确定性;个案处理的规则可以扩展到类案,或者通过运动式的司法方式,比如"严打"、专项治理等方式,扩大个案裁量的影响面,意图达到整体性效果。

二是着眼于宏观形势的司法享有较大的调整余地。比如,制定司法解释,或者通过发布其他司法政策性文件"布置"各种理念,以司法政策改变法律,或者在具体的法律适用过程中,过于"灵活"地解释适用法律。由此,延伸出"法大"还是"政策大"以及司法的合法性的争论。但是,不可否认,在市场经济萌芽期,这种遵循市场规律的司法的积极调整还是有其意义的。

三是从发展趋势看,司法的调整功能及调整效果将逐渐脱离"政府—市场"

---

① 萧凯:《美国金融检察的监管功能:以暂缓起诉协议为例》,载《法学》2012年第5期。

中的政府一级,而更加尊重市场效果,即重视市场主体、市场行为、市场秩序等方面的考量。就纠纷处理的当事人而言,司法愈加秉持中立态度,而非作为国家干预市场的协同监管者的角色。

四、司法在经济发展中调整功能的思考

理论界对司法在经济法语境下的功能发挥并不完全持积极肯定的态度,然而从我国近三十多年的司法在经济发展中的调整过程,还是可以隐约看到两者间的密切关系。司法在经济法、经济政策的实施过程中,虽然名义上缺乏全局性的管理手段和专业化的管理知识,但并非总是被动的、消极的。特别是在市场规则尚未确立、市场主体还需要培养、市场秩序还需要从方方面面去规范的情况下,我国市场经济发育的一股重要力量来自于公权力自上而下的变革。与以国家为代表的公权力对市场抱有扶植性管理的倾向、西方先从自由到管制的发展方向不同,我国是逆向的发展方向。所以,在市场经济的发展过程中,公权力的干预之手无处不在,而由于司法与政治、政府的密切关系,使得我国的司法在服务大局,尤其是政治经济大局这一高度原则性问题上表现得毫无商量之余地。这一点可以从司法调整的脉络清楚地看出:从以刑事手段保证政权稳定,侧重于规范商品生产、流通、价格秩序等,到以经济手段调整市场经济,为经济体制改革服务,从整体上培育市场,再到愈加中立地平等保护市场主体,尊重市场个体自由,尊重市场交易形成的规则,以减少对不平等保护带来的不当介入之嫌。

然而,这并不意味着司法在经济发展中的调整功能将走向消极,也不意味着司法在经济法的制定、实施过程中将缩至"非主流"作用。

首先,在重启改革的背景下,市场与政府的界限面临重新划分,政府权力将进一步压缩,而市场权利将进一步扩大,司法在调整经济发展过程中的配合性、管制性色彩必将逐渐消退。"实施经济法治战略的本质要求是要用法治约束政府的权力,规范政府的经济管理行为,保证市场充分发挥配置资源的作用,保证市场主体自由经营,在法律上受到平等的保护。因此,经济法治战略能否顺利实施,取决于政府的态度、政府职能的准确定位以及政府官员们采取怎样的行动。"[①]学界的呼吁以及政界所形成的共识,加之市场经济改革三十余年以来逐渐成熟的市场形成的影响力,我国经济发展将真正步入自由市场阶段,而政府的权力也将更加注重宏观调控、市场秩序规制、涉外经济管理、市场监管以及适当的国有经济参与职能;相应地,司法也应将理念调整至尊重市场规律、尊重市

---

① 顾功耘:《论重启改革背景下的经济法战略》,载《法学》2014年第3期。

的创造精神,比如不轻易否定合同的效力、给行业的发展留足空间、法无明文规定不为罪、用尽私法救济原则等。

其次,市场对权利的扩张,要求市场自发形成的规则得到尊重,而司法保守中立的特质有助于市场自发性规则的形成。真正意义上的市场经济应该建立在市场主体发育充分,自主进出市场、自主决策,充分享有经济自主权之上,唯此才能发挥市场在资源配置中的决定性作用。从这个意义上看,在市场经济改革理念共识和制度共识既定,历经三十余年改革实践后,虽然司法对经济调整的政策性功能减弱了,但是其对市场主体经济自主权的保障、对市场规则的确立,恰恰是强调市场决定性作用的表现。

最后,政府的管理与司法调整会形成一定的制约关系。基于市场与政府一定程度的"对立"关系,比如政府对经济的管理权与市场主体所享有的经济平等、自由、发展、民主权等,会导致更多的事关公共利益的个案诉至法院。另外,信息的公开化、司法人员的职业化,以及呼吁不断的经济公益诉讼、不断放开的行政诉讼,都会增加司法在经济领域的调整途径,将法律的基本价值融入经济学,从而影响政府的经济决策和执法理念。

五、结　　语

在历史的画卷中,司法对经济发展的调整功能展现出多样性的面孔,从政府的协调管理者到市场主体、市场规则的培育者,再到市场规则的尊重者,无不紧密结合经济体制改革和经济法理论基础的形成过程。我国司法三十余年来的发展,恰恰反映了司法紧密围绕经济体制改革的核心"政府—市场"关系统领工作,政策性色彩浓重,其调整思维的灵活性乃至回归消极中立,与体制改革和经济法理论的逐步成熟完善密切相关。在这一过程中,自始至终贯穿着社会利益的考量,只不过对其含义的理解深深地嵌入时代的改革背景中。可以预见,当市场真正实现对资源配置的决定性作用时,规则的设定将成为市场与国家的矛盾冲突点,那时经济法语境下司法功能的发挥将与成熟市场经济体制下的国家趋同。

第二编　宏观调控法律制度

房产税减免税法律制度之构建

吕铖钢[*]

　　房产税开征的呼声与期待早已有之。2011年,上海与重庆两地率先开展房产税改革试点并开始征收房产税。2013年国务院批准公布的《关于2013年深化经济体制改革重点工作的意见》明确提出,"扩大个人住房房产税改革试点范围",但其后在实践中未见任何动作。房产税收法律制度"难产"的原因有二:其一,在现行的征纳格局中,市场主体对于房产税的开征不具有任何期待,因此房产税的开征失去了市场的内在推动;其二,一些地方政府过多依赖于土地出让金等收入,较少关注可持续的税收征管模式,因此房产税的开征失去了政府的外部推动。毋庸置疑,以土地出让金为代表的"寅吃卯粮"式财政收入模式并非长久之计,构建科学的税收法律体系方是地方财政收入可持续的必由之路。因此,中共十八届三中全会提出"加快房地产税立法并适时推进改革"。2015年,全国人大常委会将房产税作为立法规划之一。在立法机关的强势主导之下,房产税的开征不再遥不可期。但是,房产税的立法并不能一蹴而就,而需要经过长期的立法酝酿。房产是私人财产中的重要组成部分,面对房产税的"风雨欲来",唯有做

---

[*] 吕铖钢,华东政法大学2015级博士研究生。

好房产税减免税的立法设计,才能在税收公平的前提下确保房产税的顺利实施。

一、问题的提出

"耕者有其田,居者有其屋"是判断个人财富和社会稳定的重要指标,住房与房价历来是居民最为关心的问题之一,而随着房产税的开征,附加于房产之上的税收也将逐渐成为居民关心的问题。房产税属于财产税,"税收的缴纳始以谷物为衡量标准,之后便以土地、房屋以及其他个人财产为衡量标准,再之后以货币为衡量标准"[①]。以土地、房屋为课税对象的税种便是财产税。房产税作为财产税重要的组成部分,同样历史悠久。"在2600多年前的希腊,雅典人便已开征房产税。"[②]我国房产税的历史同样漫长。关于我国房产税的起源,一说为"廛布",一说为"间架钱"。廛布是西周时期税官向商人储货邸舍和居住房屋征收的房产税。间架钱是唐朝时期政府根据房屋的数量和质量向纳税人征收的房产税。根据《间架法》的规定,"凡屋两架为一间,屋有贵贱,约价三等,上价每间税钱二千,中价一千,下价五百"。纵观国内外的房产税,房产税减免税都是房产税制度的重要组成部分。"在中世纪的欧洲,教会与穷人的房产通常是房产税的禁足之地,而骑士阶层也可以享受房产税的减免税待遇。"[③]我国唐朝时期的间架钱和清朝时期的"房捐"都将房屋优劣作为纳税人经济实力的判断标准,根据房屋的数量与质量的不同课以不同的税率。1949年,新中国成立以后,房捐以保留税种的形式继续存在。在1950年政务院发布的《全国税政实施要则》中,"房捐"被更名为"房产税"。1951年,房产税又被正式命名为"城市房地产税"。在1973年的工商税制简化浪潮中,城市房地产税被并入了工商税。直到1986年,国务院发布《房产税暂行条例》,房产税复在全国开征。中华民国时期的房产税属于地方税,而新中国的房产税在1994年分税制改革后才正式成为地方税种。2011年,重庆市和上海市分别颁布了《重庆市人民政府关于进行对部分个人住房征收房产税改革试点的暂行办法》和《上海市开展对部分个人住房征收房产税试点的暂行办法》,开始了房产税的试点改革。这次房产税的试点改革虽然积累了一定的房产税经验,但试点的成效却并不显著。房产税的开征关乎每个纳税人的切身利益,在逐步构建房产税法律制度的同时,亦应密切关注房产税减免税的立法设计。

---

① Richard H. Carlson, A Brief History of Property Tax, Fair and Equitable, 2005, 3.
② Edwin R. A. Seligman, The General Property Tax, Political Science Quarterly, 1890, 5(1):43.
③ Richard H. Carlson, A Brief History of Property Tax, Fair and Equitable, 2005, 5.

（一）福利国家的覆辙

房产税的全面开征旨在消解日益严峻的地方财政形势，最终实现地方财政自治。无论是"税收权力说"还是"税收债权债务关系说"，都将征税视为国家提供公共服务的前提。正是在税收所筹集的财政的支持下，国家才有了治理能力。[①] 在行政场域，官方用"取之于民，用之于民"的话语来为征税工作做宣传；在学术场域，为征税权正当性做注解的学说和论著早已汗牛充栋。正是在此种征税正当性的宣扬下，并没有很多人反思征税的不正当性。即便在用税正义的语境之下，福利国家以高税负为支撑，为公民提供"从摇篮到坟墓"的高福利，以高税负换取的高福利是否有其正当性？笔者认为，用税正义并不必然导致征税正义。在某些情况下，用税正义与征税正义具有同质性，如特定目的税；而在另一些情况下，用税正义与征税正义之间有着很深的隔阂，用税正义只是国家征税的一种美好说辞，再怎么美好的粉饰也无法遮掩其税源汲取的本质。我国房产税的开征是为了构建完善且可持续的地方税体系，缓解现行的财政压力。承载着这些美好愿望的房产税自然而然将成为地方税"蓝图"中的重要工程，但是这项浩大的工程却在某种程度上缺少民意的基石，即房产税的全面开征无疑将加重纳税人的税收负担，而实际承担税负的纳税人无法在其他领域转嫁税负或寻得减免税，所以纳税人总体的税收负担将会增加。房产税是直接税，纳税人必定会承受相当程度的税痛感，而在税痛感之外，纳税人已经承受了土地财政所导致的高房价之痛。所以，剧烈的税痛感所衍生的将是纳税人赤裸裸的反对。房产税减免税的立法设计虽然无法消弭房产税开征所具有的天然的不正当性，但它仍可以在很大程度上瓦解纳税人对房产税开征的抵抗心态。因为完善的免税设计可以为部分纳税人提供充分的税法保护，既可凭免税的设计将纳税人排除在房产税的课征范围之外，也可借减税的设计减轻纳税人的税收负担。

房产税减免税设计的重要性，可在福利国家的危机中窥见一斑。福利国家的崛起导致了近半个世纪对福利的争论，福利国家无条件地为其全体公民提供福利的行为到底是救济穷人还是在救济富人，其行为到底是高效率还是低效率，这些问题都有待考问与追究。福利与税收的本源皆是纳税人的经济利益，"征税的实质是纳税人经济利益的转移，也即经济资源在纳税人与国家之间、纳税人之间的再分配"[②]。毋庸置疑，高福利必然导致高税收。从福利国家的发展轨迹中

---

① See D. Bräutigam, Building Leviathan: Revenue, State Capacity, and Governance, Ids Bulletin, 2002, 33(3):10—18.

② Wells S. C.，D. J. Tschopp, & D. K. Barney, State Tax Amnesty Programs on the Rebound: Again, Journal of State Taxation，2005,20(4):47—52.

可以看出,高税收会将资本驱逐在本国的税收管辖权之外,在全球化与税收竞争的双重打击下,福利国家的财政危机会进一步加重。一方面,全球化所带来的民主问题、经济不平等、失业、所得不稳定需要国家增加税收以应付日益加剧的福利支出;另一方面,全球化的税收竞争又在不断呼求国家减少税率以吸引流动的资本。① 这使得福利国家无可奈何地陷入了两难的困境。福利国家的爆炸式支出不仅导致了福利国家的财政危机,也进一步促成了福利国家的债务危机。② 由此可见,福利国家的高税收并不天然具有正当性,其驱逐资本与增加财政负担的副作用尤其值得注意。所以,我们在开征新税种,增加纳税人总体负担的同时,需要尽量减少其副作用所带来的影响。

(二) 税收公平的倾斜

房产税的全面开征,不仅仅有驱逐资本的顾忌,更有社会不公平的忧虑。2015年8月10日,《人民日报》第13版刊发了《房地产税能给百姓带来什么》一文,该文引用了英国经济学家哥尔柏的"拔鹅毛论",将房产税的开征比拟为"拔鹅毛"。在诸如此类的官方话语表达中,征税关注的重点常常在于征税的收入与征税的技术,纳税人之间的税收公平则常常被无视。税收公平源于哲学体系中的公平原则,法哲学家扩展了公平原则的内涵,将其应用于纳税人所在的税收领域。③ 税法是在纳税人与国家之间、纳税人之间重新分配资源的法律,税收法律制度决定了纳税人之间的税收负担的安排,其制度的优劣将直接影响纳税人之间的税收公平,并进一步影响社会的公平。决定纳税人之间税收公平的税法因素通常有两个:第一个因素是纳税人利用税收法律制度的漏洞,非法漏税与脱法避税,减少其纳税责任,并最终达到不缴纳或者少缴纳税款的效果;第二个因素是由于税收法律制度本身的不完善,使得纳税人承受不合理的税收负担。税收法律制度是主导社会公平分配的法律,也是社会公平的重要基石。遗憾的是,现行的房产税法并未如愿表达出税收公平的内涵。

1. 政府与市场之间的公平缺憾

政府与市场的边界问题不仅是经济学的重要问题,也是法学研究的重要领域。在税法学领域,政府与纳税人的边界问题尤其值得注意,因为它牵涉政府的公共财政权与纳税人的私人财产权。如果说政府与市场的边界决定了政府干预

---

① See R. S. Avi-Yonah, Globalization, Tax Competition and the Fiscal Crisis of the Welfare State, Harvard Law Review, 2000, 113(7):1576.

② See Tom G. Palmer, After the Welfare State, Jameson Books, Inc., 2012:11.

③ See S. Hemels, Fairness: A Legal Principle in EU Tax Law? in C. Brokelind, Principles of Law: Function, Status and Impact in EU Tax Law, IBFD Amsterdam, 2014:413—437.

的权力,那么政府与纳税人的边界将决定政府征税的权力。我国政府与纳税人之间的界限仍然十分模糊。以房产税为例,房产税常常被理解为政府干预市场的一种手段,政府通过开征房产税对房地产市场进行价格调控。在我国当前房价居高不下的情况下,房产税的试点改革也被赋予了超出其本职的使命。由于我国行政力量强大,代表政府的宏观调控力量可以很容易地进入经济主体自由交易的市场,而这股宏观调控力量并不会考虑市场主体的合理交易费用,也不必担心调控失败所带来的追责。房价居高不下的动因之一是政府所主导的土地财政,而房产税的开征通常不会将这个因素纳入考量范围。

我国房产税的开征势必由政府主导,无法充分反映市场主体的真实意思。"市场经济强调的是自由的交易,因为自由的交易促成了社会的进步与繁荣,在意思自治的范围之内,法律应允许当事人自由订立合同。"[①] 所以,房产税的试点或者改革都应将配置市场资源的自由交还给市场主体,而不是通过宏观调控的手段强行降低房价以回应民众的诉求。在宏观调控的表象之下,政府通过税收借机敛财的实质不可忽略。房产税开征的实质在于政府与纳税人之间利益的一次重新分配,其结果是政府增加收入而市场主体增加负担。房产税的税负最终会转嫁到房屋的价格之上,又会进一步加重买房者的经济负担。房产税在政府与市场之间的另外一种不公平在于房产税的用途。在大多数国家,房产税是地方税,会被用于地方公共项目。在美国,房产税的收入所得主要被政府用于提供公共服务与公共交通。[②] 另外,房产税还是公立学校教育资金的重要来源。[③] 在英国,房产税就是物业税,房产税的税收收入主要被用于社区公共服务。反观我国,现行的房产税收入虽然只占地方税收收入的一小部分,但其用途却非常不明确。

2. 中央与地方之间的公平缺憾

1994年分税制改革之后,中央的收入比例开始逐年上升,而地方的收入比例则逐年下降。分税制的格局形成之后,中央与地方的财权与事权的配置也愈发不平衡。中央政府在财权上收的同时将事权不断下放到地方,而地方政府则在愈发拮据的财政格局下承担了越来越多的事权。由于好的税种被中央政府垄断,地方政府便寻求在税收渠道之外增加财政收入,土地财政便是在这种诱因下产生的。根据《土地管理法》的相关规定,土地出让金是地方政府将土地的使用

[①] S. Williston, Freedom of Contract, Cornell Law Quarterly,1921,6(4):365—368.
[②] See D. Brunori, R. Green, M. Bell, C. Choi, & B. Yuan, The Property Tax: Its Role and Significance in Funding State and Local Government Services, Gwipp Working Paper No. 27, 2006:65.
[③] See Justin M. Ross & Phuong Nguyen-Hoang, School District Income Taxes: New Revenue or a Property Tax Substitute? Public Budgeting & Finance,2013,33(2):19.

权出让给土地的使用者,土地的使用者通过缴纳土地使用权出让金等土地有偿使用费和其他费用后,方可使用土地。根据国家统计局和国土资源部公布的数据,2014年,我国的商品房销售额为7.62万亿元,而同年的土地出让金收入为3.34万亿元。土地出让金在商品房销售额中占了很大比重,是地方政府在税收以外的主要收入来源。

在分税制的格局下,中央政府与地方政府在财权与事权的分配上存在着很大的不公平。正是在这种不公平格局的驱使下,地方政府开始热衷于追求非税收入。相对而言,土地出让金是最为便捷的财政收入方式,地方政府以获取土地收益为目的,将土地资源出让给开发商。这种财政收入方式一次性拿走了土地的未来收益,将所有的土地收益压缩在一起进行分配。以财政收入的标准进行衡量,这种财政收入方式不具有可持续性,因为未来的政府很快将面临无地可卖的境地。另外,土地出让金的最终承担者并不是开发商,土地出让金会被摊入房屋的建设成本,购房者也就是纳税人才是土地出让金的最终承担者。房价在大多数情况下是房产税的计税标准,房价越高,房产税就越高。由此可见,中央与地方之间的财政不公平最终转化为纳税人之间的税负不公平,中央政府与地方政府的财政博弈使得纳税人需要凭空承担许多不合理的成本。购买高房价的纳税人在承担了高额的土地出让金之后,还要承担比低房价纳税人更多的房产税,这无疑造成了纳税人之间的不公平。这种不公平同样需要纳入房产税减免税设计的考量。可以考虑的一种方案是,将土地出让金作为房产税减税优惠判断的一个标准。

3. 民事与商事之间的公平缺憾

房地产市场的交易包括买卖、租赁和抵押等行为。在房地产市场中交易的房产既有可能是个人居住的住宅,也有可能是办公所用的办公楼或生产厂房。房地产市场又可区分为房地产一级市场(土地出让市场)、房地产二级市场(增量房地产市场)和房地产三级市场(存量房地产市场)。根据房地产市场中交易主体的交易需求,可将房地产市场的主体分为民事主体和商事主体。房地产市场中的民事主体购买房屋的行为以满足自身消费需求为目的,对房地产市场的影响较小,其交易形式具有偶然性和个别性,最终要实现的是个人和家庭的安居乐业。房地产市场中的商事主体购买房屋的行为以营利与增值为目的,对房地产市场的影响较大,其交易形式具有规模性和非个别性,以投资或者投机的形式实现财富的增值。房地产市场中的民事主体与商事主体具有明显的区别,若在房产税全面开征时不对两者加以区别,就会造成纳税人之间的不公平。

商事主体对经济利益的诸般追求本属天经地义,民事主体对安居乐业的诸般向往也是无可非议,但是在房产税的领域中,应对两者区别对待。有的国家对于民事主体购买的首套居住房采取了免税措施,而有的国家则只针对低收入人群和残疾人的服务采取减免税措施。在我国房产税全面开征之际,如果不赋予民事主体购买房屋的税收优惠,将会阻碍"居者有其屋"愿景的实现。对于房地产市场中的商事主体,房产税应区别其购买房屋的不同行为。商事主体购买一定数量的房屋以实现财产的保值和增值,是正常的市场交易行为。对商事主体以投机或者抬高房价为目的大量购买房屋的行为,可以考虑在交易环节征收高档税率的房产税,增加其投机的成本。房产税在此时扮演的角色与欧美金融市场中的托宾税(Tobin Tax)相类似,以征税的方式减少金融市场的泡沫。①

(三) 现行立法的凌乱

我国税法学界对于房产税减免税的专门研究寥寥无几,且缺乏系统性和整体性的研究。但是,随着房产税的全面开征日益临近,房产税减免税的问题将会受到越来越多的人关注。因为房产税的减免问题涉及每个纳税人的切身利益,几乎没有人可以置身事外。与纳税人对房产税热切追问形成鲜明对比的是我国现行的十分凌乱的房产税减免税体系。通过对我国房地产领域减免税法律、法规、规章的检视,不难发现,房地产立法混乱且有诸多缺漏。在整个房地产领域,耕地占用税、城镇土地使用税、契税、营业税和土地增值税等多个税种共同构成了房地产的减免税体系。

由于本文关注的重点在于房产税而非整个房地产领域的相关税收,所以仅讨论房产税的免税立法现状。我国现行的房产税减免税立法处处可见国家宏观调控的痕迹,免税的范围多与国家关注的民生领域息息相关。首先,农业领域是房产税减免税的重点领域。国税发[1999]44号文规定,对农林牧渔业用地和农民居住用房屋及土地,不征收房产税;财税[2004]37号文规定,对由于国家实行天然林资源保护工程造成森工企业的房产、土地闲置一年以上不用的,暂免征收房产税。其次,能源领域也是房产税减免税的重点领域。国税函[2001]379号文规定,对邮政部门坐落在城市、县城、建制镇、工矿区范围以外尚在县邮政局内核算的房产,从2001年1月1日起不再征收房产税;财税[2009]11号文规定,自2009年1月1日至2011年6月30日,对向居民供热而收取采暖费的供热企业,为居民供热所使用的厂房免征房产税,对既向居民供热又向单位供热或者兼营其他生产经营活动的供热企业,按其向居民供热而取得的采暖费收入占企业总收入的比例划分征免税界限;国税发[1999]115号文规定了地质勘探单位免

---

① See Seda Ozekicioglu, Tobin Tax: Arguments and Current Derivative Studies, Studies in Business & Economics, 2015,10(1):103—112.

税;财税[2001]13号文规定,中国储备棉管理总公司及其直属棉库经营中央储备棉业务自用的房产免征房产税;财税[2002]163号文规定,对中国糖业酒类集团公司直属的国家储备糖库和中国食品集团公司直属的国家储备肉库的自用房产免征房产税;财税[2009]151号文规定,对商品储备管理公司及其直属库承担商品储备业务自用的房产免征房产税。再次,公共服务领域同样也是房产税减免税的重点领域。财税[2000]97号文规定,对老年服务机构自用房产免征房产税;财税字[1999]264号文规定,对血站自用的房产免征房产税;财税[2000]42号文规定,对非营利性医疗机构自用的房产免征房产税,对营利性医疗机构自用的房产免征三年房产税,并对疾病控制机构和妇幼保健机构等卫生机构自用的房产免征房产税;财税[2000]25号文规定,对高校后勤实体免征房产税;财税[2002]147号文规定,对为高校学生提供住宿服务并按高教系统收费标准收取租金的学生公寓免征房产税;财税地字[1986]8号文规定,对企业办的各类学校、医院、托儿所、幼儿园自用的房产,可以比照由国家财政部门拨付事业经费的单位自用的房产免征房产税;财税[2001]5号文规定,对非营利性科研机构自用的房产免征房产税。最后,现行的个人住房领域基本上是免税的,而未来房产税全面开征之后这项政策便会取消。根据财税地字[1986]8号文的规定,对个人所有的居住用房,不分面积多少,均免征房产税。

综上所述,我国房产税减免税的立法缺陷有二:其一,非个人房屋的免税规定十分混乱;其二,由于个人存量房的免税政策,我国在个人居住用房方面的房产税减免税立法几乎处于空白状态。

二、理论的支撑

无论是房地产税收法律制度的整体构建,还是房产税减免税的立法设计,都离不开理论的研究与指引。在房产税全面开征的背景下,房产税施行还需要理论的铺垫,需要用理论为征税的合法性作指引,需要用理论为征税的合理性作说明,需要用理论为征税的正当性作注脚。可税性理论是判断税法可行的一个基本前提,房产税的开征自然离不开这一理论的分析与验证。在进行房产税减免税的立法设计时,既需要注意经济运行的中性,又需要注意纳税人之间的公平。确保纳税人之间的公平,以纳税人真实的经济能力为课税依据,需要以税法中的税收公平原则为指导。确保经济运行的中性,尽量减少房产税开征对投资行为的影响,需要以税法中的税收中性原则为指导。房产税减免税立法的设计,应以可税性为前提,以量能课征为依据,以税收中性为准则,在区别普遍性和特殊性的前提下因地制宜,满足社会发展的公平需求和经济发展的效率需求。

(一) 可税性理论:减免税判断的应然前提

可税性是法治政府征税的一个基本前提。在法治环境中,政府对新的课税对象或是新的收入形式进行课税之前,必然要对其进行可税性的判断。社会的发展日新月异,政府常常会在经济形势和社会形势的要求下开征新税或是对新的收入形式征税。美国税法学界在1920年便已经开始了可税性的讨论,当时讨论的主题是股票股息的可税性问题,讨论的症结在于股票是否属于个人应税所得。[①] 1920年,美国联邦最高法院对艾斯纳诉麦康伯(Eisner v. Macomber)一案作出最终判决,该判决依据宪法第十六修正案认为普通股的股息不属于个人的应税所得。但是,1936年,美国国内税务局又重新对股票股息征税,"对股票股息的可税性判断框架在无形中被逐渐扩大"[②]。对可税性的讨论与研究永远不会终结,因为新的经济形势与法理标准总是在不断影响对可税性的判断。从1955年至1991年,英国税法学界对于收入损失赔偿的可税性争论一直没有停歇。[③]

我国税法学界对可税性理论的关注焦点在于对"收益"的判断,即对"收益"的课税是否具有法律上的合法性与经济上的可行性,同时可税性理论还需考量课税的正当性。着眼于对收益的判断,有学者认为,纳税人只有在有收益时才有纳税能力,才有可能适用量能课征原则(Ability to Pay Principle)。税法学上的收益并不拘泥于收益的固有形式,不仅包括现有的财产与收入,也包括未来可期待的收入。在税收开征之前,税法会对收益进行价值判断,以可税性理论对各种各样的收益进行解释、界定,并最终明确课税的对象。以可税性理论对房产进行检视,不难发现,房产的"收益"属性并不明确。房产作为一种财产,通常属于纳税人所有的高价值财产,的确可以充分反映纳税人的纳税能力。但是,很多纳税人购买房产的用途是居住而非营业,即使房产随着房地产市场的升温而增值,纳税人在房产上的收益也不明显。笔者认为,以收益为重心的可税性理论应是一种误区,以收益为基础的可税性判断强调的是现在的收益与未来的收益,忽略了纳税人的主体性。纳税人既有可能产生可税性的收益,也有可能进行可税性的行为,如纳税人污染环境的行为应被课以环境税。以可税性理论检视房产税的关键在于作为特定课税对象的房产可以指向具体的纳税人,在此基础之上,再以

[①] See E. H. Warren, Taxability of Stock Dividends as Income, Harvard Law Journal, 1920, 33(7):885—901.

[②] R. S. D. Taxability of Stock Dividends, Virginia Law Review, 1952, 38(6):789—798.

[③] See AS van der Spuy SC, Taxability of Awards of Damages for Loss of Earnings, Consultus, 1991:40—43.

可税性理论去判断征税或不征税、免税或不免税、减税或不减税的问题。

值得注意的是,现有的可税性理论有其局限性。可税性理论对应税所得的判断必须以纳税人的所得为基础,这个"所得"既有可能是合法所得,也有可能是非法所得。脱离了纳税人的所得,可税性的判断便失去了意义。例如,丹麦政府在 2011 年开征"肥胖税",该税旨在敦促其国民养成健康的生活方式和合理的饮食习惯。① "肥胖税"的纳税人购买高脂肪食物的行为被课以"肥胖税",其行为并没有产生"所得",所以并不适用于可税性的判断。当然,可税性理论并不是一个一成不变的理论,不同的国家对可税性的运用可能采取的是不同的标准。

(二) 倾斜保护:以量能课征为依据

量能课征原则是税法基本原则,也是衡量税收公平最主要的原则。量能课征原则追求的是全体纳税人之间税负的平等分担,这种平等不仅包括纳税人之间横向的平等,也包括纳税人之间纵向的平等。"这种税收公平确立在更为基本的以及普世性的平等之上,根据纳税人的真实经济能力给予平等的税收待遇。"② 在西方国家,量能课征原则根据正义理论的需要发展出了平等牺牲与按比例牺牲两类标准。③ 量能课征原则既可体现在税收立法上,也可体现在税收执法上。税收立法者在进行税收法律制度的设计时,应依据量能课征原则将纳税人真实的经济能力、交易行为以及应税事实纳入考量范围。税收执法者在进行税收执法时,应依据量能课征原则对不同的纳税人作出不同的执法反应:其一,有税法上的经济能力的纳税人才是税收执法者的工作对象,税收执法应具体参考纳税人的经济状况与家庭状况等进行综合判断,不能在纳税人维持生存的最低生活标准(vital minimum)的情况下对其课税;其二,为了维护宪法的形式统一,任何纳税人都不得以任何理由偷逃税款。④ 量能课征原则作为税法的重要原则,常常被运用于大陆法系的税法解释;而在英美法系中则不断被法院判例确认,"纳税人应尽可能按照其能力比例纳税"⑤。欧盟的法官也常常将量能课

---

① See Sinne Smed, Financial Penalties on Foods: The Fat Tax in Denmark, Nutrition Bulletin, 2012, 37(2):142—147.

② Peter Mieszkowski & Richard Musgrave, Federalism, Grants, and Fiscal Equalization, National Tax Journal, 1999,52(2):240.

③ See Leonel Pessôa, Inequality, Ability to Pay and the Theories of Equal and Proportional Sacrifices, Law, Science and Technology,2011,(95):1.

④ Ibid.

⑤ Robert Mcgee, Is the Ability to Pay Principle Ethically Bankrupt? The Philosophy of Taxation and Public Finance, Springer US, 2004:111—119.

征原则作为其裁量的依据。①

在纳税人之间达成税收公平的目标,实现平等与公平的税收分配是量能课征原则的目标。有学者认为量能课征原则的理论在道德上已经"破产"了,因为以公平分配为目标的税收公平是永远无法实现的,并据此提出以服务供应原则替代量能课税原则,纳税人缴纳的税收可以直接与公共服务相挂钩,"使用政府公共服务的人强制纳税,而不使用政府则不纳税,这才是真正意义上的税收公平"②。笔者不认同服务供应原则的理念,将纳税作为享受政府公共服务的前提并不是为了追求税收公平,只是将纳税视为一种单纯的交易而忽略了国家提供公共服务的本职,将两者挂钩只是在某种形式上排除了无收入者与低收入者的"搭便车"行为。这种做法追求的实际上是经济学上的效率而非公平。对于纳税人个体来说,服务供应原则排除了其他人的"搭便车"行为,体现了个体的税收公平,但却无法体现整体的税收公平。量能课征原则以社会整体的税收公平为目标,体现为税法上倾斜保护弱者的一种公平。

量能课征原则中,对纳税人真实经济能力的判断有两个标准,第一是根据纳税人的收入所得,第二是根据纳税人的消费行为与财产。③ 在大多数情况下,房屋是纳税人所拥有的价值最高的财产,可以反映纳税人真实的经济能力。但是,在某些情况下,房屋无法反映纳税人真实的经济能力。经济地域、社会风俗、个人喜好都有可能影响纳税人对房屋的购买判断。例如,由于上海地区房价较高,一户中低收入的家庭投入全部家庭收入在市区购买一套房子,虽然房屋的价值很高,但该家庭真实的纳税能力不高。在这种情况下,便需要通过量能课征原则对纳税人的经济能力进行判断,赋予其相应的房产税减免税额度。所以,在房产税的征收过程中,应根据量能课征原则对纳税人的真实经济能力进行甄别,否则就会造成税收不公平。不管是房产税的立法,还是其执法,房产税的减免税都是量能课征原则很好的落脚点,量能课征原则也恰好是房产税减免税判断的可靠依据。在减免税制度的辅助之下,量能课征原则可以在税法中获得良好的运用。甚至可以说,减免税制度充当了税收法律制度的"矫正器",通过对中低收入者的减免税,可以顺利实现高收入者多纳税、中收入者少纳税、低收入者不纳税的税收效果。房产税减免税的立法设计必须遵循量能课征原则,"量能课征原则是税

---

① See C. M. Grassi, Status and Impact of the Ability to Pay Principle in the ECJ's Case Law Concerning Tax Benefits Based on Personal Family Circumstances, CFE Working Papers Series No. 52, 2014: 35.

② Robert Mcgee, Is the Ability to Pay Principle Ethically Bankrupt? The Philosophy of Taxation and Public Finance, Springer US, 2004: 111—119.

③ See S. R. Harvey, Public Finance, the 5th ed., New York: McGraw Hill Higher Education, 1999: 319—323.

法的'过滤器',可以在现有的税收法律规定中'过滤'出无须纳税的人"①。

(三) 经济中性:以税收中性为准则

税收中性是判断一个税收法律体系优劣的重要标准,好的税收不会对经济的正常运行造成过度影响,而坏的税收则会阻碍市场的自由竞争。关于税收中性的起源最早见于亚当·斯密的《国富论》,他提出完善的税收法律制度应当具备五个特性:公平性、中立性、明确性、节约性与经济性。② 在亚当·斯密的经济学理论中,市场主体在"看不见的手"的驱使下进行资源的自由配置,而税收在市场经济中充当中性角色,不对市场主体的经济决策造成影响。自此之后,税收中性原则成了评价税收法律制度的标准之一。马歇尔在《经济学原理》一书中对税收中性原则的内容进行了扩展,他将税收的开征与市场经济的效率进行关联研究,得出了不同的征税方式对市场产生不同影响的结论。其中,间接税对市场的"额外负担"比直接税更重,马歇尔由此得出应当增加直接税以增加税收中性的结论。③ 税收中性原则不仅可以适用于国内税收领域,也可适用于国际税收领域。国际税收领域的税收中性,指的是国家间的税制差异不对国际经济领域的资源配置产生过度影响。

在不动产领域,税收中性原则显得格外重要。美国税法学界有大量文献讨论土地税制和房产税制的中性问题。有学者就认为,美国房地产税收制度对房地产市场的价格造成影响的主要因素是房地产税收制度的非中性,"其对土地的征税'功能依赖'(use dependent)于现行房地产的市场价值,而没有考虑其他因素,房地产的市场价值并不会帮助税务机关区分土地价值与建筑物的价值"④。税制非中性是不动产市场的噩梦,土地税制的非中性会直接扭曲土地资源的自由配置,并直接影响土地市场的投资与交易。⑤ 美国的房地产市场也同样遭受着税制非中性的考问,"附加在房屋上的税收已经影响了土地利用者作出正常的

---

① A. Chodorow, Ability to Pay and the Taxation of Virtual Income, Tenn. L. Rev. 2008,75:57.
② See C. E. Price & T. M. Porcano, The Value-Added Tax, Journal of Accountancy,1992,(4): 44—48.
③ See Alfred Marshall, Principles of Economics, the 8th ed., London:Macmillan and Co.,1920: 612—620.
④ D. E. Wildasin, More on the Neutrality of Land Taxation, National Tax Journal,1982,35(1): 108.
⑤ See B. L. Bentick, The Economic Effects (Neutrality)of Taxes on Land:They Depend Neither on Non Pecuniary Nor on Capital Market Imperfections, American Journal of Economics & Sociology,1997, 56(3):369.

决策,并进一步扭曲了土地市场的资源配置"①。房产税的税收政策无疑会影响房地产市场的正常运行,因为"对利润的征税会自动转化成生产的成本,即使将沉淀成本全部扣除,其税收也是非中性的"②。

我国房产税的全面开征尤其应当注意税制的中性问题。一方面,我国房地产市场十分庞大,房产税制的影响将会十分深远;另一方面,我国近年来经济形势不佳,如果因为房产税的开征影响到本就不景气的经济,会让经济形势雪上加霜。我国是公有制国家,政府享有对土地资源的配置权,其对资源的配置有时与市场经济运行规律相悖,而土地市场与房产市场息息相关。所以,通过房产税的全面开征减少土地资源配置的扭曲,也应该成为未来房产税施行的目标之一。房产税的减免税措施将是保持房产税制中性的重要方式。在通常情况下,税收中性取决于具体的税收条款与整体的税收法律体系的契合程度,与整体的税收法律体系不契合的税收条款被称为"税式支出"。③ "税式支出"是指在不改变现行税制结构的情况下,以区分税率、授予抵扣、排除征收等方式对部分纳税人进行激励。税收中性原则不应仅仅包括税收条款与整体税收法律体系的相符程度,还包括税收条款与整体税收法律体系的相悖程度,因为"对税收中性的判断不能依赖于'黑格—西蒙斯'(Hiag-Simons)准则对所得的定义,更应基于合理的商业目的赋予纳税人抵扣的权利"④。所以,房产税的全面开征应当充分考量税制对经济运行的影响,尽可能地确保房产税制的中性,减少房产资源与土地资源配置的扭曲。

三、境外的检视

对于我们而言,检视境外房产税改革的经验,乃是事实的昭示,而非悬想的预疑。房地产税收法律制度的优劣与否,并没有永恒的标准,因为发达国家的房产税还处在不断变革与完善的过程之中。税收法律制度的设计,必然以本地的特殊情况参酌为主导,但是他国或地区成功的或者失败的经验,对于我国的房产税设计来说应是十分重要的经验或者教训。对于我国而言,个人自用住房的免税立法几乎处于空白状态。所以,衡量他国或地区减免税设计的利弊,未尝不是

---

① D. E. Mills, The Non-Neutrality of Land Value Taxation, National Tax Journal, 1981, 34(1): 125.

② P. M. Panteghini, Sunk Costs and Profit Taxation: A Source of Taxation-Neutrality, Scottish Journal of Political Economy, 1996, 43(1): 85—98.

③ See D. A. Kahn, The Two Faces of Tax Neutrality: Do They Interact or Are They Mutually Exclusive? Northern Kentucky Law Review, 1990, 18: 1.

④ Ibid.

一种立法的捷径。

(一) 美国房产税减免税的设计

房产税是美国最为古老的三个税种之一。1638年,马萨诸塞湾殖民地便已开征房产税,当时的房产税构成了殖民地收入的主要来源。到现在,美国已经形成了一套相当完善的房产税法律制度。房产税是美国地方政府公共财政的主要来源,地方政府的财政自治也与房产税的征收紧密相关。① 美国是联邦制国家,各个州在征税权的事项上有较大的决定权,所以各个州在房产税的立法实践上有较大差异。但是,总体而言,美国的房产税是以不动产的市场价值为基础的一种税收,初始的应税价值取决于房产的市场购买价格,后期的应税价值由各个州的评估机构定期重新评估来决定。美国50个州都有税收政策鼓励对土地资源的利用以及减免对房产的课税,但在具体的减免税措施上差异较大。美国只对保有环节的房屋课征房产税,大多数的州对宗教房产、教育房产、慈善房产和政府房产采取了减免税的措施。除此之外,各个州还根据本州的情况量身定制了许多房产税减免税措施,比如对特殊人群的减免税,如丧偶女性和退伍军人等。② 在美国,房产税减免制度中运用得最为广泛且最具有代表性的是"断路器"(circuit breakers)与"房产减值"(homestead exemptions)。房产税中的"断路器"条款可以限制房产税的税率,当房产税超过个人收入的临界值,纳税人就可以获得减免房产税额的优惠。房产税中的"房产减值"条款可以减少房产税的税基,即通过减免和限制的方式把税基控制在一定额度内。③

房产税中的"断路器"制度是美国最为典型的房产税优惠制度,其宗旨在于减少低收入家庭的房产税。目前,美国有34个州在房产税法中添加了"断路器"条款。④ "断路器"的施行很好地体现了税法中的量能课征原则,因为纳税人的收入水平将直接决定其获得税收优惠的资格。美国在20世纪70年代中期发生过一次"房产税反抗"运动,对房产税制造成了巨大的影响,也间接导致了"断路

---

① See M. E. Bell, David Brunori,& M. Y. Joan, The Property Tax and Local Autonomy, Lincoln Institute of Land Policy,2010:1—8.

② See Joan Youngman, Introduction to Legal Issues in Property Valuation and Taxation, Assessment Journal, 1994,(1):60—77.

③ See A. O'Sullivan, T. A. Sexton, & S. Sheffrin Property Taxes and Tax Revolts, London:Cambridge University Press,2007.

④ See J. E. Anderson, Income Based Property Tax Relief:Circuit Breaker Tax Expenditures, Public Finance & Management, 2014,14(2):14.

器"制度的诞生。① 在这次运动中,纳税人认为房产的价格随着市场在不断升温,但是纳税人的收入却不见增长。于是,美国变革了房产税税收法律制度,以减轻纳税人的税负。美国房产税税基的评估由"房产评估办公室"进行,各州县都设有"房产评估办公室"。房产税税基的评估以不动产的价值为基础,并参考纳税人的现金收入与其他收入。一般的房产税会被"断路器"条款限制在一定的水平,符合"断路器"条款要求的低收入家庭便可以获得房产税的救济。"断路器"条款的执行减少了美国许多低收入家庭的税收负担,为均等分配房产税的收入提供了法律依据。在具体的立法与执行上,"断路器"条款在美国的各个州存在着较大的差异。"断路器"条款在立法上有许多不同的标准,如临界值标准、浮动标准以及混合标准等。以临界值标准为例,假设某个州的临界比率为5%,在该州年收入1万美元的家庭最高的房产税负担为500美元,年收入5万美元的另一个家庭的房产税负担为2500美元。假设两个家庭的房产价值相同,各应缴纳3000美元的房产税,在适用"断路器"条款的情况下,低收入家庭将获得2500美元的税收减免额度,高收入家庭将获得500美元的税收减免额度。虽然有的州在房产税立法中没有设置"断路器"条款,但这些州通过将纳税人收入与房产税的征收相关联的方式,为纳税人提供房产税的减免税优惠,也达到了"断路器"条款的效果,如爱达荷州、康涅狄格州和犹他州等。② "断路器"条款在执法上主要存在四个方面的差异:第一,在"断路器"条款适用范围上存在着差异,在8个州只适用于老弱病残等弱势群体,低收入人群被排除在外;第二,在"断路器"条款的课税对象上也存在着差异,在16个州同时适用于房屋所有人与房屋出租人,在1个州仅适用于房屋所有人,在1个州仅适用于房屋出租人;第三,"断路器"条款的评估上限也有区分,一部分州的房产税超过200美元便可适用"断路器"条款,而另一部分州的房产税需要超过2000美元才可适用"断路器"条款;第四,"断路器"条款的评估项目也有不同,有9个州设有自主的"断路器"评估项目,而其他州的"断路器"评估则需借助各州的房产税评估系统。③ 美国的"断路器"条款是其路径依赖与渐进式改革的产物,改革是对纳税人减免税呼求的回应,将纳税人收入与房产税的征收相挂钩的方法很好地体现了量能课征式的税收减免。

"房产减值"也是美国房产税立法上较为常见的一种减免税方式。1934年,

---

① See A. E. Preston, C. Ichniowski, A. National Perspective on the Nature and Effects of the Local Property Tax Revolt, 1976—1986, National Tax Journal, 1991, 44(2):123—45.

② See Karen Lyons, Sarah Farkas, & Nicholas Johnson, The Property Tax Circuit Breaker: An Introduction and Survey of Current Programs, Center on Budget and Policy Priorities, 2007:1.

③ Ibid.

"房产减值"最早出现在佛罗里达州的房产税法中,立法的缘由在于当时美国整体的经济萧条与房地产市场的萎靡。这项立法逐渐被各州效仿。截至1991年,美国已有44个州采用"房产减值"的方式为纳税人提供税收减免优惠。[①] 截至2003年,"房产减值"的做法已推广至美国所有的州。"房产减值"一开始只适用于低收入人群与老弱病残等弱势群体,但是随着房产税的逐渐增高,普通的房产税纳税人也可以适用"房产减值"。截至2001年,美国已有28个州将"房产减值"的适用范围推广至本州所有纳税人。[②] "断路器"条款为房产税纳税人提供的税收救济由州政府提供,而"房产减值"导致的地方财政收入的减少则由各地方政府承担。"房产减值"的操作原理与"断路器"条款不同,"房产减值"中对房产的评估不与纳税人的收入水平挂钩,而是以量化的方式直接减少纳税人应缴纳的房产税,有的州直接减少房屋价值的评估,也有的州则赋予纳税人一定额度的税收抵扣。各个州在"房产减值"的具体执行上同样存在较大差异,如在纽约州,改造公寓与混合公寓被排除在"房产减值"的优惠范围之外,空置用地超过10亩的纳税人也不可享受"房产减值"的税收优惠。[③] "房产减值"的计算方式相对较为简单,只需在房产原有的评估价值上减去优惠部分,即可作为房产税的计税依据。假设一个州的"房产减值"额度为10万美元,则该州一套房产评估价值为200万美元的房产只需按照190万美元计算房产税。"房产减值"的税收优惠方式对房地产市场起到了一定的宏观调控作用,同时也兼顾到了社会公平。

尽管美国房产税的减免税制度相对较为完善,却也不乏诸多弊端。每个州的房产税减免税措施往往可以体现该州的经济政策与政治取向。一些州的房产税减免措施至今还存在性别歧视、地域歧视、职业歧视等弊病。例如,佛罗里达州的税收优惠只赋予丧偶女性而不赋予丧偶男性,很多州的税收优惠只赋予本州的纳税人而不赋予其他州的纳税人。一些州甚至以美国绿卡为标准判断房产税减免税的资格,没有拿到美国绿卡的公民不能享有任何房产税的减免税优惠。截至2002年,佛罗里达州的州宪法才正式将因公负伤的退伍老兵纳入"房产减值"的范围。[④]

---

① See Joan Youngman, Introduction to Legal Issues in Property Valuation and Taxation, Assessment Journal,1994,(1):68.
② See N. B. Anderson No Relief: Tax Prices and Property Tax Burdens, Regional Science & Urban Economics,2011,41(6):537.
③ See Wai-Ho Wilson Wong, Taxes and State and Local Economics Development: The Homestead Tax Option in New York, The Chinese University of HongKong,1991.
④ See J. P. Conley & D. Diamantaras, Generalized Samuelson Conditions and Welfare Theorems for Nonsmooth Economies, Journal of Public Economics,1996,59(1):137—152.

(二) 英国房产税减免税的设计

英国属于早期的福利国家之一,税收法律制度相对比较完善,而在房产税的相关制度上,英国可谓独树一帜。英国房产税在有效配置资源的同时,还兼顾财富分配与收入差距调节,并在很大程度上提高了社会的福利水平,实现了税收的公平负担。英国是最早征收现代意义的房产税的国家。1851 年,英国颁布了《房产税》(House Tax Act),以替代之前的"窗户税"。在英国的文献中检索,关于房产税的名称有很多,如"财产税"(Property)、"征于地产的税"(Taxation on Property)、"市政物业税"(Council Tax)等。实际上,只有市政物业税才是英国真正意义上的房产税。与我国一样,英国与房地产相关的税种也有很多,不仅包括房屋租赁阶段的资本利得税和个人所得税,还包括房屋交易阶段的交易印花税和律师服务业的增值税,以及市政物业税。市政物业税是地方税,由地方议会决定,所以又称"地方议会税"。市政物业税的征收主要依靠英国独特的房产分级系统和房产评估系统。根据这两个系统,英国的税收执法机关得以根据纳税人房产的价值征收房产税,并以房产税制度调整纳税人间的贫富差距。英国的市政物业税的征税对象主要包括楼房、公寓、活动房、出租房等,纳税人为年满 18 周岁的房产所有者或继承者。英国的市政物业税主要被用于公共服务,而其征收的原因是纳税人对公共服务费用的分摊。英国的市政物业税是一种累进的财产税。英国课征于保有阶段的房产的税收不易转嫁税负,房产所有权的转移与形式的变更都因缺乏弹性而无法对房产的价值造成太大影响。所以,从税负的归宿上说,这种税收具有累进性。① 依据福利经济学第二定理,内部转移支付可以有效实现平衡的公平价值。② 所以,英国这种形式的房产税可以有效进行收入差距的调节与财富的重新分配。

在房产税的减免方面,英国税法规定了较为完善的减免项目。首先,弱势群体在房产税的减免上受到优待,这与大多数国家是一致的。房产税的免税人群包括未成年人(18 周岁以下)、外交人员、残障人士以及全日制学习的学生。房产税的减税人群包括医院内疗养的病人、照顾残障人士的保姆等。此外,为残障人士提供服务的房产也是免税的,慈善机构的房产则享有一定的免征额。其次,工业与运输业的空置房产是免税的,工业建筑及一定限额内的小型房产在空置期也是免税的。对于空闲的私人住房,纳税人享有 6 个月的免税期以及 6 个月

---

① See H. J. Aron, Who Pays the Property Tax? A New View, Brooking Institution Press,1975:19—20.

② See J. P. Conley & D. Diamantaras, Generalized Samuelson Conditions and Welfare Theorems for Nonsmooth Economies, Journal of Public Economics, 1996,59(1):137—152.

的减半征收期;在一年的税收优惠期过后,纳税人还可享有10%的税收减免。地方政府也可将这个税收减免额度扩大,但减免税额的25%由地方财政负责承担。最后,市政物业税的全额课税标准是屋内至少有两名成年人居住,独居人士可享有25%的税收减免。如果纳税人与未成年人、免税人士一起居住,仍可享受该税收优惠。

英国最具特色的是其房产价值评估体系。1993年,英国引进了房产税分级系统。该系统有明确的房产价值分级与税率等级分级,可以在确保横向公平的基础上兼顾纵向公平。英国环境部确立了房产价值的区分标准,共8个等级(从A至H),A级是最低税率,H级是最高税率,D级是各级别的参考税率。房产税的税额会在各个年度重新评估,对房产税的评估独立于房产税的征收。① 房产评估机构属于中介机构,如苏格兰的政府评估局和英格兰的评估委员会。如果评估机构的评估无法按时完成,评估工作还可委托给私营评估机构。房产税分级系统中,房产评估价值高的房产税率高,房产评估价值低的房产相应的税率会比较低,房产的评估价值取决于房产的质量、地段、面积等多个因素。当然,并不是所有英国人都赞同此类征税方式,有学者就认为英国的市政物业税无益于纵向的税收公平。②

英国政府历来重视对房产税的相关立法,并不断通过判例对房产税法律进行调节。宗教机构曾经是英国的免税机构,英国判例法通过判例形式确立了对宗教机构征税的惯例。20世纪80年代,在地方财政的压力之下,英国地方政府开始对一些原本享有税收优惠的宗教房产征税,这当然遭到宗教机构的一致反对。于是,在英国学界,一场关于"有神论"的讨论便开始了。法院通过"有神论"测试来确立宗教机构的减免税资格,如果一个宗教机构的神没能通过"有神论"的测试,则该宗教机构的房产将无法获得房产税的减免资格。"有神论"测试共分三个步骤:第一步,该宗教对神的定义是否符合"有神论"的测试? 第二步,该宗教是否与现行的法律框架相符? 如果一个宗教的教义中有暴力血腥的内容,该宗教将无法通过"有神论"测试。第三步,"有神论"测试是否符合宗教免税的目的?③ 英国以这种特殊的方式扩大了房产税的征税范围,实际上,这种法律测试的目的并不在于确立宗教的合法性或合理性,以法律的形式确立房产税的免

---

① See P. Davis, W. McCluskey, & L. Cheng, Residential Property Taxation: A Capital Value Banding Approach, Journal of Property Tax Assessment & Administration, 2004,1(3):53.

② See Christopher Giles & Paul Johnson, Tax Reform in the UK and Changes in the Progressivity of the Tax System, 1985—1995, Fiscal Studies,1994,15(3):64—86.

③ See J. E. Jenkins, Rejecting the Theism Test in England and the United States in Property Tax Exemption Cases, Fordham Intl L. J. , 1982,6(1):149.

税范围才是这种测试的最终归宿。

(三) 我国台湾地区房产税减免税的设计

我国台湾地区的房产税主要指的是房屋税。房屋税源于1936年颁布的《土地法》，该法确立了"土地改良物税"。土地改良物指的就是房屋，其中私人房屋免于征税。1943年颁布的《房捐条例》将私人房屋重新纳入了课税范围。1947年颁布的《土地改良物税征收规则》规定，土地改良物税征收对象为房屋所有权人。营业用房屋税率不得超过估定价的1%，出租住房不得超过法定价的0.5%，征收改良物税的地区停征房捐。台湾地区在1960年公布了"房屋税条例"草案，之后几易其稿，终于在1968年正式施行。台湾地区房屋税的纳税人是房屋的所有权人、典权人、使用人、承租人和共有人。房屋税的计算以服务的现值为基础，任何增加房屋使用价值的添附物都计入房屋税。关于增加房屋使用价值的添附物，主要指的是可以增加房屋现值而非可以增加房屋所有者收入的添附物。如放置在房屋上的广告，虽然增加了房屋所有者的收入，但不列入房屋税的课税范围；而中央空调、升降电梯等可以增加房屋现值的添附物则需要征收房屋税。台湾地区房屋税的征收可根据其用途区分为家用房屋和非家用房屋。家用房屋的最低税率为1.2%，最高税率为2%；非家用房屋又可分为营业用房屋和工作用房屋，营业用房屋的最低税率为3%，最高税率为5%，工作用房屋指的是私人医院、诊所等非营业房屋，最低税率为1.5%，最高税率为2.5%。在孙中山先生"平均地权"思想的影响下，台湾地区在房产税法律制度上尤为注重社会的公平，而房屋税的减免制度对于社会公平的实现起了很大的作用。台湾地区房屋税的减免制度主要规定在"房屋税条例"第14条和第15条，见下表：

我国台湾地区公有房屋及私有房屋减免税(部分)一览表

公有房屋之免税	私有房屋之减免税(部分)
各级政府机关及地方自治机关之办公房屋及其员工宿舍	业经立案之私立学校及学术研究机构，完成财团法人登记者，其供校舍办公使用之自有房屋(免税)
军事机关部队之办公房屋及其官兵宿舍	业经立案之私立慈善救济事业，不以营利为目的，完成财团法人登记者，其直接供办理事业所使用之自有房屋(免税)
监狱看守所及其办公房屋暨员工宿舍	无偿供政府机关公用或供军用之房屋(免税)
公立学校、医院、社会教育学术研究机构及救济机构之校舍、院舍、办公房屋及其员工宿舍	受重大灾害毁损面积占整栋面积五成以上，必须修复始能使用之房屋(免税)
工矿、农林、水利、渔牧事业机关之研究或试验所所用之房屋	住家房屋现值在新台币100,000元以下者(免税)

(续表)

公有房屋之免税	私有房屋之减免税（部分）
粮政机关之粮仓、监务机关之监仓、公卖事业及政府经营之自来水厂所用之厂房及办公房屋	经目的事业主管机关许可设立之公益信托，其受托人因该信托关系而取得之房屋，直接供办理公益活动使用者（免税）
邮政、电信、铁路、公路、航空、气象、港务事业，供本身业务所使用之房屋及其员工宿舍	房屋遇有焚毁、坍塌、拆除至不堪居住程度，经由纳税义务人申报当地主管稽征查实者，在未重建完成期内，停止课税（免税）
名胜古迹及纪念先贤先烈之祠庙	政府平价配售之平民住宅（减半征收）
政府配供贫民居住之房屋	受重大灾害，毁损面积占整栋面积三成以上不及五成之房屋（减半征收）
政府机关为辅导退除役官兵就业所举办事业使用之房屋	农民团体共同运销之集货场及农产品批发市场之房屋（减半征收）

除了"房屋税条例"以外，"房屋税征收细则""房屋税征收自治条例""都市更新条例"中都有房屋税的减免条款。例如，在"都市更新条例"中规定，都市更新区的房屋在两年内减半征收房屋税。此外，台湾地区"财政部""财政厅"还会对房产税的减免范围作出解释，如"财政部"70/07/14 台财税第 35738 号函中就解释称："屋顶搭建具有顶盖、梁柱或墙壁之棚架，系属增加房屋使用价值之建筑物，应并同房屋核课房屋税。惟未设有门窗、墙壁之屋顶棚架，除供遮阳防雨外，其所能增加房屋使用价值有限，为减轻纳税人之负担，此类简陋之棚架免予课征房屋税。"不难看出，台湾地区房屋税减免税制度的设计功能较为清晰，为了兼顾社会公平与地方财政收入，营业用房屋的税率较高，而家用房屋的税率较低，对于一些具有公益性质的私有房屋也有较大的减免税优惠。另外，由于台湾地区的地质灾害较多，房屋税减免税制度设计很好地兼顾了受到地质灾害的纳税人。

四、减免税的设计

一般而言，税收法律制度的改变需要以三个领域的研究为基础：财政现状评估、各国法律比较以及法律现状调研。[①] 一方面，我国地方政府债务危机的现状十分清晰，除了建立可持续的地方主体税种之外，地方政府并没有太多的选择余地。另一方面，分税制改革之后，我国的税收法律体系并没有赋予地方政府太多

---

① See R. K. Gordon & V. Thuronyi, Tax Legislative Process, in V. Thuronyi ed., Tax Law Design & Drafting, International Monetary Fund, 1996, (1): 1—4.

的征税权限,房产税的全面开征必然是未来税法改革的方向。上海与重庆的房产税改革试点也为房产税的全面开征积累了一定的立法与执法经验。从政策形势与媒体舆情上看,我国开征房产税已是箭在弦上。所以,我国房产税减免税的相关立法研究也是刻不容缓。

(一) 房产税减免税的立法模式

1. 税权分配模式

一般而言,房产税是各国或地区地方政府的主体税种,也是地方政府收入最主要的来源。房产税也是未来我国地方政府合法收入的主要来源,其重要性不言而喻。无论是有意的税收调控,还是无意的征税行为,房产税都有可能对市场造成巨大影响,甚至会影响到社会的安定。正如美国20世纪70年代的"房产税反抗"运动,"随着房产税在公共领域的影响力逐渐扩大,社会不公的现象也在日益扩大"[①]。房产税的减免税条款将是弥合社会财富裂缝的重要工具,因此必须把握好房产税减免税的权力分配。在房产税成为地方主体税种之后,地方政府有可能会滥用减免税的权力。一方面,地方政府可能会赋予市场主体大量的房产税减免税优惠,以吸引境内外的投资,打造"税收洼地"。另一方面,地方政府在多重的财政压力下,可能会任意取消房产税的税收优惠,以达到地方财政利益的最大化。所以,虽然房产税是未来地方的主体税种,但笔者建议,应适当限制地方政府在房产税减免税方面的权限。

自党的十八届三中全会提出"落实税收法定原则"以来,税收法定在很大程度上得到了落实。税收法定最基本的含义是,税收最基本的事项必须由法律规定。因此,房产税的开征必然由法律明确规定,未来地方房产税的立法将采取中央相对集权、地方适度分权的模式。笔者认为,房产税减免税的实施与停止的权限应当归属中央政府,地方政府可以在中央政府所确立的减免税范围内扩大或者缩小税收优惠的幅度。根据房产税减免税的类型,又可将房产税减免税分为全国性的税收减免与地区性的税收减免。全国性的税收减免由中央决定,如对弱势群体的房产税减免;地区性的税收减免由地方决定,如对营业用、办公用房产的房产税减免。另外,地方政府不得任意停止房产税法规定的减免税措施。

2. 减免税制度设计

美国房产税法中的"断路器"设计是我国房产税减免税制度设计中很好的借鉴。实际上,国民政府时期的房产税也有类似设计。根据1942年财政部公布的

---

① T. J. Nechyba, Local Property and State Income Taxes: The Role of Interjurisdictional Competition and Collusion, Journal of Political Economy, 1997, 105(2):351.

《房捐征收通则》,房产税的税率按年计算,出租房屋的税率最高不得超过其租价的5%,而自用房屋的税率最高不得超过其房价的5‰,对于房屋价值不满500元的免予征收房产税。我国现行的房产税也可以借鉴"断路器"的设置,为房产税的缴纳设定一个上限。纳税的上限主要针对社会上的弱势群体以及低收入人群,对于购买高档别墅、高级住宅的纳税人则不适用此类规定。

房产税的全面开征势必会对地方经济造成巨大冲击,因此还可以考虑赋予某类房产免税期或者低税期的优惠。由于我国无序的房产开发政策,部分城市存在"空城""鬼城"等现象,这些房屋的房产税将给开发商带来巨大压力。因此,我国可以效仿英国设置私人空置用房以及工业空置产房的免税期优惠,如赋予其3年免税期,之后再赋予其3年减半征收期。通过这种方式,可以有效减轻房产税的全面开征对我国房地产市场的冲击,同时也给纳税人一个缓冲期。

在房产税的价值评估上,我国现行的房产价值评估机制还不尽合理,未来房产税的全面开征将会给税务机关的房产价值评估工作带来巨大压力。笔者建议,将房产价值的评估交给独立于税务机关的中介机构,或者暂时由中介机构承担这项工作,待条件成熟后由税务机关进行评估。我国《不动产登记暂行条例》的施行将为未来房产价值的评估带来便利,《税收征管法》草案中出现的涉税信息管理制度也会给税务机关的工作带来便利。

(二) 房产税减免税的范围

1. 以社会利益原则确定减免税范围

美国社会法学派奠基人罗斯科·庞德将利益分为公共利益、私人利益和社会利益。个人利益是个体所主张并寻求满足的要求、想法与愿望;公共利益是政治团体以政治团体名义主张的要求、想法与愿望;社会利益是在文明社会中为了社会生活所主张的要求、想法与愿望。①"现代法不仅关注公共利益与个人利益,同时也关注社会利益,现代法律的任务是尽可能地满足、调节和协调各方交叉、矛盾的利益。"②税法是典型的公法,税收法律的变革与税收法治的现代化以公共利益为重,房产税法律制度的变革也不例外。房产税在承担地方主体税种的情况下肩负着筹集地方财政的任务,在"宽税基、严征管"下如何保障纳税人的利益,就是房产税减免税制度的任务了。房产税减免税制度的设计需要以社会利益原则为导向,倾斜保护处于弱势地位的纳税人。在这里,可以采用"一般法定免除+临时法定免除"的模式进行规定。一般法定免除主要针对全国范围内

---

① See Roscoe Pound, Social Control Through Law, Yale University Press,1942:68—69.
② Roscoe Pound, A Survey of Social Interests, Harvard Law Review,1943,57(1):39.

的纳税人,如低收入人群、老弱病残、因公负伤的军人等;临时法定免除主要针对特定时期与特定区域范围内的纳税人,比如经济不景气时期的纳税人和受到地质灾害地区的纳税人。

2. 以与时俱进原则更新减免税范围

我国现行税法对房产税减免税的规定散布在各个税种之间,房产税减免税立法的混乱并非由于立法者缺乏足够的智慧与远见,而是因为房产性质实在很难被立法者掌握,导致各个税种之间的房产税减免税立法缺乏统一性,甚至存在一定的冲突。因此,未来的房产税立法在重新整合房产税减免税立法的同时,还应注意对房产税减免税范围的更新。从世界范围看,各国或地区的房产税减免税范围都是与时俱进的。不管是房产税减免税的范围,还是房产税减免税的标准,皆随着社会经济的变化而不断更新。第一,房产税减免税的范围应该与时俱进。随着经济形势的改变,房产税减免税的范围必然随之变迁。经济繁荣时期的房产税减免税标准与经济萧条时期的房产税减免税标准必然是不同的,否则僵化的免税标准将不利于经济的正常运行。社会形势、文化环境的改变也会改变房产税减免税的标准。例如,英国通过"有神论"的测试确立了对宗教机构的征税,我国台湾地区通过判例将私有慈善医院排除在房产税减免税的范围之外。第二,房产税减免税的标准也应该与时俱进。我国土地财政的特殊现状让房产税的开征陷入了一个尴尬的境地,一些纳税人在承担因土地财政导致的高房价的同时还要承担较高的房产税。虽然有学者提出,土地出让金与房产税两者的性质不同,在土地出让金的征收上,国家凭借其土地所有者出让土地向被出让方征收的收益;而在房产税的征收上,国家凭借的是政治权力向纳税人强制征收的财产税。所以,两者不存在法律上的重复征税。但是,在经济实质上,我国纳税人在一套房子上承担了两次经济负担,构成了经济上的重复征税。各个地方政府可以根据我国的实际国情,在房产税的征收过程中考虑对纳税人承担的土地成本进行相应的税收抵扣。各个省市在不同时期的土地财政效果不一,各个地区应根据情况制定符合本地区的减免税标准,这个标准必须根据上一季或者上一年度的土地出让收入情况随时进行调整。第三,减免税房产的评估也应与时俱进。房地产市场并不是稳定的市场,我国的一、二线城市的房地产市场尤其如此。由于房产的市场价格波动较大,所以应建立一套与时俱进的房产税减免税评估机制。

我国慈善事业税收调控法律问题研究

——以《慈善法》实施为背景

祁 琳[*]

一、引 言

2016年3月16日,第十二届全国人民代表大会第四次会议通过了《慈善法》。该法将自2016年9月1日起实施。《慈善法》是我国首部慈善领域的基础性、综合性法律,历经长达10年的调研和起草。作为我国第一部慈善法,它的突出意义在于系统规范了全社会的慈善行为。法律制定的各项规范,既针对各级政府的管理行为,也针对社会组织的运行管理与每个公民的慈善方式,是依据我国实际情况并借鉴国际经验,从而全面系统地确立国家慈善事业发展所需要的现代规范。

慈善事业是调节贫富差距的"平衡器",作为收入分配体系中弥补市场失灵和政府失灵的重要一环,被称为社会的"第三次分配",有助于促进资源的优化配置和收入的公平分配,也有助于促进社会和谐。慈善事业的发展离不开政府的有效引导和调控。税收制度作为一种利益激励机制,对于慈善事业的发展有着深远的影响,它是推动慈善事业发展的关键因素。政府通过税收手段对慈善事业进行激励,是一种宏观调控行为。宏观调控,是指为了保持经济总量的基本平衡,促进经济结构的优化,引导国民经济持续、快速、健康发展,推动社会全面进步而采取的经济措施。[①] 在市场经济条件下,税收不仅是政府提供公共产品的筹资工具,还是国家进行宏观调控以优化资源配置、促进经济稳定和经济增长的

---

[*] 祁琳,华东政法大学2014级博士研究生,青岛农业大学讲师。
[①] 参见顾功耘主编:《经济法教程(第三版)》,上海人民出版社、北京大学出版社2013年版。

有效手段。① 通过慈善事业进行社会资源的再分配，是国家对社会产品和国民收入进行分配和再分配所产生的特殊分配关系，也是一类社会公共性经济关系。国家运用税收调控手段对慈善事业实行有力的调控，从而实现宏观调控的目标。纵观各国对慈善事业发展的鼓励手段，无不以税收杠杆作为政府调控的重要工具。税收激励中的各税种都可以通过价格效应和收入效应，影响慈善捐赠事业的发展。

《慈善法》中规定的税收制度，比原先的制度有所突破，这将有利于促进慈善组织以及捐赠人的积极性。但是，《慈善法》中规定的税收优惠措施是原则性规定，具体落实还要与税法进行有效衔接。本文将结合《慈善法》的原则性规定，探讨税法的具体配套措施，立足于慈善法与税法的分工对接，构建统一、规范、普惠的慈善税收法律制度。

二、税收对慈善事业的调控功能

（一）税收激励

"税收激励"的概念，最早于20世纪60年代在美国被提出。它是指国家针对某些纳税人或者某些特定的经济活动，采取照顾性或激励性的区别对待，给予减税、免税、优惠税率等不同形式的税收优惠待遇，以实施引导和鼓励，从而达到一定政策目标的税收制度安排。

慈善事业税收激励也属于税收激励的一种。国家对慈善事业进行税收减免，其实质是一种对税收利益的让渡。它的理论依据来源于公共产品补偿说。通过慈善活动向社会提供公共产品或准公共产品，为政府减轻了提供公共服务的负担，弥补了政府失灵与市场失灵。国家税收收入的重要用途之一是用于公共事业和公共管理事务。然而，依靠国家发展公益事业，必须首先花费成本征收税款，再将税收收入投向特定的公益事业。慈善事业为不特定社会公众的利益而创设，发展慈善捐赠有利于促进需要帮助的公众改善生活条件。社会公众通过捐赠财产的方式发展社会公益事业，一方面履行了政府应当承担的社会职能，另一方面也节省了相应的征税成本与相关的行政管理费用。政府将税收收入中的一部分回馈到慈善领域，促进慈善事业的发展，有利于弥补再分配的不足，促进社会公平。因此，赋予慈善捐赠一定的税收优惠已成为各国的通行做法。

---

① 参见许宗力：《法与国家权力》，台湾月旦出版社股份有限公司1993年版，第79页。

(二) 税收调控功能

税法是国家调控宏观经济的基本职能之一。① 税法调控是国家通过制定和实施税收法律法规,运用税收分配手段,直接调节纳税人的收入,间接影响纳税人社会经济行为的调整,进而引起社会经济活动变化,以实现国家宏观调控目标的活动。

1. 资源配置

税收对经济和社会发展所需的资源能起到杠杆调节的作用,可以对资源进行合理的配置,使社会有序运行,在一定程度上提高社会资源配置的效率。资源的合理配置,是指人力、物力、财力或智力、资本、管理、信息等经济资源的合理分配。即它们的分配达到了这样一种状态:财富的产出达到了最大化,人们的物质文化需求得到了最大限度的满足,如果再变动资源配置,不仅不会增加财富的产出和提高人们物质文化生活的满足程度,反而会使其降低。市场经济条件下,主要依靠市场机制配置资源。但是,由于市场存在缺陷,仅靠市场机制难以完全优化资源的配置,这就需要政府加以调控。税法的宏观调控正是政府用来纠正市场失灵,弥补市场缺陷,实现资源合理配置的重要手段。慈善税收制度通过合理引导,使得慈善资源流向某些更有利于社会发展的领域,达到慈善资源合理配置的目的。

2. 调节收入分配

收入分配差距的问题,一直以来都是困扰社会稳定的重要因素之一。如果不能妥善处理这个问题,使社会成员之间的收入差异得到适当调节,随之而来的可能是社会矛盾的激化,危害社会稳定。在没有政府等外界力量介入之前,按照市场规则所形成的自然分配状况,往往与社会所需要的分配状况不一致,有时甚至十分不公平。这一点无论在资本主义国家还是社会主义市场经济国家都或多或少地存在着,而市场缺陷又决定了市场机制对这一问题显得无能为力。这就需要借助政府外力加以解决。税法在促进收入公平分配目标的实现中起着积极的作用。有经济能力的社会成员借助慈善税收制度给予的一系列优惠政策,将资源捐给需要帮助的人,形成各阶层之间的良好互动,进而促进社会稳定。

三、慈善事业税收调控的理论基础

(一) 经济学理论基础

国家实现宏观调控的重要经济手段之一就是税收手段,税收调控也是社会

---

① 参见陈少英主编:《税法学教程》,北京大学出版社 2005 年版,第 18 页。

收入分配和再分配的重要途径。税收以实现国家公共财政职能为目的,基于政治权力和法律规定,由政府专门机构向居民和非居民就其财产或特定行为实施强制、非罚与不直接偿还的金钱或实物课征,是国家最主要的一种财政收入形式。国家的税收政策可以克服社会贫富悬殊的现象。[①] 税收经济学认为,税收是国家或者公共团体为实现其公共职能而按照预定标准,强制、无偿地从私人部门向公共部门转移资源。它是国家参与社会分配和再分配的重要手段,是财政收入的主要形式。政府在行使税收权力进行宏观调控时,并不是随意实施的,要根据宏观调控的目标选择前进的目标,而且权力的行使必须建立在一定的理论基础之上。

1. 帕累托最优理论

慈善捐赠是一种帕累托改进。如果没有一个人可以在不使任何其他境况变坏的条件下使自己的境况变得更好,这样的资源配置就被称为"帕累托最优配置",亦称"帕累托效率"。换句话说,如果资源配置达到了一种不损人就不能利己的状态,那就是帕累托最优。[②] 社会福利水平的提高取决于帕累托最优。帕累托最优要求在交换过程中,任何一方的福利水平提高都不得损害另一方的福利水平。帕累托改进可以在资源闲置或市场失灵的情况下实现。在资源闲置的情况下,一些人可以生产更多产品并从中受益,但是又不能损害另外一些人的利益。在市场失灵的情况下,一项正确的措施可以削减福利损失而使整个社会受益。慈善事业关心的是如何在社会财富保持一定水平的情况下分配资源的问题。在此过程中,税收政策的引导和激励作用显著,通过税收激励,使慈善事业的捐赠主体在保持自身利益的情况下,实现财富的转移,最终实现社会全体公民财富分配的帕累托最优。

2. 第三次分配理论

社会分配分为三个层次:第一次分配是市场调节的分配,分配结果的多寡取决于市场主体竞争能力的大小;第二次分配是政府调节的分配,通过社会保障和福利体系对资源进行再分配,以促进社会公平;第三次分配是习惯和道德调节的分配,通过道德作用,一部分人自愿把富余的资源无偿分给有需要的人,通过捐赠的方式实现。在第一次分配和第二次分配之后,社会仍然会有一些领域需要第三次分配予以填补。第三次分配是人们基于自愿的一种捐赠,它所发挥作用的领域是市场调节和政府调节所无法比拟的,因而影响广泛。在我国,一些富人的捐赠不仅仅是出于个人自愿,更是对其财富的一种自我矫正。但是,要使第三

---

① 参见顾功耘主编:《经济法教程(第三版)》,上海人民出版社、北京大学出版社2013年版。
② 参见尹伯成主编:《西方经济学简明教程》,上海人民出版社2003年版。

次分配产生广泛的社会效应,最大限度地激发社会大众的捐赠意识,需要对人们的慈善捐赠行为采取激励措施。税收激励是国际上常用的、通行的激励措施。

3. 竞争领域与非竞争领域理论

竞争领域主要从事商品的生产和流通,提供各种劳务服务;非竞争领域主要提供特殊产品和满足各种社会需要,政府提供的公共物品也属于这一领域。竞争领域的活动通过公平竞争以追求最大的利润,非竞争领域的活动则主要满足社会需要。竞争领域与非竞争领域的活动都是经济和社会发展不可缺少的组成部分。对慈善组织予以税收减免的优惠政策是与其非营利性、非政府性和公益性等特征直接相关的。从税收基本原理来看,国家通过征税参与社会财富的分配和再分配的过程,在社会上创造财富的是那些竞争领域以营利为目的的市场主体,而慈善组织无力也不被法律允许从事营利活动。同时,慈善组织是公益性社会组织,它提供的"物品"不可能由追求利润的营利机构提供,政府也不可能再像计划经济时期那样实行全方位的供给。因此,对慈善组织应实行税收减免政策。

(二)社会学理论基础

1. 有限政府与责任政府理论

政府是现代社会的管理机构,国际社会大多推行"小政府、大社会"。所谓的"小政府"并非仅仅是人数多少、机构大小,其实质是限制政府权力,用法治制约政府权力的扩张,政府仅在它应该作为的方面发挥作用。因此,在一个成熟的社会,公民和企业有两种选择:可以将自己收入的一部分作为税收交给政府,然后通过财政支出的方式用于慈善事业;也可以将自己收入的一部分作为社会捐款捐给慈善事业,通过"社会捐款—慈善基金—慈善事业"的途径用于慈善事业。用于交税还是捐款只是由于个人或企业的偏好不同而作出了不同的社会选择。各国政府大多给予慈善捐赠一定的税收优惠。

2. 公平与正义理论

市场中往往因为存在信息不对称而出现市场失灵现象,如果不对市场进行一定的规范和调控,市场机制的自动运作会导致两极分化,市场机制将无法实现社会公平与社会正义。慈善互动有利于实现社会发展的公益性、公平性和公正性,实现人类社会的和谐共生。纳税人捐赠款物给慈善组织,慈善组织再将获捐款物转给其他主体,在这个过程中涉及捐赠款物的税收问题。是否给予税收优惠,在很大程度上影响着个人和企业捐赠的积极性,也关乎慈善事业是否能够持续深入发展。国家应当在法律层面上予以支持,体现在税法上就是对慈善捐赠出台相应的税收激励政策。

四、我国慈善事业税收调控的现状评估

（一）制度现状

我国目前还没有专门针对慈善事业的税收法律制度，与此相关的税收政策规定散见于各税种的税法规定之中。慈善税收主要涉及所得税、商品税和财产税三大类。在所得税方面，主要有《企业所得税法》及其实施细则、《公益事业捐赠法》以及《个人所得税法》；在商品税方面，主要有《营业税暂行条例》及其实施细则；在财产税方面，主要有《房产税暂行条例》《城市房地产税暂行条例》《车辆购置税暂行条例》《车辆使用牌照税暂行条例》《城镇土地使用税暂行条例》《固定资产投资方向调节税暂行条例》《土地增值税暂行条例》《耕地占用税暂行条例》《契税暂行条例》等。

我国现行的慈善税制在内容上主要包括以下四个方面：

1. 慈善组织的免税资格与税前扣除资格的取得

慈善组织向地方税务主管机关提出免税资格申请，由地方财政、税务部门联合进行审核确认，并定期予以公布。① 慈善组织的公益性捐赠税前扣除资格，分别向民政、财政、税务部门提出申请，由民政部、国税总局、财政部联合审核；在地方民政部门登记慈善组织的税前扣除资格，则由省级民政部门负责初步审核，省级民政、财政、省国税和省地税联合审核，由民政、财政、税务部门分别定期公布。②

2. 慈善组织自身活动的税收优惠

慈善组织取得免税资格后，接受其他单位或个人捐赠、政府补助等收入，免征企业所得税。③ 慈善组织提供的特定慈善服务免征营业税。④ 经国务院授权的政府部门批准设立或登记备案，并由国家拨付行政事业费的各类社会团体自用的房产，免征房产税；政府部门和企事业单位、社会团体以及福利性、非营利性的老年服务机构，国家拨付事业经费和企业办的各类学校、幼儿园等自用的土地，免征城镇土地使用税。⑤ 另外，还有免征车船使用税、契税、增值税等规范。

---

① 参见财政部、国家税务总局《关于非营利组织免税资格认定管理有关问题的通知》。
② 参见财政部、国家税务总局《关于公益性捐赠税前扣除有关问题的通知》《关于公益性捐赠税前扣除有关问题的补充通知》。
③ 参见《企业所得税法》第26条。
④ 参见《营业税暂行条例》第8条。
⑤ 参见《房产税暂行条例》第5条。

3. 捐赠者的税收优惠

捐赠者的税收优惠涉及所得税、印花税、增值税、营业税等税种。

4. 受益人的税收优惠

这方面具体可操作的规范主要体现在几次自然灾害后恢复重建的税收文件中，对受灾地区企业、个人通过慈善组织接受捐赠的款项、物资，免征相应的所得税。

（二）我国《慈善法》在税制方面的规定

按照国际通行的做法，慈善法对税收优惠政策的规定主要有两种：一是有关慈善的税收优惠政策直接由慈善法明确规定，税收制度从其规定；另一种是慈善法只作原则性规定，有关的慈善税收优惠政策由税收制度明确规定。我国采用的是第二种立法模式。

我国《慈善法》第九章"促进措施"第79—81条，分别对慈善组织、捐赠人和受益人作出了"依法享受税收优惠"的明确规定。但是，这些只是原则性规定，有关慈善的税收优惠政策最终还要落实到税收制度上。我国《慈善法》在推动相关税制修改方面主要有以下三大贡献：

1. 推动慈善事业的减免税待遇向更加公平的方向发展

当前对于慈善组织与慈善活动的减免税措施采取的是"一事一议""一案一批"的方式，每个组织均需要申请并报批。这种个案审批的方式给了审批机关自由裁量权，可能导致有的组织更快获得减免税，有的组织则会被拖延审批时间。这样，就会造成不公平的现象。《慈善法》通过后，这种程序不公平将不复存在——只要是被认证的慈善组织，其所从事的慈善活动自动获得减免税政策优惠。

2. 让企业在慈善捐赠方面获得更大的自主权

《慈善法》第80条规定，企业慈善捐赠支出超过法律规定的准予在计算企业所得税应纳税所得额时当年扣除的部分，允许结转以后三年内在计算应纳税所得额时扣除。这能让企业在慈善捐赠方面获得更大的自主权，可以在一定程度上鼓励企业进行单次大额捐赠。《慈善法》并不对具体的税种与税率进行规定（这应由税法规定），但是它允许企业在三年内将税法规定额度结转使用是对慈善事业的促进。

3. 对于扶贫济困的慈善活动实行特殊优惠政策

虽然《慈善法》没有作出具体规定，但是它能够推动现行税收政策在扶贫济困方面的改进，同时有助于构建更加有利于慈善事业发展的税收环境。

(三) 我国慈善税收制度的缺陷

总的来说,我国对慈善组织实行的税收优惠政策涉及的税种和规定比较多,从所得税、流转税到财产税等,都规定了相应的税收优惠政策。这些税收优惠政策对慈善组织的发展给予了一定的支持,促进了各类慈善组织的发展。但是,随着经济和社会的进步,我国的慈善组织已经进入一个快速发展时期,社会对慈善组织的需求日渐增多,原有的税收政策已经显现出与现行慈善制度不相适应的地方,阻碍了慈善事业的发展。这主要体现在以下几方面:

1. 慈善捐赠税收优惠远未完善

企业捐赠产品货物的,一般仍需缴纳增值税、消费税、营业税等,除几次大灾的灾后重建外,需要用同等产品的销售价格确定销售额,缴纳增值税。

非货币捐赠更是缺少充分的税收优惠支持。不少企业、个人倾向于捐赠不动产、股权、知识产权等,使得非货币捐赠税收优惠制度的供给不足。

不动产捐赠的税负及行政性费用繁重。房产捐赠从公证、过户到拍卖,产生公证费、个人所得税、契税、印花税、房地产登记费等多种税费。据分析,捐赠人捐赠一套市值 400 万元的房产给慈善组织用于慈善目的,从捐赠到变现的各方所有税费相加达百万元之巨。

股权捐赠的税收优惠缺失。我国一度禁止企业持有的股权和债权用于对外捐赠。[①] 2009 年,财政部才允许企业以持有的股权进行公益性捐赠,但是缺乏配套的税收优惠规范。[②]

2. 慈善组织的税收优惠存在空白点

《慈善法》第 8 条第 1 款规定:"本法所称慈善组织,是指依法成立、符合本法规定,以面向社会开展慈善活动为宗旨的非营利性组织。"这只是笼统地规定了慈善组织是非营利性组织,并未涉及慈善组织的多种形态。由于现行税制缺乏与慈善的必要对接,导致大量税收优惠并不能涵盖所有慈善组织。营业税、房产税、城镇土地使用税、车船使用税、耕地占用税、契税、增值税等免予征收所针对的主体有非营利性医疗机构、老年服务机构、疾病控制机构和妇幼保健机构等。境外捐赠物资用于慈善事业的税收优惠仅针对国务院主管部门依法批准设立的社会团体,而不包括地方主管部门批准设立的同类主体。

慈善组织提供产品和服务往往具有较明显的公共物品的性质,因此国际上许多国家都对这类非营利组织实行较大幅度的税收优惠政策。但是,目前我国

---

① 参见财政部《关于加强企业对外捐助财务管理的通知》。
② 参见财政部《关于企业公益性捐赠股权有关财务问题的通知》。

的税法并没有区分非营利组织的公益性和非公益性，也没有按照组织的性质制定相应的税收政策，而是严格区分这些组织的具体行为是否具有非营利性，只对其中的非营利性活动实行税收优惠，对其他的经营活动则要求依照税法规定纳税。这种现状使得我国慈善组织的资金来源比较单一，政府成为主要的资金来源，而社会募集、企业捐赠和自身经营取得的资金在总收入中所占的比重很小，限制了慈善组织的发展。

3. 慈善受益人的税收优惠缺乏制度规范

《慈善法》第 81 条规定："受益人接受慈善捐赠，依法享受税收优惠。"这在原则上规定了受益人享受税收优惠。但是，除了在灾后重建的税收文件要求对受灾地区企业、个人通过慈善组织接受捐赠的款项、物资，免征相应的所得税之外，并没有其他的制度规范。

（四）我国慈善税收制度存在缺陷的原因分析

1. 各类法律文件之间缺乏协调

与慈善税制相关的规章、规范性文件繁杂紊乱，给捐赠者、慈善组织和税务部门执行实施带来困难。上下位阶法律规范之间"打架"，其效力难免处于尴尬状态。

2. 慈善税收优惠体制尚未理顺

慈善监管部门与财政、税务部门等的关系，尚未做到有法可依，慈善税制的部门权责划分模糊。慈善税制的规范性文件呈现出发布主体多元化的现象。

3. 慈善税收优惠配套不足

慈善税收减免政策的实施需要票据、流通机制的配套。捐赠者通过慈善组织进行捐赠后，应凭捐赠票据申请获得税前扣除。但是，我国对捐赠票据缺乏全国性的统一规定。

五、国外慈善税收法律的比较借鉴

美国是世界上慈善市场非常成熟、慈善捐赠位于前列、税法设计比较完善的国家。德国是欧洲慈善事业比较发达的国家。日本属于亚洲慈善事业运作得比较好的国家。通过对这三个国家慈善捐赠税收优惠政策进行比较，可以发现它们有一些共同之处：

第一，严格界定享受税收优惠政策的慈善机构。美国、德国和日本都对慈善组织进行了概念性的界定，以描述和排除的方式从原则上界定了慈善组织区别于营利性的法人。这三个国家在慈善组织的定义中，都十分强调法人地位、不以获取和分配利润为目的、公益性。其中,公益性是关键。它们都强调公益性是公众利益,而非具体人群。它们都是由税务局在慈善组织设立后对其能否享受税收优惠政策进行审核,并对这些慈善组织定期进行评估审计,以防范慈善组织的欺诈行为。税务局对慈善组织享受税前扣除的资格进行审核,看其是否为符合"慈善组织"定义的组织。除日本外,美国和德国都采用概念描述的方法,而非列举慈善组织。如果设立的组织符合"慈善组织"的定义,享有税收优惠,那么捐赠人对其捐赠便可享受所得税税前扣除。享受慈善捐赠税收优惠的慈善组织的资料会在税务局公示,公众可以对其进行监督。

第二,捐赠类型和目标不同的慈善组织的税前扣除比例不同。慈善组织涉及救助弱势群体、促进教育、改善医疗、提高健康水平、促进社会和社区进步、促进业余团体和运动、推进环保、保证公民权利等多个领域。美国、德国和日本都根据本国面临的公共问题和慈善组织的发展状况,在税收上给予需要鼓励的领域政策上的倾斜,因而导致捐赠者捐赠不同领域的慈善组织,所得税税前的扣除比例是不同的。扣除比例不同并非意味着对那一领域的慈善组织有政策上的歧视,而是政府必须从全局考虑,对现有的慈善资源进行引导。不同领域的慈善组织具有不同的使命。在没有政府引导的情况下,不同领域的代言人会为自己的领域争取资金,号召力强的组织争取的慈善资源就多。在信息不对称的情况下,捐赠人会按自己的偏好捐赠,而慈善组织的竞争力有时又会影响捐赠人的偏好,这样便很有可能造成慈善资源集中在某一领域,而这一领域可能并不是慈善资源最需要的领域。从这三个国家的扣除比例来看,不同领域的扣除限额相差并不大,基本上都在5%以内。这样,便可以保证税收的中性,不过多地干预微观经济主体的选择。

第三,捐赠扣除的比例相差不大。美国、德国和日本对于企业捐赠、个人捐赠的扣除标准不一。但是,整体而言,这三个国家的企业捐赠扣除的比例基本都在10%以下,个人捐赠扣除的比例都在50%以下。这不仅考虑了企业和个人在实践中捐赠额占企业和个人的收入比例,而且考虑了各国政府的财政承受能力。

第四,遗产税和赠与税鼓励慈善捐赠。美国、日本这两个设有遗产税的国家都对将积累的财富捐赠给慈善组织给予减免税的优惠,真正实现了慈善组织是公共信托机构的使命。超级富翁的巨额财产在他们去世后将被征收巨额的遗产税,而若将巨额遗产捐出来用于慈善公益,就无须缴纳或减少缴纳遗产税。这既是政府在帮助人们行善,也必然使每一个人思考如何才能更好地利用自己的财富。美国还开征赠与税,规定将个人财产转赠他人必须缴税。这些规定促使美国人确立一种现代财富观,那就是在有生之年做好公益慈善。

六、完善我国慈善税收法律制度的路径设计

（一）制度设计应遵循的相关原则

对税收优惠法律制度的原则进行分析，离不开对税法相关原则的讨论。事实上，税收优惠法律制度的原则和税法的原则是同一的。税法的原则，是指一国调整税收关系的基本规律的抽象和概括，是贯穿税收的立法、执法和守法全过程，具有普遍性指导意义的法律准则。税法的原则是税法本质的具体表现，它是整个税收法律制度的理论基础，是税收立法的前提，也是执行税法和遵守税法的依据。

1. 税收优惠法定原则

税收法定原则作为"支配税法全部内容的基本原则"[①]，体现了宪法上的民主原则。国家统治的合法性要求和政府治理的法治要求决定了国家的课税权必然以税收法定原则为基础，法治和民主建设的趋势则决定了税收法定原则对我国税收立法实践的肯定性价值。人们在普遍坚持税收法定原则时，常常只注意其中的一个方面，即征税的法定化，而忽视了另一个方面，即减免税也要法定化。税收法定原则实际上已经包含了税收优惠法定原则，即后者是前者之中的当然内容。按照税收法定原则的要求，征税主体、纳税人、征税对象、税目、税率等税法要素都必须由最高立法机关以法律的形式加以规定。不仅如此，有关课税对象的内容还必须明确具体，不能含糊不清、无法适用，否则就会影响法律的效力。

2. 税收中性原则

税收中性思想最早体现于英国古典经济学家亚当·斯密的赋税理论中。斯密一贯坚持以自然秩序为基础的经济自由主义思想，强调以"经济的不可见之手"维持市场和谐运行。他认为，税收的唯一职能就是收入职能，不具有调节经济的职能，"应设法使赋税尽可能地保持公平、确定和便利于纳税者，尽力使人民在缴纳正当税收外，不受其他勒索"，以避免赋税"往往徒困于人民而无补于国家收入"。[②] 他提倡征税不应改变私人的经济配置，从而折射出税收中性的思想。

税收中性，是指税收不应改变经济主体的经济决策，不应扭曲资源配置格局；不应使纳税人产生额外负担，以促进社会经济效益水平和福利水平的提高；

[①] 〔日〕金子宏：《日本税法原理》，刘多田等译，中国财政经济出版社1989年版，第48页。

[②] 参见〔英〕亚当·斯密：《国民财富的性质和原因的研究（下）》，郭大力、王亚南译，商务印书馆1974年版，第256页。

应维护国内税收公平及国际税收公平,不能破坏平等竞争的外部条件。[①] 税收优惠调控,是指国家依据税收法律制度,在利用税收参与国民收入分配的过程中,通过征税、不征税以及多征税、少征税等方式,改变社会成员的物质利益,以鼓励或限制、维持其所从事的社会经济活动,使之按预定的方向和规模发展、变化的行为。一般来说,在市场机制能够充分发挥作用的前提下,税收中性化有利于市场机制在资源配置方面发挥基础性作用,从而有利于提高社会经济效益。但是,在市场失灵的领域内,如涉及外部性、公共物品和社会公平等,税收的调控能够矫正和弥补市场缺陷。

3. 税收优惠调控的适度性

税收优惠调控介入市场的理由同时也决定了税收优惠调控的适度性。税收优惠调控只能存在于市场失灵的领域,承担提供公共产品、解决外部性问题、实现社会公平的任务。行政权的自主性和扩张性固然有利于政府积极探索运用税收手段调节经济和收入分配,但是也存在政府滥用权力侵害公众合法权益的危险。税收优惠调控是一把"双刃剑",它既可能促进经济发展,也可能阻碍经济发展,后者即所谓的"政府失灵"现象。"政府失灵"现象的客观存在,究其根源,原因在于政府的信息匮乏、预期错误、政策偏差、权力易扩张以及政府组成人员的个人偏好等。因此,市场经济需要的是一个"有限政府",政府的调控只能是一种"有限的调控"。政府有限调控原则是符合市场要求和时代精神的合理规则。

(二) 税收激励机制的构建

1. 针对企业的捐赠税收优惠政策调整

进一步完善企业捐赠的税收减免政策的前提是,强化政府是社会公益事业主要责任人和投资人的基本理念。其主要任务是,继续强化公正原则,认清社会转型时期企业捐赠的变化特点,通过理念和政策引导,鼓励企业将捐赠纳入企业的经营发展战略,逐步将捐赠塑造为企业的内发计划行为,鼓励更多的企业参与社会公益事业,而不是鼓励少数企业进行更高比例的捐赠。这样,既能减轻企业对捐赠免税的期望和依赖,又能促进企业与政府和社会的可持续性协调发展。具体做法有:

第一,突出对捐赠者的税收优惠,鼓励支持捐赠行为。无论是对个人、公司、企业还是作为非营利组织的社会团体、事业单位,都可以依法扣除税收。在一系列的项目中,捐赠支出占有很大的比例。由于第三部门具有代替政府提供公共

[①] 参见刘大洪、张剑辉:《税收中性和税收调控的经济法思考》,载《中南财经政法大学学报》2002年第4期,第40—41页。

物品等特殊的公益性的价值,因此从一定意义上说,市场主体向第三部门进行捐赠,在客观效果上类似于向国家缴纳税款。正因如此,我国《公益事业捐赠法》明文表示,国家鼓励自然人、法人或者其他组织对公益事业进行捐赠。这实际上也是国家对公益事业实行鼓励政策的体现。但是,这些原则性的规定仍要在具体的税收优惠等法律法规上加以落实和体现。

第二,调整捐赠扣除的比例。就企业而言,尽管很少有企业在一年内向公益组织捐赠超过其收入的 1—2%,但是有一个相对较高的限制很重要,这样可以满足经常或偶然多捐的企业的要求。比如,一个公司可能捐赠一栋楼给公益组织用作学校或诊所。就个人而言,我国公民的社会意识相对淡薄,且公民个人不具有企业那种为股东争取价值最大化的制约。所以,应适当提高捐赠扣除的比例,鼓励个人为公益事业捐赠。但是,企业和个人的捐助背景、资金实力和捐赠目的有所差异。因此,对两者的捐赠扣除比例应区别对待。目前,国际上许多国家准予税前扣除的部分为年度应纳税所得额的 10%,甚至更高;个人捐赠的款物可以在个人年度应纳税所得额中扣除,但是最高不超过应纳税所得额的 50%。目前,我国企业所得税的扣除限制为 12%,个人所得税的扣除限制为 30%。应按照《慈善法》第 80 条的规定,即"企业慈善捐赠支出超过法律规定的准予在计算企业所得税应纳税所得额时当年扣除的部分,允许结转以后三年内在计算应纳税所得额时扣除",修订《企业所得税》有关超过 12%的部分不予扣除的限制性条款。

第三,继续大力扶持社区公益机构,扩大捐赠渠道。应有选择地确认社区公益机构税收减免的受赠资格,形成与"国字号"公益机构的优势互补,从而推动社会公益事业的协调发展。对社区公益机构进行免税受赠资格认定,既可以扩大企业捐赠的免税渠道,方便社区中小企业捐赠,又可以给社区公益机构创造发展的条件。只有越来越多的公益组织成熟起来,特别是服务于社区的草根组织成长起来,才能满足绝大多数中小企业的捐赠需求。

2. 针对公民个人的捐赠行为的税收政策调整

据不完全统计,美国约 85%的慈善捐款来自普通民众。如何充分调动公民的慈善捐赠积极性,对我国慈善事业的发展同样具有现实意义。笔者认为,除了慈善意识、慈善文化等影响公民参与慈善事业的因素外,税收优惠政策的制度设计也对公民的捐赠行为有很大影响。

第一,扩大税收法规惠及的范围。我国慈善事业依然依附于政府,公民和企业只有向取得政府特别许可、有权开出能得到政府财政部门认可的捐赠证明的慈善机构捐赠,才能享有缴纳所得税前全部或部分扣除的优惠。此外,对等值捐赠品予以平等对待,对捐赠者的捐赠行为会产生影响。在国外,捐赠不仅可以用现金、信用卡,还可以用股票、旧车、旧计算机,甚至捐旧衣服,且都可以抵税。在我国,对于这些也应该予以考虑。对于个人慈善捐赠支出,应按其货币数额或物资实物评估价值,实行个人所得税基数全额抵扣政策。我国《个人所得税法》有关"个人公益性捐赠额未超过纳税义务人申报的应纳税所得额30%的部分,可以从其应纳税所得额中扣除"的限制性规定,与建立综合和分类相结合的个人所得税制下的"标准费用扣除额"相悖,应予删除。

第二,开征新税种(主要是遗产税和赠与税)。遗产税是个人税收系统的一部分,属于政府调节财富再分配的"一只手"。就一般国家而言,政府对个人财富的调节方式有"两只手",一只手在生前,主要是征收个人所得税、财产税和赠与税;另一只手在身后,就是征收遗产税。遗产税制度的实施,不但会起到调节财富分配、缩小贫富差别的作用,还会促进人们捐助慈善事业。然而,从实际操作看,完满地开征遗产税绝非易事。在这一点上,美国尚且如此,我国对遗产税的甄别能力还十分有限,况且现有的税收征管能力不足以完满地开征遗产税。所以,尽管我们呼唤遗产税的尽快出台,但是还不宜操之过急。我们期待着完备的遗产税和赠与税尽快出台。无论如何,我们不能在相关法律的设立问题上落后于两百多年前的法国。

第三,调整税率。人都具有趋利性,对于慈善业而言,通过政府的政策支持,使公民个人、企业和慈善组织都在捐赠过程中受益,是慈善事业发展的牢固根基,也符合社会和谐发展的根本要求。其中,对税率的调整,影响到公民个人、企业揣度是否实行捐赠的综合利益博弈,最终直接影响到捐赠者的捐赠行为。在制度设计上,应把慈善捐赠税收优惠比率与个人所得税的累进制相结合,真正加大中产阶层个人所得税的减免幅度,使中产阶层自觉通过捐赠达到减免个人所得税的目的。这虽是间接的税收减免优惠幅度调整,却是符合我国国情的、可操作的。

(三) 理顺慈善免税体制

慈善免税体制的关键在于理顺财税部门与民政部门的关系。国家财政部门负责制定税收规范的实施细则并决定税收优惠,税务部门负责税收征管,而民政部门则是慈善事业的监管部门。民政部门与税务部门的权责应当在理清涉税环节及关系的基础上加以确定。

(四) 简化减免程序,健全征管措施

1. 简化税收减免程序

在我国,烦琐而低效的慈善捐赠免税程序与现代社会所讲求的高效率、快节

奏是背道而驰的。民政部救济司前司长王振耀曾以个人名义向中华慈善总会捐款500元并申请捐款的税收抵扣,结果经历了十道程序,花了两个月的时间。显然,公民是不愿意为不计回报的善举付出太高时间成本的,要求税收减免程序的科学化、简单化是必然的。

2. 强化对慈善捐赠的税收监管,健全征管措施

我国应健全相应的法律法规,建立信息共享机制,明确各监管部门的职责和权限,加强对公益性社会团体财务机制、捐赠款项用途的监管责任,避免监管的缺位、越位和错位。作为其中一个重要的环节,税务部门应强化对慈善捐赠的税收监管,健全征管措施。具体而言,一是加强对慈善机构的政策辅导和税收管理,督促其正确、合法使用捐赠收据,准确核算收支,规范管理。二是在具体政策操作上,应制定切实可行的个人所得税抵扣税款的具体操作办法,简化手续,提高效率,为个人捐赠享受税收优惠提供更多、更快的便利条件,保证公益性捐赠税收优惠政策落到实处。三是培养专业人才,加强针对与慈善捐赠相关的法律法规的培训力度,培养出一批熟悉慈善捐赠领域专业知识的税务干部队伍,以便于对其进行深入的服务和管理。四是强化对捐赠双方的税务检查,增加对公益性社会团体和企业的走访力度,了解其接受捐赠和生产经营的情况,加强发票税控装置的管理,经常进行发票和申报数据的比对,发现问题,及时评估,促进捐赠行为的规范化,营造公平的税收环境。

七、结　　语

在我国市场经济快速发展的今天,作为慈善事业发展的有力杠杆,税收调控的作用越来越重要。《慈善法》是对慈善制度的顶层设计,虽然其中规定了一些严格的慈善税收优惠措施,但是其具体落实要与税法之间进行有效的衔接,还需要有关部门出台更多的配套细则,以确保这些法律落到实处。因此,《慈善法》的颁布实施更有赖于相关配套制度的完善,这样才能让《慈善法》变成真正意义上的善法。

人民币利率宏观调控法治化的价值分析

——基于人民币利率市场化的背景

朱 飞[*]

2015年5月1日,《存款保险条例》正式实施。存款保险制度的施行使得存款担保由隐性变为显性,而存款利率的管制放开是未来市场发展和选择的目标,这是人民币利率市场化改革最重要的环节,也标志着人民币利率市场化进程已经进入实质性阶段。从国际经验来看,利率市场化进程基本都伴随着利率调控框架的逐步转型,价格型调控即利率调控的地位会有所突出。在人民币利率市场化不断推进之际,鉴于目前人民币利率宏观调控中法治化的缺失以及利率政策的不透明,同时有关利率调控相机抉择理论的拥趸者众多,利率宏观调控举措要改变以往金融抑制的思维路径下的行为模式,以适应利率市场化的内在要求,并充分体现法治化的理念和实践指引,是当前一个值得思考和厘清的重要问题。

一、人民币利率市场化及与利率宏观调控关系的基本描述

(一)人民币利率市场化的概念及其本质

1. 利率市场化的基本概念

利率市场化是相对于利率管制而言的,一般是指一国或者一个地区的货币市场融资水平由市场的供求关系决定,金融机构根据自身资金的规模、期限搭配、借贷者信用、市场需求等因素,与资金需求方在基准利率的基础上共同确定

---

[*] 朱飞,华东政法大学2014级博士研究生。

利率,而不受制于所在国家或地区对于利率议定所作出的强制性限制的一种利率形成机制。有学者就认为,利率市场化是指金融商品在金融市场的利率水平由市场供求决定,包括利率决定、利率传导、利率结构和利率管理的市场化等。我国利率体系是由管制利率和市场利率混合组成的。一方面,央行在存贷款利率的决定中起主导作用,规定存款和贷款利率的上限与下限,实行利率管控。这种管控带来的问题是,存款利率上限的规定使得金融机构不能有效地把社会闲散资金吸收进来,同时由于贷款利率低,造成资金供求的不平衡。另一方面,货币市场与债券市场的利率由市场自由决定。这种利率双轨制割裂了金融市场的统一性,使货币政策的传导受阻,利率工具难以覆盖全部金融市场。渐进式利率市场化可以边发现问题边解决问题。利率市场化需要立法、市场、监管等手段的配套进行,不需要追求速度。宏观调控能力是放权的必要条件,如对风险的补救能力等。①

质言之,利率市场化既是逐步放开对利率的直接管制,由市场主体和资金供求决定价格的过程,同时也是央行逐步强化价格型调控和传导机制的过程。所以,利率市场化包括利率决定、利率传导、利率结构和利率管理等多方面的市场化。这也验证了利率市场化并不是孤立的,而是与利率宏观调控具有相对统一性的基本逻辑。

2. 人民币利率市场化的本质

"直到2013年,市场上很多人认为,利率市场化就是市场决定利率,利率由金融机构根据自己的资金状况和市场动向自发形成,央行应当退出对利率的市场干预。"②通过深入分析,我们可以发现,对利率市场化的误读建立在对人民币利率市场化望文生义的基础上,未能深入把握人民币利率市场化的运行机理。那么,究竟什么是人民币利率市场化的本质?有学者认为:"利率市场化意味着,政府放弃对利率的直接管制,利率在政策当局的政策影响,反映资金供求关系,从而实现资金的优化配置。这有两层含义:首先,利率由市场决定,市场主体在充分竞争的基础上自主决定资金交易的要素,尤其是价格和规模;其次,政策当局对利率的作用方式通过改变供应量或者影响需求来间接调控。"③还有学者认为:"利率市场化,是让资金供给方和需求方在利率的确定中起'决定性作用',但

---

① 参见阮加:《利率市场化的国际借鉴》,载《光明日报》2014年11月5日第16版。
② 邓海清、陈曦:《再造央行4.0——新常态下的中国金融改革顶层设计》,社会科学文献出版社2015年版,第56页。
③ 李庆水:《从国际视角看利率市场化过程中的监管作用》,载《新金融》2013年第1期。

同时还需要'更好地发挥政府的作用',而不等于简单放开先前所有官方利率设定。"①

基于人民币利率市场化的实现进程与上述剖析,笔者认为,我国利率市场化进程实质上可分为货币市场的利率市场化、资本市场的利率市场化和金融机构存贷款的利率市场化,在此过程中所包含的本质主要表现在以下五个方面:(1)人民币的金融交易主体享有利率决定权;(2)人民币利率的数量结构、期限结构以及风险结构应当由市场自发地选择并进行搭配;(3)法定的基准利率是市场利率的基本指针;(4)货币当局以调整基准利率的方式间接影响金融市场的利率定价;(5)利率市场化会呈现出差异性,源于不同的经济主体的自主选择和相互竞争性,在保证充分发挥自主权的条件下,所选择利率的差异性也就得以呈现。

(二)利率市场化的演进与利率调控的联系

1. 利率市场化的理论演进

宗教改革使得欧洲收取利息合法化之后,利率之争进入了经济学家、金融家和政治家的视野,通常都围绕着是放任自由还是国家控制的话题。到了 21 世纪,利率仍然是政治界和经济界激烈争辩的一个主题,不仅因为资本的力量在经济社会发展中所处的重要位置,还因为利率本身是国家调节政策中的重要工具,更因为利率这一因素与市场经济主体的联系更加紧密,决定着或者影响着经济利益的实现。

今天有关利率的分析更多是从经济定量的角度构建模型,也有从资本生产要素的角度以供求平衡定性分析利率的目标选择和政策制定,还有从金融深化和金融抑制的角度分析一国经济发展的利率政策选择,通过全要素生产率的提高重新定位利率。

爱德华·肖和麦金农等学者在利率市场化领域的研究具有开创性。他们从不同侧面揭示了金融深化对经济增长所产生的效应。对于实现金融深化,两人的政策结论是相同的,核心内容首先是利率自由化。政府必须放弃对利率的管制,使利率能正确地反映资金稀缺程度,促进储蓄并能有效地配置有限的资金资源。其次是机构自由化。改革金融体制,打破银行业内的垄断,降低金融行业进入的门槛,促进金融机构自由竞争,使银行体系和金融市场真正发挥吸引和组织社会储蓄资金、引导资金投向的功能。最后是汇率自由化。放宽外汇和资本流

---

① 鲁政委:《中国利率市场化的"锚"和"千年虫"》,http://www.ce.cn/macro/more/201402/08/t20140208_2256296.shtml,2015 年 8 月 16 日访问。

动管制,逐步实现汇率自由浮动,实行外汇自由交换,使汇率真正反映外汇资金的供求关系。可见,金融深化的实质就是金融自由化,金融自由化是推动金融发展,进而推动经济发展的重要动力。① 自此,利率市场化的问题进入各国理论研究者和政策制定者的视域,并不断深化和完善。

2. 利率市场化的实践过程

从各国或地区的实践来看,利率市场化改革既有导致金融局势动荡而失败的教训,如智利、阿根廷、乌拉圭三国在20世纪70年代末80年代初推行的以利率市场化为核心的金融自由化改革,也有在保持金融局势稳定的前提下促进资源配置效率提高的成功经验。聚焦到亚洲,韩国、马来西亚、印度、日本等国家都推进了利率市场化进程。世界银行的统计数据显示,截至目前,已有包括美国、日本、英国、法国、德国、印度、韩国、泰国、我国香港地区和台湾地区、阿根廷、智利等国家和地区在内的四十多个经济体实现了利率市场化进程。② 综观各国或地区,实际上利率市场化改革多半是外部环境倒逼的产物。例如,美国是典型的金融脱媒倒逼;日本则是资本管制放松倒逼;而拉美(阿根廷、智利、乌拉圭等)是低储蓄率倒逼。③ 当然,在那些实行利率市场化的国家和地区中也出现了逆转现象,在经过一段利率市场化之后又被迫选择利率管制。因此,对于利率市场化的研究需要因循社会经济的发展需要不断深化,不只局限于利率市场化的推进方式,更应考虑到在利率市场化过程中要通过法律程序建立保障机制和纠偏程序,以有效的制度性规则促进利率市场化的有序推进。

3. 利率市场化与利率宏观调控之间的运行逻辑

利率市场化是央行充分发挥货币政策职能的基础和前提。央行通过调整利率影响经济主体的投资和消费行为,以达到宏观调控的目的。利率宏观调控是货币政策的组成部分,与信贷政策、外汇政策共同构成货币政策。利率调控涉及金融机构存贷款利率水平、基准利率水平、优惠利率与差别利率水平、浮动利率以及利率结构等基本内容。利率市场化过程中,伴随着从数量型调控向价格型调控转变,利率逐渐成为货币政策操作的目标。也正是因为利率市场化,才推进了货币政策的改革,从而将利率宏观调控置于新的位置。没有市场化,利率如果处于管制状态下,就没有利率宏观调控的必要,可以通过直接的方式对利率进行调整。事实上,中国人民银行1994年正式建立了货币供应量制度,尤其是在

---

① 参见赵天荣:《内外均衡冲突下利率与汇率政策的选择》,科学出版社2014年版。
② 参见夏志琼:《发展中国家利率市场化比较及对我国启示》,载《中国房地产金融》2012年第10期。
③ 参见欧阳晓红:《核心利率市场化为何难撼》,载《经济观察报》2012年3月27日。

1996年底得以控制的通货膨胀中充分运用了利率调控政策,[①]而人民币利率市场化则是以1996年放开银行间同业拆借市场利率为开端的,这也表明二者之间存在着特定的关联度。

从二者的"利率"关联度来看,在人民币利率市场化中无法回避的一个问题是市场化的利率的具体指向。利率体系是分层的,不同层次的市场的参与主体不同。目前我国建立了一个多元而复杂的中央银行利率体系,央行的利率主要包括公开市场回购和逆回购操作利率、公开市场短期流动性调节工具利率、央行票据发行利率、法定准备金存款利率、超额准备金存款利率、再贷款利率、再贴现利率以及常设借贷便利利率等,但多轨利率与央行政策利率"预期锚"的缺失现象并存。在此情形下,厘清利率市场化的具体对象以及确定基准利率尤为重要。

从二者的进程关系来看,已有的研究表明,货币政策调控方式转型需与利率市场化进程保持一致。从货币政策转型方式看,从数量型调控向利率调控转变,不仅应是渐进式的,更重要的是要与利率市场化进程保持一致。一方面,一些国家在利率市场化进程中未能及时转变货币政策调控模式,造成了较为严重的后果。例如,美国货币政策调控方式转变虽然是渐进式的,但由于在利率市场化完成7年后才正式实施传统利率调控,结果在转变期间有2020家银行破产,是1934—1985年银行倒闭数量之和的2.3倍。另一方面,与利率市场化进程相一致的渐进式货币政策调控模式转变对经济影响很小,但过渡期相对较长。例如,印度利率市场化进程中,从"数量型"为主(1991—1997年)向"价格型"为主(1998—2011年)转变,再到利率市场化完成时实施利率走廊调控,过渡期长达14年,但其间主要经济指标均较平稳。[②]

从二者的运行机制来看,对于存贷款市场,参与主体是居民、企业和银行;对于企业债券市场,参与主体是企业和投资者。在这些市场,央行并不直接参与,因而也不应该直接干预,而应该由这些市场的参与主体根据该市场的资金供求关系决定。但是,对于货币市场,参与主体是商业银行和央行,因而央行作为主体之一,必然要参与到货币市场利率的决定过程中。换句话说,利率市场化要求利率由市场决定,而央行是市场主体之一,所以央行在很大程度上决定了货币市场利率。从这个角度分析,在利率市场化过程中,各个市场的参与主体通过市场化方式决定利率;而在货币市场,央行作为主要参与主体确定基准利率。其他利率在基准利率的基础上,加入期限利差和信用利差,而期限利差和信用利差则完

---

① 参见张志强:《对我国宏观调控实践的历史回顾》,载《中国市场》2008年第9期。
② 参见中国人民银行长沙中心支行课题组:《利率市场化背景下我国利率调控体系构建研究》,载《金融监管研究》2015年第2期。

全由市场直接决定,①这也充分体现了利率市场化的本质。从中我们可以发现,虽然利率市场化和利率调控的载体都是特定货币的利率,但细致分析,二者并不是同一利率。信贷市场的利率是通过市场化机制在基准利率的基础上形成的,央行并不直接参与信贷市场利率的形成。利率宏观调控则是央行通过作用于货币市场,对基准利率加以直接影响,从而实现调控目标。尽管利率市场化和利率调控中利率的具体指向不同,但也是紧密关联的,这也为我们深入厘清二者的价值和关系提供了可能。

从利率市场化的一般定义,到利率市场化的本质,以及利率市场化的演进和实践的梳理,是为了表明:在金融抑制环境下,通过利率管制等方式使得利率宏观调控存在的必要性大大降低,通过直接的管制方式就能实现货币当局的政策目标;而在利率市场化语境下,金融改革不断深化,充分发挥市场机制居于其中的功能,同时要吸取先行者的经验和教训,防止只在极端上演绎,而忽略了利率宏观调控中的现实需求,这也正是利率宏观调控需要借助法治力量的原因之所在。

二、走出与人民币利率宏观调控法治化有关的认识误区

(一) 人民币利率市场化并不是不需要利率宏观调控

按照字面逻辑,利率市场化与利率宏观调控对政府和市场而言,在利率运行机制中分别拥有不同定位,相互间存在冲突的因素。按照利率市场化的运行路径,人民币的存贷款利率将由市场参与主体决定,而不是由央行通过发布利率标准实行直接管制。利率实现市场化意味着政府放弃对利率的直接管制,利率在货币当局的政策影响下反映资金供求关系,从而实现资金的优化配置。这有两层含义:首先,利率由市场决定,市场主体在充分竞争的基础上自主决定资金交易的要素,尤其是资金的价格和规模;其次,政策当局对利率的作用方式通过改变供应量或者影响需求间接调控。② 但是,根据人民币的利率体系,存贷款利率是以基准利率作为其利率锚的,因此货币当局可以通过调整基准利率达到间接影响人民币市场利率的效果,这也切合了宏观调控的基本特征要求。也有人认为,利率市场化是让资金供给方和需求方在利率的确定中起"决定性作用",同时

---

① 参见邓海清、陈曦:《再造央行4.0——新常态下的中国金融改革顶层设计》,社会科学文献出版社2015年版,第57—58页。
② 参见李庆水:《从国际视角看利率市场化过程中的监管作用》,载《新金融》2013年第1期。

还需要"更好地发挥政府的作用",而不等于简单放开先前所有官方利率设定。①中国人民银行指出:利率市场化实质上是一个逐步发挥市场机制在利率决定中的作用,进而实现资金流向和配置不断优化的过程。但是,利率市场化并不意味着利率完全自由化,央行仍可以通过公开市场操作影响市场基准利率,进而影响其他金融产品的定价。

事实上,已实行利率市场化的国家并没有偏废利率宏观调控功能。美联储每次调整利率都牵动人心,这是在利率高度市场化国家依然存在利率宏观调控的最好例证。"然而,美国的次贷危机表明,利率自由化是本轮危机的主要原因之一,因此受到美国各界的质疑和批评。"②奥巴马政府信息与监察事务办公室主任卡斯·桑斯坦在《简化——政府的未来》一书中也指出,2008 年,美国爆发殃及全球的金融危机,一个重要原因是美国政府一度放松了金融监管。尽管很多国家在利率市场化改革的同时或不久都出现了不同程度的金融危机和经济动荡,但并不能将其原因归结为利率市场化改革本身,不恰当的宏观经济政策和失败的金融监管应承担更大责任。③虽然各界对于利率市场化与利率宏观调控等宏观经济政策的功能定位以及相互作用尚存争议,但利率宏观调控依然与利率市场化并存是不争的事实。不仅如此,只有充分发挥利率宏观调控的功能,并合理配以其他相关举措,才能从根本上保证人民币利率市场化的顺利推进和宏观经济目标的实现。

(二)人民币利率宏观调控不专属于经济学领域,也是法学问题④

利率本身属于经济学范畴,而宏观调控又常被认为属于国家对市场干预的经济手段,有关利率宏观调控的研究大多还是从经济学的角度入手,因此利率宏观调控容易被认为与法律无涉,是一个纯粹的经济学问题。"诸如所有权、知识产权等等,既是经济学术语,也是法学术语,现在没有人再去过多区分它们的学科属性了,相反随着法律与经济的日益交融以及法律经济学的兴起和发展,它们的合一和互用已成为普遍趋势。"⑤按照马克思主义法学观点,立法是"将经济关

---

① 参见鲁政委:《中国利率市场化的"锚"和"千年虫"》,http://www.ce.cn/macro/more/201402/08/t20140208_2256296.shtml,2015 年 8 月 16 日访问。
② 岳彩申:《民间借贷规制的重点及立法建议》,载《中国法学》2011 年第 5 期,第 121 页。
③ 参见金中夏、洪浩、李宏瑾:《利率市场化对货币政策有效性和经济结构调整的影响》,载《经济研究》2013 年第 4 期。
④ 有关人民币利率的宏观调控,涉及经济学、法学、社会学、政治学等多个学科,是一个学科互涉的问题,但最显性地与经济学相关。因此,一些法学研究者常认为这是一个"不涉法"的问题,进而拒绝将这一问题纳入法学研究的视野。这里主要于从经济学和法学两个角度进行辨析。
⑤ 邱本:《论经济法改革》,载《国家检察官学院学报》2011 年第 6 期。

系直接翻译为法律原则"[①],利率的宏观调控是货币当局为了特定的经济目标而采取的举措,其本身也体现了政府与社会公众之间的经济关系。就此而言,利率的宏观调控也就有了法律规制的可能。事实上,利率的宏观调控作为一种现实的经济调控关系,正是因为其间接性的基本特征淡化了其作用的直接效果。在此,法律有必要也能够回答利率宏观调控法治化的原因以及具体法治化的路径。对于人民币利率为何需要宏观调控、对利率如何进行宏观调控、哪些主体有权采取利率宏观调控以及调控的过程中如何实现法律的公平与正义等问题,要从法律的视角予以回答,这是经济学与其他学科无法解答的问题。

法学属于典型的社会科学范畴,不像经济学、金融学那样过多地注重数据模型,更多的是考虑制度安排的必要性和基础理论、权利义务的设定等。[②] 就利率宏观调控问题而言,它是一个程序性很强的问题,如何实现程序正义就是亟待法律予以解决的问题。前文论及利率市场化并不意味着利率的完全自由化,中央银行仍可以通过公开市场操作影响市场基准利率,那么基准利率是否需要法定化?另外,诸如利率宏观调控主体和利率宏观调控工具选择法定化的问题等,应该都超越了经济学等学科,而属于法学范畴,必须仰仗法律的规范和调整,才能最终实现经济理念和经济工具所设定的基本功能。

人民币利率宏观调控的规范运行并不是单靠经济学的指引就能够独立完成的。当经济学侧重于研究利率宏观调控的工具选择、市场传导机制的完善以及宏观调控总体目标的实现的时候,这些理论研究者也是理性的主体,并没有接受法律约束的自觉,自然在政策的研究和勾勒中就天然缺少了法律因子。因此,从这个视角审视,以经济学等学科倾向性来看,宏观调控的具体设计并不天然具有法治化的因素,也就替代不了法律居于其中的使命。也正是基于此,笔者认为,人民币利率宏观调控是一个跨学科的问题,当然也是法学研究的对象。经济学和法学等学科只有形成合理的分工,通过有效的合作才能真正有效实现人民币利率宏观调控应有的预期功能。

(三)相机抉择的利率形成机制不能取代利率宏观调控法治化

货币政策相机抉择与规则之争,最早可以追溯至一百多年前通货学派与银行学派的经济波动成因争论。后来由于凯恩斯经济学的巨大成功,直到20世纪40年代,相机抉择的不足以及相机抉择与规则的争论才再次被重视起来。[③] 在

---

① 《马克思恩格斯全集》第37卷,人民出版社1971年版,第488页。
② 参见周昌发:《金融调控法律制度论》,法律出版社2013年版,第133页。
③ 参见马树才、贾凯威:《宏观经济调控与货币政策——中国货币政策宏观调控研究》,经济科学出版社2013年版,第225页。

利率调控方面强调相机抉择,主要是因为推定货币当局能够依据对经济情势的判断,为达成既定的货币政策目标而采取的灵活的权衡性措施。

在人民币利率市场化条件下,相机抉择的利率宏观调控机制运行的基础并不充分。利率市场化以后,货币政策将重新平衡数量型调控和价格型调控举措,货币政策的逆周期调控将是显著特征,相机抉择居于其中的价值将会被重新估量。相机抉择所产生的货币政策的时间不一致性问题,也证明了非规则化的利率宏观调控并不能达到预期的效果。"即便是意料之外的宏观经济政策,也只能是短期有效的,政府不可能永远采取出人意料的行动。政府利用这种政策的时间越长,生产者的反应就越小。"①此外,相机抉择的货币政策还会导致中央银行威信降低,致使中央银行发出的信号失灵,往往会凸显包括利率宏观调控在内的货币政策的机会主义倾向,从而弱化了货币政策的功能,政策的心理预期以及传导机制的有效性都会因此受到影响。从当前的货币政策看,越来越多的国家开始运用规则策略来制定和实施货币政策。同时,在相当长的一段时间内,规则策略有力地为经济的发展提供了稳定、持续的金融环境。20世纪90年代初,新西兰就放弃了相机抉择的货币政策操作模式,而是将价格稳定作为货币政策的第一目标,政府定时公布通货膨胀治理目标,并最大限度地保持透明度以增强公众对政府及货币当局的信任。② 基德兰德和普雷斯科特提出的"动态不一致理论"(Time Inconsistency)指出:"相机抉择的'最优控制'政策需要逐期决策,即便不存在知识问题,不存在激励不当的问题,也不能获得最好的结果。即使货币当局能够完全预测到货币增长的变化对通货膨胀和失业率产生效应的时间和大小,并且具有和公众完全相同的偏好函数,相机抉择政策产生的结果也只是次优的。"③

与此同时,相机抉择的利率调控机制极大地扩充了权力的边界,导致很难确定相机抉择的应然状态。古希腊时期伟大的思想家柏拉图在论及法律统治的合理性时说,我们认为一个国家的法律如果在官吏之上,而这些官吏服从法律,这个国家就会获得诸神的保佑和赐福。孟德斯鸠在谈到法律控权的时候指出:"一切有权力的人都容易滥用权力,这是万古不易的一条经验。有权力的人们使用权力一直到遇到有界限的地方才休止。"④他还指出:"任何无限制的权力,都不可能是合法的,因为这种权力绝对不能有合法的根源。"⑤马克思认为:"国家权

---

① 黄荣哲:《有限理性行为与中央银行宏观调控绩效》,中国金融出版社2012年版,第1页。
② 同上书,第227—229页。
③ 〔美〕劳伦斯·H.怀特:《货币制度理论》,李扬等译,中国人民大学出版社2004年版,第194页。
④ 〔法〕孟德斯鸠:《论法的精神》(上册),张雁深译,商务印书馆1963年版,第154—156页。
⑤ 同上书,第56页。

力从来不是自治的,它始终只是一个工具,国家不能牺牲个人的权利,这构成权力的一个边界。"①

(四)货币政策体系并未能对人民币利率宏观调控形成有效规范

有人认为,我国已经形成了规则的利率决策机制,于法有据。例如,1995 年《中国人民银行法》第 5 条第 1 款规定:"中国人民银行就年度货币供应量、利率、汇率和国务院规定的其他重要事项作出的决定,报国务院批准后执行。"所谓央行对利率作出"决定",实际上说的是经济意义上的"决定数字"。央行作出"决定"时并无法律拘束力,其实质是作为专业机构提出建议方案,国务院才是法律上的利率"决定"者。这一条款实际上是对国务院和央行的一个"空白授权",即任何具体货币供应量、利率、汇率都是法律认可的,在效力上等同于法律直接规定了具体的利率数值。② 同时,《中国人民银行货币政策委员会条例》等配套规章制度,对人民币利率宏观调控也有所规定。但是,我们应该注意到,"所谓货币政策是指货币当局(一般指中央银行)为实现特定目标而调节和控制货币供应量及处理货币事务的路线、方针、规范和措施的总称。作为一种调节社会总需求间接性的宏观经济政策,货币政策本身并不是法律。但是,制定和实施货币政策是法律赋予中央银行的一项权力,必须在法律的框架内运作。"③事实上,有关人民币利率宏观调控的法律规范框架还是存在众多的空白。抛开有关中央银行独立性④问题的争论,就《中国人民银行货币政策委员会条例》有关货币政策委员会委员人选的组成和产生、货币政策产生的程序和议事规则、货币政策公开与透明以及利率宏观调控中的问责机制等而言,并没有充分体现出法治精神。同时,我们还应注意到,在人民币利率宏观调控领域,行政主导突出,在相关法律制度设计之初便通过大量的授权性规则和兜底条款,为行政权力的行使提供了过于宽泛的空间,导致金融市场规制具有很强的政策性和不稳定性。

事实上,20 世纪 80 年代,我国才建立了真正意义上的货币政策。1995 年,我国在金融基本法层面确立了"利率法定、利率公开"的制度,即利率根据法律授权,由国务院最终决定,并对外公开。从我国货币政策制定与执行历程来看,基

---

① 《马克思恩格斯全集》第 4 卷,人民出版社 1958 年版,第 227 页。
② 参见缪因知:《论利率法定与存款合同意思自治的冲突——以超长存期为中心》,载《中外法学》2014 年第 3 期,第 747—762 页。
③ 漆多俊主编:《宏观调控法研究》,中国方正出版社 2002 年版,第 290—291 页。
④ 央行在货币政策制定方面并不具有完全的独立性,这也于法有据。但是,央行究竟是否有必要独立于国务院?有学者分析指出,不应当迷信央行具有独立性就是"好的央行",并以美联储为例,它具有高度的货币政策独立性,但并没能避免 2008 年的金融危机,反而在某种程度上被看作金融危机的"罪魁祸首"之一。

本上遵循了相机抉择的策略和操作范式。有关人民币利率的宏观调控并未形成相应的法律规范。正因为如此,每次的利率调整都超出了公众的预期,由于缺乏足够的透明度而无法让公众对货币政策形成稳定的预期,并因此损害了利率政策的传导效力。有关人民币利率调控的框架、调控工具的选择、传递机制、透明度等,以及成熟市场采用的利率调控预警制度、决策制度以及执行制度等缺失或不完善,都无助于人民币利率宏观调控的规范化和法治化。从这个意义上讲,我国在人民币利率的宏观调控上还远远没有形成法治的传统。在人民币利率实现市场化之前,金融抑制背景下的利率管制应该是市场监管作用于利率的最直接的体现。在利率市场化推进过程中,利率领域的市场监管主要体现在对民间借贷利率的规制上,并侧重于对利率市场风险的监管。利率监管和利率调控的主体、方式、对象都有所区别,当前被法律赋予与利率有关的监督检查权的主体是银监会,利率监管和利率调控处于不同的环节。但是,毋庸置疑,利率微观层面的监管与宏观层面的调控并不矛盾,显然也不能用微观层面监管的法治化来取代宏观层面调控的法治化。

三、人民币利率宏观调控法治化的价值分析

我国宏观调控的基本架构中,行政手段和经济手段干预的力度过大,不利于发挥市场在资源配置中的决定性作用。事实上,行政手段和经济手段如果没有法律的授权,也不能以法律为保障,缺乏法治正当性基础。在人民币利率宏观调控领域也应如此,主动结合市场经济体制改革不断深化和人民币利率市场化的背景,充分发挥宏观调控间接性的基本特点,作为对市场机制的有效补充,而不是取代市场机制在经济运行中的决定性作用。在马克斯·韦伯看来,所谓的正当性与合法性一样,其基础都是"一种对规范的规则模式'合乎法律'以及根据这些规则有权发布命令的那些人的权利的确信"[①]。尽管笔者分析了对于人民币利率宏观调控存在的认识误区,但也只是对人民币利率宏观调控法治化一些理念性的问题作了澄清,并不能因此认为人民币利率宏观调控法治化已经具备充要条件。

(一)依法治国理念之于人民币利率宏观调控法治化的根本价值

要实现全面依法治国,人民币利率宏观调控领域的法治化是其中应有之义。

---

① 转引自〔挪〕斯莱格斯塔德:《自由立宪主义及其批评者:卡尔·施米特和马克斯·韦伯》,载〔美〕埃尔斯特、〔挪〕斯莱格斯塔德编:《宪政与民主——理性与社会变迁研究》,潘勤、谢鹏程译,三联书店1997年版,第144页。

如何在人民币利率宏观调控领域实现法治化？"只有建立了完备的法制，才能做到有法可依，才能使依法治国方略得以实现，如果没有法制的保障，法治只能是一个空洞的思想主张。"①要实现人民币利率宏观调控的法治化，首先必须有规范利率宏观调控的相关法律规范，这应该是依法治国在利率宏观调控领域发挥功能的基本前提。但是，这并不必然就意味着实现了法治。在提出"依法治国"战略之前，我国已经建立了基本的法制体系，法律在维护一定的社会秩序和社会安全方面也的确提供了基本的依据。但是，有法可依并不等同于法治。党的十八届四中全会指出："法律是治国之重器，良法是善治之前提"，唯有良法才有可能推动社会发展，真正体现法治的价值和功能。对于何为"良法"，也有不同的说法，但最根本的在于能够树立法律的权威，这种权威不是因为威权的强制性驯服，而是"源自人民的内心拥护和真诚信仰"这一理念的基本实践。

  同时，我们也应该意识到，法治最核心的问题并不仅局限于"良法"和"善治"。"法治的真谛不在于强调国家政权机构应执行法律或者维护法律秩序，而在于国家政权机构本身应服从法律。"②阿奎那也曾经说过："无论何人，如为他人制定法律，应将同一法律应用于自己身上。""在实践中，由于宏观调控基本法的缺失，导致宏观调控的受控者与调控者的权利与义务不明确，缺乏必要的调控程序，甚至出现滥用行政权力、侵犯私权的情况。"③基于此，利率宏观调控法治化并不只是强调在人民币利率调控过程中受控主体的义务承担和责任界定、调控主体的权力，以及维护由此而产生的法律秩序。更重要的是，作为利率政策宏观调控主体，央行或国务院本身应该服从法律，应该有相应的程序性规定和实体性内容对调控主体的权力运行予以规范，从而保障权力不滥用，同时也要保障权力行使不懈怠，真正履行法律赋予的职责。有学者就认为："宏观调控法律程序是法治化了的宏观调控程序，是指由法律所规定，宏观调控过程中，调控主体和受控主体所必须遵守或履行的法定的时间、空间和程式。"④因此，在法治化语境之下，人民币利率宏观调控的理念不是将法治等同于将强制性作为法律推行的保障，而不论法律本身是否体现出公平公正的价值。

  "法治首先就是治权，就是权治，即使把法治降低到就是依法治国这样的层面上来看待，实行法治也不能不对国家权力、政治权力实行法律调控，也不能不强调法治最重要的实质性内容之一就是对权力资源实行法律调控。"⑤法治过程

---

① 付子堂主编：《法理学初阶（第四版）》，法律出版社2013年版，第218—219页。
② David M. Walker, The Oxford Companion to Law, Oxford University Press, 1980:1093—1094.
③ 胡志光、屈淑娟：《经济法在依法治国中的时代使命》，载《江西财经大学学报》2015年第1期。
④ 颜运秋、王力：《对宏观调控程序法治化的思考》，载《贵州警官职业学院学报》2004年第6期。
⑤ 周旺生：《法理探索》，人民出版社2005年版，第179页。

本身也是限制公权的过程,从这个意义上讲,人民币利率宏观调控是国家公权力对经济领域的介入。就法治的本质而言,就是要限制公权力在利率调控过程中的行为。虽然法治事关社会治理,但其核心却是"法律至上",是严格限制公权力下依照良法之治。法治要求公权力在行使时必须遵循"法无明文授权不得为"的原则,尽可能地保持克制,无论其目的是善还是恶。人民币利率宏观调控当然也属于法治的重要领域。

(二)市场化运行基础之于人民币利率宏观调控法治化的目标价值

市场经济就是法治经济,规则和法律秩序是市场经济得以有效运行的基础和关键,尤其是随着市场在资源配置中的作用不断深化,这变得尤为明显。当然,这里的规则有市场自身运行所蕴含的自然规则,比如价值规律;更多的是人们在把握市场的本质以后,为了防止市场失灵所制定出来的法律法规和规章制度。有学者提出"市场"和"市场经济"是两个不同的概念,只有国家干预和市场的结合才能形成市场经济。市场越发达,国家干预越重要。由此可见,宏观调控离不开市场经济,只有在市场经济体制下,才能提出宏观调控的客观要求,才会有真正的宏观调控。① 因此,市场经济本身不能排斥央行的利率宏观调控,而且需要有完整的调控系统,以保证利率宏观调控能够在法律的框架内运行。

不仅如此,利率宏观调控法治化的过程也是利率宏观调控市场化的过程。利率调控方式的市场化,即中央银行对利率体系的调控,不再通过行政规定,而是通过调整自身的资产负债表、调节基准利率,进而调控整个市场利率水平。正如《金融业发展和改革"十二五"规划》所指出的,我国利率市场化原则是"放得开、形得成、调得了"。其中,"放得开、形得成"强调的是利率形成机制的市场化,"调得了"强调的是中央银行利率调控方式的市场化。② 央行调控利率必须通过市场化的方式进行。对于信贷市场等央行不能直接参与的市场,央行不能进行直接干预,而只能通过货币市场利率间接影响。对于货币市场,央行也不能使用行政命令决定利率,而必须通过投放和回笼基础货币的方式实现,即通过改变存在于货币市场上的基础货币数量,从而影响基础货币供求关系,进而形成市场化的货币市场利率。央行使用市场化方式调控利率,是利率市场化与否的核心标

---

① 参见叶秋华、宋凯利、郝刚:《西方宏观调控法与市场规制法研究》,中国人民大学出版社 2005 年版,第 9 页。
② 参见纪敏、牛慕鸿:《确立央行政策利率预期锚——兼论国债收益率曲线和央行利率调控关系》,http://finance.sina.com.cn/money/bond/20140504/114418993559.shtml,2015 年 4 月 28 日访问。

准之一。① 因此，在人民币利率市场化背景下，利率宏观调控的法治化与市场化是统一的，利率调控能够实现利率市场化有序、公平的目标；而利率市场化则为利率调控提供了更为有效和便捷的调控方式。"市场内在的客观规定性体现为市场秩序，市场运行的客观规定性必然要不同程度地上升为法律形式，使市场运行的内在要求法治化，从而转换为市场运行的法律规范。因此，通常所说的市场秩序，往往表现为规定市场运行的内在规定性的法律形式。"②就人民币利率宏观调控来说，同样需要厘清市场内在规定性与法律规则在利率宏观调控中的基本关系。利率市场内在形成机制并不足以替代利率宏观调控的法治化运行规则。更重要的是，在此过程中，市场内在的客观规定性并不具有稳定性，同时对于违背市场内在的客观规定性，只能被动地期待市场机制进行惩罚。顺应市场经济发展的规则和法律制度，应当以不损害市场机制的正常运行为原则，才能够发挥其预期的法律功能；而否定市场经济内在的一般运行规律的法治理念和法治方式必然失去运行的现实基础，也无法在利率宏观调控中发挥法律应有的规范、指引和预测等功能。这是人民币利率宏观调控法治化过程中必须依循的基本法则，也是市场运行机制对于利率宏观调控的基本价值。

市场化的利率宏观调控机制，注重保持利率宏观调控过程中的公开和透明度。美国法学家戴维斯曾指出："公开是专横独断的自然敌人，也是对抗不公正的自然盟友。"③透明度则是保证市场参与者决策理性的前提。纵观国外，从20世纪90年代起，各国中央银行就逐渐提高货币政策透明度。鉴于1998年的亚洲金融危机，国际货币基金组织（IMF）颁发了《货币与金融政策透明度良好做法守则——原则宣言》。为了使该守则具有可操作性，2000年，IMF又颁布了《货币与金融政策透明度良好做法守则辅导文件》，使之成为实施的行动指南。2012年1月，为了进一步提高货币政策决策过程的透明度、完善货币政策传导机制、转变中央银行与社会公众的沟通，美联储决定公布联邦公开市场委员会（FOMC）对未来货币政策走向的预期。一方面，信息更加公开。在发布经济预测的同时，美联储发布了对未来利率水平的预测，包括对首次加息的时间的预测、对加息幅度的预测和对长期利率水平的预测等。同时，美联储还把联邦公开市场委员会中各位成员对未来货币政策走向的预期信息整合到经济预测中，发布了各位委员对2012年年底和"未来数个日历年"的利率预测。另一方面，决策更加透明。比如，联邦公开市场委员会是通过两个图标的形式向公众传达未来利率

---

① 参见邓海清、陈曦：《再造央行4.0——新常态下的中国金融改革顶层设计》，社会科学文献出版社2015年版，第57页。
② 李玉虎：《经济法律制度与中国经济发展关系研究》，法律出版社2015年版，第14—15页。
③ 转引自罗传贤：《行政程序法基础理论》，台湾五南图书出版公司1993年版，第111页。

水平:一个是条线图,反映各位委员对首次加息时间、加息幅度的预测等;另一个是点状图,阐明各位委员对未来三年内及更长一段时间内利率水平的预测,每一个点代表一位委员,但并不公开委员的身份。通过图表的方式,不仅能够让社会公众知道联邦公开市场委员会对货币政策的看法,而且还能够使市场参与者了解具体决策者的看法,在一定程度上增加了货币政策决策过程的透明度。挪威、新西兰和瑞典等国家的中央银行也发布了利率预测。瑞典央行就曾表示:"公布自己的预期,可以使中央银行更好地管理这些预期,从而使货币政策更有效率。"①哈耶克曾经指出:"法治意味着,政府除非实施众所周知的规则,否则不得对个人实施强制。"就这个意义而言,通过公开与透明,遵循市场运行规律,增强市场参与主体对利率宏观调控的认知和把握,加强经济活动的协调,并将一致行动原则法定化,避免利率宏观调控可能出现的消极不一致倾向,确保反周期式的利率宏观调控达到预期效果,是人民币利率宏观调控法治化成功的关键。因此,人民币利率宏观调控法治化的基础是必须将人民币利率宏观调控市场化的内在要求以法律的形式予以固定,并最终以法律为保障推动其有效运行,这是法治化在人民币利率宏观调控中的基础价值。

(三) 宏观调控权的解构之于人民币利率宏观调控法治化的具体价值

对于利率宏观调控的整体框架构成,存在着不同观点。有学者认为,利率宏观调控过程包括利率宏观调控的预警、决策、执行以及监督等环节。也有学者认为,宏观调控法的程序包括决策程序、执行程序、监督与制约程序。② 不管从哪个角度审视,就利率宏观调控权解构的角度而言,利率宏观调控权至少应该包括利率宏观调控决策权、利率宏观调控执行权以及利率宏观调控监督权,这三者共同构成利率宏观调控权的整体并且相互作用。正如有学者提出的:"宏观调控权由宏观调控决策权、宏观调控执行权、宏观调控监督权三种相互依存、相互制约的具体权力所构成。其中,宏观调控决策权的主体是最高国家代议机关,宏观调控执行权的主体是最高国家行政机关,宏观调控监督权的主体是最高国家代议机关或者特定的国家机关。"③

"从某种意义上来说,我国宏观调控权法律控制之实现,决定着宏观调控权配置的合法性与正当性,是宏观调控实施有效性的关键所在,更是实现宏观调控法治化的一环。"④要实现人民币利率宏观调控法治化,对利率宏观调控权进行

---

① 王宇:《美联储强化信息公开提高决策透明度》,载《中国经济时报》2012 年 2 月 9 日。
② 参见杨心明:《论宏观调控基本法》,载《政治与法律》1995 年第 2 期。
③ 张辉:《宏观调控权法律控制研究》,法律出版社 2010 年版,第 24—25 页。
④ 同上书,第 2—3 页。

有效规制，就必须对宏观调控权解构体系下的每一项"权能"进行合理赋权并进行有效控制，使其能够符合法治的要求。"宏观调控权源于法律，服从于法律，止于法律；法律高于宏观调控权力，大于宏观调控权力，控制宏观调控权力。"①利率宏观调控权的各项"权能"自然也不例外，必须从法律中寻求其合法性和规范运行的依据。

就利率宏观调控的决策权来说，首先当然应该来源于法律的授予和规定，其中应该包括决策主体的安排和功能定位、利率宏观调控议案的提起和论证、利率宏观调控议案的公开和表决等。比如，在决策主体的安排和功能定位上，法律就要确定主体是一元结构还是二元结构，如果是二元结构，如何明确决策过程的权力分配；而在利率宏观调控的决策程序上，目前的做法是中央银行货币政策司提出利率调整的建议，经行长办公室同意后，提交货币政策委员会讨论，如果在货币政策委员会中提议获得2/3多数票通过，再提交国务院，由国务院常务会议作出最后的决定。② 但是，这并没有充分体现法治化要求，有关利率宏观调控决策的发起动因缺少必要的法律依据，与利率宏观调控的利益攸关者即市场运行的参与者并未得到重视，利率调控的决策权过于集中、程序过于简单，没有经过科学的论证等，所以映射到现实生活中，每次利率的调整都出其不意，有时甚至效果欠佳也就不足为奇了。再比如，在利率宏观调控的具体执行中，重点应该对商业银行等金融机构的行为进行规范，要通过明确的法律责任的设置和完善确保商业银行能够严格执行国家有关利率的宏观调控政策，同时要严格禁止通过所谓"金融创新"等手段对国家宏观调控行为的目标进行规避，防止商业银行以经济理性削弱国家利率宏观调控的力度。还需要关注的是，不仅仅是要求它们被动地执行利率宏观调控，更重要的是要求它们主动地、多层次地、全方位地配合人民币利率宏观调控行为的实施。要在利率宏观调控的执行中实现上述目标，法治化居于其中的作用责无旁贷。总而言之，通过解构利率宏观调控权，可以发现，法治化在利率宏观调控权各项权能的具体运行中都不可或缺。正如有学者提到的，要对宏观调控权进行有效法律控制：第一，宏观调控权应来源于宪法和法律的授予或规定；第二，宏观调控权的存在应有益于促进社会经济协调、稳定和发展，以及社会经济利益分配的公正与正义；第三，宏观调控权的大小、方向、作用点应由法律明确规定；第四，宏观调控权的行使应遵循法律原则和法律规则，有必要的法律监督和制衡；第五，宏观调控权的不正当行使和不充分行使应

---

① 张辉：《宏观调控权法律控制必要性之法理探析》，载《前沿》2009年第4期。
② 参见刘丽魏：《当代中央银行体制——世界趋势与中国的选择》，人民出版社2007年版，第172页。

为法律所规制；第六，由于宏观调控权不正当行使或不充分行使而引致负面后果的，宏观调控权主体应承担相应的法律责任。① 这当然也完全适用于对利率宏观调控权的有效法律控制。所以，要保证利率宏观调控运行的科学性和有效性，就必须细致分解、剖析利率宏观调控的每一个环节，探寻法治居于其中的价值，补正法治在利率宏观调控中的缺失正是法治居于其中的具体价值之所在。

（四）利益调整的本质之于人民币利率宏观调控法治化的从属价值

利率宏观调控具有多重功能。毋庸置疑，人民币利率宏观调控首先是国家行使的、以解决市场调节的被动性和滞后性为目标的一种经济调节权。从宏观视角来看，利率宏观调控机制的运行是国家运用利率工具，以确保总供给和总需求平衡为目标而采取的调节行为；而从微观视角来看，从自然人、普通法人及其他非法人组织的角度去剖析，人民币利率宏观调控不只是要求他们遵循宏观调控框架下的利率体系，同时也必须接受由此而产生的利益调整和再分配。利率是资金的价格，利率宏观调控自然会对资金的价格造成影响。无论是自然人还是普通法人，抑或是其他非法人组织，都是市场经济参与主体，形成了资金的供求对价方，在资金的使用权让渡和占有的过程中实现财产权利的调节和分配。正如周其仁所指出的，"汇率、利率讲到底是财产权利问题……价格问题就是产权问题"②。格莱泽和沙因克曼关于"贫富差距越大的年代，政府通过规制借贷利率作为社会财富分配工具的一个注解"③的观点中，也尽显了政府通过规制借贷利率实现社会财富分配的功能。因此，利率宏观调控本质上是社会成员及相关利益主体之间的利益分配和调整。尽管在人民币利率市场化背景下，他们可以参与利率的议价，但依然要受制于国家对人民币利率的宏观调控。所以，从这一角度去审视，我国的利率宏观调控还兼有国民收入再分配的职能。也正是基于此，在对宏观调控权的论述上，有学者提出："经济法的功能其实是对利益和权利的一次再分配，经济法是利益资源和权利的一种再分配法。"④同时，还有学者指出，宏观调控权"也是一种对社会主体的经济利益进行再分配的社会经济利益分配权——它实质上是一种能够在决定性意义上影响社会经济结构和运行，以及社会经济利益最终分配格局的国家经济权力"⑤。他们的观点都不约而同地

---

① 参见张辉：《宏观调控权法律控制必要性之法理探析》，载《前沿》2009 年第 4 期。
② 《李扬、周其仁、陈志武：金融改革应该减少行政干预》，载《文汇报》2015 年 7 月 3 日。
③ Edward L. Glaeser & Jose Scheinkman, Neither a Borrower Nor a Lender Be: An Economic A-nalysis of Interest Restrictions and Usury Laws, The Journal of Law and Economics, 1998, 41(1):1.
④ 漆多俊：《经济法基础理论》，法律出版社 2008 年版，第 136 页。
⑤ 张辉：《论经济法的核心范畴：国家经济调节权》，载《财经理论与实践》2007 年第 4 期。

道出了利率宏观调控权的行使在利益分配上所具有的效应。

相较于税收对于社会主体正当利益的直接征收而言,在利率宏观调控过程中对社会主体正当利益的调整则具有间接性和隐蔽性等特征,因而就缺少了如同"税负痛感"一样最切身的体验。因此,受控主体对其法治化的呼声没有对税收法定的要求那么强烈。一个显而易见的事实是,每一次税种的产生、调整或者变更都会要求经过法定的程序,[①]并能引起社会主体的热议和强烈反响,法律界也会积极予以思考和回应。与此形成鲜明反差的是,每一次央行调整人民币利率的时候,除了少数对利率极为敏感的群体之外,普通老百姓对此近乎麻木。当然,这跟它不是通过法律的形式予以公布有关,而这并不能掩盖利率宏观调控法定化的需求。因为在本质上,无论是征税还是利率调控,都是对社会主体经济利益的调整和再分配。对于涉众型的利益调整和分配的人民币利率宏观调控行为如果没有法律授权,显然是对"社会主体通过初次分配所获取的正当经济利益"的普遍性侵犯。因此,在现代市场经济阶段,要使社会主体通过初次分配所获取的这一正当经济利益避免受到随意性的侵犯,就必须实现利率宏观调控权的合法化,使宏观调控权能受到法律的控制——合法地存在和行使。否则,就会如有的学者所言:"如果缺乏这些规则,人们就会产生不安全感,特别是对于政府权力的行使问题。法律规则与允许政府官员随意行使同公民个人有关的权力的制度是不相容的。这种行使权力的方式摧毁了公民的安全感。"[②]

四、余 论

法律不是万能的。我们提倡和推崇在人民币利率市场化过程中加强利率宏观调控法治化的同时,对利率宏观调控法治化认识的误区和法治化的价值进行了分析和探讨,但并没有脱离实际,完全以法律为本位,也并不赞同法治泛化的思维,以此"裹挟"国家宏观调控的政策。有学者就指出:"宏观调控活动既有一定的确定性,如调控主体的设置、调控程序的规定等,这些可以通过制定行政组织法和行政程序法来解决;又具有鲜明的不确定性,如宏观调控的客体——经济波动的发生与幅度具有不可预测性、宏观调控手段的搭配方式具有非固定性、宏观调控效果具有不确定性等,这些显然采用灵活的政策来应对比较好,因为宏观调控的客体、手段和效果是宏观调控活动更为核心的内容。"同时强调:"宏观调

---

① 我国《立法法》第 8 条规定:"下列事项只能制定法律:……(六)税种的设立、税率的确定和税收征收管理等税收基本制度……"

② 〔英〕斯坦、香德:《西方社会的法律价值》,王献平译,中国人民公安大学出版社 1990 年版,第 42 页。

控愈来愈专业化,愈来愈主要靠一批专业化的精英来进行,而不是一般大众所能胜任。过分的民主化不一定是宏观调控的主要趋势,专业化才是其大趋势。"①应该说,从理想主义出发,利率宏观调控应该能够顺应经济发展而突出效率的价值,避免因纳入法治程序而陷入无休止的讨价还价中,结果异化了法治之于人民币利率宏观调控的功能。

在人民币利率宏观调控中,目前依靠精英治理,在我国现有的环境中是否能够实现其基本目标?"我们国家缺少执法和守法的传统"②,使得法治的实行、法治目标的实现变成了极其艰巨、复杂、长期的任务。考量中国法治文化的基础与精英治理的能力和内在约束的行动自觉,都尚未形成牢固的根基,动辄以国家利益甚至金融政策的国际博弈为依托,幻想相机抉择的利率调控能够填补利率调控法治化所能形成的稳定性与法律正义的目标和价值,显然也是违背社会基础的。马克思早就指出:"社会不是以法律为基础的。那是法学家们的幻想。相反地,法律应该以社会为基础。法律应该是社会共同的、由一定物质生产方式所产生的利益和需要的表现,而不是单个的个人恣意横向。"③还有学者指出:"法律所体现的国家意志内容由其社会物质生活条件所制约,这意味着任何特定社会阶层的法律都必须在现实的社会物质生活条件之内制定法律,试图跳出客观物质条件和时代限制而制定法律是不会取得成功的。"④

利率宏观调控的进路选择也不是一成不变的,但以当前的社会为基础对人民币利率调控的模式进行选择必然是恒定的,提出利率宏观调控所依据的不确定因素较多,因此建议更多地适用于灵活多变的政策调整是基于未来社会发展的视角,而不是立足于当前我国社会治理的客观条件和状况。过多强调横向比较发达国家现有的有关利率宏观调控的经验,而忽视它们的历史进程,是在不同历史发展阶段和不同经济社会发展程度上进行的比较,并不具有完全的统一性。

随着我国法治化进程的不断推进,国家治理能力不断提升,有关人民币利率宏观调控的进路选择可能会更多地赋权,在法律和政策之间进行有效的平衡,在规则的制定和适用中更多地注重经济因素本身的诉求,而不只是专注于对权力行使的外在规范和制约。但是,在目前正在推行人民币利率市场化的背景下,"即使我们把宏观调控程序化,但这种程序没有法律保障只凭宏观调控各方主体自愿遵守,这显然大大削弱了宏观调控的程序和作用,因此,宏观调控程序还必

---

① 郝铁川:《宏观调控的不确定性与法律、政策调整》,载《东方法学》2009年第2期。
② 《邓小平文选》第3卷,人民出版社1993年版,第163页。
③ 《马克思恩格斯全集》第6卷,人民出版社1961年版,第291—292页。
④ 付子堂主编:《法理学初阶(第四版)》,法律出版社2013年版,第97页。

须以法律的形式固定下来"①。由此观之,将利率宏观调控纳入法治轨道以实现法治的价值是不二的选择,也是人民币利率能够顺利实现市场化的前提和保证。在阿德勒等学者看来,"权力不是来源于法律而是来源于其他渠道,权力就是不正当的"②。人民币利率宏观调控权如果不通过法律予以界定,其行使本身就缺乏了合法性基础。在法治社会中,这不应该成为人民币利率宏观调控权运行的一种常态。同时,不容忽视的是,人民币利率宏观调控的法治化,不仅要解决其"宏观调控权的滥用状态",也要解决其"宏观调控权的懈怠状态"。无论是出现"宏观调控权的滥用状态",还是"宏观调控权的懈怠状态",都会与现代市场经济阶段设定的宏观调控权的目的相背离,不仅无法解决市场调节的被动性和滞后性问题,还必然会使得社会经济结构和运行在市场失灵的基础上产生更加可怕的政府失灵。如果离开了法治,依然坚持精英自我约束,如何解决精英治理中的权力滥用和懈怠状态问题?有学者曾经深刻地指出:"只要我们解除(法律)规则对权力的约束,那么这种权力必定会产生……不可避免的后果。而且不论是谁掌控这种权力,概莫能外。"③还有学者指出:"理想主义者用权力推进社会善的时候,往往不同程度地加入了私利:地位的巩固或精神利益,他们会为了自己的面子而不惜一切代价(当然是他人的利益)推进已经被证明是错误的政策。"④由此观之,法律在人民币利率宏观调控过程中,重点是为了"干预干预者",从而实现利率调控过程的法治化,这必然是通往人民币利率宏观调控自由之路的基础和前提。

---

① 颜运秋、王力:《对宏观调控程序法治化的思考》,载《贵州警官职业学院学报》2004年第6期。
② 〔美〕摩狄曼·J.阿德勒:《六大观念》,陈珠泉、杨建国译,团结出版社1989年版,第183页。
③ 〔英〕哈耶克:《法律、立法与自由》(第一卷),邓正来等译,中国大百科全书出版社2000年版,第320第194页。
④ 周永坤:《规范权力——权力的法理研究》,法律出版社2006年版,第287—291页。

第三编 市场秩序规制法律制度

标准必要专利滥用市场支配地位法律问题研究
——以知识产权政策与竞争政策的关系为视角

鲍颖焱[*]

一、问题的产生：知识产权政策与竞争政策的冲突

标准必要专利许可中的利益冲突因 2013 年华为公司与美国 IDC 公司之间的垄断诉讼浮出水面，国家发改委继而对美国 IDC 公司、高通公司展开反垄断调查。欧盟法院作出了与中国法院相似的判决，美国司法部在 2015 年也就标准必要专利及 RAND 原则发表了相关法律意见。随着高新科技的发展，专利持有人参与标准化知识产权组织后，创造出标准必要专利这一"科技巨人"，使知识产权以公开换垄断的合理性遭到了反垄断法的质疑。知识产权政策与竞争政策的冲突日益具体化。

（一）我国《反垄断法》有关知识产权的规定

我国《反垄断法》第 55 条规定："经营者依照有关知识产权的法律、行政法规

---

[*] 鲍颖焱，华东政法大学 2013 级博士研究生，江苏省高级人民法院民三庭助理审判员。

规定行使知识产权的行为,不适用本法;但是,经营者滥用知识产权,排除、限制竞争的行为,适用本法。"对该条文,有学者认为内在逻辑混乱,滥用知识产权是违反《反垄断法》的一个前提要件,依《反垄断法》来规制滥用知识产权行为之前必须认定存在滥用知识产权的行为。① 而我国目前的知识产权法律显然不存在这样的规定。也有学者认为,虽然对"滥用知识产权"没有法律明确规定其含义,但对其理解不应限于某些国家判例法中比较狭隘的范畴,而应当从广泛意义上去理解,即将滥用知识产权视为与正当行使知识产权相对的一个概念。它涉及反垄断法,但又不限于甚至也不首先是反垄断法方面的问题。在理解上述法条时,不需要首先认定出一个所谓的滥用知识产权的行为,然后再去审查是否排除、限制了竞争,只需要基于行使知识产权行为对竞争的某种不正当排除、限制,以此区别于正当行使知识产权也会产生的对竞争的某种排除、限制,就可以认定该行为违反了《反垄断法》。② 笔者同意第二种观点,《反垄断法》第55条作为例外条款,应当结合上下文进行通常性理解,并不应对个别字眼过度解读和强调其外国法含义。从第55条的内容可以明确得出两层结论:一是《反垄断法》适用的例外,即行使知识产权行为;二是《反垄断法》适用例外之例外,即行使知识产权的某些行为产生排除、限制竞争作用的,仍受到《反垄断法》规制,而这些行为本质上是对知识产权的滥用,效果上排除、限制了竞争。因此,笔者认为,我国反垄断法在设计时已经原则性地考虑了如何调和与知识产权法可能存在的冲突,划分了两法的领域,但这始终是停留在纸面的一种理念设计,这一基本划分的具体应用及判断标准是在相关知识产权垄断案件中体现出来的,有关的规则还有待在实践中进行总结。标准必要专利纠纷就是较为突出的一类。

(二)知识产权政策和竞争政策的价值冲突

从根源上说,知识产权法和反垄断法是权利相互独立的两个法律制度,它们的关注重点和价值目标并不相同,知识产权以个体利益为目标,而反垄断法以整体秩序为考量,存在质与量的辩证关系,使得知识产权法和反垄断法在实现各自所关心的价值时产生矛盾,《反垄断法》第55条则反映了知识产权政策和竞争政策之间的礼让和协调。

1. 《反垄断法》适用之例外——知识产权政策的强调

反垄断法中排除适用知识产权的条款,很容易被人误解为,知识产权因为其

---

① 张伟君:《滥用知识产权:违反反垄断法的前提还是结果?——对〈反垄断法(草案)〉有关规定的质疑》,http://www.tongji.edu.cn/~ipi/communion/zwj22.htm,2015年10月8日访问。

② 参见王先林:《知识产权行使行为的反垄断法规制——谈〈反垄断法〉第55条的理解与适用》,载《法学家》2008年第1期。

特定的权利专属性而具有优先性、特殊性。对此,笔者的理解是:第一,该条款说明知识产权具有先天的垄断属性,知识产权内容、时间、范围以及行使方式均为法定,行使知识产权广义上说是排除、限制了其他人使用,也可能抑制竞争,知识产权法保障这种个体行为;第二,知识产权诞生时的法定垄断性与知识产权权利人在市场运行中产生的支配、优势地位并不等同,并非所有行使知识产权的行为所排除、限制的竞争都是竞争政策调整的限制、排除竞争行为,都会产生垄断的不公平的社会效果。因此,反垄断法之例外并没有特殊宽待知识产权,只是基于知识产权本身垄断性这一点进行了特别阐述。换言之,即便不规定该条款,对于法律体系的综合理解,对于一切有经济上的垄断性的反竞争行为都应当一视同仁地对待。对此有明确态度的国家有美、澳大利亚等。即使未明确表示的国家,对知识产权可能反竞争也是认可的,另行作出其他具体规定,如欧盟、日本等。

2.《反垄断法》适用例外之例外——竞争政策的补充

《反垄断法》第 55 条但书是对知识产权政策的规制。这里也有两层含义:一是表明所有的限制、排除竞争的垄断行为都要受到追责,竞争政策是对正常市场秩序的维护;二是表明知识产权政策保障产权分割及交换规则确立的初次公平,竞争政策保障是市场交换过程中产生的二次公平,因此,知识产权法虽然也包含公共政策,但更基本的是私权保护,而竞争法主要是公法色彩,因此竞争法起到后续的、补充的作用。这又将带来一个更细节的问题,即知识产权法内部的公共政策考量与竞争法的公法特定都是对于知识产权权利扩张的限制,两者应当如何衔接和区别。本文试图通过标准必要专利纠纷进行分析。

二、标准必要专利纠纷为何成为冲突焦点

标准必要专利因其成为标准的内容而在技术实施中必不可少,对于技术使用者来说,凡是遵循标准要求的技术实施方都必须采用专利,而该专利又被标准所吸收,可以为人人共用,这种开放性恰恰又与专利的独占性相悖。标准必要专利争议的关键在于被迫开放的对象并非公共产品,而是私有物品,将他人之物公共化带来内生矛盾,有悖于知识产权保护的政策。而一旦专利权人不愿意开放,便是直接挑战竞争政策。

(一)标准必要专利的标准属性及现行规则

我国国家技术监督局在 1990 年《〈中华人民共和国标准化法〉条文解释》中明确规定,"标准"的含义是对重复性事物和概念所作的统一规定。它以科学、技

术和实践经验的综合成果为基础,经有关方面协商一致,由主管机构批准,以特定形式发布,作为共同遵守的准则和依据。"标准化"是在经济、技术、科学及管理等社会实践中,对重复性事物和概念通过制定、实施标准,达到统一,以获得最佳秩序和社会效益的过程。技术标准就是形成的统一规则,其内容是特定技术方案。在单一层状结构的传统社会发展至纵横交错网状结构的现代社会的过程中,随着互联互通的需求增加,标准化活动在高科技领域的展开,尽管专利的保护时间长达20年,但企业之间竞相研发专利技术,力争引领市场先导和产品更换的潮流,显著新颖性的专利技术即使在保护期内,企业也愿意主动将其技术纳入标准,从而占有市场。标准化有力促进了技术对接和后续发展,保障了资源合理配置,降低了贸易壁垒,提高了整个社会的生产力水平。

标准化工业进程的实现途径是或官方设立或民间自发的标准化组织,在一定区域内采用统一行动。在国家层面,国家标准化管理委员会是国务院授权的统一管理全国标准化工作的行政主管机构。我国还加入了《世界贸易组织贸易技术壁垒协定》及ISO国际标准化组织。另外,各国有国内行业标准化组织,如中国通信标准化协会,全球或区域间有跨国行业标准化组织,如欧洲电信标准委员会(ETSI)。无论国家标准还是行业标准,依照我国《标准化法》规定①,都有强制性标准和推荐性标准之分。2013年《国家标准涉及专利的管理规定(暂行)》对不同效力的标准制定了不同的规则。② 笔者认为,对于标准必要专利的管理,基本规则是,以公平、合理、无歧视自愿许可为原则,以强制协商为例外。从私权属性上说,专利权利人是否许可、如何许可他人使用,是其处分权利的自由。无论是强制还是推荐标准,都要最大程度尊重法定的自由。除非唯一必要,国家才可能对自由进行限制以实现终局性的公平正义。

(二)标准必要专利的权利属性和内在冲突

标准必要专利既是标准,更是专利。专利权是创作人基于其智力创作成果

---

① 我国标准分为国家标准、行业标准、地方标准和企业标准四级。对需要在全国范围内统一的技术要求,应当制定国家标准。对没有国家标准而又需要在全国某个行业范围内统一的技术要求,可以制定行业标准。对没有国家标准和行业标准而又需要在省、自治区、直辖市范围内统一的工业产品的安全、卫生要求,可以制定地方标准。企业生产的产品没有国家标准、行业标准和地方标准的,应当制定相应的企业标准。对已有国家标准、行业标准或地方标准的,鼓励企业制定严于国家标准、行业标准或地方标准要求的企业标准。另外,对于技术尚在发展中,需要有相应的标准文件引导其发展或具有标准化价值,尚不能制定为标准的项目,以及采用国际标准化组织、国际电工委员会及其他组织的技术报告的项目,可以制定国家标准化指导性技术文件。

② 强制性标准一般不涉及专利,确有必要涉及,且专利权人或者专利申请人拒绝在公平、合理、无歧视基础上许可的,应当由国家标准化管理委员会、国家知识产权局及相关部门和专利权人或者专利申请人协商专利处置办法。推荐性标准,应取得专利权人许可。专利权人不许可的,不纳入标准。

而在一定期限内享有的专有、排他权利。① 以公开换垄断是对专利权人的补偿。专利制度看似是为在先发明人提供回报,鼓励单向创新,但排他授予权会产生更深远的影响,一个专利的公开可以促进其他主体节约创新时间和成本,从而推动后续发明,有益于整个社会技术进步。以日本1959年制定的《专利法》为例证,在其立法宗旨中,明确指出,通过保护和利用发明,鼓励发明,从而推动工业的发展。因此,日本《反垄断法》在1947年制定时就规定,本法不适用于实施《著作权法》《专利法》《实用新型法》《外观设计法》或《商标法》所规定的行为。显然,这种想把专利权完全排除在竞争法视野下的法律设计不能对现实冲突视而不见,专利权与垄断行为早有渊源。

1. 专利权与垄断的历史渊源

专利是"专利特许证"(letters patent)的简称,原是英国用来授予发明人或者外国人以引进先进制造技术,后来被滥用为王室授予行业垄断权。无期限的专有权垄断的不公平遭到普通法院反对,法院仅认可有限的发明人专利、城市或行会持有的惯例性垄断权并默许议会授权的垄断,但其他垄断是非法的。② 1624年,英国议会通过《垄断法》(Statute of Monopolies),宣告所有垄断、特许和授权一律无效,今后只对"新制造品的真正第一个发明人授予在本国独占实施或者制造该产品的专利证书和特权,为期十四年或以下,在授予专利证书和特权时其他人不得使用"。《垄断法》虽被公认为现代专利法的"鼻祖",但其出自宪政体制,反对国王拥有的授予垄断权利的专制基础。③ 首先限制王权,其次才是将发明垄断作为"一切垄断非法"的例外予以规定。在当时立法背景中,并不存在规制、整顿市场秩序的意图,尽管以垄断法之名立专利法之源,但不存在经济学上垄断的语境,不能解决现代反垄断法中关于市场结构、垄断与竞争关系的问题。

2. 专利权与垄断的现代关系

垄断包含市场结构和市场行为,结构上,单一卖家完全控制某行业,作为唯一生产者,亦无其他行业能够生产替代品,④ 即卖家获得"垄断地位"或"垄断势

---

① See Richard Raysman, Edward A. Pisacreta, Kenneth A. Adler, & Seth H. Ostrow, Intellectual Property Licensing: Forms and Analysis, Law Journal Press, 1999.

② 在著名的 Darcy v. Allein 一案中,王座法院裁决英女王特许其男仆拥有向英国进口扑克牌之垄断权为"恶"。参见〔美〕E.吉尔霍恩、W.E.科瓦西克:《反垄断法律与经济(第4版)》,王晓晔注,汤树梅校,中国人民大学出版社 2001 年版,第 10—11 页。

③ 参见〔美〕欧内斯特·盖尔霍恩等:《反垄断法与经济学(第5版)》,任勇等译,法律出版社 2009 年版,第 10—11 页。

④ See Paul Anthony Samuelson & William D. Nordhaus, Economics(Nineteenth Edition), Douglas Reiner, 2010:171.

力";行为上,卖家为利用其垄断地位实施限制、排除竞争的行为。这是现代经济学和法学发展中对垄断形成的认识。专利权与垄断的关系是围绕禁用权即授权许可问题展开的。

3. 权利实质:名为垄断,实为独占

知识产权的垄断性表述为"独占、排他性",与《反垄断法》中的"垄断"不能等同。首先,结构上,即使保护最强的专利权,其权利人也不一定能获得较大相关市场份额的垄断地位。根据迈克尔·帕金的观点,垄断有两个关键特征:存在进入壁垒且没有相近替代品。① 政府通过立法赋予权利人禁止他用的法律壁垒。但绝大多数知识产权都存在相近的替代品。② 其次,行为上,行使禁用权不等于合法排除、限制竞争。美国联邦最高法院曾允许通过实施知识产权来排除、限制竞争,③认为专利拥有"合法垄断权",并反复提及专利的垄断地位甚至将其作为一种既有的规定。④但1983年联邦最高法院则认为,成文法中并未将专利描述为垄断,专利权只是一种排他性财产权利,专利与其他财产权一样可能违反《反垄断法》的规定,且本身并不在规定这些财产权的法律与《反垄断法》之间产生冲突;将专利指称为"专利垄断"或者将其描述为"一般垄断规则的例外"只会造成混淆。⑤ 因此,知识产权的法定垄断实际为法定独占、法定排除权,并不应该称为合法垄断权。但由于习惯,在商务部反垄断审查公告中以及一般学者论述中,仍然将知识产权作为一种法定垄断权来称呼,这样容易导致概念混淆,加剧知识产权与反垄断价值维度上的冲突。

4. 标准必要专利是冲突的极端化

在网络经济中存在正反馈⑥(positive feedback)、冒尖(tipping)、锁定(lock-in)、转移成本(switching cost)等一系列相关现象。正反馈机制使市场只能有一个或少数几个网络存在,比如传真、互联网只能有一个标准存在。⑦ 先发优势在网络中尤为重要,最初培养的用户依赖将决定以后的市场格局。消费者后来发

---

① 参见〔英〕迈克尔·帕金:《微观经济学(第8版)》,张军等译,人民邮电出版社2009年版,第248页。
② 美国司法部及联邦贸易委员会《知识产权许可的反托拉斯指南》《反托拉斯实施和知识产权:促进创新和竞争》都认为,消费者能够寻求替代技术或者产品。
③ See Henry v. A. B. DICK Co., 224 U. S. 1, 27 (1912).
④ See United States v. Aluminum Co. of America, 148 F. 2d 422, 425 (2d Cir. 1945).
⑤ See Carl Schenck, A. G. v. Nortron Corp., 713 F. 2d 786 (Fed. Cir. 1983).
⑥ 正反馈是指一个网络用户越多,它对其他用户就更具吸引力,当吸引到一个用户后又会使它更容易吸引到另外的用户。正反馈会导致冒尖现象产生,使网络经济中产生传统经济中少见的次优技术获胜现象。
⑦ 参见张小强、卓光俊:《论网络经济中相关市场及市场支配地位的界定——评〈中华人民共和国反垄断法〉相关规定》,载《重庆大学学报(社会科学版)》2009年第5期。

现其他技术更优时,已经习惯被锁定在当前的选择中,不愿付出放弃现有网络转向新网络的成本,比如学习新的操作方式、购买新的设备等。经营者因此希望通过组建自己的网络并千方百计吸引用户进来。2014年初,滴滴打车和快的打车为抢占打车软件市场不惜竞争性补贴客户,不敢先取消补贴优惠,都想通过"烧钱比拼"迫使对方退出市场。原因是正反馈机制在网络规模形成后凸显,一旦用户超过临界值,经营者市场占有量将会有爆发性增长,甚至独占整个市场,形成唯一的使用标准。此时市场才是真正的完全垄断状态,用户可以支付远远超过生产者的边际成本的代价,生产者能够操控价格以获得更多利润。因此,掌握标准必要专利是争夺网络控制权的最主要手段。①

标准必要专利的实质是一种资源垄断,即关键性技术资源存在进入壁垒,专属于个别人控制,符合经济学上的瓶颈垄断(bottleneck monopoly)特征。专利权人掌握开启技术通道的唯一密匙,在网络运行的某个节点上占有100%的市场份额。其他使用者想要在特定网络中生存,就会涉及这不可被替代的技术方案,必须获得专利权人的许可。标准必要专利权利人在市场结构上具有垄断势力,是完全私人垄断、独占垄断。通过阻止他人使用阻碍后续研发中的竞争,想要把握某个市场将来的整体走向,确立后几代市场标准,已经超越了专利权所能保护的竞争范围,这种掠夺性的创新行为也不能再被竞争政策所容忍,具体到国家层面,就是必须解决知识产权政策和竞争政策之间的冲突具体化、尖锐化问题。

三、标准必要专利滥用市场支配地位的判定

标准必要专利纠纷受竞争法关注是因为标准专利持有人会滥用其市场支配地位损害竞争。争议的主要内容通常涉及四个问题:(1)专利是否属于强制的技术标准或事实标准;(2)标准必要专利的相关市场的界定;(3)标准必要专利权人是否具有市场支配地位;(4)权利人有无滥用该支配地位从事排除、限制竞争行为,滥用的情形包括哪些,比如过高定价、价格歧视、拒绝交易、搭售或回授专利的要求等等。

对于第一点,笔者认为这主要是事实判断的问题,牵涉到标准的范围有无覆盖标准必要专利,更多可能涉及知识产权的内容,故在后一节论述。在假定专利

---

① 大企业在整个产业链上下游争抢专利加强垄断,使得小企业生存空间狭小。2011年,谷歌公司以125亿美元天价收购通讯终端硬件巨头摩托罗拉公司,由于可能存在垄断的传导效应受到各国反垄断审查。但3年后其将摩托罗拉低价卖给联想公司,实际仅用32亿美元廉价买断摩托罗拉1.5万个专利。拥有财力的大企业越来越多拥有专利、加入标准,以至于像IDC公司这样不用实际生产即可"坐收渔利"。

属于强制性标准的前提下,对滥用市场支配地位进行分析。标准必要专利的特性,笔者认为与必需设施原理相似。

(一) 必需设施原理的发展

必需设施原理(Essential Facilities Doctrine)最早出现在 1912 年美国联邦最高法院 Terminal Railroad 案[①]中。法院认为,鉴于山谷地形的特殊性,其他铁路公司难以另外架设横跨密西西比河连通圣路易斯两岸的桥梁,这座唯一的桥梁已构成必需设施。[②] 1973 年,法院在水獭尾(Otter Tail)案件中指出,一垄断者如控制着一种对其他竞争者必不或缺的设施时,在可以进入的情况下,不得拒绝竞争者进入。在 MCI Communications Corp. v. American Tel. & Tel. Co. 案中,法院进一步解释适用该原则的四要素:(1) 必需设施为一垄断者所拥有;(2) 竞争者复制这样的基础设施是不可行的;(3) 垄断者拒绝竞争者使用这一设施;(4) 垄断者提供这一设施具有可行性。[③] 但是,必需设施原理受到欢迎并被较为广泛地实施则是在欧洲,它为欧盟委员会规制电子通讯基础设施垄断企业提供了合理的理由,为欧盟判例中禁止歧视和拒绝交易的竞争规则的发展提供了有力依据。欧盟委员会指出,必需设施概念对共同市场具有重要意义,尤其是对成员国原来由国家垄断性支配的产业部门在自由化和民营化的过程中,持有必需设施的市场支配性企业在新的竞争者进入必需设施的前、后方市场时的阻碍危险有了深刻认识,从而将必需设施原理作为鼓励竞争的手段而运用。[④] 欧盟法院审理 Oscar Bronner 案中确立的标准被称为"必需设施"原理适用的分水岭,完整规定了滥用市场支配地位的四个条件:(1) 企业占据市场支配地位;(2) 企业所拥有或控制的设施具有不可替代性,即市场上无论具有何种能力的企业重复建设该设施均不可行;(3) 企业拒绝提供设施的行为限制或消除了竞争;(4) 这种拒绝不具有正当理由。其中"不可替代性"是"限制或消除竞争"最直观和有效的标准。德国、韩国先后都以国内成文法的形式将拒绝接触必需设施的相关内容予以规定。

[①] 由于买下横跨密西西比河连通圣路易斯大桥控制权的几家铁路公司,拒绝许可其他铁路公司使用该大桥,于是美国联邦政府对包括 Terminal Railroad Association of St. Louis 在内拥有大桥控制权的 38 个公司和个人提起了反垄断诉讼。

[②] 参见黄武双:《竞争法视野下的关键设施规则在知识产权领域的运用——以欧盟判例为主线》,载《电子知识产权》2008 年第 7 期。

[③] 参见刘伟:《论瓶颈垄断》,载《上海经济研究》2002 年第 5 期。

[④] 参见徐士英:《"必需设备原理"在反垄断法中应用之评析》,载《安徽大学法律评论》2008 年第 1 期。

(二) 标准必要专利权人垄断行为分析

1. 相关市场的界定

相关市场的认定是评估支配地位大小的基础。我国《反垄断法》第12条第2款规定:"本法所称相关市场,是指经营者在一定时期内就特定商品或者服务(以下统称商品)进行竞争的商品范围和地域范围。"这一概念停留在抽象层面,并未深入涉及相关市场到底以何种方式界定。欧盟委员会曾发布过关于相关市场界定概念的通知,其中规定:"相关产品市场包括消费者根据产品特征、价格和预定用途而认为可以互换和替代的产品或服务","相关地域市场由与产品或服务的供应和需求有关企业所处的地区组成,而且这些地区的竞争条件十分相似,且由于竞争条件的不同区别于其他相邻地区"。美国《知识产权许可的反托拉斯指南》中指出,许可安排的竞争效果通常可以在该安排所影响的产品的相关市场内得到充分的评估。在这种情况下,主管机关仅对产品市场进行界定和分析。但是,在其他情况下,分析可能会涉及对技术市场或研发市场(创新市场)的界定。该指南以范例的形式说明,技术市场包括被许可的知识产权及其近似替代物,后者是指足够近似的替代技术或产品,可有效地限制与被许可知识产权有关的市场支配力的行使。如果知识产权与使用该知识产权的产品是分别被交易的,主管机关可以根据技术市场来分析许可安排的竞争效果。对产品或技术市场的分析可能无法充分评估许可安排对发明创新所产生的竞争效果。如果许可安排可能对新产品或方法的研发竞争具有负面影响,主管机关将在相关产品或技术市场,或在某一独立创新市场来分析其竞争效果。① 美国关于相关市场界定是具体和详细的,为确定市场集中支配地位作好准备。

参考以上的定义和标准来分析标准必要专利,首先,应当确定被指控的专利技术的范围,明确是全部权利要求还是其中部分权利要求,然后根据是否可由其他技术方案进行替代来分析与该专利在同一市场上的相近产品。尤其要把握的是所谓的相关市场不再仅仅围绕某一个具体的产品,在信息通信等领域,相关市场应当理解为是技术市场,更进一步说是专利许可市场,信息技术尽管传统意义上还被认为是整个产品拆分成微小零件,但已经足以形成独立的市场,而在这个市场的标准必要专利同样可能产生必需设施的作用。同时,知识产权的保护通常以一国疆域为限,精确说是以一个法律体系为限,因为知识产权的授予是法定

---

① 创新市场包括针对某一特殊新产品或方法的研发,以及该研发的相近替代品,即指可以有效地限制行使与相关研发有关的市场支配力的研发努力、技术及产品,如可以阻止一个假定的垄断者延缓研发进程的能力或积极性。只有当从事相关研发的能力与某一特定厂商的特定财产或特性相联系时,主管机关才会界定创新市场。

的权利,自然要受法律意义的相关市场的地域限制。2015年4月7日,国家工商行政管理总局公布的《关于禁止滥用知识产权排除、限制竞争行为的规定》(以下简称《禁止规定》)中对相关市场进行了定义:"包括相关商品市场和相关地域市场,依据《反垄断法》和《国务院反垄断委员会关于相关市场界定的指南》进行界定,并考虑知识产权、创新等因素的影响。在涉及知识产权许可等反垄断执法工作中,相关商品市场可以是技术市场,也可以是含有特定知识产权的产品市场。相关技术市场是指由行使知识产权所涉及的技术和可以相互替代的同类技术之间相互竞争所构成的市场。"这些规定反映了知识产权反垄断领域对原有相关市场界定指南的精细化研究成果,也提及了创新因素,初步认可了知识产权反垄断的特殊性。

2. 市场支配地位的认定

我国《反垄断法》第18条规定了认定经营者具有市场支配地位的具体因素,包括市场份额、相关市场的竞争状况、经营者控制上下游市场的能力、经营者的财力和技术条件、其他经营者对该经营者在交易上的依赖程度、其他经营者进入相关市场的难易程度等诸多因素。第19条规定:"有下列情形之一的,可以推定经营者具有市场支配地位:(一)一个经营者在相关市场的市场份额达到二分之一的;……"国家工商行政管理总局《禁止规定》第6条第2款则规定:"市场支配地位根据《反垄断法》第十八条和第十九条的规定进行认定和推定。经营者拥有知识产权可以构成认定其市场支配地位的因素之一,但不能仅根据经营者拥有知识产权推定其在相关市场上具有市场支配地位。"笔者认为,上述规定与《反垄断法》第55条的精神是吻合的,即对知识产权行为并无特殊对待。具体来说,对于普通的专利许可,不能通过持有专利就认定其垄断地位。但在标准必要专利市场则是例外,其市场支配地位是确定的。标准是唯一的,专利又是独占的,不常见的独占垄断就成了事实。专利权人拥有了100%的市场份额。在根据《反垄断法》第19条据市场份额推定市场支配地位时,是否还需要去观察第18条的其他因素呢?笔者认为,标准必要专利还包含了另一层意思,即必须是现实有用的标准方案。我国《标准化法》中提到标准化是一个寻求最佳效果的过程,因此标准方案应当是一种先进方案,即使可能存在其他路径,也可能要付出更大成本而不可行。一旦专利权内容已经成为市场认可或事实上通行的标准,对下游市场或创新市场来说,标准必要专利是必不可少的基础材料或途径。尤其是在信息通信等网络经济模式中,标准必要专利本身就是市场支配地位的证明。因此,直接适用《反垄断法》第19条就可以认定其具有市场支配地位,这一点也可以用必需设施原理来解释,并不需要再过多考量相关市场的竞争状况等其他因素。

3. 滥用行为

滥用知识产权的行为可以归纳出特定的类型。《欧共体条约》第 82 条规定了滥用市场支配地位的行为种类，包括不公平定价或其他交易条件、限制市场发展损害消费者利益、歧视、附加义务等，尤其是明确了保护消费者与顾客的规制目的。我国《禁止规定》第 9、10、11 条也采用了同样的列举式定义，规定了具有市场支配地位的经营者没有正当理由，不得在行使知识产权的过程中实施搭售（如强制捆绑销售）；实施附加不合理限制条件的行为（如强制独占回授权、禁止无效宣告）；对条件相同的交易相对人实行差别待遇，排除、限制竞争。同时，该规定第 13 条另行规定了有关必要标准专利的条款，规定经营者不得利用标准（含国家技术规范的强制性要求）的制定和实施隐瞒专利以及违背公平、合理和无歧视原则，实施拒绝许可、搭售商品或者在交易时附加其他的不合理交易条件等排除、限制竞争的行为。笔者认为，第 13 条的特殊性规定除了在标准制定中披露专利是在先义务外，其他的滥用行为的内涵与外延是与第 9、10、11 条吻合的，虽然第 13 条没有具体列明条件，但是在公平、合理、无歧视原则下具体的行为内容都是有待在个案中具体化的，可能包括各种情形。同时，第 13 条与第 7 条又构成了特殊与一般的关系。第 7 条规定，经营者没有正当理由，不得在其知识产权构成生产经营活动必需设施的情况下，拒绝许可其他经营者以合理条件使用该知识产权，排除、限制竞争。这里的生产经营活动必需设施在一定程度上与标准必要专利是重叠的，因此，在判断滥用支配地位的行为时可以结合标准必要专利的必要性进行审查，第 13 条的行为判断标准应与第 7 条保持一致。

（三）快速审查法和举证责任分配

根据上文的分析，笔者认为，即使单列标准必要专利条款，也可以借鉴必需设施原理对涉及标准必要专利纠纷的案件进行判断，因为必需设施原理是对这一类型案件的抽象归纳，标准必要专利恰恰是虚拟网络世界最典型的例证。

1. 现有判定原则及规则：必需设施原理在标准必要专利纠纷中的应用

必需设施原理适用于知识产权领域是有争议的，如 J. Gregory Sidak 认为知识产权不同于实物产权，一旦披露很容易被滥用，其价值易被破坏。知识产权的保护同实物产权相比缺乏有效性，并且很难采用自我实施的方法来加以保护。Glen. O. Robinson 认为，强制分享知识产权和强制分享实物产权对投资激励的损害没有区别，认定"瓶颈垄断"的关键在于考虑强制进入该设施对投资激励的损害的大小，而不在于该设施的形式。[①] 但越具有唯一性、价值性以及难以复制

---

① 参见刘伟：《论瓶颈垄断》，载《上海经济研究》2002 年第 5 期。

的知识产权在本质上越符合必需设施原理。欧洲法院 1996 年 Magill 案、2004 年 IMS 案以及德国 Spundfass 案、欧盟委员会 Microsoft Windows 案件所作裁决都是知识产权领域适用必需设施原理的典型。美国司法界在知识产权政策和竞争政策之间的选择摇摆不定。虽然在 1992 年柯达公司与 ISOs 的反垄断案[①]中,法院认定柯达公司采取排他性措施维持其对零部件的垄断,并且运用其对零件的控制增强其在柯达维修服务市场中的垄断份额,[②]但在 CSU, L. L. C. 诉施乐案[③]中,联邦上诉巡回法院却认定施乐公司拒绝销售零部件给 CSU 的行为未违反反垄断法。柯达公司曾提出其零部件中包含知识产权,但因在零件总数中比例太小而未被法院认可,而施乐公司仅拒绝供应有专利的零件,法院认为没有构成垄断。法院判决显示了一个趋势,即知识产权几乎豁免于反垄断法,在美国司法实践中采取的是有利于知识产权人的标准。[④]

笔者认为,《禁止规定》第 7 条明确规定必需设施原理在知识产权领域的运用符合世界潮流和我国知识产权保护状况。欧盟和美国对必需设施原理的不同态度,反映了其对知识产权与竞争政策保护的侧重点因利益需求的不同存在的区别。欧盟致力于构建统一市场,消除贸易壁垒,保护内部市场免受扭曲,立场是在保护知识产权权益的基础上,重点保护内部市场下的自由竞争。[⑤] 美国早期竞争政策占优的势头[⑥]在 20 世纪 80 年代后遭到知识产权保护者的反击,对于反垄断框架下的强制许可开始变得日益谨慎。近年美国又反思高度保护知识产权的做法,再次掀起知识产权保护与竞争政策关系争论的高潮。虽然必需设施的关键程度仍旧是相对性的概念,但在标准作为唯一资源的情况下则简化了许多,因此必需设施原理是可以适用于标准必要专利纠纷这一特殊的知识产权

---

① 参见〔美〕J. E. 克伍卡、L. J. 怀特编著:《反托拉斯革命:经济学、竞争与政策(第四版)》,林平、臧旭恒等译,经济科学出版社 2007 年版,第 285—293 页。
② Eastman Kodak Company, Petitioner v. Image Technical Services, Inc., et al. No. 90—1029 Supreme Court of the United States 504 U. S. 451; 112 S. Ct. 2072; 119 L. Ed. 2d 265; 1992 U. S. LEXIS 3405; 60 U. S. L. W. 4465; 1992-1 Trade Cas. (CCH) P69,839; 92 Cal. Daily Op. Service 4823; 92 Daily Journal DAR 7688; 6 Fla. L. Weekly Fed. S 331.
③ See CSU, L. L. C. v. Xerox Corporation,Reportde at;2X()1 U. S. LEXIS 1102.
④ 参见王干、胡水晶:《知识产权人拒绝行为违反反垄断法的构成要件——CSU L. L. C. 诉施乐案的启示》,载《电子知识产权》2005 年第 4 期。
⑤ 参见高晓东:《欧盟内部市场下的知识产权与竞争保护》,载《商》2013 年第 14 期。
⑥ 美国曾经在 20 世纪 50 年代引领西方发达国家反垄断框架下的知识产权强制许可实践。截至 1960 年,美国在大约 100 个反垄断案中颁发了强制许可令,涉及 4 万—5 万项专利,其中包括 AT&T 的基础传输专利、IBM 的计算机和制表仪专利、通用电器的荧光灯和白炽灯专利等。1976 年 Xerox 公司专利强制许可更是轰动全球。根据法律规定,强制许可之后,专利权人仍可收取"合理"的专利费。但通用电器的专利、AT&T 的 8600 项专利的"合理"费率被裁定为零。参见安佰生:《洛夏墨点:关于知识产权保护制度与竞争政策关系的争论》,载《经济理论与经济管理》2008 年第 2 期。

领域的。

2. 快速审查和举证责任分配

必需设施原理最大的好处就是竞争审查条件清晰、明确。对滥用市场支配地位行为的界定除概括行为方式以外，还要考虑行为后果对市场结构的影响和市场的未来发展。涉及标准必要专利的反竞争行为中，最基础的是拒绝交易行为，这也是必需设施原理的基本模式。而美国司法部将拒绝交易界定为：一个企业从不对其竞争对手进行出卖或许可或以特别高的价格进行出卖或许可。拒绝交易往往与其他反竞争手段互相配合，比如不搭售就拒绝交易、歧视价格否则拒绝交易、要求强制回授否则拒绝交易等等。标准必要专利诉讼中，对拒绝交易的行为应当作广义解释，可以表现为申请禁令，也可以表现为包括附条件要求买家从事某种具体行为。因此，标准必要专利纠纷大多可以适用必需设施原理。对此，往往要由被告来证明自己反竞争行为的正当性。标准专利权人可以许可权的授予行为来实现反竞争目的。虽然哪些行为可以作为拒绝许可的正当理由无法穷尽，但反竞争程度与拒绝许可行为的正当性紧密相关。在 Commercial Solvents 案①中，欧盟委员会证明了 ICI 公司拒绝向 Zoya 公司供货的决定并非出于必要，因为 ICI 公司有足够的产能满足自己及 Zoya 公司的需求。此类案件中，欧洲竞争执法机构要初步证明具有市场支配地位企业的行为并非市场运营中的正常竞争行为。之后举证责任就转移到具有市场支配地位的企业身上，由其证明自己的行为有客观上的正当理由。法院推定的前提是，具有市场支配地位的企业会向任何一个有意愿也有能力支付购买价格的购买者出售产品和服务，因此，当出现拒绝交易的特殊情况时，由具有市场支配地位的企业承担举证责任，说明其拒绝交易的理由，以此推翻上述法律推定。②

在美国，除了属于本身违法的行为如竞争者协议固定价格、数量等等以外，其他行为必须适用包含大量事实调查的合理原则，在竞争产生的正负效果之间反复衡量才能最后决定。在 20 世纪 70 年代后期，美国最高法院开始考虑如何在本身违法和合理原则之间不作绝对划分，并在 Broadcast Music 案中创设了快速审查规则，即看上去明显产生竞争效果的行为可以直接认为是本身违法。快速审查规则要求原告提供初步证据，证明被告的行为损害了竞争或很有可能损害竞争，然后由被告提出其行为没有损害或不会损害竞争的反驳理由和证据，最后由法院对被告提供的理由和证据进行审查。③ 快速审查决定了后续审查的繁

---

① See Joined Cases 6 and 7/73 Commercial Solvents v. Commission [1974] ECR 223.
② 参见〔英〕史蒂文·D. 安德曼编：《知识产权与竞争策略》，梁思思、何倪译，电子工业出版社 2012 年版。
③ 丁亚琦：《反垄断法合理原则研究》，湖南大学 2013 年硕士学位论文。

简,从表面证据就能得出的直觉印象并不一定与精细复杂的经济学论证相悖,即根据最初简化的考虑竞争行为的正负影响,才决定要原、被告负何种举证责任,法院不再需要进行前期界定相关市场和证明市场势力的反复论证。

在标准必要专利案件中,首先,在不可能形成正常商业关系情形下的要约可推定有拒绝交易的目的。如果交易就能免受反竞争的责难,专利权人会提出买家所不能接受的条件(推定的拒绝交易)。附条件的拒绝交易更容易被反垄断执法机构识别。其次,标准必要专利纠纷由国内各地法院受理,明确判断标准、简化判断步骤,有助于加快案件审理进程、统一审判尺度。在《禁止规定》也推定标准必要专利权人具有市场支配地位的情况下,虽然标准必要性仍然要在相关市场内进行鉴别,但这应当主要是知识产权政策所关注的内容。就竞争政策而言,基础事实已经简化判断。美国和欧盟的垄断判定一定程度上都减轻了原告的证明责任,原告均只需要举出表面证据,就可以转移举证责任。我国反垄断法违法判定规则包含在普通的民事诉讼证据规则中,并没有清晰的总结,对于不同的垄断行为,价值判断和利益衡量总是司法裁断的最后落脚点。本身违法方法只要求原告证明行为存在而不需证明行为的影响,并不适合现在尚有争议的知识产权领域。而快速审查规则先预估效果,再决定判断方法的繁简,加快了审理的进程。对于标准必要专利纠纷来说比较合适,既然拥有支配地位,凭直觉即可认知拒绝交易者具有明显的反竞争效果,此时,应通过举证责任倒置分配给被告,要被告去证明自己的行为没有限制、排除竞争,包括拒绝交易的合理理由,这种理由同时也包括自己对反竞争效果的判断。此类案件采用快速审查规则和举证责任倒置的目的都是一样的,适度加大被告的举证责任,节省诉讼成本,加快审判节奏。这种探索将来亦可以扩张到其他知识产权案件中。

四、知识产权政策与竞争政策的调和

在标准必要专利纠纷中,存在着知识产权政策的内部调整和竞争政策的外部调整的互动,专利许可的现实发展中产生了标准化组织与"专利池"等组织,各个组织间的专利许可政策成为竞争政策的间接调整对象。如果众多参加者的协同行为成为垄断市场的力量,同样也要受到限制。因此,审查单独的企业授权许可中的垄断行为和审查组织间的知识产权许可制度都成了竞争政策关注的对象。标准专利权人单独授权行为的依据往往是基于组织间的协议,如果协议是公平的,不履行协议的行为很可能造成反竞争效果;如果协议本身不公正,那么履行协议则会受到反垄断法的制裁。2015年2月2日,美国司法部对美国电气电子工程师学会(IEEE)递交的IEEE标准委员会(IEEE-SA)的专利政策建议予以认可。① 该建议中对标准必要专利权利人作出的向标准实施者提供"合理、无歧视"("RAND")许可承诺的含义范围作出澄清,包括:(1) 禁止令是否适用;(2) 合理许可费率的含义;(3) 允许的互惠许可要求;(4) IEEE 许可承诺适用的生产阶段。从上述内容可见,通过在标准必要专利许可中排除禁止令的一般适用,抑制了专利权人限制竞争的手段。同时,受 RAND 承诺约束的专利权人应基于"所有合标使用"(any Compliant Implementation)许可其专利,意味着作出标准专利权人不能对在任何生产阶段的专利使用者拒绝许可,从而限制了拒绝许可的使用。该建议还禁止附回授条件的许可,禁止专利权人要求申请人将不属于同一标准的必要专利的许可进行回授等,该内容事实上属于反垄断法中规制的重要内容。笔者认为,到底是知识产权政策能更好地促进竞争,还是要通过反垄断法制裁反竞争行为,是由于各国国情不同,在不同法律体系下产生的主次角色差异,就我国而言,虽然个别企业可以成为标准的持有者,但就整个专利制度而言,我国专利权人尚未成为标准协议的倡导者,也无法主导标准政策的制定。目前外部的竞争政策更加有利于竞争目的的实现。但是,组织内的知识产权政策也因为当事人的自愿具有很大的合理性,可以作为判断垄断行为的参考因素。在现有反竞争政策的实践中,还需要知识产权政策的配合,主要包括事前认定和事后制裁两个阶段。

(一)标准必要专利的认定

标准必要专利纠纷中对于专利的必要性进行审查是适用竞争政策的前提。因为在知识产权政策与竞争政策之间存在着"攘外必先安内"的关系,私法的自由追求和公法的秩序要求在现代法价值序列中的先后关系决定了这一点。标准必要专利的审查中应当严格防止标准必要专利的扩大化,这一点与竞争政策中不能仅凭市场份额判定滥用支配地位的道理异曲同工。

标准必要专利的审查重点集中在审查专利的必要性。对于必要性,标准化组织的解释不一。② 对于标准必要专利应当作限缩解释,一是商业上的替代性本属于企业经营策略,应当留给商人判断,法官在案件中对商业的判断总是滞后而虚拟的,无法适应知识经济市场快速发展的现实。二是适用必需设施原理来进行解释,必要性只能是资源的稀缺性,商业性理由无疑会扩大标准必要专利的

---

① 参见《近期美国法院有关标准必要专利的重要发展》,http://www.maxlaw.cn/l/20150504/817334466523.shtml,2015 年 10 月 20 日访问。

② 例如,ETSI 认为,知识产权的"必要性"须是基于技术而非商业的原因,并考虑到标准制定时常见的技术实践和工艺条件会不可避免地侵犯该知识产权。IEEE 规定,必要专利权利要求需要"在商业上或技术上都没有可替代的非侵权技术方案"。

范围，过分介入权利许可市场，加剧知识产权与反垄断的不必要冲突。同时，标准首先是行业标准或国家标准，对于技术尚在发展中，需要有相应的标准文件引导其发展或具有标准化价值，尚不能制定为标准的项目，以及采用国际标准化组织、国际电工委员会及其他国际组织的技术报告的项目，可以制定国家标准化指导性技术文件。此类标准文件也应当作为标准来考虑。

司法实践中应当严格限制标准必要专利的认定。对于非强制性标准，在未不当损害标准实施者及潜在实施者利益的前提下，对贡献者贡献的专利范围的解释应严格遵循贡献者的意愿，一般不宜作不当的扩张性解释。[①] 在全国首例涉及标准必要专利的行政诉讼[②]中，当事人强调现有技术特征与规范明示规定的技术特征结合产生的权利要求应当属于《USB 3.0 贡献者协议》中规定的"必要权利要求"。法院则认为，对"必要权利要求"的正确理解，必须严格依据《USB 3.0 贡献者协议》的规定，贡献者贡献其专利技术需要符合一定条件：一是为执行规范的技术特征，应当是在规范中明示的；二是只有是在商业上找不到合理可替代的无须侵权的方案时，才能被认定是"必要权利要求"。作为贡献者的专利权人贡献的是专利权利要求1，而非权利要求2和4。如果仅仅因为权利要求2和4中的附加技术特征属于现有技术特征，就将整个权利要求解释为"必要权利要求"，则会将专利权人未贡献的权利要求2和4也纳入贡献的范围，这显然突破了专利贡献者签订协议时所能预见的贡献范围，有损其利益。对于知识产权政策和竞争政策的关系，法院在此案中分析到，《USB 3.0 规范》并非强制性规范，同时考虑到该规范的实施需要相关参与者的相互协作才能完成，为了平衡专利贡献者与采用技术规范的公众之间的利益，需要清楚地划定两者之间的范围边界，既不能使专利贡献者借助技术规范不当扩大其专利权的垄断地位，侵害采用技术规范的公众利益，也要使专利贡献者拥有的并非为采用技术规范所必需的专利优化方案受到专利法的保护，从而鼓励专利贡献者将技术先进的专利加入到协议中，便于技术整合，促进科技进步。

司法实践证明，知识产权权利确定是内部问题，其界定权利时考虑的竞争因素，应通过知识产权法解决；知识产权运用中产生的外部问题，应通过竞争法律解决，标准必要专利则是两者的混合。标准必要专利纠纷与其说是知识产权政策与竞争政策的冲突，倒不如说是两个政策相辅相成的结合物。要想妥善地解决此类纠纷，应当做好两个政策的衔接工作。标准必要专利的认定是竞争政策

---

① 参见《江苏高院：全国首例涉及标准必要专利的专利侵权纠纷行政诉讼案》，http://www.aiweibang.com/yuedu/30080978.html，2015 年 10 月 20 日访问。

② 参见江苏高院(2014)苏知行终字第 0002 号行政判决书。

判断的基础,而知识产权强制许可制度则是竞争政策实施的保障。

(二) 强制许可制度

限制知识产权滥用的阶段步骤有:其一,事前限制,如缩小知识产权权利范围;其二,事中调整,如惩罚授权过程中的反竞争行为;其三,事后救济,如强制许可制度。在分析标准必要专利纠纷的产生及解决方案的过程中,最终形成的共识是:知识产权政策内含公共政策判断,知识产权政策与竞争政策利益平衡出发点和归宿是一致的,即知识产权政策的公法因素满足了经济法框架下竞争政策的市场秩序维护要求。但知识产权政策的限制与竞争政策的限制来源动力不同,知识产权本身内部的约束力要比竞争政策的市场约束力要小,需要更广泛的赋权以激发更大的创新活力;而竞争政策是市场调控的步骤,经过市场调控后,最后仍要落到权利是否授予以及如何授予的处理结果上。因此,涉及标准必要专利纠纷时可以考虑与强制许可制度相结合。

对于已经参加 FRAND、RAND 以及免费许可规则的权利人来说,受到上述规则的制约,是私法的功能。但一旦某项标准是国家强制标准,亦可以考虑整体社会利益,将该类标准纳入强制许可制度。例如,新加坡在《专利法》中规定了强制许可制度,专利申请日满四年或专利授予日满三年后,任何人都可以基于专利发明没有供应,或者没有在合理的条件下供应,请求法院强制授予专利,法院则对申请强制许可的条件是否符合法条中规定的妨碍竞争的行为进行认可并决定是否授权。同时,该法罗列了可强制授予专利的 12 个条件:只适用于占支配地位的发明;强制许可并非独占;不能转让,除非关系到使用专利人的商誉;一经利害关系人申请,法院再无必要授予时可以终止强制许可,给予补偿,没有协议的,由法院决定许可费;只有在给予合理商业条件竭尽所能仍未能在合理时间内获得许可时,才能够获得强制许可;除非为救济法院认定的反竞争行为,不会强制许可集成电路专利;除非侵权,否则后续专利权人无法使用等等。

标准必要专利纠纷中对权利人限制许可、拒绝许可的行为的应当评估与对纵向协议的限制维度是一致的。甚至不仅限于标准必要专利,只要是专利权人在上游及下游都具有重要的市场势力而拒绝许可均是反竞争的,此时专利对下游市场内的竞争即使不是必要,也可以采取强制许可,无须考虑可替代技术的数量、种类和所有权等因素。纵向强制许可的重点在于保证下游市场的充分竞争。

强制许可的具体实施方法是：法院确定许可费标准①，确定许可费标准的因素诸多，甚至可以参考标准化组织的内部知识产权政策，因为标准参与制定者的磋商是讨价还价的过程，包含了定价的合理性因素。当然，也有其他的处理办法，如果有几个申请人存在竞争，法院还可以根据需要在一定条件下组织竞拍。

新加坡将强制许可的授予权交给法院，但法院至今还没有机会使用。事实上，强制许可制度适用的条件比较抽象，往往涉及国家或产业的重大利益，也许无法轻易产生实际作用。强制许可制度的价值可能更多在于参与各类国际谈判时产生威慑力，成为彼此谈判的筹码，而不在于被实际的使用。强制许可如何在实践中发挥作用，能否补充私法救济的不足，依然需要对各类知识产权反竞争行为的分类考量，深入研究标准必要专利纠纷的意义就在于为以个案打开知识产权反竞争行为研究的缺口"举重明轻"，先试先行，为《关于滥用知识产权的反垄断执法指南》中的其他知识产权问题提供较为清晰的思路。

---

① IEEE 的最新专利政策建议提出了一项强制因素和三项推荐因素。强制因素为：合理费率"应为合理补偿……并排除因将专利技术纳入 IEEE 的标准而产生的额外价值"。另外，明确决定合理费率时应考虑以下三项推荐因素：(1)"必要专利下的发明或发明属性的功能的价值对实施该必要专利的最小可销售合标使用(Compliant Implementation) 的价值的贡献"；(2)"必要专利对实施该专利的最小可销售合标使用所贡献的价值，根据该合标使用所实施的同一 IEEE 标准上的所有必要专利所贡献的价值"；(3)"使用必要专利的现存许可，当该等许可不是在明示或暗示的禁止令威胁下取得的且其情况和许可结果足以和拟议许可的情况相提并论。"该政策建议明确表明确定合理费率"不必只限于"该等因素。

公用企业交叉补贴的法律破解

姚 瑶[*]

一、公用企业领域的交叉补贴：含义及危害

（一）公用企业补贴

1. 公用企业的定义

通常所谓之公用企业，盖指以社会公益为目标，向社会公众提供必不可少的公共产品和服务[①]的企业。"公用企业"这一提法见之于我国《反不正当竞争法》《邮政法》等多部法律、行政法规及部门规章之中，但除了国家工商行政管理局1993年颁布的《关于禁止公用企业限制竞争行为的若干规定》之外，都没有对其给出明确的定义。《关于禁止公用企业限制竞争行为的若干规定》第2条将"公用企业"定义为"涉及公用事业的经营者，包括供水、供电、供热、供气、邮政、电讯、交通运输等行业的经营者"。2008年的《反垄断法》第8条采用的"公共事务职能的组织"的表述，也可以视为"公用企业"的代称。公用企业的范围因各国国情的不同以及不同时期科学技术的发展而具有可变动性。从现实来看，公用企业主要存在于承担普遍服务任务的行业，如电信业、邮政业等。普遍服务是指维护一定区域内全体居民的基本权益，使得每一居民无论收入高低，无论居住在区域内的什么地方，包括农村地区、边远地区或其他高成本地区等，都能以普遍可以接受的价格，获得某种能够满足基本生活需求和发展要求的服务。欧盟将之

---

[*] 姚瑶，华东政法大学2014级博士研究生。

[①] 本文所称之"公共产品和服务"，是指公益性的产品或服务，并非经济学意义上的公共物品，它也必须付费并具有排他性。经济学上的公共物品也称为"公用物品"，它可以使全社会都受益，因此也可以说它是一种集体消费品。公共物品具有非排他性和非竞争性两个特点。

称为"普遍经济利益服务"(Service of General Economic Interest)①,欧盟委员会2011年在"欧洲普遍利益服务架构"的公告中将"一般经济利益服务"定义为:如果没有政府干预,市场不会供应(或者在质量、安全、支付能力、同等对待和普遍获得方面会以不同条件供应),但能对整体公众利益产生影响的经济活动。可见,普遍服务是与公益性相连的。

由于普遍服务往往需要大规模的基础设施覆盖(如网络铺设)或是依赖自然资源(如石油业),因此大部分公用企业所处之行业都具有自然垄断的特性。又由于在自然垄断行业独家生产经营更有效率,且这些产业关系国计民生的重要性,故而政府往往将之设定特许经营,这就造成了行政垄断的可能。1993年通过的《反不正当竞争法》第6条规定:"公用企业或者其他依法具有独占地位的经营者,不得限定他人购买其指定的经营者的商品,以排挤其他经营者的公平竞争。"从该条将"公用企业"和"其他依法具有独占地位的经营者"并列来看,公用企业也应当是具有独占地位的经营者。因此,公用企业天然地具有市场垄断、自然垄断、行政垄断交织于一起的特点。特别是公用企业一般属管制行业,政府的管制包括准入控制、利润控制、不得实施价格歧视的价格结构控制等内容,公用企业的需管制性和行政垄断往往难以区分。

公用企业与欧洲经济共同体委员会于1980年6月25日发布的《关于成员国与公共企业之间财政关系透明化的欧洲经济共同体第80/723号指令》所称"公共企业"并不是一回事,后者指国家通过所有权、资金参与、章程或其他规范企业活动的规定能够直接或间接施加控制性影响的所有企业,其等同于我国的"国有企业"。公用企业的价值在于弥补市场失灵情况下私人企业不愿提供公益性产品的缺陷,因此公用企业通常都是国有企业,盖因政府作为其出资人可以更方便地贯彻推行自己的意图,营利目标之外的其他社会性目标也构成了我国国有企业特有的政策性负担;但国有企业除了公用企业之外还有许多纯粹的商事企业,公用企业只是我国庞大的国有经济中的一部分。

2. 补贴的定义与形式

财政学上,补贴是财政分配的一种形式,是国家以转移性支出的形式对国民收入进行的再分配,也是宏观调控的一种手段。转移支付分为一般性转移支付和专项转移支付两类,对公用企业的补贴属于专项转移支付。按形式分类,补贴可分为价格补贴、政策性亏损补贴、财政贴息和税式支出。价格补贴,是为弥补因价格体制或政策原因造成价格过低给生产经营带来的损失而进行的补贴;政策性亏损补贴,是对生产经营那些从整个社会来说必不可少,但从企业来说却是

---

① 参见《欧洲联盟运行条约》第14条、第106条第2款。

价格低廉、会出现亏损的产品的企业补贴;财政贴息,是为了鼓励企业采用先进技术,国家财政为企业支付全部或部分的贷款利息;税式支出,是对包括减税、免税、退税、税收抵免等在内的一组税收优惠措施的总称。按补贴的透明度分类,补贴可分为明补和暗补。明补是指将财政补贴作为预算的支出项目按照正常的支出程序直接支付给受补者;暗补是指补贴支出不纳入预算管理,财政补贴不构成预算支出项目,受补者也不直接获得补贴收入,只是从减少上交和节约支出上受益。

WTO《补贴和反补贴措施协定》(以下简称《SCM 协定》)将"补贴"定义为某一成员方政府或任何公共机构提供的财政资助:① 政府行为涉及资金的直接转移(如赠与、贷款、投股)、潜在的资金或债务的直接转移(如贷款担保);② 本应征收的政府收入被豁免或不予征收(如税收抵免之类的财政鼓励);③ 政府提供不属于一般基础设施的商品或服务,或购买商品;④ 政府向一筹资机构付款,或委托或指示一私营机构履行上述①至③项所列举的一种或多种通常是赋予政府的职权,且此种做法与政府通常采用的做法并无实质差别,并因此而授予一项利益。作为《SCM 协定》在国内法上的转化,我国《反补贴条例》对补贴的定义是:"出口国(地区)政府或者其任何公共机构提供的并为接受者带来利益的财政资助以及任何形式的收入或者价格支持",其中,"财政资助,包括:(一) 出口国(地区)政府以拨款、贷款、资本注入等形式直接提供资金,或者以贷款担保等形式潜在地直接转让资金或者债务;(二) 出口国(地区)政府放弃或者不收缴应收收入;(三) 出口国(地区)政府提供除一般基础设施以外的货物、服务,或者由出口国(地区)政府购买货物;(四) 出口国(地区)政府通过向筹资机构付款,或者委托、指令私营机构履行上述职能。"《企业会计准则第 16 号——政府补助》则是如此定义政府补助:"政府补助,是指企业从政府无偿取得货币性资产或非货币性资产,但不包括政府作为企业所有者投入的资本。"

可见,无论是从学理上还是从立法实践上,对补贴的形式认定都是较为广泛的,补贴形式既有直接补贴,如财政资助、税式支出,也包括间接补贴,如无偿或低价获得土地使用权(这也是一种实物补贴),而保持公用企业的垄断地位更是暗补最重要的形式之一。与之相似,欧盟对国家援助的界定也有异曲同工之意,其已远超出财政补贴的范畴而囊括了国家财政给予的各种利益。

(二) 交叉补贴的定义及危害

1. 交叉补贴的定义

纵观国内法,尚未出现"交叉补贴"这一表述。在 OECD 2011 年的工作文件《竞争中立和国有企业:挑战和政策选择》《竞争中立与国有企业在澳大利亚:实践回顾和其与其他国家的关联》以及 2012 年的工作文件《竞争中立:确保国营企业和私营企业间的公平贸易》中使用了"交叉补贴"(cross-subsidise)的提法①,不过都没有对交叉补贴进行直接的定义,但提及了进行交叉补贴的领域,如通过获取过多的收入,在某些"有利可图"的地区以便能够资助公共服务,并突出了交叉补贴的效果——除了对竞争格局的影响外,这样的做法也缺乏透明度的公认标准。从现有的学术研究来看,对交叉补贴的法学研究成果极少。在仅有的相关研究中对交叉补贴也尚未形成统一的法学定义,有学者使用"内部业务交叉补贴"的提法,认为它是指一个企业(主要是公用企业)同时拥有自然垄断业务和非自然垄断业务,那么它便可以通过提高自然垄断业务的价格并降低非自然垄断业务的价格排挤竞争对手,而非自然垄断业务因价格下降而受到的亏损可由该企业提高自然垄断业务价格而增加的利润予以补偿;②也有学者认为,交叉补贴是指政府对于承担了社会义务的国有企业的补贴超过了其履行社会义务所需的成本,以至于该补贴延伸到了国有企业的商业活动中。③前者是基于从企业内部出发的微观视角,将交叉补贴视为一种不同种类业务统合下的定价策略;后者则是基于宏观视角来审视政府对企业补贴的效果,而这也是 OECD 一系列文件中"cross-subsidise"的本意。同时,公用企业在提供公共产品和服务时要受到政府的价格上限监管或投资回报率监管,所以,公用企业仅凭自身力量通过定价组合获利的空间有限,除非其依靠不恰当的政府指导价标准。因此,本文对"交叉补贴"的定义也是遵从后一种看法。交叉补贴并不是一种补贴的分类,而是一种补贴的效果——使得对企业提供的公共产品(服务)的补助转移到其商业活动上,从而对竞争秩序构成了妨害。公用企业交叉补贴即是指对普遍服务类业务的补贴超过了其履行社会义务所需的成本,从而使补贴效果转移到该企业的商业活动中。这里的补贴应作广义理解,既包括明补即直接的财政补贴和减免税优惠,也包括暗补,如通过行政性垄断不当地获得了垄断利润、通过较高管制价

---

① See A. Capobianco and H. Christiansen, Competitive Neutrality and State-Owned Enterprises: Challenges and Policy Options, OECD Corporate Governance Working Papers, 2011, No. 1, http://www.oecd.org/daf/corporateaffairs/wp; M. Rennie and F. Lindsay, Competitive Neutrality and State-Owned Enterprises in Australia: Review of Practices and Their Relevance for Other Countries, OECD Corporate Governance Working Papers, 2011, No. 4, OECD Publishing, http://dx.doi.org/10.1787/5kg54cxkmx36-en; Competitive Neutrality: Maintaining a Level Playing Field Between Public and Private Business, 2012, http://www.oecd.org/daf/ca/corporateGovernanceofstate-ownedenterprises/50302961.pdf.

② 参见耿俊德:《我国垄断企业的限制竞争行为及法律对策》,载《河南财经政法大学学报》2013 年第 3 期,第 119 页。

③ 参见胡改蓉:《竞争中立对我国国有企业的影响及法制应对》,载《法律科学》2014 年第 6 期,第 170 页。

格将消费者的利益转移到了垄断企业等。

2. 交叉补贴的危害

首先,交叉补贴会阻碍市场公平竞争。一是政府给予公用企业某些竞争性行业的特许经营权作为其负担社会义务的对价,公用企业可以凭借垄断地位获取超额利润。这并非市场自发形成的垄断,而是行政垄断的结果。交叉补贴会导致公用企业在竞争性领域的掠夺性定价(predatory pricing),会凭借市场支配地位无正当理由地以低于成本的价格持续销售商品,从而排挤同样或更有效率的竞争对手或阻止新的企业进入相关市场,并通过垄断后的后续价格上涨来获利。二是实践中政府对一些竞争性企业也给予大量补贴资金,严重干预了市场竞争。截至2014年4月10日,1556家A股上市公司发布了2013年年报,其中获得政府补贴的有1377家,总金额超过770亿。[1]

其次,交叉补贴会危害经济运行的效率。一是财政补贴是政府对市场价格机制的一种干预,这种干预运用失当则可能扭曲生产者和消费者的相对价格,由此造成对资源合理配置的错误引导。二是专向性的补贴会导致不公,对受惠企业的"给付权利"对于非受惠企业来说反而会成为"侵害权利"。为满足《SCM协定》,2006年之后我国对国有企业补贴的方式和内容都作了较大的调整,较多采用隐性或非专向补贴的形式。但是,由于公用企业主要是由国有资本来运营的,因此名义上不针对国有企业而针对产业的补贴实质上还是由国有企业获得,变成了异化的专向性。邵敏、包群的研究表明,地方政府补贴显著地向国有企业倾斜。[2] 孔东民等的研究也显示,随着市场竞争的加剧,无论是行业还是地区层面,国有企业均获得更高的补贴。[3] 三是交叉补贴会导致挤出效应,即政府支出增加所引起的私人消费或投资降低的效果。四是补贴延缓了企业自然的优胜劣汰,使得企业没有动力去提高效率。

最后,交叉补贴减损了消费者利益和社会公共利益。公用企业通过集团内部的转移定价,提高公益性产品(服务)部分的成本,造成亏损的表象并因此获得补贴,由于补贴来自于由纳税人缴纳的税款,因而补贴的滥用损害了纳税人的权益。更显而易见的是,公益性产品(服务)的成本虚高,必然要求人们支付更高的价格,这直接侵害了消费者的利益。从宏观层面看,这也必然会减损社会公共利益,包括上文所说对经济运行效率的危害也是减损社会公共利益的典型表现。

---

[1] 参见《究竟是哪些公司,以什么方式,拿到多少补贴? 上市公司争抢政府补贴"大红包"》,http://www.infzm.com/content/99903,2014年12月25日访问。

[2] 参见邵敏、包群:《地方政府补贴企业行为分析:扶持强者还是保护弱者》,载《世界经济文汇》2011年第1期。

[3] 参见孔东民、刘莎莎、王亚男:《市场竞争、产权与政府补贴》,载《经济研究》2013年第2期。

二、公用企业交叉补贴法律规制失范的缘由

（一）信息不对称下的监管困难

公用企业交叉补贴形成的直接原因来自于信息不对称下的监管困难。由于不能准确地确定公共产品（服务）部分的成本，导致补贴的数额超过其需要弥补的成本，这才产生交叉补贴的效果。补贴必须遵循适度性原则，即补贴的数量和规模必须适度。补贴的目的是使企业弥补成本并获得微利或者平均利润而不是获得超额利润。政府对公用企业提供补贴主要有以下原因：一是对价格管制类行业提供补贴以弥补价格管制产生的亏损。为使公众能够以相对低价获得日常生活资源、保证最低收入人群的基本生活，国家对部分企业实行价格管制导致其提供的产品价格低于其生产成本，因此需要给予补贴以弥补亏损，保证企业的正常运营。如供用水、电、气类企业，它们通常属于涉及国计民生的自然垄断行业。二是出于产业政策而给予的补贴扶持。政府通过补贴引导市场要素进入某些产业，以实现对其优先发展的意图或是缓解技术创新中的风险，可以一定程度地弥补基础性研发投资在正外部性下的企业自身福利减损，鼓励其进行长周期、高投资但对人类社会有益的科研尝试。但是，在信息不对称的情况下，逆向选择和道德风险问题将会非常突出。委托—代理模型是为分析非对称信息下的最优合同而建立的。如果从委托—代理模型出发，我们可以将公用企业看作是受政府委托提供公共产品（服务）。公用企业作为代理人的行动难以观测，因此也存在代理成本问题，其往往达不到最优努力水平。

政府在制定垄断企业的管制价格时，通常采用基于成本的定价法[①]和拉姆齐定价法（Ramsey Pricing）[②]。但身处垄断行业的公用企业，由于竞争不充分或缺少竞争，企业不但缺乏降低成本的动力，甚至可能隐瞒成本或人为抬高成本，使高成本和低效率并存。拉姆齐定价法需要对成本信号和需求信息有准确的掌握，基于拉姆齐定价法的拉姆齐—布瓦德模型没有涉及受规制企业的激励问题。[③] 因此，由于信息不对称规制者在对公用企业提供的公益性质产品（服

[①] 一般有成本加成定价法、平均成本定价法、边际成本定价法等定价方式，但无论是哪一种，都是以成本为基础。

[②] 与最优定价法（即按边际成本定价法）相比，拉姆齐定价法是一种次优定价法，在存在无法避免的偏离边际成本的定价时，为实现预算平衡条件下社会福利最大化，应根据需求弹性的不同进行差别定价，对用户制定的价格应该和他们的需求弹性成反比。高峰定价法就是拉姆齐定价法的一种应用。

[③] 参见〔法〕让-雅克·拉丰、让·梯若尔：《政府采购与规制中的激励理论》，石磊、王永钦译，上海三联书店、上海人民出版社 2004 年版。

务)进行定价时很难获得精确的成本信息。因规制者缺乏关于公用企业生产运营成本的具体信息,企业会夸大生产运营成本,以成本上升为借口"倒逼"政府定价,这就是逆向选择;而按照成本进行定价,公用企业缺乏降低生产运营成本的激励,这就构成道德风险。例如,国内汽油管制价格经常高于国际市场的价格,国内外倒挂的油价实际上构成对垄断国有企业的补贴。总之,由于信息不对称导致监管当局难以识别公用企业承担社会义务的直接成本,从而使得过度补贴频频发生。补贴数额的失控正是交叉补贴问题滋生之温床。

(二) 公用企业公共职能与商事职能共存的"混合"特质

交叉补贴产生的深层原因在于同一主体既负有公共服务职能又经营商事业务,也就是说,同一主体既是"公益人"又是"经济人"。经济人追求利润最大化,但公益人必然是不盈利或微利的,这就造成了利益冲突。这种角色的混乱使得公用企业的目标多重且相互抵牾。例如,公用企业上市就带来了逻辑上的矛盾:作为上市公司应当追求股东利益最大化,而作为公用企业则应以社会效果最大化为己任,其提供公益性产品(服务)只能获得成本补偿或利润最高额是限制的,这不符合资本的逐利性。以中石油、中石化为例,其一方面号称股票市场上最赚钱的公司之一,另一方面两家公司在有整体巨额利润的情况下每年以"政策性亏损"的名义获得政府巨额补贴。2004年到2013年,中石油共获得国家财政补贴484.38亿元,中石化获得补贴774.45亿元。补贴理由是"中国政府为保障原油、成品油市场供应而给予本集团的财政扶持补贴""政府补贴是为了弥补有关境内成品油价格和原有价格倒挂,以及本集团采取措施满足国内成品油市场供应,而于相应年度中产生的亏损"。[①] 不过,与之相对照的是十几年来民营地方炼厂从未享受过炼油补贴,也没有配套的下游销售体系。而炼油只是从原油开采到成品油销售链条中的一个环节,局部业务经营不善可以政府对成品油价格的管制造成亏损为理由申请补贴,但是凭借垄断地位获得的高达千亿的利润却不需要上缴财政而为企业的股东及内部人分享,权利义务明显不匹配。同时,炼化业务的亏损有补贴来弥补,企业的生产管理水平就完全显得不重要了,这又成为鼓励其粗放发展的推动力量。

由于难以厘清哪些成本是用以支持商业目标、哪些成本是用以支持非商业目标的,作为企业自身有动力通过转移定价等方式在企业内部通过将商业活动的成本转嫁到公益性业务上,即通过关联企业间的"高进低出"或"低进高出",在

---

① 参见《中石油中石化十年获政府补贴超千亿　补贴名目繁多》,http://finance.sina.com.cn/chanjing/gsnews/20140415/023018795653.shtml,2014年12月26日访问。

把公益性业务的成本拉高的同时将利润转移至经营性业务部分。同时,在我国对自然垄断行业实行准入限制的情况下,公用企业利用其自身的垄断地位,延伸经营范围或附加各种不合理交易条件,强迫交易对方或消费者接受其不合理的价格或收费,赚取由垄断带来的不正当收益。从高盈利项目或地区获得的超额利润来补贴亏损项目或地区的做法也会造成公用企业亏损的政策性因素和经营性因素模糊不清,于是企业把亏损全部视为政策性亏损,进而寻求调价或转向价外加价、价外收费。

另外,我国公用企业交叉补贴还存在特殊性。一是长期以来政府与市场的界限不清,政府在经济活动中的渗入太深。哪些根本不是政府干预的适当领域?哪些由市场发挥作用更好?即使在适合政府发挥主导作用的地方,采取哪种方式更好?这些问题的模糊导致补贴的合理边界(范围)不明确。二是转轨时期对国有企业的特别扶持加剧了交叉补贴的情形。由于国有企业在我国占据着非常重要的地位,所以国家对由于效率低下而在市场竞争中亏损的国有企业提供补贴的现象普遍存在。补贴必须遵循合理性原则,即受补的对象必须合理。受补对象应当是担负了某一政府职能或受某一特殊政策影响后,在市场竞争中处于不利地位,无法在正常条件下获取社会平均利润的企业。然而,当前的实际情况是对市场化程度非常高的行业中的国有企业仍然发放补贴。在补贴对象的确定上应公平无歧视,补贴的应用要具有普遍适用性,不能是个别性、专向性的,不能根据企业的政治背景进行选择适用。一些公用企业在高度竞争领域的业务就靠着交叉补贴效应而未被自然淘汰。三是地方之间的经济竞争加剧了补贴的滥用。出于税收源泉、解决就业以及拉动区域经济发展的考虑,地方政府总是偏向于保护本辖区内的企业,不利于真实地反映企业的经营业绩。

(三) 补贴制度的法制化程度不足

补贴制度的法制化程度不足是公用企业补贴法律规制存在的核心问题。补贴制度的法制化程度不足表现在三个方面:

首先,"政策性有余而法律性不足"。到目前为止,我国并没有专门调整财政补贴的法律制度,更遑论对公用企业的补贴了,其更多的是作为一种政策在实施(如以"红头文件"的形式来执行)。在现行的补贴依据中,数量最多的是国务院、财政部等国家部委以及各地政府出台的政策性文件,由此导致各地对企业的补贴数额、补贴方式、补贴条件都不同,不具有系统性和协调性。由于当前对补贴缺少系统性的法律规范,而是散见于一些零散的法律规定中,[①]导致补贴品种的增减、补贴标准及规模的确定和调整呈现出混乱和自利(部门利益化或地区利益化)的现象。对此,《国务院关于深化预算管理制度改革的决定》(国发〔2014〕45号)要求加强财政收入管理,"除专门的税收法律、法规和国务院规定外,各部门起草其他法律、法规、发展规划和区域政策都不得突破国家统一财税制度、规定税收优惠政策。未经国务院批准,各地区、各部门不能对企业规定财政优惠政策"。《国务院关于清理规范税收等优惠政策的通知》(国发〔2014〕62号)再次强调要严格财政支出管理。2015年5月11日,国务院公布《国务院关于税收等优惠政策相关事项的通知》(国发〔2015〕25号),它是对《国务院关于清理规范税收等优惠政策的通知》的最新调整说明,对已经出台或与企业约定的地方优惠政策给予一定的调整缓冲期,但是从长远来看,取消不合理的优惠政策仍是趋势。2014年修订的《预算法》删除了有关预算外资金的内容,确立了全口径预算,规定政府的全部收入和支出都应当纳入预算,同时要求各级政府、各部门、各单位的支出必须以经批准的预算为依据,未列入预算的不得支出。尽管如此,目前对转移支付的规定仍十分粗疏,对补贴更没有细化的法律规定。

其次,补贴程序的启动和实施程序完全依赖行政机关,并由此导致缺乏监管或监管的俘获,为交叉补贴的存在提供了土壤。根据《预算法》,预算编制权、预算执行权由政府行使,人大享有预算审批权。行政机关总是倾向于扩张自己的权力,"跑部钱进"的现象是行政部门设租的结果。实践中对于是否需要补贴、获得补贴的依据、补贴金额的计算标准如何等都缺乏前期的评估和广泛的公众参与(如听证制度)。补贴资金最终用到了哪里也缺乏后续的追踪和审计。《预算法》第16条第3款提出:"建立健全专项转移支付定期评估和退出机制。市场竞争机制能够有效调节的事项不得设立专项转移支付。"但是目前《预算法》的实施细则还没有出台,现在专项转移支付从项目立项、资金拨付到项目绩效评估,随意性太大,并且仍然有起点没有终点,没有退出机制,对效果缺乏绩效评估,还缺乏对"市场竞争机制能够有效调节的事项"的具体判断标准,导致效果大打折扣。另外,因国家在经济生活中的公共性角色和营利性角色的混同,也引发对财政公共性职能的质疑。公用企业在存在巨额名义利润的情况下还获得政府高额补贴,无疑是将公共财政的资源转移到了企业。同时,公用企业曾多年不上交利润,即使实行了国有资本经营预算以后,公用企业上交的收益也基本上又支出到央企范围,公共财政基本上没有获得国有资本的收益。此外,在缺乏透明度的情

---

① 如已失效的《中央预算内投资补助和贴息项目管理暂行办法》第4条规定,投资补助和贴息资金重点用于市场不能有效配置资源、需要政府支持的经济和社会领域,如公益性和公共基础设施投资项目。

形下,政治关联成为获得补贴与否的关键因素。余明桂等发现,与地方政府建立政治联系的民营企业确实能够获得更多的财政补贴,并且在制度环境越差的地区,政治联系的这种补贴获取效应越强。① 但是,有政治关联的企业,在获得财政补贴后并未产生显著的经济和社会效率,甚至还导致了效率下降,也即建立政治关联并不能给企业带来高效率的财政补贴使用。② 不过,政治关联显著增加了国有企业的管理成本,导致其管理效率损失严重而市场垄断有助于降低民营企业的管理成本,却会显著增加国有企业的管理成本。③

最后,补贴效果的不可争议性导致救济的缺失。补贴在给予相对人利益的同时是否会对相关的第三人造成损害?是否会对相关产业造成破坏?如果答案是肯定的,又是否属于可诉事项?对此,我们可作以下分析:第一,《SCM 协定》只针对国际贸易,我国 2001 年颁布的《反补贴条例》是《SCM 协定》转化的国内法规则,也是针对国际贸易领域,仅仅针对国内不同所有制企业间的歧视性补贴没有可诉的法律依据。第二,尽管根据 2015 年 5 月 1 日起施行的新《行政诉讼法》第 54 条,公民、法人或者其他组织在对具体行政行为提起诉讼时,可以一并请求对具体行政行为所依据的国务院部门和地方人民政府及其部门制定的规章以外的规范性文件进行合法性审查,但这仅仅限于部门规章、地方政府规章以下效力层级的规范性文件。第三,《反不正当竞争法》对公用企业的不正当竞争仅限定在"指定购买"上(《反不正当竞争法》第 6 条),其他不正当竞争如享有的财政补贴、特许经营等完全没有涉及。第四,《反垄断法》难以规制交叉补贴现象。我国《反垄断法》第五章虽然以专章形式禁止行政垄断,但其罗列的行政垄断具体类型主要是地方行政垄断,缺乏对行业性行政垄断行为进行规制的法律条款。政府对公用企业的业务特许难以归入行政垄断。大量隐性垄断无法归入行政垄断,如在没有法律依据的情况下给予个别企业不合理的优惠待遇。即使属于行政垄断,执法机构也只具有建议权,有赖行政机关的自我纠错。④ 此外,产业政策与竞争政策的冲突导致对公用企业难以适用《反垄断法》。我国《反垄断法》第 7

---

① 参见余明桂、回雅甫、潘红波:《政治联系、寻租与地方政府财政补贴有效性》,载《经济研究》2010 年第 3 期。
② 参见张洪刚:《政治关联与财政补贴的理论与实证研究——基于中国上市公司的经验证据》,东北财经大学 2014 年博士学位论文。
③ 参见杨继生、阳建辉:《行政垄断、政治庇佑与国有企业的超额成本》,载《经济研究》2015 年第 4 期。
④ 《反垄断法》第 51 条规定:"行政机关和法律、法规授权的具有管理公共事务职能的组织滥用行政权力,实施排除、限制竞争行为的,由上级机关责令改正;对直接负责的主管人员和其他直接责任人员依法给予处分。反垄断执法机构可以向有关上级机关提出依法处理的建议。法律、行政法规对行政机关和法律、法规授权的具有管理公共事务职能的组织滥用行政权力实施排除、限制竞争行为的处理另有规定的,依照其规定。"

条是对产业政策的体现和回应,根据该条规定,国有经济占控制地位的关系国民经济命脉和国家安全的行业以及依法实行专营专卖的行业,其控制地位或者专营专卖地位属于合法垄断。这也成为公用企业反垄断豁免的法律依据。产业政策不是排除反垄断法适用的理由,但它是限制反垄断法适用的一个条件。由于对产业政策和竞争政策的位阶存在认识上的不同,产业政策和竞争政策何者优先存在分歧,这降低了公用企业交叉补贴诉诸《反垄断法》解决的可靠性。

三、公用企业交叉补贴的法律解决之道

(一) 制度选择:功能分类下的公用企业

1. 理想图景:回归纯粹的公用企业

在公用企业身上体现了为弥补市场失灵的政府干预,因此必然以国有企业为主导。要彻底解决公用企业交叉补贴问题,就需要对国有企业进行功能分类的改革,实现公用企业与商事企业相分离。

党的十八届三中全会通过的《中共中央关于全面深化改革若干重大问题的决定》提出:"经济体制改革是全面深化改革的重点,核心问题是处理好政府和市场的关系,使市场在资源配置中起决定性作用和更好发挥政府作用。"从市场在资源配置中起"基础性作用"到"决定性作用",要求我们进一步厘清政府与市场的关系,"政府之手"只是在市场失灵的情况下进行适度干预。"国有资本和国有企业改革的首要问题是如何'定位'。应当按照党的十八届三中全会精神,使国有资本服从和服务于国家现代化建设的战略目标,重点投向公共服务、重要前瞻性战略性产业、生态环境、科技进步和国家安全等领域。从这个意义上说,改革后的国有资本基本上应当是'公益性'或'政策性'的。"[①]因此,从资本结构分类走向企业功能分类,进而构建相应的政府与国有企业关系,才是科学合理的立法模式。[②] 最新公布的国企改革文件——《关于深化国有企业改革的指导意见》(中发〔2015〕22号)已经明确提出"将国有企业分为商业类和公益类","公益类国有企业以保障民生、服务社会、提供公共产品和服务为主要目标"。当前我国公用企业在公益性业务上存在过度市场化倾向,在非公益性业务上又市场化不足,存在过度垄断问题。显然,现在的问题不应再纠结于是否要分类监管的问题,而应指向怎么进行业务拆分和剥离的问题。

---

① 刘世锦:《"新常态"下如何处理好政府与市场的关系》,载《求是》2014年第18期。
② 参见顾功耘、胡改蓉:《国企改革的政府定位及制度重构》,载《现代法学》2014年第3期,第89页。

首先,要将公益性业务与非公益性业务分离,关键不在于鼓励非国有企业参与经营的产权逻辑,而在于放开竞争性业务的准入门槛,要鼓励现有经营者之外的市场主体参与,改变目前资源独占的情况,而无论其是否为国有资本。承接非公益性业务而形成的商业性企业完全按照市场规则运行,追求利润最大化,不承担公共职能但鼓励其自愿承担社会责任。当前以"负面清单"管理为重点的行政审批制度改革正是良好契机。

其次,公益性业务部分也要实现自然垄断性业务和竞争性业务的分离。自然垄断性业务和竞争性业务的分离可以防止自然垄断性业务和其他业务之间的交叉补贴,另外也可避免接入管制模式中可能产生原有企业对新进入企业的排斥行为。此外,公用企业的作用是直接提供公共产品(服务)而非营利,所以也不宜上市。

最后,纯粹的公用企业宜采取国有独资经营,独立核算,若有亏损由财政补贴,政府依法对其产品价格进行管制。若此,也就不会产生公益性业务与商事性业务之间的成本混淆。从域外法来看,德国政府投资企业具有严格的目的限制,即只有为满足公共利益之需,政府才可以设立或参股私法形式的企业。①

2. 折中方案:功能混合企业模式下的补贴分别账户管理

改革需要一个过程,在仍然保持目前公用企业功能混合模式的阶段,至少应作出以下改进:

一方面,补贴享受主体的特定化。随着技术进步,应合理认定自然垄断行业并放开管制,明确只有非竞争性业务才能享有财政补贴。20世纪70年代后,欧美国家先后在管道燃气、通信、铁路、电力等垄断的传统领域引入竞争机制,将网络经营者与网络使用者分开,放开网络使用者的价格管制。对此,可考虑建立竞争评估制度。《反垄断法》第9条第1款规定,反垄断委员会负责拟订有关竞争政策,因此由反垄断委员会定期提出竞争核对清单最为合适,并将此清单上升为行政法规的层级,以此指导下位法的制定。我们可以依据竞争评估制度动态调整自然垄断行业的范围,进而调整其监管规范。要将补贴范围限定在市场机能薄弱的范围内,以此为"让市场发挥决定性作用"腾出空间。

另一方面,也是最关键的,是为了增加透明度,避免公用企业非商业活动对商业活动的交叉补贴,公用企业应设置独立账户分别对应于公共服务和其他业务活动,商业性账户与非商业性账户相互分离,独立核算。例如,欧盟就要求提供公共运输服务的服务提供商如果还从事其他经营活动,必须根据不同业务种

---

① 参见王东光:《德国联邦公共企业的监管制度》,载《法学》2014年第6期,第73页。

类实行分别账户管理。①

(二) 制度保障：应对公平竞争的制度设计

交叉补贴是对"竞争中立"的违反。竞争中立是指国有企业和私有企业处于同样的法律制度环境，政府并不特别关照某一企业主体或为其提供优于竞争对手的政策支持。20世纪90年代初，澳大利亚首先提出了"竞争中立"概念及相应政策。进入21世纪后，OECD在国际层面推广竞争中立。美国在跨太平洋伙伴关系协定(Trans-Pacific Partnership Agreement,TPP)谈判中，也提议限制政府对国有企业的扶持，避免国有企业借助政府特惠待遇和补贴在与私营企业的竞争中占优势。尽管从美国的本意来看，颇有针对我国的意味，但无论是从国际层面的现实压力和国内层面的长期经济良性发展来看，我们有必要主动作出一些应对，在经济发展模式的选择上要更加依靠市场的力量，发挥市场主导下政府的有效作用，而不是政府主导下市场的有限作用，在制度设计上逐步靠近竞争中立的要求。

1. 补贴的法制化

在澳大利亚，竞争中立主要针对的是财政补贴这一扭曲公平竞争的行为。按照税收法定主义的理论，没有明确的法律依据政府不能随意课征税收，同样的道理，没有明确的法律依据政府也无权随意使用主要由税收收入所构成的财政资金，因此公用企业相关补贴的产生、变更及终止都应当法制化而不是像我国目前这样由行政机关自我裁量，而这也有助于避免交叉补贴的产生。

首先，细化补贴程序的管控。一是要对公用企业财政补贴的程序进行具体规定，要细化公用企业财政补贴的预算编制程序、审批程序、执行程序、调整程序、监督程序等事项，有关补贴的信息必须保持足够的公开性和透明度，审计问责亦须强化和改进。例如，欧盟委员会对国家补贴的审查机制就要求，"所有的补贴措施均需由成员国政府向欧盟委员会进行申报。欧盟竞争总司将在收到申报且获得相关所有信息后的2个月内作出初步审查决定。初步审查决定有三种情形：一是该项措施不属于国家补贴；二是同意采取补贴措施；三是需要对补贴措施展开正式调查。如果属于最后一项情形，欧盟竞争总司将公开进行正式调查，并邀请成员国及第三方对有关问题进行评论。在公开调查后的18个月内将作出最终决定。最终决定包括四种情形：一是不属于国家补贴；二是许可决定；

---

① See Regulation (EC) No 1370/2007 of the European Parliament and of the Council of 23 October 2007 on public passenger transport services by rail and by road, and repealing Council Regulations (EEC) No 1191/69 and (EEC) No 1107/70.

三是附条件批准;四是禁止决定"①。二是加强补贴程序的民主化和透明度,告知理由制度和听证制度是补贴实施程序中最为基本的制度。利益集团在立法过程中的游说和影响是不容回避的现实,法律制度变迁的方向主要由一个国家中的强势利益集团决定,其变迁乃是各主要利益集团之间博弈均衡的不断演化。我国在规则制定过程中公众参与的程度不足,在消费者(社会公众)对立法影响有限的情况下,拥有强势力量的利益集团就很容易采取手段俘获立法以维护其既得利益。目前我国对公用企业财政补贴的决策和执行在很大程度上依然处于非公开的状态,如往往只能查询到总金额,但看不到具体的项目,更严重的是补贴理由千奇百怪,使得公众和对手企业对补贴的合理性产生质疑,这显然难以满足公民的知情权与监督权。三是出台实施细则,明确补贴的定期评估程序和退出机制。

其次,采取合理的激励以确保补贴数额的合理化,避免有补贴兜底而放任亏损的道德风险。机制设计理论研究委托人和代理人之间在信息不对称的情况下,委托人如何设计一套机制(规制政策、博弈规则),使得代理人在充分理解了这套机制后,其自利性的行为能达到委托人想要的目标。拉丰和梯若尔作为新规制经济学的代表人物,认为解决规制者面临的信息不对称问题,关键是设置的规制政策能满足与对被规制者的激励相容的条件,如提供不同的规制契约给被规制企业选择,通过允许被规制企业获得一定的利润来实现分离均衡。②

最后,在事后的救济方面,应建立补贴的异议和投诉制度。澳大利亚在联邦层面专门设立了竞争中立投诉办公室(Competitive Neutrality Complaints Office,CNCO)受理相关投诉。各个州和地区也建立了独立于政府部门的竞争中立投诉机构。竞争中立投诉办公室进行初步调查后,或者驳回,或者建议被投诉主体履行竞争中立义务。我国可借鉴澳大利亚的做法,设置关于补贴的投诉受理机构,但需要注意的是,此种投诉并非针对企业而是针对政府行为,这种异议和投诉并非行政复议,因为行政复议的提起人必须是受具体行政行为侵犯合法权益者,而此种不合理补贴构成对补贴人的授益性行政行为,却很难被证明是针对其他主体的损益性行政行为。投诉者必须承担证明补贴存在有违竞争中立的举证责任。对于受理部门,不宜再依靠作出补贴决定的财政机关。本来这可以由反垄断执法机构来担当,但我国反垄断执法是政出多门——涉及价格垄断问题的由发改委管,工商总局是负责除了价格以外的滥用市场地位以及垄断协议

---

① 国家发展改革委价监局竞争政策处:《欧盟国家补贴制度的有关情况》,载《中国价格监管与反垄断》2014年第1期,第36页。
② 参见[法]让-雅克·拉丰、让·梯若尔:《政府采购与规制中的激励理论》,石磊、王永钦译,上海三联书店、上海人民出版社2004年版。

问题,商务部则负责经营者集中问题。不过,《反垄断法》第9条第1款规定,国务院反垄断委员会负责拟订竞争政策,补贴对竞争的妨害理应属于竞争政策的范畴,因此可以考虑由反垄断委员会来承担这一工作。但无论是新设机构还是由反垄断委员会一体承担,因为涉及对财政机关工作的否定,故需要国务院层面的协调来划定补贴投诉受理机构的权限。基于机构之间的平衡以及对相关部门工作权限的尊重,此种权限也以建议权为宜,不宜设定强制性执法权。

2. 公用企业的竞争法规制

其一,必须改变国有企业做大做强的思路和做法,改变以产业政策凌驾于竞争政策上的决策思路。例如,通过1999年《关于清理整顿小炼油厂和规范原油成品油流通秩序的意见》(国办发[1999]38号)和2001年《关于进一步整顿和规范成品油市场秩序的意见》(国办发[2001]72号)主导下的两轮整顿,我国客观上实现了炼油厂和加油站的经营者集中,确立了中石油和中石化在成品油零售批发市场的绝对优势。大虽大了,却并不强,国内外长期倒挂的油价就是企业经营能力低下的表现之一。有学者认为,竞争政策相对于产业政策应具有一般优先地位,"在部分领域,既有的产业政策对我国经济的发展确实起到了一定的作用,特别是在迅速提高一些投资巨大的短线产品的供给能力以及消除基础设施领域长期存在的短缺现象方面发挥了重要作用。但总体上,产业政策收效十分有限"[1]。时建中教授指出:"市场经济最基础的机制是竞争机制,市场经济就是竞争经济","竞争政策应当成为经济政策体系的基础和核心"[2]。时任国家发改委价格监督检查与反垄断局局长的许昆林也认为,应逐步确立竞争政策的基础性地位,行政机关不能制定排除、限制竞争的政策是经济体制改革和政府职能转变的重要方向。[3] 随着技术发展引致的公用企业自然垄断属性的弱化,建立在自然垄断理论基础上的传统监管制度理应进行变革,反垄断法正是最好的推手。反垄断法对公用企业的适用,亦可以体现司法权力对行政权力的监督。竞争政策在经济政策中的优先地位反映到公用企业反垄断法执法上,则是竞争法相对于行业管制法的优先适用性。既然明确了反垄断法对行业管制法的优先性,那么当发生管制行业的竞争执法问题时,相对于可能利益一体的行业监管机关,反垄断执法机构应享有优先执法权。对此,应废除《反垄断法》第51条,明确反垄

---

[1] 刘桂清:《竞争政策相对于产业政策的一般优先地位》,载《经济问题探索》2010年第6期,第50页。

[2] 时建中:《论竞争政策在经济政策体系中的地位——兼论反垄断法在管制型产业的适用》,载《价格理论与实践》2014年第7期,第7页。

[3] 参见《许昆林:逐步确立竞争政策的基础性地位》,http://www.chinanews.com/gn/2013/09-24/5315630.shtml,2015年8月26日访问。

断执法机构的最终执法权。

其二,加强对公用企业行政垄断的规制。一是扩充行政垄断的类型。我国《反垄断法》对行政垄断的规定主要是针对地区性垄断,然而行业性垄断才是我国行政垄断的主要领域,此立法空白应当填补。二是加强对抽象性行政垄断行为的规制。尽管《行政诉讼法》已经可以对具体行政行为所依据的国务院部门和地方人民政府及其部门制定的规章以外的规范性文件进行合法性审查,但由于行政法的控权机制主要是看行为是否符合程序规定,而不看是否造成了限制竞争的后果,因此行政权力的正当性判断标准存在缺陷。《反垄断法》第37条针对的主体是行政机关而不包括立法机关,尽管立法机关也可能制定含有排除、限制竞争内容的规定,但是它涉及行政机关与司法机关之间的分权这一命题,属于宪政的内容,并非《反垄断法》本身所能解决,而需要整体性的政治架构安排,但至少应当对《反垄断法》第37条作出解释,使其能否对抽象性行政垄断的行政机关追责并否定规章以下的其他规范性文件之效力,从对权力法定来源的客观性论证转向对权力的合理性依据追问,这还需要建立竞争评估制度以作配合,即定期提出竞争核对清单作为事先的立法提示和事后的效果评估,这样就可以依据实际情况不断调整对相关行业的监管规范,如对自然垄断行业的范围的动态认定。

能源矿产资源产权公平配置的法律路径

孙 哲[*]

　　能源矿产资源产权的配置不公一直以来都是制约我国能源产业发展的重要障碍,是导致能源产业市场机制不健全、竞争不畅、创新不足的制度顽疾,因此,在能源发展转型的背景之下,能源矿产资源产权[①]的公平配置就成为能源发展转型的制度基石。十八届三中全会明确提出到 2020 年实现各市场主体"平等使用生产要素、公开公平公正参与市场竞争、同等受到法律保护"的路线图和时间表,能源产业的公平配置问题已经被提上了议事日程,且任务十分艰巨。本文从我国能源发展转型的基本路径出发,论证了资源产权的公平配置在转型过程中的基石作用,探讨了现阶段我国能源资源产权配置不公的制度根源,并进一步提出法律制度设计方案。笔者认为,导致我国能源资源产权配置不公的根源在于政府行政权力对资源配置的过度干预,因此,公平配置能源资源产权的实质与核心应当是变政府配置为市场配置,充分发挥市场在资源配置过程中的决定作用。

---

　　[*] 孙哲,华东政法大学 2014 级博士研究生。
　　[①] 本文所讲的能源矿产资源产权是指与能源矿产资源有关的所有财产性权利,不仅限于物权法意义上的所有权和矿业权,而且包括行政法意义上的行政审批、行政许可制度。能源矿产资源产权在物权法范畴内主要表现为能源矿产资源所有权和矿业权,但由于这两项权利在主体、客体、内容上与物权法意义上的所有和用益物权均存在差异,理论上对其定性亦存在争议,因此本文使用产权的概念,以图涵盖所有与能源矿产资源相关的财产性权利。

一、能源矿产资源产权的公平配置是能源发展转型的制度基石

(一) 能源矿产资源产权的公平配置是构建多元竞争性市场的基础

1. 能源发展转型的核心是通过市场化转型提高能源效率

总结改革开放的成功经验不难发现,实现由计划经济体制向市场经济体制的转型,建立并完善社会主义市场经济体制是我国经济腾飞的基本路径依赖。[①]这一制度变迁过程的着眼点是实现市场在资源配置中的决定作用,提高资源配置和使用的效率,尽可能有效地利用稀缺资源以满足人们的需要和愿望,使社会生产达到或接近生产的可能性边界。[②] 在资源配置和使用上,市场经济体制在短期内更有效率,富于创造性,更具活力和广泛性;而在长期内,由市场动机和竞争而形成的非价格效率超过了市场经济体制对最优定价实践的偏差。因此,无论从静态效率(即实现产出或产品和投入或成本之间的更高比率)角度看,还是从动态效率(即随时维持更高的经济增长率)角度看,作为一种普遍的资源配置机制,市场都比政府指令性计划做得更好。[③] 而所谓的市场经济,是指主要由个人和私人企业决定生产和消费的经济制度,[④]我国市场经济转型的基本方向就是实行普遍的经济分权,允许发展私人市场,建立民主集中制政治与自由经济混合发展的政治经济体制,即社会主义市场经济体制。[⑤]

然而,我国经济的市场化转型还远未完成[⑥],许多市场经济所必需的制度尚未建立,其中能源产业即是我国亟待实现由计划经济向市场经济转型的重要领域。作为我国经济的支柱性产业和"源动力",能源产业的转型步伐显著滞后于

[①] 参见邹东涛主编:《中国经济发展和体制改革报告 No.6:中国完善社会主义市场经济体制 10 年 (2003~2013)》,社会科学文献出版社 2013 年版,第 10 页。

[②] 参见〔美〕保罗·萨缪尔森、威廉·诺德豪斯:《微观经济学》,萧琛主译,人民邮电出版社 2004 年版,第 10 页。

[③] 参见〔美〕查尔斯·沃尔夫:《市场,还是政府》,陆俊等译,重庆出版社 2009 年版,第 150 页。

[④] 参见〔美〕保罗·萨缪尔森、威廉·诺德豪斯:《微观经济学》,萧琛主译,人民邮电出版社 2004 年版,第 5 页。

[⑤] 参见〔美〕蒂莫西·耶格尔:《制度、转型与经济发展》,陈宇峰等译,华夏出版社 2010 年版,第 184 页。

[⑥] 美国传统基金会和《华尔街日报》于 2013 年联合发布的《经济自由指数报告》(Index of Economic Freedom)显示,中国为"基本不自由经济体"。参见张环宇:《经济自由度排名,香港居首中国内地 136 位》,http://economy.caixin.com/2013-01-11/100481681.html。转引自邹东涛主编:《中国经济发展和体制改革报告 No.6:中国完善社会主义市场经济体制 10 年(2003~2013)》,社会科学文献出版社 2013 年版,第 9 页。

整体经济发展,转型过程单纯强调投入和产出总量的提高、国企规模的扩张、可再生能源的替代,却忽略了能源效率的提升,而研究表明,效率低下才是制约我国能源产业发展的主要瓶颈。根据世界自然基金会(WWF)2007年11月发布的报告,中国能源使用效率为33%左右,仅相当于发达国家20年前的水平,如果以日本的GDP能耗作为基准1,则美国为2.7,欧盟为1.6,韩国为3.3,东盟为4.3,而中国却高达9。① 能源效率低下的根本原因在于市场化转型滞后所导致的市场机制不健全,集中表现为粗放型经济发展方式的积重难返,以及行政权力对市场的过度管控。② 事实上,无论是化石能源的清洁利用还是清洁能源的开发,最终都必须落实到能源效率的提升上,才有可能形成企业或国家的核心竞争力,变政策扶持的"能源公益性事业"为内生发展的能源产业。因此,在现有技术约束下,通过市场化转型提升能源效率,是保证能源供给、降低对外依赖、保障能源安全③的关键环节,理应成为我国能源发展转型的核心战略目标和绩效评价指标。④

2. 能源效率的提升依赖于多元产权博弈的竞争性市场

能源效率来源于产权效率,而产权效率是多元产权主体在竞争性市场上进行博弈的绩效。⑤ 通过价格机制在能源市场上的供求导向和平衡作用,在公平竞争环境中,生产者会自觉采用效率最高的生产技术,降低生产成本,以应对价格竞争和获取最大利润。由此可见,竞争机制是激发能源市场活力,提升能源效率的重要枢纽,而构建多元产权主体公平竞争的市场环境则是竞争机制发挥作用的前提。不可否认的是,国有资本或国企,特别是央企是我国能源发展的中流

---

① 参见刘金贺、姬虹:《中国能源战略思考》,载《中国中小企业》2008年第5期。转引自谷树忠、成升魁等:《中国资源报告——新时期中国资源安全透视》,商务印书馆2010年版,第166页。另可参见胡斌、章宗琰:《能源对中国经济增长的动态效应》,上海财经大学出版社2010年版,第55页。

② 参见吴敬琏:《改革需要顶层设计》,载《变局与突破:解读中国经济转型》,外文出版社2012年版,第6页。

③ 笔者认为,应该以更为开放的视角审视现今的我国能源安全问题,而不应仅聚焦于我国政府对国内能源资源权属的控制。能源安全表现为能源的供给与需求、能源资源的保障能力(资源赋存量和探明储量)、对外依存度和能源消费对生态环境的影响等方面。参见谷树忠、成升魁等:《中国资源报告——新时期中国资源安全透视》,商务印书馆2010年版,第149页。笔者认为,应对当前我国的能源安全问题,其着眼点在于我国能源企业竞争力的提升,参与国际能源竞争,在全球范围内控制战略资源,同时提高国内能源的自给率,降低对外依赖程度,而这些目标的实现都必须立足于能源效率的提升。

④ 例如,英国将竞争的能源市场作为其能源安全的评价指标,欧盟和世界能源理事会将能源利用效率纳入其能源安全的评价体系。参见周伏秋:《国际能源评价指标体系及其对我国的启示》,载《中国能源》2006年第11期。转引自谷树忠、成升魁等:《中国资源报告——新时期中国资源安全透视》,商务印书馆2010年版,第152页。

⑤ 参见肖国兴:《能源发展转型与能源法的制度抉择》,载《法学》2011年第12期。

砥柱和社会资本,担纲淘汰落后产能、提升竞争力、参与世界油气资源分配的重任,①在能源发展转型中国企非但不能瓦解或拆分,还要加强其产业组织主体能力建设,因此,民营资本的规模投资就成为构建多元竞争性市场的现实路径。②根据国际转型经验及我国转型的实践,③我国能源发展转型的契机在于如何"在国家垄断中引入私营或其他公共经营者的竞争"④。我国经济成功的关键就是在国有经济部门之外创造了一个充满活力的非国有经济部门。⑤民营资本规模进入的目的并非替代国有资本,亦非削弱国有经济控制力,而是构建竞争性的外部制度环境,使得国企与民企之间既有合作又有竞争,从而形成双赢格局。⑥但能源产业民营经济的发展不能仅仅仰赖于现有的财税政策等外生力量,这些政策工具具有阶段性和短期性,难以对产业发展形成长效激励,且易带来周期性的经济波动,影响经济运行稳定,因此能源产业民营经济应该更加注重寻求其发展的内生力量,⑦而公平的产权配置是民营资本进行规模投资的前提,是能源产业民营经济内生发展模式的制度基础,公平配置的实质是变政府配置为市场配置,通过有效率的产权制度设计来提高产权效率。

产权是使"一个人或他人受益或受损的权利"⑧,"是一个社会所强制实施的选择一种经济品的使用的权利"⑨,"产权本质上是一种排他性安排,在暴力方面具有比较优势的组织处于界定和行使产权的地位"⑩。法学研究中将产权划分为具体的法律制度,如物权、债权、知识产权等制度,在理论研究中往往主要从物权特别是所有权的角度适用产权概念。⑪"产权能帮助一个人形成他与其他人进

---

① 有学者认为,石油产业应该坚持油企一体化的方针,以提高石油流动效率。参见成升魁、沈镭、徐增让等:《2010 中国资源报告——资源流动:格局、效应与对策》,科学出版社 2011 年版,第 67 页。
② 参见肖国兴:《能源发展转型与能源法的制度抉择》,载《法学》2011 年第 12 期。
③ 经济学家斯蒂格利茨认为,中国从计划经济向市场经济转型的"成功不仅在于经济迅速增长,而且创造了一个充满活力的非国有企业部门"。参见〔美〕约瑟夫·斯蒂格利茨:《发展与发展政策》,纪沫等译,中国金融出版社 2009 年版,第 268 页。
④ 〔德〕魏伯乐等主编:《私有化的局限》,王小卫等译,上海三联书店、上海人民出版社 2006 年版,第 8 页。
⑤ 参见〔美〕约瑟夫·斯蒂格利茨:《发展与发展政策》,纪沫等译,中国金融出版社 2009 年版,第 268 页。
⑥ 参见厉以宁:《中国经济双重转型之路》,中国人民大学出版社 2013 年版,第 4 页。
⑦ 同上书,第 5 页。
⑧ 〔美〕哈罗德·德姆塞茨:《关于产权的理论》,载〔美〕罗纳德·科斯等:《财产权利与制度变迁》,刘守英等译,格致出版社、上海三联书店、上海人民出版社 2014 年版,第 71 页。
⑨ 〔美〕阿曼·阿尔钦:《产权:一个经典注释》,载〔美〕罗纳德·科斯等:《财产权利与制度变迁》,刘守英等译,格致出版社、上海三联书店、上海人民出版社 2014 年版,第 121 页。
⑩ 〔美〕道格拉斯·诺思:《经济史中的结构与变迁》,陈郁等译,上海三联书店、上海人民出版社 1994 年版,第 21 页。
⑪ 参见肖国兴、肖乾刚编著:《自然资源法》,法律出版社 1999 年版,第 63 页。

行交易时的合理预期……界定人们如何受益以及如何受损,因而谁必须向谁提供补偿以使他修正人们所采取的行动"①。不同产权制度下的交易成本不同,②在交易成本为正的现实世界中,产权的配置对于经济运行效率具有重要影响,其主要功能表现为"导引人们实现将外部性较大地内在化的激励"③。由于内在化的成本低于其收益是内在化的基本条件,因此有效率的产权制度设计必然着眼于提升内在化的收益并降低内在化的成本,而能否实现外部性④的内在化则成为评价产权制度是否有效的绩效指标。

3. 现有产权制度难以支撑能源产业民营经济的内生发展

物权法意义上的能源资源产权主要是指能源类矿产资源的所有权及其所派生的矿业权。我国实行矿产资源的国家所有权制度,由国务院代行矿产资源所有权。⑤ 国家所有本质上是一种公共产权,与私有产权相比,公共产权是一种界定不清的产权,负外部性更大。另外,单一所有权主体的制度设计注定了权利的非可流转性,资源成为不可流通物,无法通过市场定价并进行交易,只能通过国家指令性计划进行分配。在我国工业化初期、资源相对富足的情况下,这种资源配置模式的弊病并未突显,但随着经济的高速增长,资源需求量的急剧上升,产权界定不清所带来的外部性问题造成了自然资源的普遍浪费与破坏,⑥而计划分配模式所导致的资源配置低效进一步加剧了资源供需之间的紧张关系。"共有财产排除了'使用财产就要付费'的体制,较高的谈判和监察成本使得'使用财产不必向他人付费'的体制无效"⑦。而矿业权正是为弥补单一国家所有权的缺陷所进行的制度设计,其本质上是一种准物权,⑧通过清晰界定矿业权并建立矿业权流转市场,缓解资源有限性和需求无限性之间的矛盾⑨。矿业权制度的基

---

① 〔美〕哈罗德·德姆塞茨:《关于产权的理论》,载〔美〕罗纳德·科斯等:《财产权利与制度变迁》,刘守英等译,格致出版社、上海三联书店、上海人民出版社2014年版,第71页。
② 参见〔美〕罗纳德·科斯:《社会成本问题》,载〔美〕罗纳德·科斯等:《财产权利与制度变迁》,刘守英等译,格致出版社、上海三联书店、上海人民出版社2014年版,第3—39页。
③ 〔美〕哈罗德·德姆塞茨:《关于产权的理论》,载〔美〕罗纳德·科斯等:《财产权利与制度变迁》,刘守英等译,格致出版社、上海三联书店、上海人民出版社2014年版,第71页。
④ 外部性是指企业或个人向市场之外的其他人所强加的成本或效益,包括正外部性和负外部性。外部性会造成市场无效率,一般来说,对于外部不经济的产品,市场会生产过度,而对于外部经济的产品,市场又会生产不足。参见〔美〕保罗·萨缪尔森、威廉·诺德豪斯:《微观经济学》,萧琛主译,人民邮电出版社2004年版,第29、297、302页。
⑤ 参见《物权法》第45、46条。
⑥ 参见肖国兴、肖乾刚编著:《自然资源法》,法律出版社1999年版,第73页。
⑦ 〔美〕哈罗德·德姆塞茨:《关于产权的理论》,载〔美〕罗纳德·科斯等:《财产权利与制度变迁》,刘守英等译,格致出版社、上海三联书店、上海人民出版社2014年版,第78页。
⑧ 参见肖国兴、肖乾刚编著:《自然资源法》,法律出版社1999年版,第322页。
⑨ 参见李显冬主编:《中国矿业立法研究》,中国人民公安大学出版社2006年版,第29页。

本着眼点在于降低交易成本,提高资源配置效率。但事实上我国矿业权制度并未能实现内化外部成本的制度设计目标,反而提高了交易成本。在矿业权一级出让市场上,2003年以前我国矿业权出让主要采用行政授予的方式,[①]由权利主体无偿取得或通过支付固定费用取得矿业权,这种固定费用[②]不是由市场竞价形成,并不能反映矿业权和矿产资源的价值。这种制度设计实际上是将资源成本外化,由所有社会主体承担企业矿业权的成本,未能实现外部成本的内化。另外,矿业权出让过程中的"玻璃门"[③]问题长期存在,民营资本经常遭到排斥和驱赶,民企的矿业权无法得到与国企同样的对待和保护。这种保护不周的产权降低了矿业权人进行内部化的预期收益,使其缺乏内部化的激励,反而刺激了投机行为,在短期内进行破坏性的开发,尽快收回投资并获取暴利。在矿业权二级转让市场上,我国《矿产资源法》明确禁止矿业权的"牟利性"转让,为产权交易设定了极高的交易成本,导致矿业权无法通过市场交易流转至最具生产性用途的市场主体,降低了资源配置效率,同时阻碍了矿业权市场价格的形成,导致矿业权价格无法纳入企业的成本核算体系,从而带来外部负效应。[④]

由此可见,我国现有的能源资源产权制度实质上是一种非市场化的产权配置模式,产权配置的不公降低了资源产权在激励外部成本内化方面的制度绩效,造成了资源产权制度的普遍低效,无法为能源产业民营经济的内生发展提供制度支撑,因而无法吸引民营资本的规模投资,阻碍了多元竞争性市场的构建和能源产业市场化转型的进程。

(二) 资源产权的公平配置是公平竞争的前提

1. 一体化战略在我国并未取得效率提升的制度绩效

竞争是市场效率的源泉,但完全竞争市场是不存在的,且完全竞争市场是否

[①] 2003年国土资源部颁布实施了《探矿权采矿权招标拍卖挂牌管理办法(试行)》,对招拍挂出让矿业权进行了强制性规定。在此之前,招投标方式不属于强制性规定,实践中通过此方式有偿取得矿业权的情形十分鲜见。

[②] 国务院于1998年颁布的《矿产资源勘查区块登记管理办法》第12条第2款规定:"探矿权使用费标准:第一个勘查年度至第三个勘查年度,每平方公里每年缴纳100元;从第四个勘查年度起,每平方公里每年增加100元,但最高不得超过每平方公里每年500元。"对于探矿权价款,该办法第13条第2款规定:"国家出资勘查形成的探矿权价款,由国务院地质矿产主管部门会同国务院国有资产管理部门认定的评估机构进行评估;评估结果由国务院地质矿产主管部门确认。"

[③] "玻璃门"主要是指相关法律法规及政策规定对民间资本进入某些行业领域并无任何形式上的限制,但在实际上对民间投资准入存在无形的限制并导致其难以进入的现象。参见邹东涛主编:《中国经济发展和体制改革报告No.6:中国完善社会主义市场经济体制10年(2003~2013)》,社会科学文献出版社2013年版,第47页。

[④] 参见〔美〕哈罗德·德姆塞茨:《关于产权的理论》,载〔美〕罗纳德·科斯等:《财产权利与制度变迁》,刘守英等译,格致出版社、上海三联书店、上海人民出版社2014年版,第71—72页。

有利于实现效率最大化在理论上也是存在争议的,①现实中的市场结构更多地呈现出一种寡头垄断或垄断竞争格局。②如何保证市场的有效竞争是反垄断法律制度设计所必须考量的基本问题。由于能源产业具有较强的资产专用性,能源企业倾向于将生产的相关环节内部化,以降低交易成本。③ 无论是美孚、壳牌等公司采用的后向一体化战略,还是英国石油、道达尔等采用的前向一体化战略,最终都形成了纵向一体化的混合型能源企业,其业务范围涵盖产业链的各个环节。现代国际能源竞争更多地体现为不同能源产业链之间的竞争,小型企业试图通过占据产业链的个别环节来与一体化的能源企业竞争几乎是不可能的,纵向一体化已经成为现代能源产业发展的基本趋势,这在传统化石能源尤其是油气产业中表现得尤为明显。为顺应这一趋势,我国也对国内石油、石化产业进行了战略重组,力图组建一体化经营的大型石油石化集团公司。④ 经过多年的发展,中石油、中石化两家公司在石油储量、产量、炼油能力、总资产及总收入方面都接近或超过了国际大石油公司,但其净利润、人均净利润却仍然远低于国际大公司(如表1所示),说明我国石油央企在总体上处于规模不经济状态。石油产业的战略重组虽然从形式上实现了一体化经营的公司战略,但未能实现经营效率提升的制度绩效,能源央企的国际竞争力仍然薄弱,能源效率依旧低下。

表1 中外石油公司规模比较表(2010年)

公司名称	埃克森美孚	壳牌	雪佛龙	道达尔	中石油	中石化
石油储量(亿吨)	16.3	8.6	9.1	8.4	36	4
石油产量(亿吨/年)	1.211	0.8545	0.9615	0.67	1.42	0.499
炼制能力(万吨/年)	31300	17970	10800	11815	15710	24570
油品销售量(万吨/年)	29264	29474	14203	17228	9606	13172
总收入(亿美元)	3546	3713	1963	1869	2548	2834
总资产(亿美元)	3025	3226	1848	1905	3990	1510

---

① 经济学家熊彼特就更支持垄断和大企业,而非完全竞争和其中的原子式企业。由于大企业应对外界不确定性冲击的能力更强,技术的开发和利用能力也更强,创新的技术也不容易被模仿,所以大企业更有动力也更有能力进行生产方式的创新,进而提高消费者的福利水平。

② 参见〔美〕保罗·萨缪尔森、威廉·诺德豪斯:《微观经济学》,萧琛主译,人民邮电出版社2004年版,第136页。

③ 参见〔美〕奥利弗·E.威廉姆森:《资本主义经济制度》,段毅才等译,商务印书馆2011年版,第126—143页。

④ 1998年,中央决定对石油石化行业进行战略重组,主要是通过行政性资产划拨和互换,将原中国石油天然气总公司和中国石油化学总公司改组为两家实行上下游、产供销、内外贸一体化经营且不再承担政府职能的大型石油石化集团公司。重组后,中石油侧重石油天然气勘探开发,中石化侧重石油化工业务。

(续表)

公司名称	埃克森美孚	壳牌	雪佛龙	道达尔	中石油	中石化
净利润(亿美元)	305	201	190	140	144	106
人均净利润(万美元/人)	36.31	20.72	30.65	15.05	0.86	2.84
雇员人数(万人)	8.4	9.7	6.2	9.3	167	37.3

资料来源:美国《石油情报周刊》2011年12月12日。

2. 上游产权配置不公导致中下游的不公平竞争

虽然能源央企在账面上能够获取巨额利润,但这种利润是凭借其对上游资源产权的垄断所获取的垄断利润而非竞争利润,本质上是一种垄断租金,是政府通过限制上游竞争而给予能源央企的隐性补贴,[①]掩盖了能源央企低效率的特征。根据《矿产资源勘查区块登记管理办法》的规定,凡已有公司获得矿权登记的资源区域其他公司无法进入,只能在未登记区域进行风险勘探,[②]而《矿产资源法》又禁止权利人之间进行矿业权的牟利性转让。[③] 1998年油气产业进行战略重组时,中石油、中石化两大集团已经通过行政划拨的方式获得了绝大部分主体矿区的矿业权,[④]并进行了矿业权登记,其他企业事实上无法取得既有矿区的矿业权登记,因而无法进入上游勘探开发环节,同时以两大公司为代表的国企又控制了大部分的原油进口配额,[⑤]这样就形成了能源国企对于上游原油供应的垄断格局。通过"抓大放小"的战略重组以及之后的相关立法规定,能源产业上游企业的数量被牢牢控制,能源央企得以维持上游产品的垄断高价,但却造成了生产者剩余和消费者剩余的无谓损失,降低了社会总体福利水平;民企在进入上游环节时受到了歧视待遇,加剧了下游环节的竞争,微薄的利润使其难以进行规模扩张。[⑥]

更为重要的是,能源央企凭借其对上游能源资源产权的垄断,将垄断优势传导至中下游环节,筑造了寡头垄断的市场结构,阻碍了有效竞争,妨碍了能源效率提升。由于石油产业链上下游价值分布不均,上游盈利高,下游盈利低,因此上游勘探及生产环节在石油产业链中居于核心地位,对石油公司竞争力的影响远高于下游环节,在上游环节具有比较优势的一体化公司在同业竞争中具有显

[①] 参见刘瑞明、石磊:《上游垄断、非对称竞争与社会福利——兼论大中型国有企业利润的性质》,载《经济研究》2011年第12期。
[②] 参见《矿产资源勘查区块登记管理办法》第9条。
[③] 参见《矿产资源法》第6条。
[④] 1998年战略重组后,中石油占有石油资源量560亿吨,在全国占比达60%;中石化占有石油资源量130亿吨,在全国占比14%。
[⑤] 2010年民营油企进口配额仅占中国1.9亿吨原油进口配额的13%。
[⑥] 参见刘瑞明、石磊:《上游垄断、非对称竞争与社会福利——兼论大中型国有企业利润的性质》,载《经济研究》2011年第12期。

著竞争优势。① 由于我国石油央企控制了国内原油和进口原油的供应，②而上游油气产品又是下游石油炼化、加工企业的原料，直接影响下游企业的成本，③因此在国际油价上涨的情况下，中石油、中石化下属的炼化企业通过一体化就拥有了绝对成本优势和对高油价更为持久的忍耐力。一方面，石油央企可以向其下属炼化企业提供低成本的国产原油作为原料，④而非一体化的炼油厂则要按照国际原油价格从石油央企手中购买原油进行生产，忍受高涨的成本，在成品油需求旺盛时，从事一体化经营的两大集团公司往往优先供应本集团所属炼油厂，而非一体化的炼油厂则常常因为加工所需的原油供应不足和不稳定，导致其开工率低下；另一方面，原油价格高涨也带来了石油勘探及开采环节的高利润，当国际油价高涨，炼油环节出现亏损时，能源央企可以利用上游利润来弥补炼油环节的亏损，进而保证炼油厂的高开工率和产量稳定，而非一体化的炼油厂则由于亏损，不得不降低开工率甚至被迫关闭，退出市场。央企在炼化环节的竞争优势又会进一步传导至下游的批发零售环节，表现为对成品油油源的控制和上游高盈利对零售市场亏损的弥补。2007年以后，中石油、中石化两家公司虽然丧失了成品油的批发特权，⑤但凭借其在炼化环节的垄断地位控制了绝大部分的成品油产量，⑥使其得以保持在成品油批发市场的垄断地位。而当出现批零倒挂现象⑦时，两家公司在零售市场的亏损可由批发市场的盈利来弥补，从而增强其在零售环节的抗风险能力，帮助下游销售终端持续经营，维持两大公司在零售市场的寡头垄断地位。

3. 从上游切割利益链是实现竞争效率的现实路径

能源发展转型的基本目标是提升能源效率，而能源效率源自于有效的市场

---

① 2002—2008年间，中石油的利润总额都远高于中石化，是中石化利润额的2倍以上。

② 国内已登记区域的资源矿业权为央企所垄断，而进口原油配额也基本上为国有石油公司所控制。

③ 在美国，油气价格中属于原油的成本一般占到50%左右，遇到高油价时期可能高达70%。我国炼油厂的成品油成本中属于原油的部分比例更高。

④ 2015年1月布伦特原油国际现货价格在50美元/桶左右，而国内原油开采成本仅为十几美元。

⑤ 1999年，国家连发《关于清理整顿小炼油厂和规范原油成品油流通秩序的意见》《关于清理整顿成品油流通企业和规范成品油流通秩序的实施意见》等几个文件，规定国内各炼油厂生产的汽油、煤油、柴油全部由两大集团的批发企业经营，其他企业和单位不得批发经营。由此成品油批发权以行政命令的形式集中于中石油和中石化。2006年12月，商务部颁布《成品油市场管理办法》与《原油市场管理办法》，标志着石油产业批发环节的全面开放。

⑥ 截至2011年，国内具有成品油批发资质的经营企业2500多家，中石油、中石化两大集团1600多家，占全国总数的比重在64%以上，其他国有企业300家，民营企业600家。

⑦ 所谓批零倒挂现象，是指成品油批发价高于零售价。出现这种现象的原因，主要是国际原油价格上涨造成炼化企业成本上升而使成品油价格上升，而国家对于成品油零售价进行限制，导致零售价高于批发价。

竞争。一体化经营是现代能源产业发展的基本趋势,组建一体化的能源集团公司是顺应能源产业规模发展需要、应对国际竞争的必然选择。对既有一体化能源企业进行拆分不应当成为构建竞争性市场的最优选择,而培育、扶持民营经济的发展,通过国企与民企之间的公平竞争来提升能源效率,才是能源发展转型的基本路径依赖。① 受制于上游资源产权的不公平配置,国企与民企之间呈现出一种"非对称竞争"的状态,② 想要实现国企与民企之间的公平竞争,仅仅开放中下游环节是远远不够的,必须从上游切割利益链,③ 打破民营资本进入产业链上游的"玻璃门",实现上游资源产权的公平配置、市场化配置。虽然既有主体矿区矿业权早已为国企、央企所控制,但旧矿区资源的逐渐枯竭、新矿区的不断发现为民营资本进入能源产业上游环节提供了契机。如何遏制行政权力对于资源产权配置的干预、防止能源国企垄断势力的继续蔓延,应当成为能源转型、制度转型过程中亟待解决的重要问题。

(三) 资源产权的公平配置是破坏性创新的诱因

1. 能源发展转型需要破坏性技术创新和制度创新

我国能源发展转型是一场广泛而深刻的能源革命,它不是在静态的循环流转中谋求供需平衡与产出最大化,而是在动态的破坏性毁灭过程中力图实现生产要素的重新组合。以计划经济向市场经济转型、粗放经济向集约经济转型、化石能源结构向清洁能源结构转型为阶段性特征的能源发展转型④,必然要以新消费品、新生产方式或运输方法、新市场、新产业组织形式的大量创造作为根本推动力量。⑤ 单纯的产量增加、规模扩大、利润提高仅仅是能源产业的增长,而非能源经济的发展,⑥ 与经济增长相适应的维持性创新难以担纲助推能源革命的重任,能源革命所需要的创新应该是破坏性创新。⑦ 这种破坏性创新首先表现为能源技术的突破,包括新技术、新设备和新材料采用在内的技术创新奠定了从能源效率革命到清洁能源革命或替代能源革命,再到能源生产与消费革命的

---

① 参见〔美〕保罗·萨缪尔森、威廉·诺德豪斯:《微观经济学》,萧琛主译,人民邮电出版社 2004 年版,第 161 页。
② 参见刘瑞明、石磊:《上游垄断、非对称竞争与社会福利——兼论大中型国有企业利润的性质》,载《经济研究》2011 年第 12 期。
③ 参见肖国兴:《能源发展转型的法律路径:从资源优势走向竞争优势》,载《中州学刊》2013 年第 11 期。
④ 参见肖国兴:《能源发展转型与〈能源法〉的制度抉择》,载《法学》2011 年第 12 期。
⑤ 参见〔美〕约瑟夫·熊彼特:《资本主义、社会主义和民主》,杨中秋译,电子工业出版社 2013 年版,第 78 页。
⑥ 参见〔美〕约瑟夫·熊彼特:《经济发展理论》,何畏等译,商务印书馆 1990 年版,第 73 页。
⑦ 参见肖国兴:《能源革命背景下能源发展转型的法律抉择》,载《法学》2014 年第 11 期。

操作性基础。① 然而,技术创新最初的动机并不在于创造新产品或新服务,而在于创造价值,②技术进步只有带来经济绩效时才有其存在及发展的意义。③ 能源革命归根到底是商业革命,节约能源成本,提高能源供给,追逐能源效率或经济效率是持续性能源技术创新的根本原因。④

  技术转化为经济效益的程度取决于制度设定的可能性空间。技术决定人类活动的可能性边界,⑤而制度提供人类行为的选择集合。⑥ 破坏性创新既包括技术创新,又包括制度创新。由于制度在社会生活中具有更为基础性的作用,是决定长期经济绩效的根本因素,⑦因此制度创新才是对以"现有生产要素的重新组合"为基本特征的破坏性创新的最佳诠释。⑧ 由于经济发展主要在于用不同的方式去使用现有资源,利用这些资源去做新的事情,而不问这些资源的增加与否,⑨因此即使在技术上未能实现举世瞩目的重大突破,通过制度创新同样能够使得能源生产活动达到或接近现有技术条件约束下的生产可能性边界,从而实现能源产业的发展。当然,制度创新并不否定技术创新的重要作用,技术决定了可实现的经济增长的上限,⑩技术创新的意义在于扩张能源生产的可能性边界,拓展能源资源利用的广度和深度,⑪但能否出现破坏性技术创新、技术创新的程度,以及技术创新对于经济发展的推动力,依赖于制度框架能否激发企业家精神、降低技术产业化过程中的交易成本。⑫

---

  ① 参见肖国兴:《能源革命背景下能源发展转型的法律抉择》,载《法学》2014年第11期。
  ② 参见谢德荪:《源创新》,五洲传播出版社2009年版,第12—13页。
  ③ 参见〔美〕大卫·史密斯:《创新》,秦一琼等译,上海财经大学出版社2008年版,第4页。
  ④ 参见肖国兴:《能源革命背景下能源发展转型的法律抉择》,载《法学》2014年第11期。
  ⑤ 参见〔美〕保罗·萨缪尔森、威廉·诺德豪斯:《微观经济学》,萧琛主译,人民邮电出版社2004年版,第14页。
  ⑥ 参见〔美〕道格拉斯·C.诺思:《制度、制度变迁与经济绩效》,杭行译,格致出版社、上海三联书店、上海人民出版社2014年版,第6页。
  ⑦ 同上书,第127页。
  ⑧ 熊彼特的经济发展理论实质上是一种创新理论,他把发展定义为"执行新的组合",其中包括"采用一种新的生产方式",但"这种新的方法绝不需要建立在科学上新的发现的基础之上"。参见〔美〕约瑟夫·熊彼特:《经济发展理论》,何畏等译,商务印书馆1990年版,第76页。
  ⑨ 同上书,第78页。
  ⑩ 参见〔美〕道格拉斯·C.诺思:《制度、制度变迁与经济绩效》,杭行译,格致出版社、上海三联书店、上海人民出版社2014年版,第159第194页。
  ⑪ 例如,美国在页岩气抽采技术上的突破,极大降低了美国页岩气生产成本,推动了美国页岩气革命,扭转美国能源供应大量依赖进口的局面。
  ⑫ 诺思指出:"在一个交易费用为零的世界里,知识存量及其应用的增长,为人类在社会中实现其潜在福利提供了一把钥匙。但这种分析没有涉及:为什么这种潜在的福利没有实现? 为什么在大部分技术都是人皆可得的情况下,富国与穷国之间还存在着如此巨大的差异?"他认为,由制度框架所决定的激励结构是影响发达经济体、中央计划经济体以及欠发达经济体之间的经济绩效差异的最重要因素。

2. 现有制度框架制约企业家精神的养成

破坏性创新需要企业家和企业家精神,企业家的成功在于出现新的可能性时,及时抓住眼前的机会,①而制度框架为企业家的行动提供了现实的可能性。企业家通过破坏性创新带来新产品、新技术、新供应源、新组织形式(如巨大规模的控制机构)的竞争优势,也就是占有成本上或质量上具有决定性的竞争优势,这种竞争打击的不是现有企业的利润边际和产量,而是它们的基础和它们的生命,这种竞争比其他竞争有大得多的效率,犹如炮轰和徒手的比较。② 企业家进行这种破坏性创新的动机在于追求工业上或商业上的成功,以达到令其满意的社会地位,但这种追求显然只有在开放竞争的市场环境中才有可能实现。市场的集中程度并不必然影响企业家精神的形成,现行制度是否能够提供竞争可能性才是能否激发企业家精神的关键因素。资源产权的配置不公使得能源国企凭借上游产权垄断,将垄断优势传导至中下游,逐步建立起纵贯产业链的垄断结构。国企习惯于享受政策红利所带来的垄断租金,国企高管习惯于例行公事而非市场竞争。由于破坏性创新同时伴随着巨大的困难和风险,在缺乏准确数据和行动规则的指导下,国企高管会尽力避免破坏性创新所带来的程度上的更大错误和习惯行动以外的其他错误。③ 即使破坏性创新在客观上并不存在巨大困难,在产权不清的国企中从事管理工作的高管也缺乏相应的激励,去克服潜意识中的抵制情绪来从事打破其惯常行动的创新活动。因此,国企无法造就具有创新精神的企业家。更为重要的是,上游资源产权垄断事实上剥夺了能源民企与国企进行竞争的可能性,民企与国企处于"非对称竞争"的地位,无论民企如何创新也无法撼动法律制度打造的国企垄断地位。更不用说民企的破坏性创新行为还面临着国企的强烈抵制,难以寻求合作伙伴,难以赢得消费者的困境。民企虽有创新的强大动力,却缺乏创新的有效激励和制度空间。

3. 产权公平配置激励创新实践

由上可见,必须从上游切割利益链,实现能源资源产权的公平配置,才能创造公平竞争的市场环境,扭转"非对称性竞争"的局面,从而为民企的破坏性创新提供竞争可能性。在这种制度环境中,能源国企必须转变其竞争战略,从资源优势走向竞争优势,通过破坏性创新重新寻求其核心竞争力。必须强调的问题是,破坏性创新并不否定大型企业对于能源产业的控制,只是质疑这种控制力的形成过程。国企通过制度壁垒而非市场竞争建立并维持其垄断优势,使得民企根

---

① 参见〔美〕约瑟夫·熊彼特:《经济发展理论》,何畏等译,商务印书馆1990年版,第100—102页。
② 参见〔美〕约瑟夫·熊彼特:《资本主义、社会主义和民主》,杨中秋译,电子工业出版社2013年版,第80页。
③ 参见〔美〕约瑟夫·熊彼特:《经济发展理论》,何畏等译,商务印书馆1990年版,第97页。

本无法通过创新来冲击或威胁国企的市场地位,这种制度结构和市场环境降低了国企与民企进行破坏性创新的积极性。并非国有大企业不具有创新的能力,而是因为通过破坏性创新所带来的预期净现值[①]远远低于无成本的制度壁垒所带来的垄断租金,因而国企高管并无创新的激励。事实上,即使不存在制度或政策上的保护性规定,国有大型能源企业在实施破坏性创新时也是具有比较优势的。首先,破坏性创新意味着新产品和新技术的大量涌现,冲击原有生产方式,并需要大量的长期投资,因而必须依靠一些必要的保护措施,除了申请专利、生产方法的暂时保密或签订长期业务合同外,价格政策和产量限制是唯有大型企业才能实施的措施,前提是这些措施符合法律规定;其次,在新产品和新技术的市场前景并不明朗的情况下,小企业往往很难通过或维持大规模的破坏性创新计划;最后,大企业通常能够持续存在,具有更强的抗压和抗风险能力,拥有等待的资本去观察和分析改进链条的发展趋势,从而帮助其作出决策以便获取最为有利的竞争地位。[②] 因此,即使对上游资源产权进行公平、市场化配置,也不用担心国企会就此一蹶不振,相反民企的发展和竞争能力的增强更有助于倒逼国企的产权改革,用"斗牛士"的姿态去激发"公牛"的活力。

能源发展转型是一场能源革命,需要通过破坏性创新以实现生产要素的重新组合。破坏性创新包括技术创新和制度创新,技术创新为转型提供了操作基础,制度创新则为转型提供了市场环境。资源产权的配置不公成为制约破坏性创新的制度障碍,因此必须从上游切割利益链,实现资源产权的公平配置,才能为国企与民企的破坏性创新提供有效激励。

二、能源矿产资源产权配置不公的制度根源

(一)政府权力对市场运行的过度侵蚀

1. 资源国家所有权导致行政机关身份混同

根据《宪法》和《物权法》的规定,我国实行矿产资源的国家所有权制度。[③]所有权主体的单一性决定了矿产资源所有权的不可分割性和不可流转性,只能通过国家指令性计划进行分配,因此把资源所有权的占有、使用、收益权能予以派生,建立矿业权制度,就成为市场化转型背景下制度转型的必然选择。具体而

[①] 净现值即为预期现金流入现值与预期现金流出现值之间的差额。
[②] 参见〔美〕约瑟夫·熊彼特:《资本主义、社会主义和民主》,杨中秋译,电子工业出版社 2013 年版,第 82—100 页。
[③] 参见《宪法》第 6、9、10 条,《物权法》第 46 条。

言,将整体的矿产资源所有权在定限物权层面予以分割,通过矿业权出让实现产权的清晰界定和分散所有,并允许矿业权转让,使得矿业权的持有者能够在生产开发与转让获利之间进行成本收益的权衡,引导矿业权最终转让至最具生产性用途的投资者,从而实现矿产资源的优化配置。可以说,矿业权及其流转制度是市场经济条件下矿产资源国家所有权的主要实现形式。但是,我国矿产资源的国家所有权是全民所有制主体形式在法律上的直接体现,它不仅意味着民法意义上矿产资源所有权的国家独占,而且蕴涵了行政法意义上的公共用国有财产管理权,这两种不同性质的财产权构成了我国国家所有权制度的基本立法结构。① 在现行管理体制下,国家所有权由国务院和各级人民政府代行,这些国家机关既是能源矿产资源所有权的代表,又是各项政策的制定者和执行者,承担着实现财产权价值和管理资源产业的双重职能,造成了所有权与行政权主体的混同。尤其是在矿业权出让环节,这种主体身份的二重性极易导致行政权力对财产权利的替代,政府部门运用行政权力干预资源产权分配,侵蚀市场机制运行。

2. 许可证附随出让导致矿业权配置不公

我国对矿业权出让实行许可证管理,受让主体在取得矿业权之前必须经过国土资源部门的审批并核发许可证,②这一程序的实质是将行政许可证作为附随物与矿业权一并出让,③矿业权资质的认定、取得、审批、登记、延续、评估等各环节都必须在国家行政管理部门的主导下才能完成,这种对于有限自然资源的行政特许,实质上是对稀缺资源的政府配置。④ 在我国现行制度环境下,这种政府配置模式造成了能源矿产资源产权的不公平配置和不公平保护。

根据《矿产资源法》的规定,国有矿山企业是开采矿产资源的主体,国家保障国有矿业经济的巩固和发展;对集体矿山企业只是鼓励其开采指定范围内的矿产资源,允许个人采挖零星分散资源和只能用作普通建筑材料的砂、石、黏土以及为生活自用采挖少量矿产;⑤对于民企能否取得矿业权,《矿产资源法》根本未作出规定。行政权力在矿业权出让过程中的主导地位、立法的导向性规定,加之脱胎于行政机关的国企特殊地位,使得国企在矿业权出让市场上具有先天优势。虽然《矿产资源法》规定了招拍挂等公开出让方式,但在实践中往往流于形式,民企很难通过出让程序取得主体矿区的矿业权。对有限自然资源设定的行政许可是对市场失灵的一种制度回应,是矫正市场失灵的政府活动,其目的本在于遏制

---

① 参见马骏驹:《国家所有权的基本理论和立法结构探讨》,载《中国法学》2011年第4期。
② 参见《矿产资源法》第12—22条。
③ 参见李显东主编:《中国矿业立法研究》,中国人民公安大学出版社2006年版,第21页。
④ 参见王克稳:《论行政特许及其与普通许可的区别》,载《南京社会科学》2011年第9期。
⑤ 参见《矿产资源法》第4、35条。

市场垄断所导致的社会福利水平下降,但在我国由计划经济向市场经济转型的特定历史背景下,这种行政许可所带来的稀缺资源和利益的再分配效应反而导致了资源产权的不公平配置,造成了新的垄断问题。①

另外,将行政许可证作为附随物与矿业权一并出让,混淆了通过矿业权出让所建立的行政法律关系和民事法律关系,使得行政机关能够通过行政处罚的方式吊销许可证,从而剥夺权利人的矿业权,致使权利人的矿业权处于极不安全和极不稳定的状态。矿业权本质上是具有公法色彩的私权,其权利取得过程全凭当事人意思自治,无须国家强制力保证实施,②只是出于矿产资源的稀缺性和不可再生性,需要对其行使过程施加政府规制,与产权制度相配合以克服外部性问题,引导矿产资源的合理使用。与普通物权相比,尽管矿业权在主体、客体、内容③等方面均存在一定差异,将其定性为"特别物权""特许物权""准物权"在理论上尚存在争议,但矿业权作为民法意义上的财产权地位已经为多数学者所认同,《物权法》将矿业权规定为用益物权即是对其私权属性的充分肯定。④ 作为一项用益物权,矿业权当然应该具备物权的对世性和排他性,可以排除权利人以外的他人对矿业权的侵夺,但行政许可证的附加却使得政府豁免于矿业权的绝对效力,削弱了矿业权人的保护力度,虽然行政权力的介入使矿业权表面上获得了公权的"守护",⑤但却忽略了政府其实是产权的第二位加害者。⑥ 行政权力对矿业权的侵害在山西煤炭能源整合过程中得到了淋漓尽致的体现。这次煤炭能源整合滥觞于 2008 年 9 月山西省政府发布的《关于加快推进煤矿企业兼并重组的实施意见》,其中规定由大同煤矿集团等 7 家国有大型煤炭生产企业兼并重组中小煤矿,实行规模经营。被重组企业(主要是民企)不能拒绝向国企转让矿业权,只能在出售和参股两种方式之间进行选择,且没有议价权,政府所确定的矿业权价格和补偿费用显著低于市场价格,导致大量民营资本在整合过程中蒸发。

3. 政府成为市场的侵略者而非强化者

矿业权的分散化出让是能源产业市场化转型的初始环节,但行政许可附加

---

① 参见席涛:《市场失灵与〈行政许可法〉——〈行政许可法〉的法律经济学分析》,载《比较法研究》2014 年第 3 期。

② 参见李显东、石文墨:《矿业权的私权法律属性》,载《北京石油管理干部学院学报》2007 年第 2 期。

③ 例如,在矿业权的出让过程中,政府主管部门作为国家所有权的代表,恒为一方主体;矿业权中的探矿权,其客体包括特定矿区的土壤和赋存其中的矿产资源,且随着勘探阶段的不同,探矿权的客体也会变化;采矿权包括使用权能,这种使用就是开采、消耗矿产资源,是事实上的处分权。

④ 参见《物权法》第 123 条。

⑤ 参见李显东、刘志强:《公权"守护"下的矿业权流转》,载《中国改革》2008 年第 3 期。

⑥ 参见世界银行编著:《1997 年世界发展报告——变革世界中的政府》,蔡秋生等译,中国财政经济出版社 1997 年版,第 41 页。

于出让过程导致了政府权力对市场运行的过度侵蚀,造成资源产权的不公平分配和不公平保护,政府在这一过程中扮演了产权的侵略者而非守护者的角色。事实上,具有足够权力创造和保护个人财产权利、强制执行各种契约且受到约束而无法剥夺或侵犯个人权利的"强化市场型政府"才是经济长期增长的必要条件。① 在世界范围内,虽然市场无处不见,但发展中国家、欠发达国家的经济增速、人均收入与发达国家相比仍然存在巨大差距,这是因为经济快速增长或收入水平的提高不仅需要海量的自我实施型市场,更加需要社会规划型市场,②前者服务于劳动密集型产业,后者服务于资本密集型产业。而形成社会规划型市场的核心制度安排就是对个人财产权利的充分保护,世界上最富裕的国家通常也是拥有确立得最好的个人权利的发达民主国家。③ 由于经济发展的不确定性,最具活力且最为繁荣的社会正是那些尝试许许多多不同事物的社会,④个人财产权利为市场主体的创造性尝试活动提供了强有力的激励。此外,个人财产权利的充分保护有助于阻止政府对民企的侵蚀活动,减少政府占有的资源量,遏制政府对国企的隐性补贴,矫正将资源锁定在低效率生产活动的非理性政策,通过产权流转使得资源能够从回报率较低的活动重新配置到回报率较高的活动中,从而提高资源配置的效率。⑤ 只有建立了可靠并界定清晰的私人产权制度,市场经济的全部潜能才能得到发挥,在这一过程中政府应该扮演产权的守护者而非掠夺者的角色,强化市场型政府实质上就是充分尊重和保护产权的政府。

(二)行政立法铸就行政垄断壁垒

1. 石油产业行政垄断的形成过程

我国能源产业呈现寡头垄断的市场结构,能源央企在产业链中保持绝对控制力,这种垄断地位并非是由市场竞争形成的经济垄断,而是由于行政权力滥用所铸就的行政垄断,这在石油产业中表现得尤为明显。例如,石油产业开采环节

---

① 参见〔美〕曼瑟·奥尔森:《权力与繁荣》,苏长和等译,上海人民出版社2014年版,第3页。
② 自我实施型市场是自发形成的,且其中的部分市场是无法抑制的;而社会规划型市场只有在社会中某些制度性安排得以稳固时才会形成。参见〔美〕曼瑟·奥尔森:《权力与繁荣》,苏长和等译,上海人民出版社2014年版,第135页。
③ 同上书,第145页。
④ 同上书,第146页。
⑤ 奥尔森认为,"如果某些资源从遭受亏损的活动中转移到产生回报的活动中来,社会产出的价值通常就会大大提高……不将资源从亏损活动转移到产生社会剩余活动的社会是非理性的,因为它以损害经济活动、同时根本无法保证会对低收入个人有所帮助的方式,浪费了有用的资源"。参见〔美〕曼瑟·奥尔森:《权力与繁荣》,苏长和等译,上海人民出版社2014年版,第147—148页。

行政垄断强度为88.3%,炼化环节行政垄断强度为62.1%。[1] 我国《反垄断法》将行政垄断定义为行政机关滥用行政权力,排除、限制竞争的行为,既包括具体行政行为,也包括抽象行政行为。[2] 相对于具体行政行为,抽象行政行为更具隐蔽性,影响也更为广泛和深远,因而通过抽象行政立法设定准入门槛,分配资源产权、投资产权,构造进入壁垒,就成为排挤民营资本,建立、维持央企行政垄断地位的主要方式。仍以我国石油产业为例加以说明。根据1998年国务院颁布的《矿产资源勘查区块登记管理办法》并结合1996年《矿产资源法》的规定,勘查、开采石油资源必须经过国务院主管部门的授权审批,颁发许可证,而事实上只有中石油、中石化、中海油等少数几家企业获得了相关许可。在2004年登记的采矿权中,中石油占全国总面积的82.4%,中石化占12%。尽管国务院在2005年发布的《关于鼓励支持和引导个体私营等非公有制经济发展的若干意见》中明确表示在石油、电力等行业要进一步引入市场竞争机制,民营资本可以进入石油开采环节,但囿于已有公司获得矿权登记的资源区域其他公司无法进入的规定,民企并未获得实际开采资格。在中游炼化环节,1999年国家经贸委等部门联合发布《关于清理整顿小炼油厂和规范原油成品油流通秩序的意见》,规定未经国务院批准建立的小炼油厂必须限期关闭,未经批准拟建和在建的炼油厂须立即停止建设,允许中石油、中石化对小炼油厂进行重组;2006年国务院通过《炼油工业中长期发展专项规划》,对炼油行业实行准入制度,并加大关停中小型炼油企业的力度。在下游成品油批发和零售环节,1998年我国三大石油公司重组,中石油和中石化两大国有石油公司获得了成品油市场批发业务的专营权;1999年国家经贸委等部门联合发布了《关于清理整顿小炼油厂和规范原油成品油流通秩序的意见》和《关于清理整顿成品油流通企业和规范成品油流通秩序的实施意见》,要求国内各炼油厂生产的成品油全部交由中石油和中石化经营,其他企业、单位不得批发经营,各炼油厂一律不得自销,这使得成品油批发零售权牢牢控制在中石油和中石化手中。2001年《关于进一步整顿和规范成品油市场秩序的意见》规定,各地区新建加油站统一由两大集团全资或控股建设,其他企业、单位和个人不得新建加油站。虽然此后批发和零售环节逐步向民营资本开放,但央企凭借其对上游资源产权的垄断优势以及前期建立的批发、零售渠道,仍然实现了对石油产业链的纵向控制。

---

[1] 参见于良春、张伟:《中国行业性行政垄断的强度与效率损失研究》,载《经济研究》2010年第3期。
[2] 参见王晓晔:《行政垄断问题的再思考》,载《中国社会科学研究生院学报》2009年第4期。

2. 部门利益法制化是行政垄断形成的表层原因

从石油产业制度变迁中不难发现，我国石油产业寡头垄断的实质是行业性行政垄断，①其形成的原理在于"垄断平移"机制，即通过行政立法将计划经济时代的政府指令性计划模式继续保留在转型中的市场经济体制中。②由于我国行政立法带有典型的部门立法特征，由政府部门起草的行政法规或制定的部门规章在行政立法中占主导地位，③行政立法过程中部门利益的过度膨胀是导致能源产业行业性行政垄断的立法根源，央企寡头垄断形成的过程实质上反映了行政权力部门化、部门权力利益化、部门利益法制化的过程。④最典型的体现就是在行政立法、部门立法中设定种类繁多的行政审批事项，扩大政府权力，侵蚀市场经济运行。

行政立法源自于政府对市场运行的积极干预，以克服市场失灵问题，⑤其价值主要体现在补充法律规则。但这种补充以立法留有空隙并且属于次级性、行政性、具体性、实施性的事项为标准，不能超越立法权。⑥行政立法活动本质上是一种执行性活动，⑦目的是贯彻执行权力机关制定的宪法、法律，实现国家目标的具体化。⑧但是，《立法法》对于部门立法如何体现对上位法的执行，以及对执行过程中存在的不当之处如何处理等问题并未作出明确规定。这种不确定性就削弱了部门立法的规制力度，模糊了执行性立法与创设性立法之间的界限。尽管对市场主体进入能源产业链的特定环节设定行政审批事项具有明显的创设性立法性质，但由于行政立法性事项的边界模糊，行政立法责任不明，造成了越权立法和法规冲突问题。⑨加之《行政许可法》未能明确界定"许可"和"审批"之

---

① 行政垄断传统上可以划分为地区性行政垄断和行业性行政垄断。能源产业的行政垄断主要表现为行业性行政垄断。参见张淑芳：《行政垄断的成因分析及法律对策》，载《法学研究》1999年第4期。
② 参见曲创、石传明、臧旭恒：《我国行政垄断的形成：垄断平移与政企合谋》，载《经济学动态》2010年第12期。
③ 部门立法不仅体现在行政法规或规章中，即使在人大立法中，近二十年来由国务院各相关部门提交的法律提案占总量的75%—85%。一些立法遇到棘手的或敏感的问题，也授权"国务院另行规定"，进而授权部门进行法律条文的细化和解释。参见高漂：《论"部门利益法制化"的遏制》，载《政法论丛》2013年第2期。
④ 参见舒小庆：《部门利益膨胀与我国的行政立法制度》，载《江西社会科学》2007年第12期。
⑤ 在自由资本主义时期，政府谨守"守夜人"角色，对经济运行采取放任的态度。与此相对，在国家权力的划分上，议会保有立法权，政府享有行政权。但随着市场失灵问题的日益突出，政府逐渐放弃"守夜人"角色，转而对市场经济运行实施积极干预。议会因而授予行政机关广泛的自由裁量权，其中就包括行政立法权。参见曾祥华：《行政立法的正当性初探》，载《江苏社会科学》2005年第2期。
⑥ 参见张淑芳：《论行政立法的价值选择》，载《中国法学》2003年第4期。
⑦ 参见沈ំ俊：《部门规章为什么没有行政许可设定权——部门规章功能分析》，载《政治与法律》2005年第6期。
⑧ 参见应松年主编：《行政法学新论》，中国方正出版社2004年版，第138页。
⑨ 参见温晋锋：《行政立法责任略论》，载《中国法学》2005年第3期。

间的区别,仅规定部门规章只能在上位法设定的行政许可事项范围内,对实施该行政许可作出具体规定,且不得违反上位法规定。这就导致一些部门在"许可"受限的情况下,以"审批"的方式规避法律对"许可"的强制性规定,通过设置审批事项谋取部门利益。由此可见,法律规定的模糊为部门利益法制化提供了有利条件。而部门利益法制化本质上反映了行政机关集行政立法权和行政执法权于一身所带来的行政专制问题。专制权力使得行政机关与社会福利之间难以建立"共容利益"。[1] 行政立法、部门立法所追求的是部门"租金"的最大化而非社会福利的最大化,行政公务员在制定政策法规时首先考量的是确保和提升自身的权力利益、职位利益以及由此所带来的经济利益,通过行政立法来获取占据能源产业主导地位的央企支持就成为"收买"选票的最佳方式。而"旋转门"现象[2]的大量存在更加刺激了行政机关的立法寻租活动。与此相反,行政机关从社会总福利提升中并不能发现自身利益的显著增长,因此缺乏引导市场竞争以提升社会福利的立法激励。另一方面,从成本端考虑,由于我国缺乏违宪审查制度、立法责任制度,且司法机关没有对抽象行政立法行为的审查权,这就使得行政立法成了一种"无本买卖",加剧了部门立法的随意性,纵容了通过立法寻求部门利益的行为。

3. 经济发展的路径依赖是行政垄断的深层原因

部门利益在行政立法中的过度膨胀是导致能源资源产权配置不公进而造成能源产业行政垄断的表层原因,但其深层次的原因在于能源产业固守政府政策激励的外生型经济发展模式,陷入以资源优势打造能源央企核心竞争力的路径依赖。对资源产权配置不公的初始制度安排带来了报酬递增效应,互补性制度的建立更加强化了这种制度安排的影响。一方面,资源产权的配置不公为民营资本进入能源产业制造了进入壁垒,为能源央企垄断地位的形成创造了制度环境,反过来,能源央企所获得的巨额垄断租金又用于反哺部门利益需求,进一步推动了偏向性立法出台;另一方面,能源央企的做大做强型塑了信赖国有企业的社会心理,成为驱赶、排斥民营资本的非正式制度安排。由于初始制度安排的非竞争性,报酬递增效应所带来的路径依赖不但导致我国能源产业的长期低效,而且使得有效率的制度变迁过程难以发生。

---

[1] 参见〔美〕曼瑟·奥尔森:《权力与繁荣》,苏长和等译,上海人民出版社 2014 年版,第 10—18 页。
[2] 一般将厂商与政府之间的人员流动称为"旋转门"现象,在转轨经济条件下,这一指标通过考察公共权力部门与垄断厂商之间的人事流转及关联来刻画行业性行政垄断强度的一个方面。它包括:(a)从行业主管部门进入垄断厂商的高层管理人员人数所占比重及权力分布;(b)垄断厂商进入行业主管部门高层管理人员所占比重及权力分布两个指标。参见于良春、张伟:《中国行业性行政垄断的强度与效率损失研究》,载《经济研究》2010 年第 3 期。

(三) 利益集团在立法中的影响

1. 国企与民企利益集团具有不同的利益诉求

政府权力对市场运行的过度侵蚀造成能源资源产权配置过程中的政府主导,政府意志主要通过行政立法、部门立法的形式表现出来,政府利益膨胀带来立法的偏向性,导致能源资源产权配置不公和行政垄断壁垒。在这一过程中,能源国企作为垄断利益集团,对于政府行为的影响同样不可忽视。

利益集团是为了实现和维护特定目标和共同利益,在政治过程中采取集体行动的组织化群体,利用自身资源最大限度地参与政治过程,影响政府公共政策,以实现团体成员的最大利益。① 同属能源产业的国企和民企本应具有相同的利益追求,但由于制度的人为界分、资源产权上的配置不公,使得能源产业形成国企寡头垄断格局,个别能源国企特别是能源央企,凭借掌握的各种资源,力图铸造制度壁垒,维护其垄断利益,而数量众多的民企则希望通过法律转型摆脱基于"出生"所带来的不公平待遇,在公平的市场环境中进行竞争。利益追求上的根本分歧导致同属能源产业的国企和民企划分为不同的利益集团,但都期望通过影响政府政策制定过程和立法进程,实现自己的利益诉求。不过,立法结果却一如既往地继续维护国企的利益而忽略民企的利益,其中除了政府利益影响外,国企和民企利益集团是否能够达成集体行动以影响立法,或者说是否具有足够激励来提供集体物品成为应当考虑的关键因素。

2. 国企利益集团更易达成集体行动

我国利益集团遵循"社会内生演进"的成长逻辑,② 由于缺乏支持和鼓励利益集团成长的制度体系和规则,难以建立社会组织为其成员提供有效激励以达成集体行动,所以利益集团的集体行动往往具有自发性的特点,这就导致国企利益集团和民企利益集团在实施集体行动上的大相径庭。对于民企利益集团来说,能够带来利益增进的立法是向集团成员提供一种公共物品,集团中的任一企业或一部分企业通过努力影响立法之后,所有企业都可以享受由此所带来的利益增长。在没有社会组织或达成相关协议的情况下,利益集团无法克服"搭便车"问题,集团成员在实施影响立法的活动之前必然会进行成本收益的衡量。由于民企数量众多,任一成员如果只能获得由此所带来的部分收益或者平均收益,却要承担全部的行动成本,而竞争对手则可以免费获得行动企业影响立法所带

---

① 参见陈水生:《中国利益集团的成长逻辑与动力机制研究》,载《南京社会科学》2011年第7期。
② 同上。

来的收益,那么很难奢望单个民企会自发性地从事影响立法的活动。① 另外,除了直接行动所带来的资源损耗外,组织全部或部分民企从事集体行动必须额外增加成本以达成一项协议来决定如何分担成本,如何协调或组织获得集体物品的努力。② 对于成员数量众多的民企利益集团来说,这种组织成本同样耗资甚巨。

与此相反,拥有寡头垄断地位的国企特别是央企利益集团,却呈现出小集团的特征,这种特征不仅表现在集团成员的数量,而且表现在某一集团物品对集团中每个成员的价值,③正是这种小集团特征使得央企从事影响立法活动的收益远高于其成本。一方面,央企本身规模巨大,任何偏向性立法所带来的边际收益增加都是十分显著的,而成员数量有限使得能够免费分享公共物品的集团成员十分稀少,加之寡头央企成立时的定位区分,④通过"搭便车"行为获得收益的其他企业难以对行动企业构成竞争威胁,因此,即使无法达成集体行动,单个央企也具有足够的激励去实施影响立法的活动。另一方面,由于央企均是由国资委投资设立,协调相对容易,而成员数量稀少又进一步降低了组织成本,因此更容易实施集体行动。⑤

3. 国企利益集团对能源立法的影响

作为寡头垄断集团,能源央企在从事影响立法的活动时,更加注重的是从现有能源产业总收益中分取更大的份额,而不是通过提高能源效率来创造更大的产业总收益。⑥ 这是因为虽然公平配置产权的确有助于市场机制的运行和能源效率的提升,但央企只能获得由效率提升所带来的部分收益,却要承担全部的成本,不仅包括影响立法的行动成本,而且包括丧失垄断地位所带来的机会成本,因此央企更加倾向于通过影响立法继续维持能源资源产权不公平配置的状况,设置进入壁垒,排斥市场竞争,以维护其垄断地位和垄断利益。另外,能源央企会减缓社会采用新技术的能力,减缓为回应不断变化的条件而对资源的再分配,并因此降低经济增长率。⑦ 由于技术创新会带来新产品或新的生产方法,可能

---

① 参见〔美〕曼瑟·奥尔森:《集体行动的逻辑》,陈郁等译,格致出版社、上海三联书店、上海人民出版社 2014 年版,第 7—12 页。
② 同上书,第 32 页。
③ 同上书,第 17 页。
④ 如能源产业战略重组时,中石油定位为主要从事石油勘探开采的企业,获得了我国绝大部分陆上石油资源的矿业权;而中石化定位为主要从事石油炼化业务的企业,建立了为数众多的炼油厂。
⑤ 参见〔美〕曼瑟·奥尔森:《集体行动的逻辑》,陈郁等译,格致出版社、上海三联书店、上海人民出版社 2014 年版,第 16—26 页。
⑥ 参见〔美〕曼瑟·奥尔森:《国家的兴衰》,李增刚译,上海人民出版社 2007 年版,第 42 页。
⑦ 同上书,第 63 页。

改变集团或其成员之间的相对实力,威胁集团生存,在无法立即模仿这种技术创新的情况下,能源央企对技术创新通常采取谨慎态度。而能源领域的创新是一种破坏性创新,意味着生产要素的重新组合,需要将资源从一种生产活动配置到另一种生产活动,减缓采用新技术的速度也就同时降低了资源配置的效率,低效率的生产活动得以长期维持。此外,央企通过制造特殊的市场供给和异常情况,提高了政府管制的复杂性和政府的范围,①使得政府权力对能源市场的渗透更具正当性,迫使政府设置相关部门和人员从事专门的管制活动,方便央企通过"俘获"政府部门以引导政策制定和立法。这也意味着企业将更多的资源用于寻租领域而非从事生产活动,改变了社会的激励模式和演进方式,生产性激励消退,而获得生产产品更大份额的激励得以提高。②

在我国能源发展转型的特定背景之下,能源国企利益集团与民企利益集团的角力还具有特殊的意义。在能源发展转型的三个阶段中包括由化石能源向新能源的转型,而国企多为化石能源企业,民企多为新能源企业,新能源对化石能源的替代意味着民企对国企的替代,以及国企被迫的战略转型和垄断地位的丧失,这是以央企为代表的国企利益集团所不愿看到的。因此,国企利益集团通过影响立法,限制民企的发展,维持以化石能源为主的能源结构,使得能源结构的转型步履维艰。

三、能源矿产资源产权公平配置的法律制度设计

(一) 弱化矿业权流转的政府控制

1. 解构矿业权出让过程以实现市场化配置

我国实行矿资源的国家所有权制度,国家所有权由国务院和各级人民政府及其相关部门代行,这就使得行政机关在矿业权出让过程中兼有资源所有权人和资源管理者的双重身份。尽管法律规定了招、拍、挂等公开竞价的矿业权出让方式,但参与竞争者需通过行政机关的资格审查,且竞争结果并不取决于价格的高低,而是取决于行政机关的最终决定,矿业权须经过相关部门批准方可取得,③行政机关可以采用吊销许可证的行政处罚方式来收回矿业权。这种将行政许可附加于矿业权出让过程的制度安排实际上混淆了矿业权的私权属性和矿产资源开采的行政特许,使得政府在矿业权配置中处于主导地位,行政权力对市

---

① 参见〔美〕曼瑟·奥尔森:《国家的兴衰》,李增刚译,上海人民出版社 2007 年版,第 61 页。
② 同上书,第 69 页。
③ 参见《矿产资源法》第 3 条。

场运行的过度侵蚀是导致我国矿业权不公平配置和不公平保护的主要原因。因此,变政府配置为市场配置,充分发挥市场在矿业权配置中的决定作用,"弱化"行政权力对出让过程的影响,是公平配置矿业权的制度设计应当遵循的逻辑起点。为此,需要对矿业权出让过程进行解构,这主要可分为三个环节。首先,应该解除行政许可对矿业权的捆绑,还原矿业权的私权属性。矿业权本质上是一种准物权,是国家基于矿产资源所有者身份进行的定限物权派生,是资源所有权的实现形式。矿业权出让应该采用公开竞价的方式,取得矿业权的市场主体应当与行政机关签订矿业权出让合同,并进行矿业权登记,该合同的性质为民事合同,登记的作用在于物权公示,是矿业权的生效要件。① 矿业权作为用益物权,具有物权的排他效力,即使主管部门依法吊销勘查、采矿许可证,权利人依然持有合法取得的矿业权,并可以通过转让权利剩余部分以实现其财产利益。② 其次,在矿业权归属明确之后,市场主体可以依法申请矿产资源的勘查、开采许可证,该市场主体既可以是矿业权人,也可以是其他经营者。行政主管部门对申请人的资质依据法定标准和客观条件进行严格审查,向符合条件的申请人颁发许可证。但这种资质审查不得对抗矿业权人的矿业权。矿业权与矿产资源勘查、开采的生产经营权是不同性质的权利,前者是具有公权性质的私权,本质上是准物权,而后者是行政机关向相对人授予的行政特许,是进入矿业市场的准入资格,二者并非同时产生,存在不可颠倒的秩序。③ 当二者分属于不同的市场主体时,矿业权人可以与已经取得矿产资源勘查、开采许可证并具备法定资格的矿山企业合作,或委托后者进行矿产资源的勘查、开采工作。④ 矿山企业是具备法定资格并经主管部门审查合格,专门向矿业权人提供勘查、开采服务的市场主体,可以在已获得矿业权和经营许可证的不同矿区进行勘探开发。这种制度设计能够使矿山企业之间开展充分竞争,矿山企业在一地完成作业后,还可以在另一矿区继续作业,克服现行"一矿一企业"制度所带来的投资闲置和浪费问题。⑤ 最

---

① 现行制度下,矿业权登记不具有物权法确定的"生效要件"或"对抗要件"的法律意义,仅是获得矿产资源勘探或开采权利的一个环节,物权变动的使命是由许可证来实现的。参见曹宇:《矿业权登记的理论反思与修正面向》,载《河北法学》2014年第5期。
② 参见郑维炜:《中国矿业权流转制度的反思与重构》,载《当代法学》2013年第3期。
③ 同上。
④ 可以类比房地产开发的法律制度。在有关土地管理及城市房地产开发管理的法律法规中,土地使用权和房地产开发经营资格是明确区分的。土地使用权是一项独立的用益物权,而房地产开发经营资格则属于房地产开发市场的准入资格。二者可以分属于不同主体。拥有土地使用权但不具有房地产开发经营资格的主体,要进行房地产开发,可以采取与具有房地产开发资格的房地产开发企业合作,或采取委托具有房地产开发经营资格的企业代为开发建设的方式进行。参见郑维炜:《中国矿业权流转制度的反思与重构》,载《当代法学》2013年第3期。
⑤ 参见康纪田:《矿业法论》,中国法制出版社2011年版,第40页。

后，除了对矿业权出让过程进行解构外，还必须注意的是，在矿业权出让中应当公平对待不同性质的市场主体，不能因所有制形式的不同而区别对待国企和民企，应当以资金、技术、矿山保护设施等资质条件统一划定市场准入标准，删改《矿产资源法》中按照企业性质来分配矿产资源的规定。

2. 解禁矿业权"禁止牟利性转让"的立法桎梏

就矿业权的转让而言，虽然1996年《矿产资源法》规定了采矿权和探矿权转让的法定情形，但却"禁止将探矿权、采矿权倒卖牟利"，①似有前后矛盾之嫌。随后，国土资源部于2000年出台《矿业权出让转让管理暂行规定》，明确规定矿业权可以采用出售、出资、合作勘探或开采、上市等方式进行转让，但《矿业权出让转让管理暂行规定》属于部门规章，位阶低于《矿产资源法》，其中与《矿产资源法》相抵触的条文当然无效，矿业权转让仍然必须恪守"非牟利性转让"的桎梏，现行立法对矿业权转让"原则禁止"的态度并未发生实质性变化。

《矿产资源法》禁止矿业权的牟利性转让是以否认矿业权的财产属性为基础的，其基本逻辑是将矿业权视为探矿、采矿行政许可的附属物，或等同于行政许可，所以矿业权转让就是倒卖许可证，法律禁止以此倒卖行为牟利。② 这一立法的初衷本是要加强对矿业权流转的管理，但实际上却未能在矿业权转让秩序方面达到预期目标，现实中矿业权私下转让和违法转让的现象屡见不鲜。③ 事实上，作为一种财产性权利，矿业权转让是权利人对矿业权进行处分的主要方式，是矿业权的基本权能和基本特征，这种转让本质上是一种市场交易行为，牟利是其中的应有之义。"国外许多勘探者正是以转让采矿权作为动力，利用采矿权转让带来的预期经济利益在资本市场上融资，一方面降低了国外勘探者的勘探风险，另一方面也有利于我国矿产资源的深度勘探"④。更重要的是，矿业权转让是矿业权市场化配置的重要环节，只有打破矿业权转让的法律桎梏，还原矿业权的财产权属性，促进公平的市场交易，才能逐步弱化政府权力对矿业权市场的控制，使得矿业权流转至最具生产性用途的市场主体，提高资源配置的效率。因此，应该修改《矿产资源法》中关于禁止矿业权"牟利性"转让的规定，鼓励矿业权的自由流转，以建立健全矿业权市场。当然，基于矿产资源的特殊地位，政府对矿业权流转的必要监管也是不可或缺的，但这种监管应当聚焦于流转主体的资

---

① 参见《矿产资源法》第6条。
② 参见张璐：《〈矿产资源法〉修改中的"权证分开"问题研究》，载《甘肃政法学院学报》2010年第6期。
③ 参见王继军、赵大为：《矿产资源国家所有者民事收益权问题研究——以煤炭资源有偿取得为例》，载《毛泽东邓小平理论研究》2012年第9期。
④ 王雪峰：《对〈矿产资源法〉修改谈几点浅见》，载《国土资源导刊》2006年第3期。

质管理、流转过程的价格监督而非合同效力的行政审批。依据《探矿权采矿权转让管理办法》第 10 条的规定,矿业权转让合同自批准之日起生效,未经批准的合同不生效或无效。这一规定将行政审批作为矿业权转让合同的生效要件,不仅带来了法律解释的牵强附会、法律适用的迂回曲折,而且导致行政权力对当事人意思自治的过度干预,提高了转让过程中的交易成本,并为权力寻租提供了空间。① 因此,应当坚持《物权法》所采取的债权形式主义物权变动模式下的物权区分原则,规定矿业权转让合同自当事人意思表示一致后即可成立并生效,行政机关的审批和登记程序应当作为矿业权变动的生效要件,而非矿业权转让合同的生效要件。

3. 实现《矿产资源法》由行政管理法向产业发展法的转型

无论是矿业权出让的政府主导,还是矿业权转让的政府控制,均表明行政权力在我国矿业权流转过程中的绝对优势地位,这反映了我国以资源行政管理为导向的《矿产资源法》立法传统,其中的典型表现即为"两证同体"的制度设计。② 这一制度形成于计划经济条件下的传统矿业制度,政府凭借行政权力直接配置和划拨矿产资源,国企无偿或支付象征性价格即可取得资源使用权,③成为勘查、开采矿产资源的主体。在计划经济背景下,资源产权和行政权力并无相互独立的必要,《矿产资源法》只要规范政府部门对矿产资源的行政管理行为,就能够实现保障国家矿产资源所有权的立法目标。但这种立法模式忽视甚至否认了矿业权的财产属性,没有从赋予、规范和限制矿业权人民事权利的角度,来达到有效开发矿产资源的目的。④ 与此相反,在市场经济条件下,对于矿产资源的开发、利用、收益和处分,实际上是一个对自然资源的配置效率问题,或者说是实现矿产资源价值最大化的问题。⑤ 市场化转型的时代潮流要求《矿产资源法》必须实现由单纯行政管理法向矿业发展法的转变,通过清晰界定和充分保护资源产权,来促进公平的市场交易和市场竞争,发挥市场在资源配置中的决定作用,提高资源配置的效率。同时,明确政府在矿业管理活动中的角色定位,有效调控一级市场,监管二级市场,努力实现供需平衡,营造公平竞争的市场环境。⑥

---

① 参见蔡立东、李晓倩:《行政审批与矿业权转让合同的效力》,载《政法论丛》2011 年第 5 期。
② "两证同体"是指在我国现行矿业权立法模式下,一个许可证既是矿产物权设立的产权证又是行为资格的准入证。
③ 参见康纪田:《中国现代矿业制度研究——基于〈矿产资源法〉修改的框架性建议》,载《时代法学》2014 年第 1 期。
④ 参见李显东主编:《中国矿业立法研究》,中国人民公安大学出版社 2006 年版,第 45 页。
⑤ 参见张璐:《矿产资源开发利用中权利与权力的冲突与协调》,载《法学杂志》2009 年第 8 期。
⑥ 参见陈德敏、王华兵:《〈矿产资源法〉的修改:以增强政府公共服务性为导向》,载《重庆大学学报(社会科学版)》2012 年第 1 期。

（二）行政垄断的法律规制及反思

1. 行政垄断的反垄断法规制

《反垄断法》作为我国反垄断领域的基本法律，对行政垄断问题进行了专门规定，禁止行政机关和法律、法规授权的具有管理公共事务职能的组织滥用行政权力，排除、限制竞争或制定排除、限制竞争内容的规定。① 这表明我国《反垄断法》不仅禁止滥用行政权力限制竞争的具体行政行为，也禁止滥用行政权力限制竞争的抽象行政行为。但是，《反垄断法》并未赋予反垄断执法机构对于行政垄断的管辖权，"行政机关和法律、法规授权的具有管理公共事务职能的组织滥用行政权力，实施排除、限制竞争行为的，由上级机关责令改正；对直接负责的主管人员和其他直接责任人员依法给予处分"，反垄断执法机构"可以向有关上级机关提出依法处理的建议"。② 但这种建议权只是提出建议的权利，并不具有足够的威慑力，而"上级机关"也并非确定的行政执法机关，缺乏反垄断意识，在处理下级机关与第三方争议时难以做到中立和公正。因此，应当赋予反垄断执法机构调查和审理反垄断案件的权力，以保障《反垄断法》的统一适用。③ 当然，反垄断执法机构是否能够承担制止行政垄断的任务，取决于该机构是否具有独立性和权威性，在我国当前反垄断行政执法"权力分立"的情况下，反垄断执法机构事实上既没有能力也没有权威制止行政垄断。④ 这就要求其他法律的转型，以配合《反垄断法》对行政垄断进行规制。

2. 行政垄断的其他法律规制

由于行政机关的行政立法、部门立法是导致能源产业行政垄断的主要原因，因此规范行政立法、遏制部门利益法制化就成为能源产业反行政垄断的关键环节。

首先，在法案的起草阶段，应该建立多元化的法案起草机制，增强立法透明度。⑤ 实行立法回避制度，拓宽法案起草渠道，与立法项目有直接、明显利害关系的组织和个人，不得直接参与规则的制定，也不得主导立法进程，对涉及部门利益的法律应当由地位相对中立的人大专门委员会起草，或委托专门机构和法律、经济专家联合起草。通过建立和完善委托立法和招标起草等机制，实现立法起草的第三方参与，淡化政府部门的立法职能，减少对其立法授权，防范部门利

---

① 参见《反垄断法》第 8、37 条。
② 参见《反垄断法》第 51 条。
③ 参见王晓晔：《行政垄断问题的再思考》，载《中国社会科学院研究生院学报》2009 年第 4 期。
④ 同上。
⑤ 参见高凛：《论"部门利益法制化"的遏制》，载《政法论丛》2013 年第 2 期。

益法制化倾向。实施立法公开制度和立法参与制度,公开范围除法律草案外,还应包括立法草案说明以及为立法目的而搜集的背景资料、审议草案的会议记录等文档,为利益集团的公平博弈提供前提。同时,在完善立法听证制度的基础上,建立有效的意见吸收机制,要求立法机关、行政机关对利害关系方和公众就立法所提出的意见、建议和要求是否予以采纳,特别是不予采纳的理由公开给予答复说明,有助于降低立法的部门利益倾向。

其次,应当建立健全行政立法责任制度。授予相应级别的权力机关、行政机关和司法机关对于行政立法的监督权力,由全国人大常委会监督国务院和省级权力机关的行政立法活动,国务院监督其部委和下级地方政府的行政立法活动,省级权力机关监督本级政府和下级权力机关的行政立法活动。就具体的行政立法责任而言,应当包括以下形式:第一,监督机关有权撤销或改变与宪法和上位法相抵触的行政立法;第二,国务院法制机构有权建议制定机关自行修正不适当的行政立法,或由国务院法制机构提出处理意见报国务院决定,并通知制定机关;第三,对于内容违反上位法规定或制定程序违反法律规定的行政法律规范,应当由有权机关(包括法院)宣布无效;第四,对于违反《法规规章备案条例》规定的行政法律规范,备案机关可以通过不予备案或暂缓备案的方式予以监督;第五,对于明显违反上位法规定且严重侵害民众合法权益的行政立法行为,应由行政立法机关承担立法赔偿责任。[1]

最后,应当将抽象行政行为纳入行政复议和行政诉讼的受案范围。除规范国防、外交等国家行为,以及规范行政机关内部管理事项的抽象行政行为外,利害关系人均可采用书面形式对行政机关的抽象行政行为申请行政复议,由国务院、省级政府、设区的市政府对抽象行政行为进行审查,并对违法的抽象行政行为作出撤销、部分撤销或责令改正的决定。[2] 同时,应当明确规定司法机关对于抽象行政行为的审查权,不仅限于对具体行政行为所依据的抽象行政行为的附带审查,而且可以针对利害关系人控诉的抽象行政行为进行直接审查;对于违法的抽象行政行为,法院可以裁定无效,责令行政机关限期改正,行政机关不服的可以向上一级人民法院上诉,由上一级法院作出最终裁定。当然,为保证司法独立,应当对法院管辖权进行限定,规定由实施抽象行政行为的机关的上级行政机关同级的法院行使管辖权,并规定一审由中级人民法院管辖的原则。[3]

必须指出的是,在对行政机关的抽象行政行为进行审查时不应仅限于合法

---

[1] 参见温晋锋:《行政立法责任略论》,载《中国法学》2005年第3期。
[2] 参见方军:《将抽象行政行为纳入行政复议范围的立法构想》,载《法学研究》2004年第2期。
[3] 参见关梅、于江波:《进一步完善我国抽象行政行为司法审查制度》,载《政法论丛》2004年第6期。

性审查,而应当建立竞争评估制度,就政府抽象行政行为对市场竞争的影响进行全面评估。评估过程主要分析政府政策本身及其与市场结构、市场行为等因素的交互作用是否严重损害了竞争秩序,是否存在对竞争损害更小的替代方案以实现政府管制目标。① 即使在形式上具有合法性的行政立法,在事实上产生了排除、限制竞争的效果,且无正当理由,则审查机关也应当认定该立法无效,并责令行政机关予以改正。

3. 法律在规制行政垄断方面的不足

我国《反垄断法》将行政垄断定义为政府滥用行政权力,排除、限制竞争的行为,其中所指称的"滥用权力"是指政府行为既不属于为维护社会经济秩序而实施的经济管理,也不属于为实现国民经济的宏观调控而采取的产业政策、财政政策等经济政策和社会政策。② 这一定义聚焦于政府行为的违法性判断,却忽略了行政垄断的经济实质,事实上,行政垄断是政府干预市场经济运行的一种表现形式,是为了防范过度的市场竞争而采取的管制措施,通常表现为设定进入壁垒,禁止企业合并,控制市场价格等。行政垄断具有普遍性和必然性,③它并非计划经济的产物,也不是我国所特有的现象,即使在市场化程度较高的发达国家,同样存在着行政垄断行为。

对于处于转型时期的我国能源产业而言,行政垄断具有特殊性,突出表现为行政机关极力维护国企的垄断地位,排斥、限制民营经济发展,而这种倾向恰恰正是凭借形式合法的国家产业政策甚至行政立法,通过不公平配置资源产权的方式得以实现的。尽管政府干预市场经济运行是现代市场经济的一大特征,但这种干预不应该以企业所有制性质的不同而对国企和民企进行区别对待。这种行政垄断本质上是一种产权行为,是通过寻租把原本属于全民所有的共有财产和本应服务于全民的公共资源,转化为个人、群体、部门或地方利益的合谋行为,其根源正是长期以来以国有经济垄断为核心的政治经济体制。④

遗憾的是,无论是《反垄断法》还是其他法律,都侧重于对政府垄断行为的规制,却忽视了行政垄断产生的体制基础。无论是提升反垄断执法机构的地位和权威,还是加强对行政立法的审查力度,最终都难以摆脱行政垄断主体与反行政垄断主管机关的同质性所内含的"自反"悖论。⑤ 规制行政垄断的任务单纯依靠

---

① 参见张占江:《弥补反垄断法行政垄断规制局限的制度方案——基于反垄断经济分析范式的修正》,载《中国价格监管与反垄断》2015 年第 1 期。
② 参见王晓晔:《行政垄断问题的再思考》,载《中国社会科学院研究生院学报》2009 年第 4 期。
③ 参见杨兰品、张秀生:《试论发达国家的行政垄断及其启示》,载《当代经济研究》2005 年第 11 期。
④ 参见温观音:《产权与竞争:关于行政垄断的研究》,载《现代法学》2006 年第 4 期。
⑤ 同上。

法律转型是难以完成的,更加不是一部《反垄断法》所能承受之重,而必须仰赖经济体制转型的进程,通过资源产权的公平、市场化配置,扶持民营经济发展,降低国有经济比重,逐步打破能源产业发展过度依赖国有经济的传统路径。但是,规制行政垄断并非消灭行政垄断,也非否定政府干预经济的行为,要求政府退回"守夜人"的角色,而是要求政府对国企与民企一视同仁,从全民族利益出发,放弃"呵护"国企的惯常做法,以产权效率而非行政效率作为自身的绩效指标。这需要政治家的决策以推进政治体制转型,但更加需要增强民企的议价能力来改变不同利益集团的政治权重,通过鼓励多元利益集团的政治博弈,推动立法过程的民主化,倒逼政治体制转型进程。

行政垄断的规制是一个渐进并动态演化的过程,市场经济的发展要求决定了政府的职能边界,从而也决定了政府经济行为的合理定位区间,而合理的行政垄断行为也就应当落在政府经济行为的合理定位区间之内,在不断调整的动态过程中寻求政府规制与市场机制的最佳平衡点。①

(三)发挥行业协会的作用以增强民企利益集团的议价能力

1. 通过行业协会促成民企的集体行动

前已述及,政府权力对市场运行的过度侵蚀使得政府在能源资源产权配置过程中处于主导地位,能源国企利益集团通过影响政府行政立法,控制能源资源产权,排挤民营资本,构筑行政垄断壁垒;民企利益集团虽然也有影响立法以实现自身利益的动机,却难以解决"搭便车"问题,导致无法达成集体行动为集团提供集体物品。因此,实现能源资源产权公平配置的目标固然需要弱化政府权力对资源产权配置的控制,加强对行政立法的监督以规制行政垄断,但同时也需要为民企利益集团的成员提供"选择性激励",通过鼓励实施了集体行动的成员或惩罚未参与集体行动的成员来解决"搭便车"问题,动员集团成员实施影响立法的集体行动。② 由于这种"选择性激励"是针对集团成员个体而非集团整体的激励性措施,目的在于增进能源民企这一特定社会群体的福利,因此具有普遍社会约束力的法律规范难以发挥激励集团成员的任务,通过行业协会的"非法律性惩罚"则往往更能实现"选择性激励"的效果。

首先,作为行业自律组织,行业协会能够通过收取会费等方式,将集体行动的成本内化进所有成员的成本核算体系,克服外部性所导致的"搭便车"问题,对

---

① 参见林仲豪:《美国行政垄断规制改革及其启示》,载《经济学家》2008年第1期。
② 参见〔美〕曼瑟·奥尔森:《集体行动的逻辑》,陈郁等译,格致出版社、上海三联书店、上海人民出版社2014年版,第34页。

于拒绝缴纳会费、阻碍集体行动的成员,则可以采取征收罚金、降低名誉、集体抵制、开除、市场禁入等方式进行惩罚。其次,行业协会本质上是协会成员建构的一种网络性和组织性的关系实体,有助于实现集团成员由"陌生人"到"熟人"的角色转换,建立稳定和持续性的交往关系,有助于降低集团成员之间的协调成本,同时这种"重复博弈"的环境也为缺乏国家强制力的"非法律性惩罚"提供了适用空间。最后,作为具有共同潜在利益的企业联盟,行业协会对于能源民企的发展现状和行业标准有着更为深入的了解,易于建立有效的信息搜集和争议解决机制,能够更加合理地分配集体行动所带来的收益和成本,从而使得"选择性激励"措施更具针对性和专业性。①

2. 通过行业协会聚合民营资本以推动政治民主化进程

行业协会的作用不仅仅体现在提供"选择性激励"以促使民企从事影响立法的集体行动,更重要的意义在于整合民营资本以形成对抗政治国家的市民力量。前已述及,具有足够权力创造和保护个人财产权利、强制执行各种契约且受到约束而无法剥夺或侵犯个人权利的"强化市场型政府"是经济长期增长的必要条件。"强化市场型政府"意味着政府与社会总体福利具有"共容利益",能够从社会总产出增长中获取较大份额,并因社会总产出的减少遭受极大损失,因而更倾向于通过立法提高产权效率以增加社会总产出,而不是热衷于从现有总产出中分取更大份额,这种具有"共容利益"的"强化市场型政府"必须以民主政体为基础,②其核心是保证政府政策和立法产生于自由的政治竞争过程和多元利益集团的政治博弈。

由于行政机关集行政执行权和行政立法权于一身,缺乏应有的法律约束,造成行政机关的行政专制局面,而长期以来受以国有经济垄断为主导的政治经济体制影响,能源国企凭借资源产权优势建立并保持在能源产业中绝对垄断地位,成为能源产业乃至整个国民经济的支柱,同时也成为国家政治统治的重要支撑。

行政权力的运行失范与能源国企政治经济权重的过度膨胀,促使行政机关与国企之间建立了进退一致的共同利益关系,国企主导立法,行政机关及其公务人员通过政策立法维护国企垄断地位和垄断利润,同时也在捍卫自身政治利益,这就造就了具有潜在共同利益的"政府—国企利益集团",将经济领域的垄断延伸至政治领域,排斥自由的政治竞争过程,从而割裂了政府、国企与社会整体福利之间的共容利益。因此,想要建立具有共容利益的"强化市场型政府",就必须

---

① 参见鲁篱:《论非法律惩罚——以行业协会为中心展开的研究》,载《河北大学学报(哲学社会科学版)》2004年第5期。
② 参见〔美〕曼瑟·奥尔森:《权力与繁荣》,苏长和等译,上海人民出版社2014年版,"序言"第3—4页。

通过民企的发展来降低国企的政治经济权重,但由于能源国企是国家政治统治在经济领域的延伸和代表,发展民营经济就意味着对政府行政权力的制衡与约束。

在由计划经济向市场经济转型的过程中,任一民企都难以完成制衡政治国家的任务,但行业协会能够通过"非法律性惩罚"等手段,将分散化的民企组织起来,形成行动一致的强大利益集团,改变单个企业与政府谈判时的弱势局面,节约和分摊政企谈判过程中的交易成本。同时,相对于单个民企而言,以协会团体形式出现的民企利益集团能够更为有效地参与到国家政策制定和立法过程中,对政府施加实质性的压力或潜在的压力威胁,迫使政府在行权时必须顾及行业协会及其所代表的民企对政策、法规的回应,形成对政府权力的社会制约,促使政府权力运作的规范化。因此,通过行业协会整合民营资本,能够增强民企的议价能力,使得这种市民力量切实参与到政治博弈过程中,形成自由的政治竞争格局,倒逼政治体制转型,推动政治民主化进程。

3. 通过市场化转型以发挥行业协会的作用

能源民企行业协会作为行业经营者的商业联盟,其存在的根本意义在于提供"选择性激励"以促使民企集团成员实施影响立法的集体行动,推动民主政治进程,构建"强化市场型政府"。但我国行业协会存在明显的定性错位问题,集中表现为政府权力对行业协会的过度干预,严重制约了行业协会核心功能的发挥。① 政府通过职权让渡、人员兼职、经费控制等方式,使得行业协会的内部管理成为政府行业管理的"合法"延伸,政府利用行业协会继续保护国企的利益,维持行政垄断状态;行业协会受制于政府,呈现出政府下属或附属单位的特征,其工作内容以执行政府行业管理要求为主,而不是代表和反映其成员的利益和诉求。因此,想要发挥行业协会在聚合民营资本方面的核心功能,就必须纠正行业协会的性质错位,排除政府的过度干预。为此,首先应当废止行政机关组建行业协会的传统做法,鼓励和支持民企自建行业协会;其次,应该明确界定政府和行业协会的职责,分清政府部门管理与行业协会管理的不同性质、任务、作用和方式等,依法界定行政管理权和行业协会自律权的范围;最后,应该规范行业自律,明确行业自律的范围,变政府的直接管理为放权监管,突出行业协会的共利维护性,使其真正成为民企利益的代表。

---

① 参见义海忠、郑艳馨:《对我国行业协会性质错位的思考》,载《河北法学》2008 年第 3 期。

四、结　　语

通过市场化转型提高能源效率是我国能源发展转型的基本路径依赖,在这一转型过程中,公平的能源资源产权配置担纲了制度基石的作用,成为构建多元竞争性市场的基础、企业公平竞争的前提,并为能源革命所必需的破坏性创新提供竞争可能性。但是,我国现有制度安排强调政府权力在资源配置中的主导作用,行政许可附加于矿业权出让过程,行政立法铸就行政垄断壁垒,加之能源国企利益集团在立法过程中的强势影响,导致了我国能源资源产权配置不公的现状,阻碍了能源效率的提升和社会整体福利的增加。因此,必须变资源产权的政府配置为市场配置,弱化政府权力在资源产权流转过程中的作用,通过经济体制转型并配合法律转型以规制行政垄断,同时强化行业协会在聚合民营资本方面的作用,增强能源民企利益集团的议价能力,推动政治民主化进程,构建"强化市场型政府",最终实现公平配置能源资源产权的目标。

第四编　国有经济参与法律制度

国有企业类型化管理中的分类标准

王几高[*]

一、引　　言

从 1979 年开始至今,我国国有企业经历了放权让利阶段(1979—1983 年)、税利改革和进一步扩大企业自主权阶段(1983—1985 年)、基于"两权"分离理论的承包经营责任制推行阶段(1985—1992 年)、建立现代企业制度阶段(1992 年至今)在内的四个主要阶段的改革历程。经过 30 多年的改革与发展,我国国有企业在经济布局、政企关系、经营机制、经营绩效等方面都取得了明显的成就,形成了促进经济改革和经济发展的良好效应,确立了以公有制为主体、多种所有制经济共同发展的混合经济结构,并在保持我国经济稳定增长、快速推进工业化进程和提高国际竞争力方面发挥了重要的作用。

尽管国有企业改革和发展取得了巨大成就,但是整个社会和公众对国有企业的质疑和批评并没有减少。国内媒体曾热议时任国资委主任李荣融的一句抱怨:"为什么国有企业搞不好的时候你们骂我,现在我们国有企业搞好了,你们还

---

[*] 王几高,华东政法大学 2014 级博士研究生,中原英石基金管理有限公司稽核与风控部总监。

是骂呢?"①社会的质疑和民众的批评主要是源于国有企业在改革实践中产生了相当程度的改革误区。国有企业在经营效率和竞争力显著提高的同时,"并没有比一般企业更多地实现社会要求它们实现的供应目标","并未能实质性地和长远地有利于促进各产业市场结构(产业结构)的不断改善和优化","并没有成为社会的公平标杆"②(国有企业高管和一般员工的收入及福利差距巨大,垄断性行业国有企业的工资和福利水平同一般竞争性行业差距巨大)。一些本该加快推进市场化的行业,其市场化程度远远不够,一些不应该过度市场化的行业,却极力加快推进市场化,其结果是国有企业创新动力不足,国民整体福利水平下降。有学者认为,出现这些问题的关键在于国有企业改革目标模糊、把市场经济简单等同于市场化和提高价格,没有对不同功能和性质的国有企业进行科学分类,其中没有进行科学分类是问题产生的起始点。③

目前,新一轮的国企改革正在向纵深发展。随着十八届三中全会对未来国企改革总体方向的敲定,《中共中央关于全面深化改革若干重大问题的决定》对于深化国有企业改革提出了极其重要的思路,明确指出要"准确界定不同国有企业功能"。2015年9月,由中共中央、国务院公布的作为新时期指导和推进国有企业改革的纲领性文件《关于深化国有企业改革的指导意见》,明确要求根据国有资本的战略定位和发展目标,结合不同国有企业在经济社会发展中的作用、现状和发展需要,划分国有企业不同类别。

二、国企分类改革的简要回顾

国有企业分类管理本身不是新鲜事物,国外已经有很多的成功实践和案例,国内也早有不少研究和实践。

从理论界来看,从20世纪90年代中期开始,就有学者对国有企业分类管理进行了相关研究。董辅礽(1995)认为,应当从国有企业在社会主义市场经济中的功能出发对国有企业实行分类改革,将国有企业划分为非竞争性企业、竞争性企业两类,前者又包括自然垄断企业和以社会公益为目标的企业。④ 杨瑞龙(1998)根据国有企业提供产品、所处行业以及规模的差异,将国有企业划分为竞

---

① 周丽娜:《李荣融:7年不痒》,http://www.cb.com.cn/deep/2010_0827/145998.html,2015年8月2日访问。
② 金碚:《论国有企业改革再定位》,载《中国工业经济》2010年第4期。
③ 参见高明华、杨丹、杜雯翠等:《国有企业分类改革与分类治理——基于七家国有企业的调研》,载《经济社会体制比较》2014年第2期。
④ 参见董辅礽:《从企业功能着眼,分类改革国有企业》,载《改革》1995年第4期。

争性与不完全竞争性两类,不完全竞争性的国有企业又可以分为提供公共产品的非竞争性国有企业与处于基础产业和支柱产业地位的垄断性国有企业。① 金碚(1999)认为,应以是否负有特殊的社会功能来进行分类改革,对负有特殊社会功能的国有企业,应制定专门法律予以规范;而对不负有特殊社会功能的国有企业则按一般企业制度进行改革,纳入《民法》和《公司法》予以规范。② 张淑敏(2000)主张,将国有企业根据所提供的产品性质和规模差异划分为竞争性国有企业和不完全竞争性国有企业两类,后者又可以再细分为提供公共产品的非竞争性国有企业、处于基础产业和支柱产业地位的垄断性国有企业。③ 蓝定香(2006)则从产权性质的角度将国有企业划分为公共领域的国有企业与非公共领域的国有企业,认为前者应建立"特殊"的产权制度,后者应建立多元产权相互制衡的产权结构。④ 黄群慧(2013)认为,每个国有企业的存在对国家有着不同的意义、必要性和使命,建议基于"使命"将国有企业分为三类:第一类是公共政策性企业,是国家保证实现社会公众利益的一种手段和工具,旨在弥补市场缺陷;第二类是一般商业性企业,也就是人们常说的竞争性国有企业,这类企业完全是盈利性企业,处于竞争性行业,其生存和发展完全取决于市场竞争;第三类是特定功能性企业,这是具有混合特征的国有企业。⑤ 赵昌文(2013)认为,根据国有企业提供的产品和服务属性、所处行业的重要性以及所处行业市场机制的有效性,可以将国有企业分为商业性国有企业(或者竞争性国有企业)和兼有政策性功能的国有企业,兼有政策性功能的国有企业又包括具有自然垄断特征的行业、提供重要公共产品和服务的行业、涉及国家安全的行业以及包括部分支柱产业和高新技术产业在内的国有企业。⑥ 高明华(2013)基于国有企业的目标和功能,将国有企业划分为公益性国有企业、(合理)垄断性国有企业、竞争性国有企业三类,其中垄断性国有企业又分为自然垄断性国有企业和稀缺资源垄断性国有企业。⑦ 上海国有资本运营研究院(2013)则从国有企业的资本来源与构成、功能定位与核心目标以及产品定价三个维度,将国有企业从总体上划分为公益

---

① 参见杨瑞龙、张宇、韩小明、雷达:《国有企业的分类改革战略》,载《教学与研究》1998年第2期;《国有企业的分类改革战略(续)》,载《教学与研究》1998年第3期。
② 参见金碚:《三论国有企业是特殊企业》,载《中国工业经济》1999年第7期。
③ 参见张淑敏:《国有企业分类改革的目标模式探讨》,载《财经问题研究》2000年第8期。
④ 参见蓝定香:《建立现代产权制度与国有企业分类改革》,载《经济体制改革》2006年第1期。
⑤ 参见黄群慧:《论国有企业的战略性调整与分类改革》,载《学术前沿》2013年第22期。
⑥ 参见赵昌文:《对国企垄断要具体问题具体分析——国企改革几个理论问题辨析》,载《人民论坛》2013年第4期。
⑦ 参见高明华:《论国有企业分类改革和分类治理》,载《行政管理改革》2013年第12期。

型国有企业、竞争型国有企业和介于两者之间的"混合型"国有企业。① 顾功耘、胡改蓉(2014)则认为,从本源来看,国有企业天然地同时具有"经济人"和"准政治人"的双重身份,这使得其同时有着"公益"属性和"营利"属性,但在实践中,这两种使命很难在一个组织内得以很好地调和,因此应该将其划分为公益性国有企业与营利性国有企业来进行分类管理。②

从我国国企改革实践来看,我国国企改革经历了从按照规模大小、产业结构和国企功能来划分国有企业的三个不同阶段。在过去相当长的一段时间内,国企改革实践主要停留在按照规模大小、产业的重要程度和产业环节来划分国有企业,偏重于资本分布层面或市场结构层面的分类改革。

第一阶段:按照国有企业的规模大小进行划分管理。中共十四届五中全会(1995年)通过了《中共中央关于制定国民经济和社会发展"九五"计划和2010年远景目标的建议》,提出"抓大放小"的改革部署,对国有企业实施战略性改组。这种改组要以市场和产业政策为导向,搞好大的,放活小的;重点抓好一批大型企业和企业集团,以资本为纽带,联结和带动一批企业的改组和发展,形成规模经济,充分发挥它们在国民经济中的骨干作用。区别不同情况,采取改组、联合、兼并、股份合作制、租赁、承包经营和出售等形式,加快国有小企业改革改组步伐。中共十五届四中全会(1999年)审议通过了《关于国有企业改革和发展若干重大问题的决定》,提出坚持"抓大放小"。要着力培育实力雄厚、竞争力强的大型企业和企业集团、放开搞活国有中小企业;要从实际出发,继续采取改组、联合、兼并、租赁、承包经营和股份合作制、出售等多种形式,放开搞活国有小企业。党的十六大(2002年)指出,按照现代企业制度的要求,国有大中型企业要继续实行规范的公司制改革,完善法人治理结构。推进垄断行业改革,积极引入竞争机制。通过市场和政策引导,发展具有国际竞争力的大公司大企业集团,进一步放开搞活国有中小企业。

我国大型国企拥有的国有资产多、就业职工多,对其进行的改造稍有不慎,就会导致国有资产的大量流失并影响整个社会稳定;而小型国有企业拥有的国有资产和就业职工相对较少,对其放开改造则不会产生类似问题或带来的问题和影响要小。因此,这种对国有企业按照规模分类管理、"抓大放小"的改革方式,有其历史原因和一定合理性。但是,从长远来看,这种依照规模标准来划分国有企业并区别管理的方式本身并不符合现代市场经济本身的运作规律。

---

① 参见上海国有资本运营研究院"国有企业分类监管研究"课题组:《国有企业分类监管法则》,载《上海国资》2013年第4期。
② 参见顾功耘、胡改蓉:《国企改革的政府定位及制度重构》,载《现代法学》2014年第5期。

第二阶段:按照市场产业结构对国有企业进行划分管理。中共十五届四中全会(1999年)审议通过了《关于国有企业改革和发展若干重大问题的决定》,指出国有经济需要控制的行业和领域主要包括涉及国家安全的行业、自然垄断的行业、提供重要公共产品和服务的行业以及支柱产业和高新技术产业中的重要骨干企业;而其他行业和领域则可以通过资产重组和结构调整,集中力量,加强重点,提高国有经济的整体素质。2006年,国资委下发《关于推进国有资本调整和国有企业重组的指导意见》,要求推动国有资本向重要行业和关键领域集中,重要行业和关键领域主要包括涉及国家安全的行业、重大基础设施和重要矿产资源、提供重要公共产品和服务的行业以及支柱产业和高新技术产业中的重要骨干企业。该决定将十五届四中全会明确的四大领域中的"自然垄断"调整为"重大基础设施和重要矿产资源"。2008年颁布的《中华人民共和国企业国有资产法》规定,推动国有资本向关系国民经济命脉和国家安全的重要行业和关键领域集中,优化国有经济布局和结构,推进国有企业的改革和发展,提高国有经济的整体素质,增强国有经济的控制力、影响力。

依照市场产业结构来对国有资本和国有企业的布局进行划分在一定程度上有利于改善市场运行秩序和产业组织结构。但是,通过观察世界各国的历史和现状,"即便是在以利润最大化为目标的竞争性行业中,国有企业也并非完全没有进入的理由","即便是以社会目标为主的垄断行业,也并非是非国有企业绝对不能进入的领域,特别是随着技术的进步和管理水平的提高","在垄断性产业和强调社会目标的产业中,只要政府实施适当的管制政策,非国有企业也能够发挥积极的作用"。① 所以,按照产业结构和经济领域来对国有企业进行分类也存在着一定的局限性。

第三阶段:按照国有企业的功能进行分类管理。2011年12月,国务院国有资产监督管理委员会副主任邵宁在某企业家论坛上首度提出"公益性国有企业"和"竞争性国有企业"的国企两分法改革理论。② 党的十八届三中全会(2013年)通过的《中共中央关于全面深化改革若干重大问题的决定》,要求"准确界定不同国有企业功能"。由此,国企改革正式进入了依照国有企业不同功能进行分类改革的新进程。《中共中央关于全面深化改革若干重大问题的决定》要求,加大对公益性企业的投入,在提供公共服务方面作出更大贡献,继续控股经营的自然垄断行业,实行以政企分开、政资分开、特许经营、政府监管为主要内容的改革,根据不同行业特点实行网运分开、放开竞争性业务,推进公共资源配置市场化,大

---

① 金碚:《再论国有企业是特殊企业》,载《中国工业经济》1999年第3期。
② 参见《未来国企将按公益型和竞争型进行分类改革》,载《上海企业》2012年第3期。

体明确了国企的三种类型,即公益性国企、自然垄断性国企和竞争性国企。

在十八届三中全会之后,地方国资改革的速度加快,继上海最先出炉国资国企改革方案之后,各个地方也都相继出台地方性国资国企改革方案。通过对各个省市国资国企改革方案中有关国企分类的整理,大体分为两种划分方法:(1)两分法。以四川省为代表,将国有企业分为功能性企业和竞争性企业,功能性国有企业主要是指承担政府战略任务、重大专项任务或提供公共产品和服务的企业,以实现社会效益为主要目标,兼顾经济效益;(2)三分法。该分法为绝大多数省份采用,将国有企业划分为"竞争类企业、公益类企业/公共服务类企业、(特殊)功能性企业"。竞争类企业以市场为导向,以经济效益最大化为主要目标,兼顾社会效益;公益类企业/公共服务类企业,以承担保障经济社会发展和人民群众生活服务功能为主,优先考虑社会效益,兼顾经济效益;功能类企业的经营业务主要承担政府特定任务或实现特定功能,以完成战略任务或重大专项任务为主要目标,兼顾经济效益,主要涉及特定区域的开发建设、重要资源开发、重大项目建设等领域。

中共中央、国务院于2015年9月公布的《关于深化国有企业改革的指导意见》将国有企业分为商业类和公益类:商业类国有企业按照市场化要求实行商业化运作,以增强国有经济活力、放大国有资本功能、实现国有资产保值增值为主要目标,依法独立自主开展生产经营活动,实现优胜劣汰、有序进退;公益类国有企业以保障民生、服务社会、提供公共产品和服务为主要目标,引入市场机制,提高公共服务效率和能力。

三、对现行国有企业类型划分的认识和反思

首先,在目前理论界和实践中的诸多国有企业类型划分中,存在着分类标准不一致的问题,即分类没有遵循一个统一的标准。

例如,有学者建议,基于国有企业的"使命"将国有企业分为公共政策性企业、一般商业性企业、特定功能性企业(黄群慧,2013);基于国有企业的目标和功能,将国有企业划分为公益性国有企业、(合理)垄断性国有企业、竞争性国有企业三类(高明华,2013);从国有企业的资本来源与构成、功能定位与核心目标以及产品定价三个维度,将国有企业划分为公益型国有企业、竞争型国有企业和介于两者之间的"混合型"国有企业(上海国有资本运营研究院,2013);以及各省市国资国企改革方案中大多采取的三分法,将国有企业划分为竞争类企业、公益类企业/公共服务类企业、(特殊)功能性企业。"公益性"一般对应的是营利性,是以企业是否以追求利润最大化为参照标准的一种划分;"竞争性"一般对应的是

非竞争或垄断,是以企业所处的市场结构为参照标准的一种划分;"功能性"本身只是一个参照标准,而不是按照某个参照标准所进行的一种划分,因此是一个比较含糊的说法。将依照不同参照标准得出的划分子项平行放在一起作为同一层面的具体类别,是很不科学的,不符合类型划分所要求的标准一致性原则。

其次,公益性企业的表述并不科学。很多学者都主张,由于很多国有企业的存在主要是为了弥补市场失灵、提供公共产品和履行非经济的特殊职能,因此将这类企业归为公益性企业。但是,公益性企业的表述存在很多缺陷。

第一,公益的概念具有模糊性。就语义来看,"公益"是"公共利益"的简称,即公共的利益。边沁认为,公共利益是"组成共同体的若干成员的利益的总和","共同体是个虚构体,由那些被认为可以构成其成员的个人组成"。公共利益是"最大多数人的最大幸福"。①但"公益"究竟需多少个"私益"才能组成?是否在有些情况下再多的私益也无法形成公益,在有些情况下仅少数的私益也可构成公益?这些问题都无法得到一个确定的答案。公共利益的最特别之处在于其概念内容的不确定性,而这种不确定性主要是由不确定的利益与不确定的公共所共同产生的:一方面,利益内容包括哪些是不确定的,利益是一种积极的价值判断,而价值判断是主观的,具有历史性,判断的对象具有多元性,这决定了利益的内容是不确定的;另一方面,公共的范围也是不确定的,无论是以地域为判读基础还是以人数为判读标准,其范围都是不确定的。② 如此一来,公益性国有企业的外延将难以准确划定,只要向社会提供了合格的产品和服务,就可以说是促进了社会发展与进步,促进了"公益",都可以任意归入公益性国有企业,以至于有国资委官员将中央层面的石油石化、电网、通信服务等资源性、垄断性国有企业归入公益性国有企业。③"公益"的模糊性和随意性使得一些垄断性国有企业披上了"公益"的外衣,在获取了巨额利益的同时,还标榜自己对经济发展、社会稳定、民众福祉有着杰出贡献和丰功伟绩④。这样的公益性国有企业范围界定,只会让民众产生更多的质疑和痛感。

第二,营利是企业组织存在和活动的基本动机,而"公益"是和"私益"相对的一个概念,指非营利的,因此公益性企业成了一个内在矛盾的概念。"企业就要营利,如果以公益为经营目标,那就不是企业,而成为公益组织了。我国事业单

---

① 〔英〕边沁:《道德与立法原理导论》,时殷弘译,商务印书馆2000年版,第51—58页。
② 参见余洪法:《对公共利益内涵及其属性特征的考察——以物权征收制度中的公共利益为视点》,载《昆明理工大学学报(社会科学版)》2008年第5期。
③ 参见《未来国企将按公益型和竞争型进行分类改革》,载《上海企业》2012年第3期。
④ 时任国资委主任李荣融在2010年达沃斯论坛上表示,中国还处于初级阶段,某些行业出现垄断是正常的,如果没有中石油、中石化、中海油这三个石油企业,中国经济早乱了。资料来源:http://finance.huanqiu.com/roll/2010-09/1103468.html,2015年8月2日访问。

位改革的基本政策导向也是将从事经营营利活动的事业单位改制成企业,这也印证了企业的本质性任务是从事经营营利活动。"[1]

因此,公益性国有企业的概念和划分类型实在是弊大于利,不宜采纳。

再次,很多学者主张将既非纯粹一般商业性,也非典型公共政策性,其"国家使命"是巩固社会主义基本经济制度和在国民经济中发挥主导作用(包括"走出去"、促进经济发展方式转变、保证国家经济安全和主导经济命脉等具体功能)的国有企业划分成(特定)功能性企业(黄群慧,2013)。在目前的各省市国资国企改革方案中也基本都包括了这一类型的划分。但是,功能类国有企业的内涵模糊,本身不利于分类管理的初衷。例如,在对特定功能类国有企业的界定中,都有以实现战略目标、完成政府重大专项任务和保障经济安全稳定运行为主,追求经济效益和社会效益统一的表述,但是具体的内容却差异很多。例如,上海的功能类国有企业主要涉及特定区域的开发建设、重大项目建设等领域,广西的功能类国有企业主要涉及各类投融资平台、重要资源开发、重大基础设施建设等企业,北京的功能类国企包括了如市保障性住房建设投资中心这样用市场融资保障民生的企业。到底哪类国有企业能纳入功能类,划入功能类的标准又是什么,这些都是模糊和不明确的,随意性比较强,本身也不利于分类管理。此外,"在我国对国有企业市场化广度、深度的界限认识是感性和模糊的。地方一级的操作标准往往取决于地方政府的财政压力感,领导的改革魄力等。"[2]这就使得功能类国有企业的划分标准更是变成了地方政府按照自身财政压力情况和领导风格任由其"随意打扮的小姑娘"。

最后,有学者提出,根据企业生产和提供的产品和服务是公共产品还是私用产品进来分类,分为公共领域的国有企业与非公共领域的国有企业,这是有着一定的道理的。的确在发达市场经济国家,国有企业大部分都是集中在提供公共产品的领域,非公共产品领域主要是私人经济为主,这种划分有利于将我国分布在公共产品领域的国有企业建立类似西方公共企业的管理机制和法律框架,对于非公共产品领域的国有企业逐步采取退出非公共产品领域。但是,仅仅根据这个分类还有一些不足,发达市场经济国家在公共产品领域建立国有企业的根本原因是因为这个领域存在着市场失灵,市场机制无法正常发挥作用,因此需要政府的干预;但是对于我国而言,目前在建立社会主义市场经济过程中,除了这种一般性的市场失灵,还存在作为发展中国家和经济转型国家特有的市场失灵。

---

[1] 张安毅:《论公益性国有企业概念的理论缺陷与公共企业制度的建立——以中国国企分类改革为背景》,载《东疆学刊》2014 年第 10 期。

[2] 张力:《法人与公司制度融合风险的法律控制——兼论实现国家公司公益性的法人制度支持》,载《现代法学》2013 年第 2 期。

因此，只看到一般性市场失灵进而据此划分国有企业是不全面的。

四、国企分类改革的理论基础

国有企业依照功能进行类型化改革已经成为实践和理论界的一种基本共识，但是在依照什么标准进行分类、划分成哪几类的问题上众说纷纭。笔者以为，对这个问题的回答，首先需要寻根溯源找到国企进行分类改革的理论基础，然后才能比较科学地找出答案。

（一）社会主义市场经济中国有企业的功能

从我国国有企业改革历程来看，国有企业改革理论的起点是对国有企业的定位和功能的探讨，而对这个问题的正确认识也是国有企业分类管理的逻辑起点和理论依据。

企业是资本实现价值的重要载体，企业的性质在很大程度上取决于资本的性质。马克思主义认为，资本具有两重属性：（1）资本的一般属性（资本的共性），为资本逐利与增殖的自然属性，"原预付价值不仅在流通中保存下来，而且在流通中改变了自己的价值量，加上了一个剩余价值，或者说增值了"；[①]（2）资本的特殊属性，为资本所有权及其体现的生产关系的特殊性质。资本是一定的、社会的、属于一定历史社会形态的生产关系，它体现在一个物上并赋予这个物以特有的社会性质。[②]

国有资本作为资本形式之一，同样具有自然和社会两个基本属性。国有资本的自然属性体现在经济性、效益性、竞争性等方面，其基本目的在于保值增值、获取收益。国有资本的社会属性体现在其所有权归属及其所处特定社会制度方面。历史上的国有资本存在于各种不同的社会形态之中，资本主义国家、法西斯主义国家、社会主义国家都存在着不同程度的国有资本，它们具有不同的社会属性，社会主义国家的国有资本是社会主义公有制经济的基本形式，其基本目的在于服务全体人民的共同利益、增进社会总福利。因此，国有资本具有双重属性，作为国有资本的组织载体的国有企业也因此具有双重属性。

一个普遍的共识是：一方面，国有企业需要以一般企业所从事的活动方式获得生存和发展的条件，即"企业性"。国有企业是作为一个经济组织而不是政治组织而存在，因此具备一般企业的全部特征，为了获取生存和发展，追逐利润最

[①] 《马克思恩格斯全集》第 23 卷（上），人民出版社 1979 年版，第 172 页。
[②] 《资本论》第 3 卷，人民出版社 1975 年版，第 920 页。

大化是其经济本能。另一方面，国有企业具有与政府组织一般活动相似的特质，即"公共性"。从各国情况来看，政府建立国有企业的主要动机是提供公共产品、克服系统性市场失灵、满足整个国民经济社会发展的公共需要。因此，"在国有企业的身后，人们总是可以同时看到两股力量：一股是非经济的、出于政治或意识形态考虑的力量，另一股是经济的、出于实用主义考虑的力量。现实经济中，这两股力量之间从来没有一条泾渭分明的界线。"①

1. 企业的"经济人"属性决定了国有企业区别于行政组织的经济目标和功能

企业作为市场经济的微观基础和经济主体，具有"经济人"属性，其天然地具有以实现利润最大化为目标从事生产和经营活动的经济属性，即营利性。所谓营利性，一般包括了三层含义：一是追求私益，即私法保护的私利，非为公益和慈善事业；二是行为的有偿性，区别于虽为私益但是无偿的互助行为等；三是追求资本不断增值和经济收益的最大化。②

无论是私有产权还是国有产权，作为一个企业的首要目的必然是追逐利润、获取盈利，使得企业有足够的资本得以获取长久的生存和发展。企业如果失去了这种保值增值的经济本能，市场经济也就失去了赖以存在的微观基础。企业作为社会化大生产和竞争经济的产物，是一种成本较小的生产组织形式，在新制度经济学中，企业被定义为契约网络或契约连接点，在一个竞争市场中，"只有使成本最小化（或使共同净收益最大化）的契约形式才能长期地存在下去：均衡的契约结构是最大化过程中的一个内生结果。"③因此，国有企业虽不一定要以追求最大利润为目标，但是也应该实现成本最小化。否则，如果建立国有企业仅仅是为了实现其非经济目标和功能，而不必考虑成本最小化，那么就不一定非要采取企业这种组织形式了。

2. 国有企业具有一般性企业没有的非经济目标和功能

无论是在发达市场经济国家还是社会主义国家，作为政府干预或参与市场经济的一种方式，国有企业在开展各项经营活动过程中，还呈现出一定的非经济目标和功能。④

对于国有企业的非经济目标和功能，学者看法各异。董辅礽认为，国有企业在社会主义市场经济中的功能主要有：第一是在市场失灵的情况下，为政府对经

---

① V. V. Ramanadham, The Economics of Public Enterprise, London: Routledge, 1991. 转引自黄速建、余菁：《国有企业的性质、目标与社会责任》，载《中国工业经济》2006年第2期。

② 参见王保树主编：《中国商法》，人民法院出版社2010年版，第87页。

③ 〔冰岛〕恩拉恩·埃格特森：《经济行为与制度》，吴经邦、李耀等译，商务印书馆2007年版，第139页。

④ 这里的非经济目标和功能不是指企业的社会责任，企业社会责任是某一特定时期社会对企业组织所寄托的经济、法律、伦理和自由决定（慈善）的期望，这个意义上的社会责任对于国有企业和一般企业并没有太多区别。

济和市场进行必要的干预提供物质条件;第二是为了使得国民经济得以持久、协调地发展,通过建立国有企业来发展各种基础性产业、基础设施和高新技术产业;第三是满足人民的基本需要、调节收入分配和促使社会公平;第四是为了维护市场公平竞争、防止损害消费者的利益,在竞争性领域保留少量骨干的国有企业,以免一些自然垄断企业在被私人掌握后利用其自然垄断地位从价格和服务上损害消费者的利益;第五是保障某些关系国家社会安全的产业或涉及经济命脉的产业。[1] 张连城认为,就我国现阶段而言,国有企业具有的特殊社会功能主要表现为:(1)服务宏观经济,实现资源在全社会范围内的优化配置;(2)进行战略开发,促进技术进步,实现产业结构升级,为经济发展提供基础性服务;(3)促进地区经济平衡发展,实现经济合理布局;(4)控制国民经济命脉及其他重要领域,保障国家经济、政治和军事安全;(5)实现政府的其他重要政策目标。[2] 黄群慧认为,国有企业存在的理由是其要承担"国家使命",西方市场经济国家国有企业的使命是单一的,即弥补市场缺陷的公共使命;而我国国有企业的国家使命不仅包括弥补市场缺陷等公共性使命,还包括巩固社会主义基本经济制度、国有资产的保值增值、保证国家经济安全等盈利性使命。[3] 李昱认为,在社会主义市场经济下,国有企业的社会功能主要有:(1)优化全社会资源配置,使社会福利最大化,维护人民根本利益,推动社会和谐发展;(2)作为政府调节经济手段,着眼于一些宏观经济目标的实现;(3)在基础设施的建设、提高人民生活质量、塑造良好的社会氛围上发挥重要作用;(4)在涉及国民经济命脉的和其他重要领域发挥国有经济的控制作用,保障国家经济、政治和军事安全。[4] 金碚认为,社会主义市场经济中的国有企业主要是基于三个方面的社会政策目标:一是实现市场机制自身不能达到的,而且政府也难以用其他的间接干预手段来实现的某些社会政策目标,弥补市场缺陷;二是发展战略性民族产业,特别是基础产业和高新技术产业;三是作为公有制的实现形式之一,体现公有制经济的决定性力量。[5] 笔者认为,上述观点都有着一定的合理性和启发意义,但是从整体来看,我国国有企业的非经济目标和功能主要有两个方面:

首先,我国国有企业的第一个非经济目标和功能:纠正市场失灵。

在市场经济体制下,谁来生产、生产什么、生产多少都是资源配置问题,由市

---

[1] 参见董辅礽:《从企业功能着眼,分类改革国有企业》,载《改革》1995年第4期。
[2] 参见张连城:《论国有企业的性质、制度性矛盾与法人地位》,载《首都经济贸易大学学报》2004年第1期。
[3] 参见黄群慧:《论国有企业的战略性调整与分类改革》,载《学术前沿》2013年第22期。
[4] 参见李昱:《国有经济功能和国有企业社会责任》,载《国有经济评论》2011年第9期。
[5] 参见金碚:《论国有企业改革再定位》,载《中国工业经济》2010年第4期。

场自发决定和调节，一般情况下，国家不对市场进行干预，也不需要国家来安排和提供产品或服务。但是，市场这个无形之手也不是万能的，市场也会失灵，现代市场经济是一种混合经济，是在一方面承认市场在资源配置中起基础性作用、发挥市场的主导作用，另一方面也认识到市场失效的不可避免而政府干预有着一定的合理性和必要性的现代市场观念的基础上建立起来的，是由市场主导和政府干预共同构成的一种经济形态。正如诺贝尔经济学奖获得者保罗·萨缪尔森认为的，"无论是无管制的资本主义制度还是过度管制的中央计划体制，二者都不能有效地组织起一个真正现代化的社会"，他倡扬"现代混合经济的价值：能将严厉冷酷的市场运作规律与公正热心的政府监管机制巧妙地糅合成一体"。①

中国的市场失效问题不仅需要对市场失灵的一般性予以理解，而且需要结合国情进行深入的、有针对性的探讨。笔者以为，在较长的一段时期内中国存在三类市场失效。

第一类市场失灵为一般性的市场失灵，即现代经济学教科书普遍讨论的市场失效。在理想的市场经济中，所有物品和劳务的价格都取决于市场竞争，无需政府的干预，就能够从社会资源的合理配置中获取最大的收益。但是在现实中，市场这个看不见的、强有力的手，却不是万能的和总是有效的。由于存在着"公共物品"（具有使用非竞争性和消费非排他性的产品）、"外部性"（某一个市场主体的行为对旁观者福利产生正的或负的影响和外溢效果）和"垄断力量"（单个市场主体或小部分市场主体不适当地影响市场价格的能力），导致了"市场失灵"（市场也并不总是产生最有效率的结果）。发达市场经济国家的市场失灵主要是这一类。

第二类市场失灵是发展中国家由于市场不发达带来的市场失效。"一般来说，一个国家越不发达，信息越不充分，越易遭受市场失灵。在包含着资本积累和技术进步的动态经济发展过程中，这个问题显得特别严重。"②例如，对于技术和资源开发风险大、投资大，但是能对国家长远发展做出重大贡献的新兴产业，由于缺乏发展所需要的互补性资产类型，包括硬件型的基础设施和软件型的信息、技术机构及人才、金融资本等资源，带来了一定的市场失灵；由于引进国外技术和安装生产设备需要很长时间和很大投资，并需要花费较多时间和费用培训工人、工程技术人员和管理人员，这种外部性和高风险使得私人企业家难以在自由市场的条件下发展这个新产业。另外，从可用投资的资金供给上，发展中国家

---

① 〔美〕保罗·萨缪尔森、威廉·诺斯豪斯：《经济学（第十九版）》，萧琛等译，商务印书馆 2012 年版，第 21—22 页。
② 〔日〕速水佑次郎、神门善久：《发展经济学——从贫穷到富裕（第三版）》，李周译，社会科学文献出版社 2009 年版，第 211 页。

的金融机构往往不愿意向私人企业家就这种有高风险、高投资、周期长的项目提供足够信贷。因此,"在具有很强的不确定性和外部性之特征的动态过程中,尤其是在发展的初期,新产业中的长期投资往往低于最优水平","政府在幼稚产业成长为能在自由市场上竞争的'成人'之前对他们进行保护,就是必要的、合乎需要的","尤其是密集使用前沿知识和高人力资本,具有巨大外部性和规模经济特征的高科技产业"。①

　　第三类市场失灵是转型经济国家特有的市场失效。经济转型国家是指近几十年来发生的经济形态从计划经济向市场经济转变的国家。自20世纪70年代以来,由于中央计划经济的功能失灵,很多国家在经济发展政策的设计中强调市场机制的复归,取消制约市场机制和扭曲资源配置的各项管制,引导这个范式变化的是世界银行和国际货币基金组织倡导的"结构调整政策"。尽管这种转型的初衷是为了纠正政府失灵、逐步建立市场机制的主导地位,但是伴随着这种转型,出现了另一类市场失灵。大多数有关最优转轨战略的著作,都强调一整套相互关联的制度变革和政策改革是成功转型的前提,在转型国家中一般会同时推进两类改革:I 类改革,即宏观稳定、价格自由、向国际市场开放等;II 类改革,即市场导向型法律体系和相关制度的建立和实施,可行的商业、银行部门的深层次发展和适合的监管机制等。②但是,由于"决策者低估了一个运转良好的法律体系的功能,或者更情愿相信自由市场将会解决所有的主要问题","新兴的富人和群体(尤其是那些对政府官员腐败推波助澜的)不愿意建立强有力的法律制度","律师们不愿意尝试建议法律改革或者自发地起草法案和其他改革方法",结果是"在快速发展有利于保全私有财产和发挥市场经济作用的法律体系和制度方面,还没有哪个国家获得了成功","市场导向型法律结构的缺失似乎成为转型期头12年的'阿克琉斯之踵'",③由于 II 类改革的难以实施,导致 I 类改革的成效甚微,市场机制并没有很好地发挥资源配置作用,没有产生圆满的结果。

　　由于我国正处于社会主义市场经济体制建设过程中,同时存在着上述三类市场失效。"第一种是市场经济体制固有的,会长期存在,同时由于技术进步,其存在的范围和解决方式会发生变化;第二种市场失效也会在相当长的时间内存在,存在领域会由于国家和企业的发展而逐渐缩小;第三种市场失效,对已有30

---

① 〔日〕速水佑次郎、神门善久:《发展经济学——从贫穷到富裕(第三版)》,李周译,社会科学文献出版社2009年版,第211—214页。
② 参见〔比〕热拉尔·罗兰编著:《私有化:成功与失败》,张宏胜等译,中国人民大学出版社2013年版,第73—75页。
③ 同上书,第74—75页。

年经济体制改革经验的中国来说,只要明确方向、框架,从基本面看会在相对较短的时间内解决。"①由于我国存在着上述市场失效,国家有必要对经济运行中的市场失灵或市场失效进行干预。一般来说,国家干预经济运行的方式有两种,一种是运用经济政策进行间接干预,另外一种就是设立国有企业,将国有企业作为直接干涉和介入的重要工具和载体,如由国有企业来直接投资有战略意义的产业、直接投资开发技术成本不确定的或者资源储量及开采成本不确定的重大项目等。

正是在这个意义上,很多学者提出的"发展各种基础性产业、基础设施和高新技术产业"(董辅礽)、"进行战略开发,促进技术进步,实现产业结构升级,为经济发展提供基础性服务"(张连城)、"发展战略性民族产业,特别是基础产业和高新技术产业"(金碚)等国有企业的功能其实都是为了纠正我国市场经济中出现的各种不同形式的"市场失灵",因此都可以归入为纠正市场失灵功能。2006年,国资委提出推动国有资本向重要行业和关键领域,如"涉及国家安全的行业,重大基础设施和重要矿产资源,提供重要公共产品和服务的行业,以及支柱产业和高新技术产业"集中,究其本质,也是因为这些行业往往存在着不同类型和不同程度的市场失灵。

其次,我国国有企业的第二个非经济目标和功能:作为社会主义公有制的实现形式。

国家所有制经济可以是公有制经济的一种形式,但并不等于说国有经济就是公有制经济。"国有经济是指由国家政权(政府行政机构)拥有、掌握并控制的经济,它自身并不能决定其性质,它的社会经济属性取决于其执行的功能和服务的目的。"②国有经济存在于历史上的各种不同的社会形态之中,现代所有发达和发展中国家也都有国有企业,但是具有各不相同的社会性质。

我国宪法规定,社会主义经济制度的基础是社会主义公有制,即全民所有制和劳动群众集体所有制,国有经济即社会主义全民所有制经济。社会主义公有制的目的就是满足人民的物质和文化的需要,使全体社会成员过上更加美好、富裕的生活,也就是提高全民的福利,公有制经济必须以增进全民福利作为它的一切活动的出发点。国有经济作为公有制经济的实现形式之一,天然的要以增进全民福利为目标,而不能只是国有资产的保值增值,否则就不是真正的公有制。全民所有制是国家所有权的根本基础,国家所有权的本性是一种公共权力,"这种权力如果进入商事领域,与私人企业展开竞争,只是应该被解释为——公共性

---

① 陈小洪:《国有经济的功能和分类:理论、趋势和政策》,载《产业经济评论》2015年第1期。
② 周冰、郭凌晨:《论国有企业的功能定位》,载《财经科学》2009年第1期。

的商事权利",①解决公共财政等难题,这种公共权力的本质目的在于更多地关注公共利益和全民福利。"在单纯的国有资产保值增值的目标下,国有资产收益始终在国有企业内部自我循环,被用于国有资本自身的积累和扩大,即使国有资产规模再大、利润再高也与全民福利没有直接关系。这样的国有企业不可能实现全民福利的最大化,也没有体现社会主义公有制的本质要求。我们甚至不能再称其为公有企业了,因为它与私营、民营企业并无二致。"②

因此,国有企业的非经济目标和功能在于纠正市场失灵和体现社会主义公有制,具体表现为提供公共产品,解决外部负效应,促进经济平衡发展,调节收入分配和促使社会公平,提高全民福利,推动社会和谐发展。

(二)"建立现代企业制度"的再认识

1999年,中共第十五届四中全会通过的《中共中央关于国有企业改革和发展若干重大问题的决定》明确提出,"建立现代企业制度是国有企业改革的方向"。党的十八届三中全会(2013年)通过的《中共中央关于全面深化改革若干重大问题的决定》要求,"推动国有企业完善现代企业制度"。可以看出,现代企业制度是我国国有企业改革的基本方向,这无疑是一个高瞻远瞩的改革战略,能够使得国有企业可以最大限度地适应市场经济发展和参与国际经济竞争。

但是长期以来,由于改革开放及引进外资过程中所形成的制度接轨压力,使得我们对现代企业制度的理解存在一定的误区,基本上将现代公司制(基本形式是股份制)等同于现代企业制度,现代公司制基本成为现代企业制度的代名词。"曾经有一种具有普遍性的理解,即按现代企业制度的原则进行国有企业改革就是将国有企业改革为,除了所有权归国家或者国家控股之外,其他性质和行为均与民营企业不再有本质区别,即国有企业可以成为一般的企业,一切都可以'在商言商',不应再负有其他的责任目标。"③认识上的误区带来实践中的歧途,导致了在实践中对国有企业进行现代企业制度改造就完全变成了"对仍然保持国有性质的国有企业进行公司化改造(从以《全民所有制工业企业法》设立和调整转为按《公司法》设立和调整)"。④

首先,现代公司制度的产权特点与国有产权特征并不完全契合。现代公司制度是以现代产权制度作为基础。作为适应现代化大生产而产生的现代产权制

---

① 蒋大兴:《国企改革、国家所有权的法律迷思》,载吴越主编:《公司治理:国企所有权与治理目标》,法律出版社2006年版。
② 周冰、郭凌晨:《论国有企业的功能定位》,载《财经科学》2009年第1期。
③ 金碚:《论国有企业改革再定位》,载《中国工业经济》2010年第4期。
④ 金碚:《中国工业改革开放30年》,载《中国工业经济》2008年第5期。

度主要具有这样几个特点：(1)产权归属的相对清晰性，产权主体必须对交易对象拥有相对清晰的、唯一的产权。(2)产权的可分割性，通过分立的个人和群体，财产的各种要求常常能得到最有效的利用，增加了专业化和知识搜寻的创益。(3)产权的可转让性，只有产权可流动才能实现资源的优化配置、提高资源的使用效率。① 在现代产权制度下，由于产权自身的相对清晰性、可分割性和可转让性存在着不同程度的差异，产权组织结构呈现出多样性，除了股份有限公司、有限责任公司外，还存在着其他企业形式的产权组织，而现代公司制度只是产权的相对清晰性、可分割性和可转让性最强的典型代表。

尽管我国的国有产权制度已经在不断转型之中，但是与现代产权制度的要求相比，还是处于初级阶段：(1)产权归属在法律上是清晰的，但是在经济上尤其是实际运行中是很不清晰的，没有人格化的收益主体和责任主体；(2)产权的分割处于初期阶段，普遍存在分离不当的问题，国有产权在企业内部存在横向分割过粗而纵向分离过细的问题；(3)国有产权的流动性不足，由于国有产权的社会性职能、产权交易市场不成熟等因素，国有产权难以顺畅流转。②

因此，现代公司制度背后要求有现代产权制度作为基础，而我国国有产权特征并不与之完全契合，因此一刀切地将国有企业向现代公司制转型并不符合客观规律。

其次，公司制企业只是现代企业制度的一种形式，而非全部形式。从欧美发达国家的企业法律形式来看，尽管公司制企业广泛存在，在数量、规模和地位上在各种企业形式中拥有绝对的优势，但是也只是现代企业制度的一种，公司制企业以外的各种企业形式包括公共企业形式仍有着各自独特的发展空间。③

现代公司制度企业脱胎于17世纪早期出现的由政府颁发特许令状的特许公司。政府颁发的特许令状在实质上是政府机构公权对古典企业私权的支持，突破了当时政府机构和古典企业形态的局限，不仅如此，政府的权力还介入特许公司设立之后的经营活动，使得特许公司的设立和运作染上了不同程度的公权色彩。"特许公司实际上是集行政与经济于一身的联合体，公司与政府的关系体现为公司对行政的依附和政府对公司的利用。"④特许公司后来逐步向两个方向

---

① 参见〔德〕柯武刚、史漫飞：《制度经济学：社会秩序与公共政策》，韩朝华译，商务印书馆2000年版，第215—230页。
② 参见蓝定香：《建立现代产权制度与国有企业分类改革》，载《经济体制改革》2006年第1期。
③ 例如，在美国，非由投资者所有的企业在很多领域中发挥着重要的作用，在法律、会计、投资银行、医疗等专业服务行业里，雇员所有的企业一直以来都是非常普遍，由农户所有的生产者合作社在美国的基本农产品市场上占有重要地位，由保单持有人所有的保险公司出售的保单占市场份额的1/4以上。参见〔美〕亨利·汉斯曼：《企业所有权论》，于静译，中国政法大学出版社2001年版。
④ 虞政平：《股东有限责任——现代公司法律之基石》，法律出版社2001年版，第123页。

演化：一个方向是，在保留特许公司独立法人和有限责任等特征的基础上，逐步淡化政治色彩，成为经济领域高度自治的组织形式，最终成为市场经济体制下的现代公司制；另外一个方向是保留和强化了早期特许公司中政治与经济紧密结合的制度特征，以单独立法替代特许令状对国家与公共企业（公企业）的关系进行规范。"公企业中国家不仅具有出资人身份，更通过公企业单独立法被赋予超越出资人的身份，通过行使公权使公企业成为政府干预经济的政策工具。"①发达市场经济国家广泛存在着这种形式的公共企业，国家不仅仅具有出资人身份，更通过公共企业单独立法被赋予超越投资人的身份，而不是简单遵循公司法的一般法律调整，从而使得其成为政府干预经济的政策工具。以美国为例，"政府对国有企业的法律调整并不是简单的'私有化'和'公司化'，不是完全让国企脱离公共权力的控制，而是让国企作为公共企业受到民主权力的约束"，"没有去行政化，反而在某种意义上在壮大，在受到更严格的权力控制"。②

再次，现代公司的规制逻辑与国有企业并不完全契合。现代公司制是以自由契约为基础的法人制度，自然人和法人可以按民法、商法等所规定的一般规则，自由地建立企业并按自己的意愿自己经营或委托他人经营，只有在参与者自治产生负面或不合理结果时，法律才予以干预。国有企业并不是一般民事主体在自由市场经济中通过自由契约带来的产物，其自治空间非常有限，国有企业的财产是全民的，全民作为一个整体以及作为全民代表的国家都既不是自然人也不是法人，因此所有者、决策者、经营者、劳动者之间的权责利关系非常模糊和复杂，难以仅仅用民法、商法等所规定的一般规则来规范，"绝大多数国家都以特殊法律的形式对国有企业的运作进行规范，对国有企业的经营决策权给予明确限定"。③

最后，国有企业的全盘公司化改造在一定程度上是当今国有企业广受诟病的重要原因。在一段时期内，为了实现国有企业脱困振兴的目标，国有企业改革以最能体现自主经营、自负盈亏、自我发展、自我约束等特征的现代公司制度作为其改制和升级的标准版本。基于"政府对企业的行政干预和行政性治理（人事任命、经营决策、资源配置、绩效考核等）导致了国有企业法人权利匮乏、活力低下"的基本假设，国企改革主要的甚至是唯一的理论依据就是"把国有企业中缺乏公司法人结构，导致企业效率低下的判断作为一个问题，将国有企业、法人与

---

① 李津京、荣朝和：《关于公企业概念与国企改革的探讨》，载《北京交通大学学报（社会科学版）》2012年第3期。
② 蒋大兴：《国企应从公司法中撤退——从"商事公司"向"公共企业"演进》，载《中国工商管理研究》2013年第12期。
③ 金碚：《论国有企业是特殊企业》，载《学习与探索》1999年第3期。

股份公司制度融合作为解决问题的出路。"①因此,政企分离的实现路径和法律形式就是公司化改造中强调国有企业作为独立的法人主体,强化其法人财产权、独立经营决策权和自我营利性,而在法人财产权、独立经营决策权和自我营利性的强化过程中,也带来了一系列问题:

第一,国有企业与政府行政资源之间的脐带没有被剪断,基于法人财产权天然的自我膨胀性,国有企业借助这种脐带通道获取了较多的行政政策的倾斜。例如优质的财政资助、政策性补贴、金融贷款、上市和发债优惠、行业准入限制、行业标准制定权、重要自然资源的开发权、社会宣传资源等等,严重破坏市场竞争中的公平性。

第二,重大投融资决策权由国有企业董事会和管理层把控,使得其轻松获取的信贷资金、财政补贴等并没有流向关乎国计民生的领域,而是基于利润最大化的经济本能流向能源、地产等高利润行业;使得在中国规模经济快速发展和发展社会主义市场经济体系的同时,滋生了大量的垄断性企业,这种垄断性不是由市场竞争导致的自然垄断,而更多是一种"政策性垄断"。

第三,对国有企业的法人成员外延与成员利益分配权带来了严格限制,"全民所有制工业企业改制成股份公司后,政府投资人担当的股东便彻底挤占了全民的法人成员地位,全民沦为了企业法人的外部人,丧失了通过法人制度直接获取利益分配的合法资格","1994年起更是令国有企业获取了免于或象征性上缴利润,令全民通过政府分红获取间接利益的合法途径也被斩断",②其结果就是国有企业公司化改制,并凭借对公共资源垄断所带来的经济成果和利益被"内部化分享",国企红利"体内循环"(国企高管薪酬和职务消费过高,国企职工收入与非国企职工收入差距过大等等)。

因此,推动国有企业完善现代企业制度并不能等同于将国有企业不加区分地改造为现代公司制,"如果以建立现代企业制度来进行国有企业改革,那么,中国国有企业就只能改革为现代国有企业",③而现代国有企业的组织形式可以不限于公司制一种形式,而且对于全盘公司化的国企改制应该保持一种警惕。

五、现代市场经济背景下的国有企业类型划分的标准

由于各国中的政府与市场关系不同、市场成熟度不同,世界各国对国有企业

---

① 张力:《法人与公司制度融合风险的法律控制——兼论实现国家公益性的法人制度支持》,载《现代法学》2013年第2期。
② 同上。
③ 金碚:《论国有企业改革再定位》,载《中国工业经济》2010年第4期。

分类的方法也并不完全统一。但是,发达市场经济国家对国有企业分类的基本规律还比较一致,即基于西方企业法理论通用的"私法意义上的国有企业"和"公法意义上的国有企业"进行划分。对于和一般市场主体没有本质区别的,作为私法意义上的国有企业,按照普通市场主体进行管理,适用一般市场主体法律;对于承担特定公共职能的国有企业,则建立专门的法律规范进行特殊管理。例如,瑞典将国有企业划分为在市场条件下运营的国有企业和需要实现某种公共利益的国有企业,并对这两种企业规定不同的经营目标、管理和评价方法。在市场条件下运营的国有企业需要满足在充分竞争的市场中运营、国家根据企业风险状况制定盈利和财务目标这两个要求;公益性的国有企业需要满足企业在具有特殊规定的市场中运营、国家直接指导和管理企业活动这两个要求。①

"私法意义上的国有企业"是指国家控股的商事公司,即依照公司法设立和经营,政府作为股东,依公司法参与其决策和经营的企业。这类企业在法律地位和治理机制等方面与普通私营企业并无区别。

"公法意义上的国有企业"虽然也从事某一领域的经营活动,但它们同时又担负着一部分对相关领域进行管理的公共职能,其企业决策往往受到政府政策的直接影响。这类国有企业主要集中于邮政、铁路等公共事业和其他市场机制难以发挥或不能发挥作用的领域,一般被称为公企业、公共企业或公营企业。国有公共企业的成立是为了完成公法上规定的特殊公共事务,公共企业的公共性主要体现为企业的运营决策由非私人部门作出且判断标准不局限于投资者的投资回报,运营收益不归于私人部门而是公众、企业被要求主要对社会负责,而且企业性主要体现为具有财务上的可行性及产品或服务价格以相关成本为基础。② 公共企业比国有企业的含义更加广泛,不仅包括国家所有、地方政府以及地方公共团体所有的企业,还包括政府不拥有所有权但可以用特殊的法律规范对其施加支配性影响的企业。"在美国,联邦政府公司中有一类是私人持有的联邦政府公司。这类公司的所有者不是政府,但它们在经营活动中会获得政府的或公共基金的拨款,因而要遵守其他私营企业不需要服从的一系列的特殊的法律法规。"③

因此,不难看出,发达市场经济国家中的公共企业主要是为达成非商业化的

---

① 参见《瑞典国有企业调研报告》,http://se.mofcom.gov.cn/aarticle/ztdy/200703/20070304473788.html,2015年8月16日访问。
② See V. V. Ramanadham, The Economics of Public Enterprise, London: Routledge, 1991. 转引自黄速建、余菁:《国有企业的性质、目标与社会责任》,载《中国工业经济》2006年第2期。
③ See M. J. Whincop, Corporate Governance in Government Corporations, Aldershot: Ashgate, 2004. 转引自黄速建、余菁:《国有企业的性质、目标与社会责任》,载《中国工业经济》2006年第2期。

特定公共目标(或社会目标),依程序通过特殊法律(非一般商事组织法律)设立和运营的特殊企业形式。特定公共目标是公共企业区别于一般企业的经济逻辑,而这种经济逻辑又衍生出其法律规制形式的特殊立法。"单纯以股东身份行使股东权利很难保证国有经济公共目标的实现","国家可以为实现各种公共目标实现事实上的控制,但这种控制其实已经超越了公司法赋予的股东权利从而缺乏法治基础,导致国家对国有企业的实际控制与法治原则存在潜在矛盾和冲突。"① 因此,需要特殊的法律规范赋予国家特殊的法律地位和这类特殊法人企业的治理形式,特定的公共目标和特殊的法律规范构成了这类特殊法人企业的表里特征。

因此,我国的国有企业也应根据国有企业承担具体职能是经济职能和营利目标还是非经济职能和公共目标进行类型划分,并采取不同的立法进行规范和管理。

(一) 履行特殊职能、受特殊法律规制的特殊法人

这类特殊法人企业的特殊性主要体现在两个方面:企业功能和经营管理的特殊性、法律规范的特殊性。

企业功能的特殊性可以从整体和个体来看。从整体而言,这类企业有资本的属性但是没有资本的逐利性,企业功能不是对资本的保值增值,而是实现非经济性的目标,一般要求其以服务社会需求、履行社会职能为主要目标,追求社会整体利益。"就其根本性质而言,美国的联邦公司并不是一般的经营管理国有资产并使其增值的形式,而主要是履行联邦管理及干预社会经济和提供公共服务职能的一种组织形式和工具。"② 从个体而言,每个这类企业在成立时国家就明确赋予其必须实现的一定的重要供应任务,不能任意实行"什么赚钱就生产什么"的商业政策,不能任意放弃和改变国家确定其从事的主营业务,特别是基础产业的重要产品和关系民生的公共产品。在经营上,特殊法人独立核算,但不一定要完全自负盈亏而主要依靠财政维持,政府依法对其产品或服务的价格进行管制,其管理体制的设计主要围绕着如何能够有效督促企业完成责任目标进行,事业化的管理或者模拟市场化的责任制管理可能是比较适合的管理模式。

在需要通过国有企业实现非经济职能之外的特殊功能和公共目标的领域,国家必须要获取超越股东的特殊法律身份,而这种法律身份是公司法和一般商

---

① 李津京、荣朝和:《关于公企业概念与国企改革的探讨》,载《北京交通大学学报(社会科学版)》2012 年第 3 期。

② Francis J. Leazes, Jr., The Structure of Federal Corporation, New York: Praeger Publishers, 1987:334. 转引自宁金成:《国有企业区分理论与区分立法研究》,载《当代法学》2015 年第 1 期。

法无法赋予的。因此,特殊法人企业需要依照专门法律设立、受到专门法律的调整,其具体组织机构和管理机制由专门的特殊法律予以规范。包括美国、英国、德国、法国、新西兰、新加坡、日本、韩国等在内的发达市场经济国家在公共企业的设立、资源获取、资产管理、人事安排、财务控制、重要决策、信息披露等方面的权力、权利和义务都在专门的公共企业单独立法中进行明确规定。例如,在新加坡,就制定了《法定机构及政府公司(秘密保护)法》《法定公司(资本投资)法》《裕廊镇公司法》《公用事业法》《电力法》等多部专门立法对公共企业这类特殊法人予以专门规范。① "政府可以在遵循政治程序的前提下,根据面临的政治经济形势、公企业所处行业及其设立时所承载的特定公共目标来确立特定公企业中政府与企业的关系,而这种政企关系是超越公司法一般性调整框架的。"②

正如前所述,我国国有企业同样具有一般性企业没有的非经济目标和功能或公共性。我国国有企业的非经济目标和功能主要是纠正市场失灵和作为社会主义公有制的实现形式。中国目前仍处于从计划经济向现代市场经济的转型过程中,仍属于欠发达的发展中国家,因此存在三类市场失灵。第一种市场失灵为一般性的市场失灵,由于存在着"公共物品""外部性"和"垄断力量"而导致的"市场失灵"。第二类市场失灵是发展中国家由于市场不发达带来的市场失灵,这类市场失灵一般主要出现在技术和资源开发风险大、投资大,但有益于国家长远发展的新兴产业,以及密集使用前沿知识和高人力资本、具有巨大外部性和规模经济特征的高科技产业。第三类市场失灵是转型经济国家特有的市场失灵,由于市场导向型法律结构的缺失,市场机制没有很好地发挥资源配置作用,也没有产生圆满的结果。基于上述这三类市场失灵情况,笔者认为,可以将下列两类国有企业归入到特殊法人企业之列。

1. 提供(准)公共产品和服务

20世纪50年代中期,美国经济学家保罗·萨缪尔森相继发表了《公共支出的纯理论》和《公共支出理论图解》两篇论文,对公共产品概念进行了经典性的表述,该表述成为公共产品的标准定义。根据萨缪尔森的定义,"公共产品是具有消费的非排他性和非竞争性等特征的产品"。③ 消费的非排他性是指消费某产品或服务的人不能排除其他人对该产品的消费;若想排除其他人从中受益,在技术上不可行或排除的成本过于昂贵。消费的非竞争性是指在产品数量一定的情

---

① 参见顾功耘主编:《当代主要国家国有企业法》,北京大学出版社2014年版。
② 李津京、荣朝和:《关于公企业概念与国企改革的探讨》,载《北京交通大学学报(社会科学版)》2012年第3期。
③ P. A. Samuelson, The Pure Theory of Public Expenditure, Review of Economics and Statistics, 1954, 36(4):387—389.

况下,增加额外一个人消费该产品不会引起该产品成本的增加。公共产品一般包括公共道路、上下水道、城市绿化、污染控制等等。

到了20世纪60年代,布坎南在萨缪尔森"公共产品"概念的基础上又提出了"俱乐部产品",在纯公共产品和纯私人产品之间架起了一座桥梁。他指出,萨缪尔森定义的公共产品是"纯公共产品",现实社会中大量存在的是介于公共产品和私人产品之间的"准公共产品","准公共产品"是指具有一定程度的非排他性和非竞争性的产品。准公共产品一般包括学校、医院、文化设施、城市自来水及煤气、邮政、新闻广播等等。

由于(准)公共产品具有(一定程度的)非排他性和非竞争性,使得购买公共产品的人无法阻止别人享用公共产品,导致了大量和普遍的"搭便车"现象。因此,没有人愿意花钱购买公共产品,提供此类产品的企业很难从中获取利润,于是造成公共产品的供给不足和匮乏,影响公众福祉。由此可见,通过市场方式提供公共产品,实现排他性是不可能的或实现成本是高昂的,并且缺乏规模经济效率,因而很难找到一个有效的价格体系来控制公共产品的消费。当公共产品市场中配置资源的价格体系缺失时,政府就变成这个市场的主要配置者,或者由政府的公共企业来垄断提供公共产品和公共服务,如公交、地铁、环卫、国防设施、公共卫生、义务教育等,它们不以盈利为目的,其绩效衡量标准应是社会或公共绩效,即向公众提供高质量的公共产品和公共服务是对其进行评价的依据。

在当今世界,公共产品并非仅仅由政府或是国有企业提供,私人部门已经开始涉及公共产品的提供,例如,公私伙伴关系(PPP)已经在各类公共产品的供给中得到广泛应用。但是,相比较而言,较之私人企业,由政府部门或公共企业提供公共产品的优势比较明显。在公共产品定价方面,政府可以直接管制公共产品价格,即使管制价格可能会造成部分社会福利的损失,但是这种损失往往比私人部门垄断定价所造成的福利损失要小。另外,政府也能比较容易地收集消费者的诉求,并及时反馈给提供公共产品的国有企业,因此政府治理国有企业负外部性的成本相对要低。[①]

2. 发展重大基础性产业和战略性新兴产业

正如前文所述,一个国家越不发达,信息越不充分,在包含着资本积累和技术进步的动态经济发展过程中,越易遭受市场失灵。市场不能提供发展所需要的经济结构,幼稚产业或新兴产品(infant industry)就是一个重要例子。

"在这种产业中,管理者和工人都是在'干中学'(learning by doing),随着时间的推移,它的生产率会不断提高,成本会不断下降。虽然几年后这种产业会盈

---

① 参见程民选、王罡:《关于公益性国有企业的理论探讨》,载《当代经济研究》2014年第3期。

利,但投资者可能会因目光短浅而不愿投资于这些新的产业。"①"在具有很强的不确定性和外部性之特征的动态过程中,尤其是在发展的初期,新产业中的长期投资往往低于最优水平","尤其是密集使用前沿知识和高人力资本,具有巨大外部性和规模经济特征的高科技产业。"② 技术和资源开发风险大、投资大,但是能对国家长远发展做出重大贡献的新兴产业,往往面临更大的不确定挑战,需要包括硬件型的基础设施和软件型的信息、技术机构及人才、金融资本等各种互补性资产,因此市场难以自发地发展这些产业,由国有企业来发展这类基础性产业和战略性新兴产业,就是必要的、合乎需要的。

(二) 履行经济职能、受普通商法规制的商事企业

这类国有企业基于市场化运作、以营利为目标、履行企业的经济职能,按照公司法以及一般商事法律进行规范。这类国有企业是以国有资产保值增值为经营目标的市场导向型企业,按照"经济人"的理念行事,以利润最大化为目标,与其他市场主体相比,除了在产权所有者方面存在差别外,并无其他差异,都需要遵循市场规律、通过参与市场竞争获取利润。这类商事型的国有企业和学界所称的"竞争性国有企业""垄断性国有企业"有重合部分,但竞争性、垄断性并不能反映出这类企业的本质属性,竞争性、垄断性是对一个企业所处的产业和市场结构的划分,而且一个领域是竞争还是垄断,取决于市场竞争程度和国家政策,和企业本身并没有直接关系。

这类商事型国有企业的目标是在市场中获取最大化的利润,使得国有资产保值增值,因此需要引进市场化的治理机制。体现在立法上,"立法的任务就是将国企塑造为真正的市场主体,完全接受市场的检验、评价和淘汰。"③对这类国有企业的改革方向就是进一步加强市场化改造、建立现代公司制度,对于商事型国有企业与其他所有制公司在立法上要一视同仁,不宜再用特殊化的规定。

按照西方经典经济学理论,国有企业不应与民争利。"市场经济的制度逻辑决定了,经济有效运行的必要条件是各个企业作为无特权的民事主体进行平等的市场竞争,具有民事行为能力的任何个人或法人都有办企业的权利。而只是在特殊情况下,为了解决特殊问题,或者在特殊产业中,国家才有必要投资设立

---

① 〔美〕德怀特·H.波金斯等:《发展经济学(第六版)》,彭刚译,中国人民大学出版社 2013 年版,第 127 页。

② 〔日〕速水佑次郎、神门善久:《发展经济学——从贫穷到富裕(第三版)》,李周译,社会科学文献出版社 2009 年版,第 211—214 页。

③ 宁金成:《国有企业区分理论与区分立法研究》,载《当代法学》2015 年第 1 期。

企业,参与市场过程(或者替代市场机制)。"① 因此,在西方发达市场经济国家,这类商事型国有企业存在的数量和行业分布是比较少的。但是,由于历史原因,我国国有企业的部门配置和分布比其他市场经济国家更为分散,使得这类商事型国有企业的数量和行业分布都比较多。

对这类企业,很多学者认为其整体的方向应该是,在社会主义市场经济体制已经建立的条件下,建立其市场退出机制。例如,董辅礽(1995)认为,属于竞争性企业的国有企业原则上应该逐渐从这个领域退出,让位于非国有企业,以各种方式转变成非国有企业。② 盛毅(2014)认为,这类企业的改革关键不是注重继续做大做强和提高比重,而是如何在改革中创造逐步退出的条件和机制。③

但是,正如有学者指出的,"无论是在中国还是在其他一些市场经济国家中,在各类产业中都有国有企业,即便是在以利润最大化为目标的竞争性行业,国有企业也并非完全没有进入的理由","并不能推论出在哪类产业(例如,竞争性产业)中绝对不适合发展国有企业,而在哪类产业(例如,自然垄断产业或关系国计民生的产业)中只适合发展国有企业而不能发展非国有企业的结论"。④ 在竞争性领域保留一定数量的国有企业,有着重要的现实意义,有利于实现政府调控经济的职能,政府为了实现调控经济的目标和发展规划,需要有部分国有企业分布在一些对经济发展具有战略意义的竞争性行业,并保持一定的控制力。同时,有利于维护经济稳定,中国市场发育程度还不充分,私人资本力量有限,有必要保留一部分国有企业在竞争性行业中,以维护经济稳定,避免过快退出给经济带来的负面影响。此外,还有利于为特殊法人型国有企业的资本积累提供财政支持。

因此,对这类商事型国有企业的改革,重点不是建立市场退出机制,而是进行产权结构的多元化。引入非国有成分和改变产权结构,有利于缓解国有制和市场经济的矛盾,也有利于建立真正的现代公司制度、提高其市场竞争力。对这类商事型国有企业的未来归属,不是事前人为地进行设计和安排,而是由市场进行选择和评价。"在这种混合型的产权结构中,国有资本完全是按照市场经济的要求,依据效率的原则从事活动的,它不承担特殊的社会责任和义务,只按照收益最大化的原则参与市场竞争","如果国有企业在竞争中得到了发展,政府就不必强制它退出竞争领域;如果它在竞争中失败了,所占比重越来越少,政府也不必过分为此担忧"。⑤ 换言之,对这类商事型国有企业,其改革方向是在建立产

---

① 金碚:《论国有企业改革再定位》,载《中国工业经济》2010年第4期。
② 参见董辅礽:《从企业功能着眼,分类改革国有企业》,载《改革》1995年第4期。
③ 参见盛毅:《新一轮国有企业分类改革思路发凡》,载《改革》2014年第12期。
④ 金碚:《再论国有企业是特殊企业》,载《中国工业经济》1999年第3期。
⑤ 杨瑞龙、张宇、韩小明、雷达:《国有企业的分类改革战略(续)》,载《教学与研究》1998年第3期。

权结构多元化的基础上进行完全市场化运作,完全接受市场的评价和淘汰。

(三) 两种类型的单向动态调整

在一定时期、阶段和条件下,两种类型国有企业的分类具有稳定性。但这种类型划分不是一成不变、完全静止不动的,随着环境的变化、社会发展和市场的变化,两种类型的国有企业会存在一种单向动态调整,即第一类型的国有企业可以向第二类型的国有企业转化。但是,这种转化一般情况下是不可逆的,第二类型国有企业一般不会转化为第一类型国有企业。

如前所述,中国目前仍处于从计划经济向现代市场经济的转型过程中,仍属于欠发达的发展中国家,因此存在三类市场失灵:一般性的市场失灵、作为发展中国家由于市场不发达带来的市场失灵以及作为转型经济国家特有的市场失灵。但是,由于技术的不断进步、市场成熟度的不断增加,这三类市场失灵的领域和范围会逐渐缩小。在这种情况下,基于这几类市场失灵而出现的第一类型的国有企业就可以逐步向第二类型国有企业转型,接受市场化的运营理念和市场竞争的考验并优胜劣汰。例如,随着国内资本市场的日益发展和日趋发达,对技术和资源开发风险大、投资巨大,但是能对国家长远发展做出重大贡献的新兴产业,民间资本市场也可以很好地、自发地发展这些产业,那么这些产业中的第一类型国有企业也就可以逐步地转型为第二类型国有企业。

第五编　对外经济管制法律制度

外资信息报告制度研究

郭靖祎[*]

一、问题的提出

自20世纪50年代我国开始利用外资以来,外资对我国经济发展产生了积极的促进作用。至2014年,我国已成为全球第二大经济体。[①] 但随着全球金融危机和我国投资环境的变化,越来越多的外国投资者指出中国已不再是优先的投资目的地,而是众多投资目的地之一。[②] 改善中国投资环境,尤其是法治环境的呼声逐渐高涨。因此,我国外国投资法律制度面临着新形势和新任务。党的十八届三中全会提出"统一内外资法律法规,保持外资政策稳定、透明、可预期",党的十八届四中全会提出"适应对外开放不断深化,完善涉外法律法规体系,促进构建开放型经济新体制",为外国投资法律制度的改进工作指明了方向。为了贯彻党的十八届三中、四中全会精神,商务部于2014年启动了《中外合资经营企

---

[*] 郭靖祎,华东政法大学2015级博士研究生。
[①] See United Nations Conference on Trade and Development, World Investment Report 2015: Reforming International Investment Governance, p. 5.
[②] 参见中国美国商会发布的《2015年度商务环境调查报告》。

业法》《外资企业法》和《中外合作经营企业法》(以下简称"外资三法")的相关修改工作,作为外国投资法律制度改革工作的一个重要部分。

"外资三法"的修改问题一直是学界多年来关注的热点,不少学者呼吁改革外国投资法律制度并制定统一的外资法典。[1] 经过多年来的充分论证,将现在的三部外资法统一为一部外资基本法已经成为学界的主流观点,并成为改革的基本方向,其符合"建立完善统一的市场"的市场经济体制目标。具体而言,删除现有"外资三法"中绝大多数条款,在外国投资基本法中仅涉及外国投资概念、外资准入、外资待遇、外资管理、国有化和征收、法律保护和争议解决七个方面,同时将企业设立、组织形式、财务会计、解散清算等问题并入公司法,有关税务、外汇管理、进出口、工会等内容分别由税法、外汇管理法、海关法、工会法等进行调整。[2] 这一观点不仅是学界支持度较高的改革方案,也是此后为商务部所采纳的做法。在此基础上,商务部形成了《中华人民共和国外国投资法(草案征求意见稿)》,并于2015年1月19日起在商务部网站公开征求修改意见。其中,草案对外国投资者和外国投资企业信息报告进行了专章规定,可谓是外国投资法律改革的一大亮点。

然而,外资信息报告制度的设立却引起了笔者不少的困惑。一方面,我国于2014年颁布了《企业公示信息暂行条例》,完成了注册资本登记制度的改革,其中取消了企业年检制度,确立了企业年度报告并公示信息的义务。那么,在已有企业信息年度报告公示制度的情况下,是否有必要对外国投资者和外国投资企业制定专门的信息报告制度?另一方面,外资信息报告制度明确规定了外国投资者和外国投资企业在准入前和准入后阶段各种应当履行报告义务的情形,包括事项报告、事项变更报告、定期报告等,如此严格与复杂的规定是否对外国投资者和外国投资企业实行了严格于本国投资者的监管并有违其应当享有的国民待遇?换言之,这一制度是否有违改革的发展方向?笔者拟针对上述问题展开探讨,分析外资信息报告制度的正当性,探究相关问题的根源,并提出完善这一制度的对策建议。

---

[1] 参见谢庄、吕国平:《我国应制定〈外国投资法〉》,载《现代法学》1992年第1期。
[2] 参见邱润根:《我国外商投资立法中的冲突与协调》,载《河北法学》2013年第5期。

二、问题分析:外资信息报告制度有违改革发展方向

(一)制度合理性分析:与类似制度的对比

如前所述,我国新建立的企业信息公示制度①是与外资信息报告制度相类似的制度。企业信息公示制度是伴随注册资本登记制度的改革相应建立起来的新生事物。2014年,国务院颁布《企业信息公示暂行条例》,正式取消了企业年检制度,但同时规定了企业年度报告并公示信息的义务。可以说,企业年度报告公示制度弥补了先前企业年检制度的不足,通过监管方式的创新,实现市场资源有效配置和政府合理监管的有机结合。在推动政府职能转变的同时,也起到了构建社会信用制度的作用。随后,国家工商行政管理总局联合全国各省级工商行政管理系统建立了全国企业信用信息公示系统,并在各个省份逐步开展企业年度报告公示工作。

然而,由于我国外商投资企业长期处于各部门共同管理之下,②关于外商投资企业的相关信息不仅在全国企业信用信息公示系统公示,而且在商务部的"全国外商投资企业年度经营状况联合申报信息公示平台"也予以公示。因此,以商务部为代表的观点是基于我国行政主管部门多年来对外商投资企业的管理模式考虑,认为单独制定外商信息报告制度确有必要。

为了进一步论述外商信息报告制度的合理性,笔者通过下表对如上两种信息报告制度进行对比:

表1

事项	《企业信息公示暂行条例》	外资信息报告制度
目的	保障公平、促进企业自律、规范企业信息公示、强化企业信用约束、维护交易安全、提高政府效能、扩大社会监督	及时、准确、全面掌握本国外国投资情况和外国投资企业运营状况
管理主体	工商行政管理部门	国务院外国投资主管部门

---

① 企业年度报告公示制度规定企业应当按年度向工商行政管理部门报送年度报告,并向社会公示,任何单位和个人均可查询。企业对报告信息的真实性、合法性负责,企业未按期公示年度报告的,工商行政管理部门在公示系统上将其载入经营异常名录;工商行政管理部门可以对企业年度报告公示内容进行抽查,如发现企业年度报告隐瞒真实情况、弄虚作假的,工商行政管理部门可以依法予以处罚,并通报公安、财政、海关、税务等部门。

② 事实上,外国投资企业不仅在商务部主管之下,还在其行业各主管部门的主管之下,包括但不限于工商、税务、外汇管理等部门。

(续表)

事项	《企业信息公示暂行条例》	外资信息报告制度
报告主体	企业、工商行政管理部门、其他政府部门	外国投资者、外国投资企业
报告途径	企业信用信息系统	外国投资信息报告系统
报告要求	真实、及时	真实、准确、完整,不得有虚假陈述、误导性陈述或者重大遗漏
报告种类	年度报告、变动报告	事项报告、事项变更报告、定期报告
报告内容	1. 企业报告 (1)年度报告: A. 企业通信信息及网站等; B. 企业存续状态; C. 企业投资信息; D. 企业出资情况; E. 股权变动信息; F. 企业财务信息。 (2)变动报告: A. 出资情况变化; B. 股权情况变化; C. 行政许可变化; D. 知识产权出质登记; E. 受行政处罚; F. 其他。 2. 工商管理部门报告 A. 注册登记、备案信息; B. 动产抵押登记信息; C. 股权出质信息; D. 行政处罚信息; E. 其他。 3. 其他政府部门报告 A. 行政许可准予、变更、延续信息; B. 行政处罚信息; C. 其他。	1. 事项报告 A. 投资者或投资企业基本信息; B. 投资基本信息(投资金额、投资来源地、投资领域、投资方式等)及行政许可备案情况。 2. 事项变更报告 A. 投资者或投资企业基本信息变化; B. 投资者或投资企业身份变化,如死亡、破产、分立、合并等; C. 投资基本情况变化。 3. 定期报告 (1)年度报告: A. 投资者或投资企业基本信息; B. 投资基本信息; C. 投资企业经营状况(行业领域、主要产品服务等); D. 投资企业会计信息; E. 投资企业投资及进出口信息; F. 重大诉讼、行政复议、行政或刑事处罚; G. 购买境内上市公司股票不足10%且未导致上市公司控制权发生变更。 (2)季度报告: 投资企业资产总额、销售额或营业收入超过100亿人民币或子公司数量超过10家 4. 组合投资报告 购买境内上市公司股票10%以上或不足10%但导致上市公司控制权发生变更
公示途径	企业信用信息系统公示	公民、法人、其他组织申请查询

(续表)

事项	《企业信息公示暂行条例》	外资信息报告制度
信息公示的例外	1. 企业公示的信息：涉及国家秘密、国家安全或者社会公共利益的，报主管的保密行政管理部门或国家安全机关批准； 2. 有关部门公示的信息：涉及企业商业秘密或者个人隐私的，报请上级主管部门批准。	涉及外资商业秘密、个人隐私的，不予公开，法律、行政法规另有规定的除外
违反公示义务的法律责任	1. 企业：向社会公示列入违法企业名单，行政处罚，追究刑事责任，法定代表人从业禁止； 2. 政府及部门：行政责任，追究刑事责任。	1. 行政责任：责令限期改正，5万—50万元或投资额5%以下的罚款； 2. 刑事责任：对单位判处罚金，对直接主管人员或责任人员判处1年以下有期徒刑或拘役。

通过两者的初步比较分析，可以发现：

第一，从报告的具体内容来看，两种制度存在较大重复性。两种规则均由行政部门作为管理主体，要求企业通过网络报告系统真实报告信息。要求报告的信息中，企业的基本信息、出资信息、行政许可/备案情况、设置担保情况、经营状况以及上述信息发生变化的情形等，是两种规则均要求报告的内容。这说明，外资信息报告制度要求报告的大部分信息内容可以通过企业信息公示系统获取。但也确实存在无法从企业信息公示系统中获取的其他信息，如组合投资报告提及"购买境内上市公司股票10%以上或不足10%但导致上市公司控制权发生变更"的信息等。不过，由于境内上市公司股票是由证监会予以监管，那么相关信息完全可以从证监会或证券交易所获取。因此，外资信息报告制度要求外国投资企业报告的信息，大部分均已有其他主管部门予以监管或要求报告，实际上无需专门创设新的信息报告制度。

第二，从报告的形式要求来看，外资信息报告制度的要求更为复杂。外资信息报告制度中设计了四种报告形式：事项报告、事项变更报告、定期报告、组合投资报告；而企业信息公示制度中，则仅有年度报告和变动报告两种形式。外资信息报告制度规定的各种报告中，重复报告的事项较多，如投资者或投资企业的基本信息在事项报告、定期报告中均需报告，若发生变更同样需要报告。从这个角度来看，外资信息报告制度设计更为复杂，要求报告的频率也相对更高，从而在一定程度上增加了企业报告的义务和压力。

第三，从报告的制度设计上看，外资信息报告制度社会参与度和监督效力较低。企业信息公示制度不仅要求企业报告信息，同样要求工商行政管理部门和其他政府部门也报告其工作中获取的企业信息。相比之下,外资信息报告制度仅仅要求投资者和投资企业进行报告。同时,在信息公示规则设计上,企业信息公示制度是双向透明的制度,要求企业和其他主管部门报告的绝大部分信息均为公示信息,且公众可以随时查询;外资信息报告制度则是单向的汇报制度,企业报告的信息主要用于各主管部门内部流转,公众获取信息则需要向主管部门提前申请。因而,外资信息报告制度作为单向汇报制度,并没有发挥出推动政府职能转变和构建社会信用体系的积极作用。

第四,从制度的设计目标上看,企业信息公示制度更符合市场监管的目标。企业信息公示制度目标在于保障公平、维护交易安全、强化企业信用约束。外资信息报告制度目标在于便于政府主管机关和部门充分了解外资情况,并加强管理。可见外资信息报告制度的设计初衷仅仅考虑了行政机关的管理效用,但并未充分考虑发挥其市场监管的作用和功能,其制度目标具有一定的局限性。

第五,从违法的责任设计上看,外资信息报告制度的规定在一定程度上有违"罪刑法定"的基本原则。外资信息报告制度一反法律法规关于刑事责任部分的通常表述,在征求意见稿第148条规定的违反信息报告义务的刑事责任中,直接规定"对单位判处罚金""对其直接负责的主管人员和其他责任人员,处一年以下有期徒刑或拘役"。事实上,我国《刑法》分则中并无违反信息报告义务的罪名,商务部在征求意见稿中的这一表述,事实上自我创设了罪名、犯罪构成及刑事责任,已经违反了《刑法》第3条"罪刑法定"的基本原则。

总之,通过上述对外资信息报告制度和企业信息公示制度两者的对比分析,不难发现外资信息报告制度在内容、形式、制度、目标、法律责任五个方面均存在落后于企业信息公示制度之处。虽然,企业信息公示制度也是新生事物,运行尚未成熟,也并非模范规则。然而,企业信息公示制度已经在设计理念上先行一步,成为监管方式创新的代表,在推动政府职能转变的同时,对社会信用体系的完善起到了促进作用。作为外国投资法律制度改革的一部分,外资信息报告制度则略显欠缺,尚未体现其先进性,因而很难认定其符合改革的发展。

(二) 制度科学性分析:与相关制度的衔接

一项制度是否能够有效实施,不仅在于其本身的规则是否科学合理,更应当关注该制度与其他相关制度能否有良好的衔接。笔者将以企业信息公示制度、大股东持股变动汇报制度两者为例,通过分析外资信息报告制度与两者的衔接配合,论证其在科学性方面的欠缺。

1. 与企业信息公示制度的衔接

企业信息公示制度是已经设立并运行的信息公示制度。外国投资企业作为我国市场的参与者,其在参与市场经济活动的过程中,面临着如何适用两套信息报告/公示制度的问题。目前,尚未有对外资信息报告制度与企业信息公示制度适用方面的明确意见。笔者认为,无论是单独适用还是一并适用两种制度均存在一定的问题。换言之,两种制度存在衔接上的障碍。

第一种情况,外国投资者和外国投资企业单独适用外资信息报告制度。那么,外国投资者和外国投资企业仅向外资主管部门报告相关信息,不再向工商主管机关报告相关信息。由此可能产生两个负面效果:一方面,从市场秩序的角度来看,由于缺乏信息公示制度,外国投资企业的信息将无法为公众所方便获悉,可能造成市场中信息的不对称、不透明、不公开。由于公众无法通过简便的方式获悉外资的信息,也即意味着无法与外国投资企业公平进行市场交易,这将严重影响正常的市场秩序和公平的市场竞争;另一方面,从内资主体的角度来看,外国投资企业报告的信息无需公开,从而使其获得了较强保护。相应的,在制度上可能给予其以超国民待遇,这不仅严重影响了内资主体的利益,更不利于内资企业在相同市场中形成有力的竞争力。

第二种情况,外国投资者和外国投资企业同时适用两套信息报告制度。这意味着外国投资者和外国投资企业不仅需要向外资主管部门报告,还需要向工商主管机关报告相关信息。在此过程中,可能将产生如下矛盾:首先,同时适用两套信息报告制度,则其中信息公示部分的规定存在矛盾,导致外国投资者和外国投资企业信息是否需要公示不明,实践中可能无法操作;其次,同时适用两套信息报告制度,意味着外国投资企业承担着较重的报告义务,或有懒政、怠政之嫌;最后,同时适用两套信息报告制度,意味着与内资企业相比,外国投资企业将承担双倍于内资的报告义务,那么,东道国承诺的国民待遇在此问题上将无法得以兑现。

2. 与上市公司大股东持股变动汇报制度的衔接

证券法规定,通过在证券交易所的股份转让活动或者其他途径持有一个上市公司的股份达到一定比例,导致其获得或者可能获得对该公司实际控制权的行为,则认为是上市公司收购行为。① 根据《证券法》第86条②以及《上市公司收

---

① 参见彭冰:《中国证券法学》,高等教育出版社2005年版,第307—310页。
② 《证券法》第86条规定,通过证券交易所的证券交易,投资者持有或者通过协议、其他安排与他人共同持有一个上市公司已发行的股份达到5%时,应当在该事实发生之日起3日内,向国务院证券监督管理机构、证券交易所作出书面报告,通知该上市公司,并予以公告;在上述期限内,不得再行买卖该上市公司股票。投资者持有或者通过协议、其他安排与他人共同持有一个上市公司已发行的股份达到5%后,其所持该上市公司已发行的股份比例每增加或者减少5%,应当依照前款规定进行报告和公告。在报告期限内和作出公告、公告后2日内,不得再行买卖该上市公司的股票。

购管理办法》第 13 条第 1 款①和第 14 条第 1 款②的规定，投资者购买上市公司股份可以通过证券交易所或者协议转让等其他方式进行，并且当投资者购买上市公司股份达到上市公司已发行股份一定比例时要向证监会和证券交易所报告，通知该上市公司，并予以公告，并在一定期限内不得再买卖该上市公司股票。具体而言，通过证券交易所购买上市公司股份达到上市公司已发行股份 5% 时，投资者应当报告、公告；通过协议转让方式购买，达到或超过 5% 时，应当报告、公告。这一制度，即上市公司大股东持股变动汇报制度，其目的在于防范突然袭击式的收购行为。上市公司控制权的转移将极大影响公司的股价和股东利益，因此，监管机构设定 5% 的报告线也是充分考虑了上述因素以及证券市场高风险的特点。

组合信息报告中也有类似的要求，"外国投资者购买境内上市公司股票 10% 以上或不足 10% 但导致上市公司控制权发生变更的，应向外国投资主管部门履行报告义务。外国投资者购买境内上市公司股票不足 10% 且未导致境内上市公司控制权发生变更的，应当在年度报告中履行报告义务"。从外资主管部门维护市场稳定、交易安全的监管职能来看，在外资信息报告系统中设定 10% 的报告线，也是为了保证监管部门能及时了解外资对境内上市公司控制权的影响，从而提示监管部门给予一定的关注并做好相应防范。

然而，不难发现，证券监管部门设置了 5% 的报告线，外资主管部门却设置了 10% 的监管线。这是简单的二次报告、双重监管、加强监管？抑或是另有原因？经笔者查询发现，10% 作为报告线的一个来源是商务部、证监会、税务总局、工商总局、外汇局 2005 年制定的《外国投资者对上市公司战略投资管理办法》。该办法第 5 条规定，外国投资者进行战略投资，"投资可以分期进行，首次投资完成后取得股份比例不低于该公司已发行股份的百分之十，但特殊行业有特别规定或经相关主管部门批准的除外"。从上述规定的表述来看，外资主管部门设置 10% 的监管线的目的之一即在于审查外国投资者进行战略投资的首次投资是否达到了上市公司已发行股份 10% 的要求。可见，对于购买境内上市公司股票的报告制度，制度设计者赋予其双重任务，一方面，通过报告了解外资对境内上市公司控制权的影响，保证市场安全；另一方面，监督外资履行战略投资首次出资

---

① 《上市公司收购管理办法》第 13 条第 1 款规定，通过证券交易所的证券交易，投资者及其一致行动人拥有权益的股份达到一个上市公司已发行股份的 5% 时，应当在该事实发生之日起 3 日内编制权益变动报告书，向中国证监会、证券交易所提交书面报告，通知该上市公司，并予公告；在上述期限内，不得再行买卖该上市公司的股票。

② 《上市公司收购管理办法》第 14 条第 1 款规定，通过协议转让方式，投资者及其一致行动人在一个上市公司中拥有权益的股份拟达到或者超过一个上市公司已发行股份的 5% 时，应当在该事实发生之日起 3 日内编制权益变动报告书，向中国证监会、证券交易所提交书面报告，通知该上市公司，并予公告。

不低于10%的义务,促进外资境内投资。笔者认为,正是由于上述两种任务的价值取向不同,存在着一定的冲突,也就使得外国投资主管部门在监管中面临着价值取向的分裂。

更为严重的后果在于,外资信息报告制度在实际操作中存在着适用的困难。由于该制度并未区分是通过证券交易所还是协议转让的方式购买上市公司股票,由此可能产生如下两个问题:首先,对于通过证券交易所购买上市公司股票的行为,由于其在达到5%报告线及此后持股比例每发生5%的变化时都有报告义务,意味着其报告义务已通过证券监管部门及时监控。那么,外国投资主管部门额外设定10%的监控线便失去了实际价值与意义,其完全可以通过年度报告、事项报告、事项变更报告等方式获悉;其次,对于通过协议转让或其他方式购买上市公司股票的行为,由于持股变动报告制度和外资信息报告制度对于控制权变动所设置的报告线不同,使得投资者在适用两种制度时存在一定程度上的脱节,可能导致实践中操作困难、甚至无法操作的情况。最为关键的问题在于,证券监管部门设置5%的报告线,并没有充分考虑控制权转移的问题。如果投资者购买不足5%的股票,但已影响上市公司控制权,那么作为专门从事证券监管的证监会可能尚未获悉,但全面监督外国投资的主管部门却已先获悉,这就造成了监管职责上的倒置。如果投资者购买股票超过5%但不足10%,在向证券监管部门汇报时需要根据是否影响上市公司控制权来选择报告的方式。这对于外国投资者而言,无疑是增加了理解和操作的困难,导致报告负担加重,更不用说预判投资风险成本的增加。

总而言之,外资信息报告制度与企业信息公示制度及大股东持股变动报告制度的设计初衷存在一定的差别。可以说,在现有制度框架下,外资信息报告制度的设计并未充分考虑其与已有制度的衔接。因此,也就存在着适用和操作上的困难,与促进法律制度统一、明确改革发展方向存在着一定的背离。

(三)制度正当性分析:与法律原则的契合

作为外国投资法律制度改革中的一种观点性意见,其具体规则的设计和设想可能会存在一些不成熟和不完美的地方。但制度改革是否采纳这样的意见和改革方向,更多需要从法律原则的价值予以考量。外国投资是我国涉外经济的重要组成部分,外接国际市场,内联国内市场。因此,对外国投资的管制,就要求充分考虑复杂的市场环境和市场关系,发挥其维护涉外经济秩序、促进公平竞争、维护国家经济安全的作用和职能。外国投资法律制度作为实现涉外经济管制的法律手段,必须在制定、实施过程中始终体现涉外经济管制的价值和目标。在经济交往活动密切的今天,涉外经济管制在维护国家经济安全稳定、市场平稳有序方面发挥了重要作用。同时,由于涉外经济关系涉及市场主体间的平等交易关系,也涉及管制机关对市场主体的经济管理关系,这就要求涉外经济管制机关在行使行政权时,必须考虑管制对象的合理要求,在维护经济安全和公共利益的前提下,充分考虑利益平衡,保护当事人的合法利益。① 相应地,在涉外经济法律制度层面就应当充分体现协调管制的原则。

然而,笔者认为,外资信息报告制度因在价值取向上存在一定的偏差,从而与适用涉外经济法律协调管制原则有所背离。一方面,外资信息报告制度设计目标过于片面。外资信息报告制度将重点放在了对外国投资者和外国投资企业的管理上,即"及时、准确、全面掌握全国外国投资情况和外国投资企业运营状况"。其仅仅关注了维护国家经济安全的作用,忽视了市场主体间平等交易关系的保护及国民待遇原则的适用,也忽视了对涉外经济秩序的维护,并没有充分考虑到涉外经济复杂市场关系间的平衡和协调。另一方面,外资信息报告制度设计理念或有迟滞。外资信息报告制度设计仅站在主管机关的角度和立场上,将信息报告制度设计成为一个了解情况的工具,并未考虑到通过信息搜集和整理推动市场信息公开化,进而建立市场主体信用监督体系等制度功能。此外,外资信息报告制度设计仍表现出了管理政府的角色和特点,要求被监管主体承担全部的信息报告义务,未将其自身和其他政府机关纳入信息报告义务的承担者范围内来,与简政放权、服务型政府的目标有所背离。

综合上述分析,外资信息报告制度在设计理念和价值取向上,一定程度地偏离了涉外经济法律协调管制的基本原则,导致制度正当性基础不足,进而影响该制度进一步的细化和推广。

三、原因探究:外资信息报告制度设计理念出现偏差

通过上文对外资信息报告制度及相关联制度的比较和分析,可以看出,外资信息报告制度存在着许多问题和不足。笔者认为,这些问题折射出外资信息报告制度在设计理念上出现的偏差。毫无疑问,这些偏差更值得我们反思和重视。

(一)曲解了外资国民待遇原则的适用

无论是外资信息报告制度与企业信息公示制度、上市公司大股东持股变动汇报制度一并适用还是分别适用,都或多或少会在国民待遇问题上产生矛盾。从表面上看,国民待遇原则是经济全球化和国际化的要求,是投资者及其母国的

---

① 参见顾功耘主编:《经济法教程(第三版)》,上海人民出版社2013年版,第613页。

要求。违反国民待遇原则的承诺,不给予外国投资者应有的投资者待遇,不仅将在国际舞台上失去大国风范,并将为东道国在外投资和国际谈判中带来严重阻碍。

从更深层次看,国民待遇原则适用问题之所以重要,是由于该原则是东道国政府对其市场干预程度的重要表现。东道国开放多大的市场给外资进入,在外资企业运营过程中提供怎样的法律环境和市场地位,均反映了东道国政府对外资市场的干预程度。涉外经济市场是一国市场的一部分,① 具有优化资源配置等作用,也具有市场盲目性、自发性、周期性等固有的缺陷。因此,其有待于通过政府发挥适度的干预。无论是经济学中对于政府角色的讨论,② 还是经济法中对于国家协调作用的探究,③ 均未能对"适度干预"给出明确界定。然而在外资市场中,国民待遇的承诺则在一定程度上划定了政府干预市场的界限。简单地说,这一界限即是东道国政府在对市场经济活动中对外资参与主体不应作出超越内资主体的额外干预。更进一步看,外国参与者将与本国参与者享有同样的竞争条件和市场竞争地位,在良好的市场竞争环境中开展市场活动。市场要发挥优胜劣汰的作用,实现资源优化配置,最重要的还是保护有序的市场竞争环境和秩序。竞争不充分的市场,势必会出现资源配置不平衡,甚至产生"劣币逐良币"的现象。因此,国民待遇原则的正确适用,实质上是对涉外市场良好竞争秩序的维护,妥善规制国家对外资市场的干预行为,具有重大而深远的意义。

外资信息报告制度的设计显然并未深刻理解国民待遇原则的本质,也未进一步探究国民待遇原则的作用。其曲解了对国民待遇原则的适用,造成外资信息报告制度在适用过程中出现了上文所阐述的各种问题,一方面影响了其自身作用的发挥,另一方面也丧失了其对市场秩序的调节和维护作用。

(二) 忽视了外商投资内外环境的变化

从党的十一届三中全会确立改革开放的基本国策以来,我国吸引和利用外资经历了 30 多年的发展历程。④ 在此过程中,我国对于外资进入中国市场始终态度谨慎,采取审批制的准入模式。在审批制的模式下,政府及相关部门对于外资企业的动向和计划有着全面的关注和预先的了解,从政府管理的角度来看,要

---

① 参见杨紫烜、徐杰主编:《经济法学(第七版)》,北京大学出版社 2015 年版,第 17 页、第 50 页。
② 参见胡代光主编:《西方经济学说的演变及其影响》,北京大学出版社 1998 年版,第 1—17 页。
③ 参见杨紫烜、徐杰主编:《经济法学(第七版)》,北京大学出版社 2015 年版,第 51—65 页。
④ 参见邓利华:《我国外商直接投资发展历程、特征及评价分析》,载《现代商贸工业》2010 年第 3 期。

求外资报告信息的作用并不显著。

2008 年的金融危机改变了国际市场格局,各投资母国开始倒逼我国进一步放开外资准入市场。受到金融危机的重创,美国、日本、欧洲等发达经济体复苏迹象非常缓慢。① 发达国家反思过度追求经济服务化、虚拟化的教训,纷纷推出"再制造"战略,通过产业升级和对外直接投资,延伸、扩展产业链,突破传统国际产业分工对发展空间的约束,② 从而引发新一轮扩大投资领域的争夺。一时间,以美国和日本为首的投资母国纷纷提出,"中国投资环境的质量正在不断恶化""自贸区改革进展缓慢让人感到气馁",③ 一边扬言"撤离中国"④"将产能或投资转移到中国以外的地方",⑤ 一边要求中国进一步放开外资准入市场限制。与此同时,国际投资自由化趋势逐步加强。⑥ 世界各国对于外国投资均持大力推动态度。美国开始修改制订 2014 双边投资条约范本,⑦并积极推进 TPP/TTIP 等区域性自由贸易协定的磋商,推行高标准、全覆盖的贸易自由化协定。⑧ 在内外双重压力下,我国也推出相关举措。十八届三中全会《中共中央关于全面深化改革若干重大问题的决定》明确提出,"探索对外商投资实行准入前国民待遇加负面清单的管理模式",实际上是对市场准入从完全的审批制向有保留的注册制转变。作为外商投资准入制度改革的配套制度,也作为对外国投资者和外国投资企业监管方式的一种创新,外资信息报告制度应运而生。

可见,外资信息报告制度的设计忽视了我国外资市场内外环境的变化,并未充分关注到外资信息报告制度产生的背景和原因,使得外资信息报告制度的设计理念仍注重于服务政府行政主管部门的管理职能,充满了审批制的色彩,无法适应外商投资准入制度的转变步伐。

---

① 参见夏先良:《中国"一带一路"与美国 TPP 在全球贸易规则上的博弈》,载《安徽师范大学学报(人文社会科学版)》2015 年第 5 期。

② 参见刘世锦、余斌、陈昌盛:《金融危机后世界经济格局调整与变化趋势》,载《中国发展观察》2014 年第 2 期。

③ 中国日本商会发布的《中国经济与日本企业 2015 年白皮书》;中国美国商会发布的《2015 年度商务环境调查报告》。

④ 《2015 年外资企业大批撤离中国》,http://www.wyzxwk.com/Article/shidai/2015/07/348591.html,2016 年 2 月 22 日访问。

⑤ 中国美国商会发布的《2015 年度商务环境调查报告》。

⑥ 参见卢炯星主编:《中国外商投资法问题研究》,法律出版社 2001 年版,第 12 页。

⑦ 参见梁开银:《美国 BIT 范本 2012 年修订之评析——以中美 BIT 谈判为视角》,载《法治研究》2014 年第 7 期。

⑧ 参见潘晓明:《TPP 高标准国际贸易规则对中国的挑战及应对策略》,载《国际展望》2015 年第 5 期。

(三) 误解了外资信息报告制度的定位

一项制度的设计,不仅应当找准制度设计的背景,更应当认准制度的定位和作用。错误的定位将会造成该制度无法发挥其应有的作用。外资信息报告制度中有关投资事项报告的内容,不仅规定了事中事后报告的要求,也规定了事前报告的要求。在审批制的准入制度下,事前报告获取审批是应有的流程。但在国民待遇原则加负面清单模式的新型准入制度下,仍保留事前报告的规定,深刻反映了外资信息报告制度定位的错落。

外商投资准入制度改革,对于负面清单外的外商投资者而言,准入门槛的开放和流程的简化为外国投资者扩大了投资领域、提供了便利,有助于提高外商投资者在我国市场的参与度,让市场充分发挥优胜劣汰的选择作用。然而,准入阶段的简政放权并不意味着减轻监管机构的监管职责,而是将事前的监管转移至事中事后的监管上去。[①] 而外资信息报告制度恰恰是监管机构实现事中事后监管的一种手段和方式。

与此同时,对市场参与主体条件的放松,可能会对市场的交易安全带来一定的威胁和影响。那么,敦促市场参与主体报告并公开其对市场活动产生影响的信息,是让市场主体能够迅速快捷获取交易对方相关信息的途径之一,能够在一定程度上减少市场信息不对称,维护交易安全。外资信息报告制度的设计中,将信息的流通设计成为单向流通方向,忽视了信息公开对保障市场秩序、维护交易安全的重要定位和作用。

(四) 混淆了信息公开的不同形式和程度

信息不对称理论指出,市场主体为了自身利益最大化会隐瞒或谎报信息以获取利润。当一方无法观察到另一方行为或无法知悉另一方完全的信息时,信息不对称即出现,这会降低市场资源配置的效率,损害市场活动的公平性。而信息公开是解决信息不对称问题的一项重要手段。[②]

根据信息对市场的重要性,应当公开的程度也有所不同。信息披露制度在证券市场中的发展已经非常成熟,其已成为证券市场中保障交易安全、维持市场秩序、维护投资者利益的重要制度。[③] 但由于证券市场中信息与证券价格、市场

[①] 参见吴娅:《论企业信息公示》,载《经营管理者》2015年第5期。
[②] 参见吴韬:《浅析我国企业信息公示制度的不足与完善》,载《赤峰学院学报(汉文哲学社会科学版)》2015年第12期。
[③] 参见刘慧娟:《国际证券市场信息披露监管制度研究》,对外经济贸易大学2014年博士学位论文,第31—32页。

稳定等息息相关，以其强制性、持续性和严格责任为特征，证券法、各交易所规则中均对信息披露作出详细、严格的规定，对于严重的违法行为刑法也规定了相应的罪名和罪刑。然而，是否所有的信息公开都要以信息披露的标准要求，笔者认为并不尽然。原因在于，并非所有市场都具有证券市场高风险的特征，相应地信息公开的等级也应较信息披露制度有所降低。

企业信息公示制度表明，信息公开的持续性有所降低，不再有季度报告、中期报告等要求；强制性有所减弱，仅要求"真实、及时"，不再加入"真实、准确、完整"等表述；违法行为的处罚力度也相应较轻。然而，外资信息报告制度在设计上均参照了信息披露制度，其持续性、强制性均与信息披露制度相同，甚至在刑事责任的规定上也仿照了《刑法》第161条违规披露、不披露重要信息罪的相关规定。应当注意到，外资信息报告制度的外资信息是"报告"给政府投资主管部门，而非直接向公众公开。作为向政府部门"报告"的对象，其对证券市场外的普通市场带来的风险和影响是相对有限的。在此情况下，对于外资信息采取与证券市场类似的高标准、严要求是否妥当似乎有待斟酌。外国投资者作为我国市场的参与者，要求其所承担的信息公开义务和责任远远重于我国投资者，动辄可能会因信息公开中的错误而令其承担刑事责任，这显然已违反了我国对外国投资者给予国民待遇的承诺。

四、完善建议：以信息分层管理共享为导向推进改革

虽然外资信息报告制度存在诸多不足与缺陷，但作为新生事物，其与外国投资法律制度的整体改革一样，仍处于探索和试验的阶段，现有的不适应和偏离亦是必经的过程。然而，为了适应国际市场格局的变换和新的投资制度及投资标准，外国投资法律制度改革必须坚定前行。为此，应当尽快寻找修正上述偏差的途径。笔者认为，应以信息分层管理共享为导向推进改革。具体而言，可以通过下述步骤及途径对外资信息报告制度进行完善。

（一）把握当前形势，明确改革方向

2011年6月15日美国总统奥巴马宣布发起的"选择美国倡议"（select USA initiative），[①]指出"进入全球资本流动时代，美国未来在吸引、留住投资及其所产

---

① 资料来源：http://us.mofcom.gov.cn/article/zt_investguide/lanmuthree/201201/20120107934937.shtml，2015年12月1日访问。

生的就业岗位方面面临激烈竞争"。可以看出,在未来资本全球化时代,各国市场都将成为世界市场的一部分,世界各国市场之间也将实现深度融合和互通,通过资本自由流动带动自然资源、人力资源等重新组合,以发挥其最大效用。因此,在资本全球化的背景下,吸引投资而非吸引外资成为各国关注的重点,资本国界相对弱化。相应地,在转变过程中,吸引外国投资的重点就转至两个方面,一方面要实现本国市场与国际市场的深度融合,另一方面要打造更具吸引力的投资地。美国作为世界最发达经济体和吸收外国投资最多的国家,一直以良好的营商环境作为吸引外资的优势,其市场制度、法律制度和税收体系给外国投资者充分的经营自由。美国的相关经验做法值得我国借鉴学习。

我国市场经济经历了飞速发展的 30 年,已经建立了完善的市场经济体系。在不断学习和实践中,我国市场体系渐趋完善,市场主体也逐渐成熟起来。① 随着我国逐渐成为世界第二大经济体,②我国的经济实力和经济地位发生了重大转变。除了开放外国投资市场、引入外资之外,我国还积极地"走出去",开展对外投资。2007 年,我国对外投资额还仅为利用外资额的 1/3,到 2013 年对外投资额与利用外资额基本持平(图1)。2015年1月至9月期间,我国利用外资额

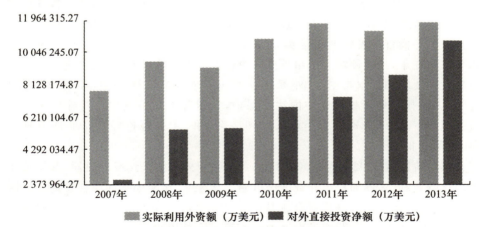

图 1 我国对外投资额与利用外资额比较情况图(2007—2013)③

---

① 2015 年《财富》世界 500 强企业名单中,中国企业达到了 106 家,并且其中不乏山东魏桥创业集团有限公司、浙江吉利控股集团这样的民营企业优秀代表。参见《2015 财富世界 500 强榜单:中国 106 家企业上榜》,http://news.163.com/15/0723/10/AV6VE6AO0001124J.html,2015 年 12 月 1 日访问。

② 参见《美媒:美国全球经济主导地位被中国取代不足为奇》,http://oversea.huanqiu.com/article/2014-12/5247065.html,2015 年 12 月 1 日访问。

③ 资料来源:http://data.stats.gov.cn/index.htm,2015 年 12 月 1 日访问。

为 949 亿美元,对外投资额为 873 亿美元。可见,我国市场发展对于外资的依赖已经逐渐减少,对于外资最初期待的资金、技术、管理都实现了一定程度的自给自足,还存在富余部分向外输送。① 经济地位发生转变的情况下,最初的单纯追求资金、先进技术和管理及推动经济高速发展也已经不再是中国引进外商投资的首要目标,而打通国际市场、充分参与国际市场竞争、促进经济要素有序自由流动、资源高效配置和市场深度融合逐渐成为中国进一步开放市场的关注点。

中国作为世界经济的积极参与者,应当积极顺应世界经济的发展趋势,以扩大市场开放和改善营商环境作为外国投资法律制度的改革方向。那么外资信息报告制度作为外国投资法律制度的重要组成部分,其为更为公开、公平、公正的外商投资环境创造条件也是应有之义。

(二) 加强理论探究,深化改革内涵

自党的十一届三中全会确立改革开放基本国策以来,我国开始逐渐打开国门,吸引外资。纵观我国外国投资法律制度的建立和发展,可谓紧紧跟随我国吸引外资经济的步伐,大致经历了四个阶段。

第一阶段从 1979 年到 1991 年,是我国吸引外资的探索阶段,外国投资法律以管理外资为主,尚未过多关注投资者保护。这 13 年间,吸引外资规模并不大,累计吸收外商直接投资 251 亿美元,但同期外债高达 525 亿美元。② 其中一个重要原因在于,外资领域立法给予外国投资者的保护非常有限,法律规定仍是以对外资的要求和管制为主。《外资企业法》(1986 年)的 24 条中,仅第 4 条第 1 款③提及外国投资者权益受中国法律保护,其他各条的条款均为对外资企业的管制规定。《中外合资经营企业法》(1979 年)和《中外合作经营企业法》(1988 年)情况也非常类似。

第二阶段从 1992 年到 2001 年,是我国吸引外资的快速发展阶段,开始关注外国投资者利益,逐渐提出外资国民待遇。从 1992 年邓小平同志视察南方讲话开始,我国改革开放的进程逐渐加快。1992 年当年,我国吸收外商直接投资额即达到 110 亿美元,一跃成为发展中国家第一大外资吸引国。④ 同时,我国开始

---

① 根据中华人民共和国国家统计局网站的数据显示,2015 年 1 月至 9 月期间,我国利用外资额为 949 亿美元,对外投资额为 873 亿美元,基本达到持平。资料来源:http://data.stats.gov.cn/index.htm,2015 年 12 月 1 日访问。

② 参见邓利华:《我国外商直接投资发展历程、特征及评价分析》,载《现代商贸工业》2010 年第 3 期。

③ 《外资企业法》第 4 条规定:"外国投资者在中国境内的投资、获得的利润和其他合法权益,受中国法律保护。外资企业必须遵守中国的法律、法规,不得损害中国的社会公共利益。"

④ 参见韩彩珍:《中国外资政策和法律的绩效分析》,中国经济出版社 2007 年版,第 21—22 页。

逐步在外资法律中调整对外国投资者的保护。1993年3月29日通过的宪法修正案,明确提出"发展社会主义市场经济""在法律规定范围内的个体经济、私营经济等非公有制经济,是社会主义市场经济的重要组成部分",意味着外资和个体经济将获得平等的市场主体地位。1993年11月14日十四届中央委员会通过的《中共中央关于建立社会主义市场经济体制若干问题的决定》提出,"创造条件,逐步对外商投资企业实行国民待遇"。1997年9月,江泽民同志在十五大报告中提出"要依法保护外商投资企业的权益,实行国民待遇"。① "国民待遇原则",这一从平等原则发展来的国际法基本原则,在我国相关文件中已有提及。

第三阶段从2002年到2010年,是我国吸引外资的渐趋成熟阶段,法律探索外资国民待遇的适用和调整。2002年前后,应加入世界贸易组织的需要,我国根据要求对外资法律制度中"低国民待遇"的规定予以删除。全国人大先后对几部外资法进行修订,国务院宣布废止和失效行政法规221件,最高人民法院废止司法解释100余件,国务院30个部门清理法规2300多件。此后,由于各界对于外资在国内市场上"超国民待遇"问题未解决的呼声不断,以及防止外国资本对中国经济的侵蚀,我国开始逐步清理外资"超国民待遇"。2007年3月16日第十届全国人民代表大会第五次会议通过《中华人民共和国企业所得税法》,将内外资企业所得税统一为25%。2010年国务院又发布通知,自2010年12月1日起,开始对外资企业征收城市维护建设税和教育费附加,这是我国统一内外资税制又一重要举措,②也意味着"超国民待遇"时代终结。③

第四阶段从2011年至今,我国吸引外资遇到新挑战,对适用外资国民待遇原则提出更高要求,而法律制度仍在探索中。2008年后,中美两国的双边投资条约谈判在准入前投资待遇、国家安全审查等方面分歧明显,美国开始修改制订"2014双边投资条约范本",④并积极推进TPP/TTIP等区域性自由贸易协定的磋商。我国在倒逼压力下,也于2013年开始"探索对外商投资实行准入前国民待遇加负面清单的管理模式",并逐步设立上海、广东、天津、福建四个自贸区作为试点,探索在准入阶段给予外资国民待遇的方案和可行性,相应出台了《自由贸易试验区外商投资准入特别管理措施》《自由贸易试验区外商投资国家安全审查实行办法》等。

---

① 参见单文华:《外资国民待遇基本理论问题研究》,载陈安主编:《国际经济法论丛》第1卷,法律出版社1998年版。
② 参见杨慧芳:《外资待遇法律制度研究》,中国人民大学出版社2012年版,第207—209页。
③ 参见《"超国民待遇"时代终结 外企应停止抱怨顺应转变》,http://www.chinanews.com/cj/2010/11-18/2666041.shtml,2015年11月13日访问。
④ 参见梁开银:《美国BIT范本2012年修订之评析——以中美BIT谈判为视角》,载《法治研究》2014年第7期,第89—98页。

从上述我国外国投资法发展经历的四个阶段可以看出,我国外国投资法发展始终伴随着对外资国民待遇原则适用的探索和调整。应当说,直到今天,对外资国民待遇原则的适用仍在不断探索中,尚未探索出协调适用的具体标准。正是由于相关理论研究的不成熟,才导致对改革的理解欠缺深度。

在吸引外资需求迫切的阶段,法律制度上对外国投资者的保护就多一些,对国民待遇原则的适用就明显一些,市场竞争度相对较高;随着外国投资者在我国市场经济参与度的增加,法律制度上偏向于市场管制力度加大,对国民待遇原则的适用就会收紧一些,市场竞争度相对偏弱。然而,外资市场又有其特殊性。由于进入市场参与竞争的外国投资者往往是较为优秀的市场参与者,相对于东道国本国企业而言,具有资本、技术、管理等各方面不可比拟的优势,容易在东道国市场占据绝对的竞争优势,甚至形成垄断,对东道国的民族产业造成冲击。① 我国现行外国投资法律及管制的思路,是通过市场准入的限制、行政审批的管制等对外国投资者进行限制,或是通过投资激励制度对外国投资的规模和方向进行控制等。外资信息报告制度反复地、大量地要求外国投资者报告也是一种行政管制的手段。然而,单纯使用行政色彩的管制,并不能起到良好的市场规制的效果,甚至容易导致缺乏对政府监督,进而出现政府失灵的现象,最终违背市场的正常运行规律。更为严重的在于,政府的失灵往往带来更加难以弥补的后果。因此,应当更加重视对外资市场中政府与市场关系理论的探究,以理论研究为先导,将理论研究成果加以总结,并转化应用到实践中,对外国投资法律制度的完善指明改革的方向并提供理论支持。特别是在具体规则的制定中,应当更加关注如何在尊重市场运行规则的同时,通过合理科学的方式和手段对外资市场行为进行一定的规制,如完善竞争法及其执行,在外资信息报告制度中加强外资并购的审查等。

(三)厘清信息类别,实现分层管理

通过上文的分析可以看出,不同类别的信息在不同市场产生的作用大小不同,对信息的管理程度和层级也应有所区分。有学者将企业信息分为企业成立过程中产生的信息(外生信息)和企业成立后经营过程中产生的信息(内生信息),② 并认为外生信息应当强制公开,而内生信息可以鼓励公开。这样的信息分类对于实现信息的分类管理是有启发的,然而,其也存在一些问题。比如,线

---

① 参见卢炯星主编:《中国外商投资法问题研究》,法律出版社2001年版,第33—38页。
② 参见吴韬:《浅析我国企业信息公示制度的不足与完善》,载《赤峰学院学报(汉文哲学社会科学版)》2015年第12期。

条粗略,标准略显单一,因而尚不足以达到信息分类管理的目标。

笔者认为,应当厘清信息的不同类别,加以分层管理。从外资信息报告制度的设计来看,要求外国投资者及外国投资企业报告的信息范围较广,涵盖的内容也非常丰富,包括了企业的基本信息、企业参与普通市场的信息、企业参与证券市场的信息、涉及国家安全信息、涉及商业秘密的信息和涉及个人隐私的信息等。首先,应当根据信息是否涉及保密,将信息分为涉密信息和非涉密信息。其中涉密信息可以根据涉及国家、企业和个人秘密的不同等级,分别实行信息报告和公开的管理方式。其次,对于非涉密信息,可以以企业参与的市场不同,划分为普通市场信息和证券市场信息。对于企业在证券市场活动的相关信息,应适用证券市场的信息披露规则和标准。但对于企业在普通市场活动的相关信息,可以参照企业信息公示制度相关标准进行管理。

通过上述信息的分类和分层,可以为科学、有效、合理地管理外资信息提供参考。在此基础上,制定信息报告、公开的相应制度和流程,充分实现监管机构对外国投资的有效监管,维护市场安全有序,推进诚信社会体系的建立,营造良好的投资环境。

(四)衔接相关制度,实现信息共享

在信息化发达的时代,信息的高效便捷将成为信息化发展的重要目标。特别是进入"大数据"时代,信息的互联互通以及整合,将发挥信息应有的价值甚至实现信息的增值。在我国,政府部门是掌握各类信息最多的主体,而各个部门或机构之间的信息互相独立,相互割裂。在此情况下,对被监管主体和监管主体都将产生一定的不利影响。一方面,可能导致被监管主体在不同的主管部门和机构中,进行重复报告,额外耗费了大量的时间精力;另一方面,各主管部门收集管理重复的信息,形成了各自的"信息孤岛",占用监管资源的同时也降低了监管的效率和能力。

外资信息报告制度所暴露的科学性缺陷也正反映了上述问题。外资信息报告制度与企业信息公示制度在信息报告的内容上、功能上有众多重合之处,而其与上市公司大股东持股变动汇报制度又存在着诸多不衔接之处,使得外资信息报告制度的科学性产生许多缺陷。

笔者认为,企业信息公示制度在信息的互联互通方面作了一个良好尝试,其将企业、工商行政管理部门、法院、其他行政主管部门对企业的相关信息进行了整合,在同一个平台和系统中实现对企业信息的管理。但也应当认识到,企业信息公示系统尚在探索之中,其本身也存在许多不足,如互联互通的政府部门尚不全面、信息更新不及时等。然而,对于同样处于探索阶段的外资信息报告制度而言，借力已经构建的企业信息公示系统仍不失为一个好的思路。笔者建议，将企业在普通市场中的不涉密信息的报告公示制度与企业信息公示系统相合并。对于企业在证券市场的相关活动，可以考虑与交易所相关系统实现衔接，避免不同监管部门对同一市场行为使用不同监管标准的情况再次发生。此外，在外国投资法律改革中，新增加对外国投资者和外国投资企业的国家安全审查和反垄断审查，相关信息的共享和平台构建也不应忽视。

我国零售业海外投资的法律保障研究*

徐 磊**

一、问题的提出

"走出去"是近年来我国政府大力支持的海外投资战略。2014 年,我国首次成为资本净输出国,意味着我国改革开放以来主要依赖进口、引资的发展格局发生了重大转变。有学者认为,作为净出口组成部分的出口与进口在经济运行过程中发挥的作用并不相同,出口的增长除了能够直接推动经济增长之外还对消费、投资、政府支出、进口造成影响,从而间接刺激经济增长。[①] 据商务部发布的数据显示,2014 年我国非金融类对外直接投资首次突破千亿美元,其中服务业投资增长 27.1%,占比提高到 64.6%。研究表明,国有企业中央企海外投资主要集中于资源行业和装备制造业,地方国企投资集中于海外房地产,而民营企业投资占据主导优势的行业首先是批发和零售,其次是租赁和商务服务业。[②] 虽然服务业份额已经超过半壁江山,相较资源行业与装备制造业而言,服务业却很少享受到具有实质意义的政策及其他制度红利。同时,处于价值链末端的国内零售业受宏观经济增速放缓、人口红利减退、要素成本高企的影响,不少企业销

---

* 本文系教育部人文社会科学研究规划基金项目(13YJAZH147)、上海市哲学社会科学规划课题(2013BGL002)"我国零售业'走出去'的战略层面及支撑体系研究"的阶段性成果。本文部分内容 Exploration on Establishment of the Legal Protection System in Retail Industry Overseas Investment in China 已发表于 CPCI-SSH(ISSHP)(2014 年 11 月),并有部分内容已于 2015 年被全国高校商务管理研究会第 30 次年会论文录用。

** 徐磊,华东政法大学 2014 级博士研究生。

① 参见林毅夫、李永军:《出口与中国的经济增长:需求导向的分析》,载《经济学》2003 年第 3 期。

② 研究结论来源于 2015 年 5 月 8 日,中国社会科学院世界经济与政治研究所国际投资室主任张明副研究员,在弗吉尼亚大学达顿商学院与上海交通大学安泰经济与管理学院联合举办的上海国际投资论坛上的发言。

售和利润出现下滑。面对多重挑战,政府作为、行业引导、企业转型已经成为逆境突围的重要方法。我国零售业走出国门、开展国际化经营既可以成为转型发展的一种路径,也可以在全球价值链的视角下为"中国制造"创造更大的市场和发展空间。

2015 年 4 月,政府召开推动"走出去"的重要会议,提出要在努力推动外贸转型、有效利用外资的基础上,加快我国装备走出去和推进国际产能合作,并认为这是实现我国经济提质增效升级的重要举措,有利于培育对外开放新优势,推动形成优进优出开放型经济新格局,使我国经济与世界经济在更高层次上深度融合。康芒斯指出,"制度"可以简明扼要地定义为集体行动对个人行动的控制,并由之推衍为集体行动对个人行动的限制、解放和扩张。[1] 在制度的稀缺性和未来性之下,目前零售业显然未能搭上"走出去"的政策"便车",缺乏制度激励。

2014 年,南京新街口百货商店股份有限公司(简称"南京新百")斥巨资并购英国老牌百货 House of Fraser Limited(简称"弗雷泽"),被业内称为"中国零售企业在海外金额最大的一笔并购"。然而,至 2015 年 4 月,南京新百虽然在资本市场取得了股票价值收益,却并未取得任何并购利润。事实上,弗雷泽转而将市场定位于中国,"转型"为"东方弗雷泽","走出去"又"走进来"。从我国的零售企业进军海外市场的先行者北京天客隆集团于 2003 年黯然退出俄罗斯市场,到近年来的以国美和苏宁为代表的国内零售业海外投资所面临的诸多困难和制约因素,其根本原因在于缺乏国际竞争力。在这样的背景下,以提高国际竞争力为目标,系统研究我国零售业"走出去"的战略层面及支撑体系既是迫切的,也是非常必要的。在此有必要站在零售业的角度,分析这类主体尤其是民营企业"走出去"的法律保障体系。

国际化经营的投资环境包括政治的、经济的、社会的、文化的乃至心理的因素,但以法律因素为主导,如税收、外汇管理、特定营业行为的限制、征用、国有化等政策和法令。改善或改变投资环境,都必须利用法律手段。党的十八大报告指出,要"加快走出去步伐,增强企业国际化经营能力,培育一批世界水平的跨国公司"。国务院颁布的《服务业发展"十二五"规划》强调,"要扩大服务业开放,稳步实施走出去战略"。为了更好地推进我国零售业实施"走出去"战略,必须从国家战略的高度构建起科学、完善的法律、政策和市场等外部保障体系。

---

[1] 参见〔美〕约翰·康芒斯:《制度经济学(上)》,赵睿译,华夏出版社 2013 年版,第 78 页。

二、我国零售业国际化投资法律体系概况

在构想法律保障制度之始,有必要梳理我国现有相关法律法规在零售业对外直接投资方面的抑扬影响,厘清我国零售业国际化投资法律体系(尤其作为资本输出国)基本概况。

从法的渊源来看,国际投资法一方面包括国内立法,即资本输出国为保护本国国民海外投资的海外投资保险法,和资本输入国为保护、鼓励与限制引进外资和技术的外国投资法以及有关的外汇管理法、涉外税法等。另一方面也包括国际法规范,即调整两国间或多国间私人投资关系的保护外国投资的国际法制度,如双边投资保护协定、处理投资争议的国际公约和国际惯例等。① 国际投资法的作用在于:(1)保护国际投资;(2)鼓励国际投资;(3)管理外国投资。② 零售业国际化投资主要涉及直接投资,属于我国国际投资法的调整范畴。

(一) 作为资本输入国,我国相关法制相对比较健全

1992年7月,国务院作出了《关于商业零售领域利用外资问题的批复》,标志着中国零售市场开始开放,同年上海八佰伴成为国内正式批准的第一家中外合资零售企业。1997年《外商投资的商业企业的管理试行办法》的颁布,使入世前零售规划政策和相关贸易限制进一步放宽。2007年年末,外资零售业全面开放。发展到现今,外资零售巨头纷纷抢占我国市场。在此过程中,作为东道国的我国已经构建了相应的法律保障,其中,公司法和外商投资企业法律规范是主要的法律依据。依通说,公司法和外商投资企业法属于一般法和特殊法的关系。《公司法》第217条规定,"外商投资的有限责任公司和股份有限公司适用本法;有关外商投资的法律另有规定的,适用其规定"。

我国对企业立法采取了两种不同的立法模式,公司法和外商投资企业法分别属于这两种不同的立法模式,前者的法律形态标准是企业的组织形式,后者的法律形态标准是企业的所有制形态。③ 我国以公司法和外商投资企业法为基本

---

① 参见郭寿康、赵秀文主编:《国际经济法》,中国人民大学出版社2000年版,第235—238页。
② 参见余劲松、吴志攀主编:《国际经济法》,北京大学出版社、高等教育出版社2000年版,第200—210页。
③ 参见卢炯星:《论完善外商投资法律制度》,载《中国法学》1996年第3期。以所有制形态作为企业法律形态的划分标准受到诸多质疑,参见王建平、时建中等:《企业组织法律形态划分标准辨析——对以所有制为标准划分企业形态的否定》,载《政法论坛》1997年第2期;李建伟:《中国企业立法体系的改革与重构》,载《暨南学报(哲学社会科学版)》2013年第6期;刘明越:《国企产权制度改革的逻辑与问题研究》,复旦大学2013年博士学位论文;赵吟:《公司法律形态研究》,西南政法大学2014年博士学位论文。

法,鼓励与限制全国范围内的外商投资行为,并以地方性法规和地方政府规章作为补充,规范地方性外商投资企业的投资行为。①

长期以来,我国对外资采取鼓励与限制相结合的规定。根据现有的法律,我国对外资准入的审查和批准较为严格,外商投资企业的设立实行核准主义,须经过对外经贸主管部门的批准。同时设定了比较严格的准则,如中外合资经营企业中外方投资比例须达到25%以上;在经营期限内,无论是增加还是减少注册资本均须经过主管部门的批准;经营期限、外资企业的出资额转让、资本及利润的出入境方面,均有较为严格的准则及限制。零售业的市场准入政策主要集中在外商投资领域,自1992年以来,有关外资进入商业领域的管制政策逐步放开。2002年3月11日,由国家计委、国家经贸委和外经贸部联合颁布的《外商投资产业指导目录》将一般商品的批发、零售、物流配送归为鼓励外商投资的行业。②根据入世的承诺,外经贸部于2003年颁布《关于设立中外合资对外贸易公司暂行办法》,进一步放宽外商投资外贸公司的审批条件,取消试点地域和数量限制。2004年4月,商务部颁布《外商投资商业领域管理办法》,将商业利用外资工作由试点转为正常开放,放宽外方投资者股权限制,取消企业注册资本和投资者规模等限制性要求,将部分符合条件的商业利用外资的审批权限下放到省级商务主管部门。在股权方面,按照入世的承诺,2004年12月11日以后,同一外国投资者在境内累计开设店铺超过30家以上的,如经营商品包括图书、报纸、杂志、汽车③、药品、农药等,且上述商品属于不同品牌,来自不同供应商的,外国投资者的出资比例不得超过49%;除此之外,外资在合资零售企业中的股权比例不再受限制,并且允许成立外商独资企业。④

改革开放以来相当长的一段时间内,我国作为东道国,为吸引外资、增加出口、补充外汇的不足,在很多方面给予被允许进入国内市场的外国资本以"超国民待遇",实行种种税收及土地使用政策优惠措施,如预提税方面的税收优惠⑤、

---

① 虽然对内资和外资适用不同的法律及政策,尤其是对外资的优惠性政策,不利于对内资企业的激励及公平竞争环境的构建,并产生将内资包装成外资以"搭便车"之虞。然而,在改革开放之初及其后的一段时间内,专门性立法、稳定的政策法律等条件,对吸引外资、增进外国投资者的信赖和安全感有一定的必要性。

② 同时将批发和零售业中的图书、报纸、期刊的批发、零售业务等八个类别归于限制外商投资的行业。

③ 2006年12月11日起,本限制取消。

④ 参见国家信息中心中国经济信息网编著:《CEI中国行业发展报告(2004)——零售业》,中国经济出版社2005年版,第33—34页。

⑤ 实行优惠的范围有:外商投资者从外商投资企业取得的利润免税;国际金融组织贷款给中国政府和中国国家银行的利息所得免税;外国银行按照优惠利率贷款给中国国家银行的利息所得免税等。

关税优惠①以及企业所得税与城镇土地使用税方面的税收优惠②。

目前,我国外商投资立法体系正面临重构。2015年年初,商务部在其官方网站公布了《外国投资法(草案征求意见稿)》(以下简称"草案"),草案体现了三法合一,即以《外国投资法》取代原《中外合资经营企业法》《中外合作经营企业法》和《外资企业法》。对外国投资进行统一规范,不再将外商投资企业的组织形式和经营活动作为分类规范对象;实行国民待遇,内外资统一适用《公司法》等法律法规;实行"有限许可加全面报告"准入管理,改变现有的投资事前审批制度,确定外资准入的负面清单和外资安全审查程序,更加便捷、简化,提高了开放度;审慎监管,加强对外资的事中、事后监管。作为东道国的一项法律政策,草案规定了内外主体平等,有利于促建公平竞争环境、激励外资流入,为合理化政府与外资市场的关系奠定了法制基础。法律的健全必将推动包括零售业在内的外商投资活动的发展。

近年来,学界对包括以法律因素为研究内容的宏观政策方面的研究散见于我国零售业对外开放的研究文献中,且聚焦于探讨外资零售业在华发展对我国经济安全、税收的影响,以及在产业政策、法律方面应如何调整,也包括对政治经济方面进行探讨。与此形成鲜明对比的是,我国对外投资政策与法律的研究非常缺乏。③ 从历史渊源来看,这固然和我国对外开放首先致力于通过"引进来"发展国内经济有关。但是,到今天,作为世界第二大经济体,"走出去"已经成为我国经济可持续发展的必由之路。就我国零售业而言,在海外市场的商业存在是参与全球化的必然要求,是提高我国零售业竞争力的重要手段,是我国流通现代化的重要标志。在我国零售业"走出去"的过程中,资本输入国的法制固然重要,却非我们所能控制或影响。因此,本文的关注点在于我国作为资本输出国的法制研究及建议。

(二) 作为资本输出国,目前国家层面的对外投资立法缺位

如前所述,我国零售业"走出去"举步维艰的现状之根本原因在于缺乏国际竞争力。与竞争力相关的概念是生产力,根据经济学原理,导致生产力凝滞的原

---

① 对外商投资企业作为投资进口、追加投资进口的本企业生产用设备以及为生产出口产品而进口的原料等实行关税优惠;对外商投资企业利润进行再投资的优惠;亏损补贴以及固定资产折旧可采用加速折旧法等。

② 根据2008年1月1日开始实施的《企业所得税法》,外资企业已不再享有所得税优惠税率,与内资企业一样适用统一的25%税率的企业所得税;取消外资企业城镇土地使用税优惠;此外,外资企业单独享受的税前扣除优惠、生产性企业再投资退税优惠、纳税义务发生时间上的优惠等也与内资企业统一。

③ 参见谭丽婷、马宝龙:《中国零售业对外开放学术研究现状分析》,载《商业时代》2010年第11期,第19—20页。

因主要有二:一是生产要素发育不全;二是制度相对滞后。前者是内生因素,即要素本身价值(及潜在价值)高低的问题;后者是外生因素,即制度环境下限制要素发展的问题。如果零售业国际化价值或潜在价值低下,那么属于要素障碍;如果价值较高而未能发挥效用,那么属于制度障碍。首先,零售业国际化不存在价值要素障碍,我国首次成为资本净输出国,不仅会影响本国的投资和产业格局,更会对全球的金融和经济格局产生一定的影响,因而"走出去"的必要性已无须赘言;包括零售业在内的服务业在对外直接投资中的份额已经过半,其影响及重要性显而易见。① 在产业重要性方面,国务院颁布的《服务业发展"十二五"规划》也已经将"扩大服务业开放"提高到战略高度。其次,国家层面的对外投资立法缺位,导致零售业国际化过程中未能享受诸如装备制造业和资源行业政策红利,这是其缺乏国际竞争力的重要原因之一。新制度经济学认为,制度是非常关键的要素,起着不可忽视的作用,具体而言,制度包括产权、分配、机构、管理、法律、政策等。②

在各类竞争优势研究理论中,波特从企业、产业和国家三个层次,系统地论述了国家竞争优势的培育和竞争战略的运用技巧。波特认为,一个产业要在国际上获得竞争优势,需具备四项基本要素:生产要素、需求条件、相关与辅助产业以及企业战略、竞争结构与同业竞争。此外,政府行为和机会事件对产业竞争优势也影响巨大。以上要素之间双向强化,形成影响产业竞争力的钻石模型。以波特产业竞争力的理论分析为基础,可以构建出我国零售业国际竞争力的钻石模型,如图1所示。

该"钻石模型"强调了我国零售业要素市场条件支撑及企业自身内在的竞争力,同时突出强调了政府促进零售业的政策支撑及保障,以及零售业与其关联产业联动发展的重要性,对现阶段促建我国零售业的国际竞争优势有特殊意义。虽然2004年国家发改委施行的《境外投资项目核准暂行管理办法》已经在一定程度上放宽了审核要求,如将投资额限起点从原100万美元放宽到资源开发类3000万美元以上、大额用汇类1000万美元以上;审批内容去除了属于企业行为项目的可行性分析等,而主要侧重于确定投资主体、投资方向及合规性的审查,

---

① 2014年我国对外直接投资产业门类广泛,涉及租赁和商务服务业等15大类,其中租赁和商务服务业372.5亿美元,采矿业193.3亿美元,批发零售业172.7亿美元,这三个行业成为对外直接投资的主要领域。参见《2014年中国对外投资和经济合作情况》,http://ccn.mofcom.gov.cn/spbg/show.php?id=15904,2015年8月25日访问。

② See Douglass C. North, The New Institutional Economics and Third World Development, Edited by John Harriss, Janet Hunter and Colin M. Lewis, Routledge, 1995.

我国零售业海外投资的法律保障研究

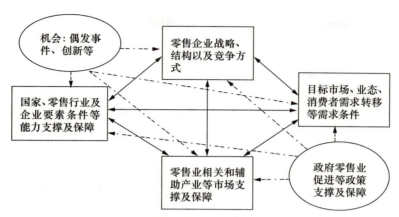

图1 我国零售业国际竞争力"钻石模型"

然而目前的审批制度依然不适应经济发展要求。① 理论与实务界归纳关于"走出去"的不利因素主要包括：信息导向功能尚未健全；审批制度不适应要求；资金不足和融资困难制约企业开拓国际市场；尚未建立有效的保障机制；②企业"走出去"的观念和动力不足；海外企业经营管理机制改革滞后；企业缺乏外向型、复合型人才；企业"走出去"停留在低水平上。③

目前，我国对外投资领域主要的行政法规是2004年7月发布的《国务院关于投资体制改革的决定》，2006年10月国务院常务会议通过的《关于鼓励和规范我国企业对外投资合作的意见》；主要的规章性法律文件包括2007年5月财政部、中国人民银行、商务部、中华全国工商业联合会发布的《关于鼓励支持和引导非公有制企业对外投资合作的若干意见》，2009年5月1日起施行的商务部的《境外投资管理办法》。相关行政法规及规章制度明确了鼓励、支持市场主体对外投资的基本态度，审批、管理办法，对境外投资的监管和投资风险防范。相关法律规范最高位阶为行政法规，无法满足对外投资实践的需要，亟待建立《中国对外投资法》以及配套法律法规。此外，如果企业选择的市场属于政治环境不稳定的发展中经济体，当东道国发生战乱时，极有可能面临毁灭性的损失。车臣

---

① 例如，投资行政审批、人员出境审批、金融支持政策审批等手续复杂、时间过长。再如，根据《境外投资项目核准暂行管理办法》的规定，不分企业所有制，不分资金来源、投资形式和方式，对所有境外投资包括新建、收购、参股项目及增资、再投资项目，均需核准。以股权、债权等资产和权益形式进行的境外投资项目，也需核准。对民营企业和三资企业的海外投资和开展境外经济技术合作的政策限制较多，其按国家企业主体的管理办法监管，缺乏制度合理性。

② 我国与一些国家和地区尚没有建立起有效的合作与保障机制，一些已经建立起来的双边、多边和区域合作机制的功能和作用没有得到充分利用和发挥，企业和人员的合法权益尚不能得到充分保障。

③ 参见王志民：《"走出去"战略与制度创新》，经济科学出版社2003年版，第85—88页。

战争,就曾是北京天客隆集团"兵败俄罗斯"的主要原因之一。在这样的背景下,包括中国国际贸易促进会在内的许多机构、学者和业界认为,尽快建立《中国对外投资法》以及配套法律法规,已经迫在眉睫。

流通领域"走出去"不仅存在法律法规位阶较低、国家层面基本法律缺失的制度障碍,其行业标准体系的构建亦不够完善。1997年和1999年,原国内贸易部、原外经贸部分别颁布了《国内贸易部标准化管理实施办法》和《外经贸行业标准化管理办法》。2012年7月1日,商务部制定的《商务领域标准化管理办法》(以下简称《办法》)正式实施。《办法》规定了商务领域标准化工作的全过程,包括制定和修订商务领域标准以及组织实施商务领域标准等环节,明确了商务部、地方商务主管部门、商务领域相关专业标准化技术委员会及技术归口单位等主体的主要职责,及各部门间上下联动、协同配合的方式和程序。然而,由于流通标准涉及流通行业的方方面面,其标准化管理是一项复杂的系统工程,现有标准难以适应其动态性、超前性和经济性的特征。以电子商务为例,我国现有电子商务法律、法规、标准不完善,虽然香港、广州、北京、上海、浙江(杭州)等地出台了地方性电子商务法律法规标准,但仍然存在着缺失和冲突。如对网络交易主体的工商注册、税务管理、消费者权益保护等规范不足,同时不同地域的网络主体同类行为(如网络开店)的法律适用不统一。对于实施"走出去"战略的零售企业而言,标准化更有国际性的特点,不但需要按照我国及目标市场国的标准化要求开展业务,还需要更好地依靠标准化工作促进国际化经营。不摆脱我国企业在传统国际产业分工体系中处于较低端环节、低附加值的被动地位,难言我国零售业的国际竞争力。现在,我国一些企业已经掌握了一定的先进技术并拥有自主知识产权,政府应依照双边和多边条约的权利和义务,积极与目标市场政府进行磋商,帮助企业争取国际标准制定权。

从全球范围来看,无论是零售企业在世界500强中所占的比例,还是全球零售业前250强收入及平均销售规模,其表现都说明我国零售市场的集中度偏低。2014年7月7日,财富中文网发布《财富》世界500强企业排行榜,上榜的零售企业共计40家,其中,美国占了16席,我国零售企业上榜的只有4家,分别是:华润集团、怡和集团、和记黄埔、中粮集团。从严格意义上说,这4家企业都不是纯粹的零售企业,仅是涉足零售业而已。[①]

整体而言,我国零售行业仍处于以区域格局为主导的分散竞争状态,属于完全竞争的行业,尚未出现垄断竞争或寡头垄断的市场态势。在一个完全竞争的行业中,对民营企业的减限比减负更为重要,"政府可以用许多方式来改善企业

---

① 参见田力:《世界500强之零售版图》,载《中国商界》2014年第8期。

经营环境,但切不可限制竞争"①,首先应该在法律和政策层面切实去除在产业准入、市场准入、银行贷款等方面的歧视性政策和规定。目前"走出去"主体缺乏信息供给激励。信息属于公共物品,在缺乏政策干预条件下,信息交易成本过高,尤其是民营企业很难通过自身努力对目标国的政策、法律、经济及其他风险进行全面评价。加强相关"走出去"支持服务体系的建设,如设立投资鼓励基金、支持组建行业协会、发展信息咨询服务中介机构,为民企"走出去"提供高效、低成本的支持服务,给主体提供信息供给激励。

在我国零售业国际竞争力"钻石模型"的各要素中,本文研究立足于政府零售业促进等政策支撑与保障因素的法律层面。现实情况是我国目前还没有关于对外投资的基本法、综合性法律文件或者单行法,尚未形成有效的对外投资法律制度体系,同时也没有将零售业国际化纳入国家产业政策,这都不利于我国零售业国际竞争优势的建立。

(三) 国际条约和惯例、多边与双边协定是对外投资法的重要渊源

投资法的重要渊源有联合国大会通过的《建立新的国际经济秩序宣言》和《行动纲领》、《各国经济权利和义务宪章》及关于《发展和国际经济合作》的决议等国际投资行动规约性守则。我国政府对外签署的投资保护协定、避免双重征税协定以及国际公约,包括《多边投资担保机构(MIGA)公约》《解决国家与他国国民投资争议公约》等,也是重要渊源。目前,国际上分别从事国家投资担保和解决国际争端的主要机构,主要是隶属于世界银行的多边投资担保机构和WTO 的解决投资争端的国际中心。WTO 的《与贸易有关的投资措施协议》规定,国民待遇原则和透明度原则适用于国际直接投资关系。同时,WTO 的《服务贸易总协定》明确要求各国允许通过一方在另一方领土上的商业存在提供服务,并规定东道国应遵循逐步自由化、非歧视和透明度的原则,向外资开放商业、建筑业、旅游、银行、保险、通讯和运输等服务行业和市场。此外,WTO 的《与贸易有关的知识产权协定》尽管并未直接涉及国际直接投资,但对资本、技术等生产要素的国际流动的知识产权保护,必然会对我国零售业的国际化起到促进作用。自 1982 年 3 月 29 日我国与瑞典签订双边协定至今,我国已经与超过 130 个国家和地区签订了双边投资协定。在多边投资保护协议签订存在较高难度的情况下,双边投资协定无疑成为零售业国际投资法律体系中的重要组成部分。当发生投资风险尤其是政治风险,如东道国政府决定实施国有化或征收时,企业在境外应尽可能利用当地的法律和国际法进行补救,然后在母国法律体系中寻求司法救济。

---

① 〔美〕迈克尔·波特:《国家竞争优势》,李明轩、邱如美译,华夏出版社 2002 年版,第 3 页。

三、我国零售业国际化投资的法律保障体系和框架构想

如前所述,我国零售业"走出去"的主要制约因素在于缺乏国际竞争力,而竞争力的培育需要激励性的制度创新。如何设计机制为经济主体提供合理的激励已成为当代经济学的核心主题,也为法律的构建提供了经济理论基础。在世界各国和地区零售企业的海外发展进程中,政府的支持和社会组织的扶持对国际化经营十分重要。为构建我国零售业"走出去"战略实施的支撑体系提供依据,我们在全国范围内组织实施了专门的调查。调查包括企业问卷调查和专家问卷调查及访谈。企业样本的选择尽可能兼顾到了地域分布、业态、规模、经营模式。问卷所涉问题均采用5级量表的方式进行了标准化的设计。调查结果显示,对外直接投资的立法保障一条,均值达到了4.4,这一结果凸现了零售业主体对外直接投资立法的立法诉求。

制度设计者必须充分考虑分散决策者的偏好,设计激励型制度,即参与者都愿意接纳的制度与规则。[①] 制度设计必须充分考虑到规则主体的愿望、偏好与兴趣。法律不是私人定制,但必须考虑到主体的属性。[②] 制度作为共有信念的自我维持系统,其实质是博弈均衡的信息浓缩,起着协调参与人信念的作用。[③] 我们应充分考虑不同类型主体的需求,在此基础上,设计激励与协调制度。资源行业与装备制造业尽享政策红利,而零售业尤其是民营企业虽然具有"走出去"的内生动力和外部压力,但在没有法律与政策保障的当下,有必要站在零售业主体的角度,构建相关的海外投资法律保障体系,创造激励机制,减少信息获取与风险防范等交易成本,有效保障零售业"走出去"。

(一)构建系统健全的多层次海外投资法律保障及规范体系

与制造业相比,零售业处于价值链的末端,在国际化经营中,零售业需要直接面向因巨大社会文化差异而有着迥然不同的消费观念和习俗的目标国消费者,其所涉及的利益相关者的范围更广,因而投资环境也更为复杂。为此,综合考虑零售企业海外投资过程,我国零售企业国际化法律法规及政策保障的体系

---

① 参见〔美〕利奥尼德·赫维茨、斯坦利·瑞特:《经济机制设计》,田国强等译,格致出版社、上海三联书店、上海人民出版社2009年版。
② 参见〔美〕戴维·L. 韦默主编:《制度设计》,费方域、朱宝钦译,上海财经大学出版社2004年版。
③ 参见〔日〕青木昌彦、奥野正宽编著:《经济体制的比较制度分析》,魏加宁等译,中国发展出版社1999年版。

应包括零售国际化核准监管政策、零售国际化法律保障政策和零售国际化服务支持政策。其中,核准监管政策包括行政审批和外汇管制,涉及投资前的资格审查、投资资金来源审查及对资金流动的监管;法律保障政策包括海外投资法律法规、海外投资保险制度及双边多边保险协议,以实现对企业投资行为的约束及对其在东道国利益的保护;服务支持政策包括国家税收扶持政策、公共信息服务、融资政策和融资渠道等,通过建立公共信息服务平台,使企业充分了解外部投资环境,为投资决策提供信息支持。①

系统健全的法律制度支持是保证零售业对外投资战略得以顺利实施的根本和保障。党的十八届三中全会通过的《中共中央关于全面深化改革若干重大问题的决定》指出,要使市场在资源配置中起决定性作用和更好发挥政府作用,这是这次全会提出的一个重大理论观点。因此,在市场能够发挥作用的领域,政府微观规制的活动应主要运用经济手段和法律手段;而在市场失灵的领域,则应主要运用法律手段和行政手段。保护私权、依法行政也是法治精神的内涵。这就要求在对外投资的国内立法方面,从市场准入、管理体制、融资、财政、保险、促进体系以及政府监管的部门和权利及服务支持的义务等方面构建完整零售业海外投资法律保障及规范体系,全方位做到有法可依,提升法律制度在整个宏观层面的地位和效能。

首先,通过法律制度规定,减少行政审批,降低"走出去"的门槛,为零售业"走出去"提供内生动力。对外商实施"负面清单"管理,我国企业主体"走出去"也可适用"负面清单"准入制度。发达国家对于"走出去"的管制相对宽松、自由,如英国政府除了对经双方政府磋商的特大型投资项目以及绝密、敏感或顶尖的战略、军事、高科技领域或具有政治因素的国家投资的极少数项目及其额度进行审批和限制之外,其他的对外投资无须审批,完全视作企业的商业行为。新兴工业化国家对"走出去"的管理也趋于宽松、间接,如韩国原来对投资额在3500万美元以上的项目规定须经本国产业资源部批准,至20世纪90年代放宽到5000万美元,现已彻底解除了限制。我国修订后的《境外投资管理办法》于2014年10月6日起实施,其最大的亮点是降低了企业走出去的门槛,由原来的全面核准改为"备案为主,核准为辅",结合国务院的《政府核准的投资项目目录》,除在国外投资开办金融企业外,只有涉及敏感国家和地区、敏感行业的需要商务部核准,其他只需备案即可。日前,发改委发布的《政府核准和备案投资项目管理条例(征求意见稿)》明确提出了"新境外投资核准备案机制",仅保留了较低程度的

---

① 参见毕克贵、王鹏娟:《我国零售企业国际化投资的政策保障研究》,载《财经问题研究》2011年第11期,第114—119页。

审查标准,即符合国家政策法规,不危害国家主权、公共利益以及我国参与的国际条约。根据该征求意见稿,发改委备案不再作为外汇登记与资金出境的前提。然而,事后备案制与目前的外汇登记制度并无衔接。部门规章中降低"走出去"门槛的规定,须在高位阶的法律中加以明确,以提高其效力及与法律协调规范作用。

其次,建立健全与国际条约和惯例相协调的各种法律、法规、制度和标准,如技术、质量、安全和知识产权等各方面的法律、法规、制度和标准。在加强制定国内零售业行业标准的同时兼顾国际标准,帮助技术先进企业争取国际标准制定权。在法律、法规、制度和标准的基础上,处理好政府与市场之间的关系,政府应履行好市场监管和维护的责任。

最后,由政府或半官方机构建立公开透明的服务平台和信息服务平台,及时评估主要主权国家的政治风险、经济贸易风险、商业投资环境风险、法律风险以及总体风险,并建立预警机制,帮助企业全面了解外部投资环境,为投资决策提供信息支持。当今许多发达国家都设有对外国政治风险进行评估的私人机构,最典型的就是国际三大评级机构对各个国家主权债务的评级。我国缺乏对主要的海外投资东道国进行专业的、全方位的直接投资风险评级。政府部门应借鉴国外的经验,采用德尔菲法(专家调查法)、内部员工法、风险等级评估法、早期预警系统分析等,组建国内的政治经济评估机构,为境外投资提供咨询决策。

总之,我国应建立多层次的对外投资法律制度支持体系,并鼓励行业组织和其他机构为企业对外投资提供服务和支持。例如,韩国于1988年建立了海外投资信息中心,韩国银行和大韩贸易投资振兴公社(KOTRA)也开设了投资信息中心,为企业提供可行性研究服务及其他策划和设计海外投资的服务。此外,构建包括管理监督、服务促进和风险保护在内的海外投资协调机制等也不容忽视。

(二)尽快出台高位阶的基本法律——《中国对外投资法》

世界主要资本输出国均有完善的国内对外投资高位阶立法。美国是世界上最早进行对外投资立法的国家,在对外投资方面专门制定了《经济合作法》《对外援助法》《共同安全法》等成文法,连同各州的州法与普通法共同支持企业对外投资。[①] 日本在对外投资方面专门制定了外汇法等基本管理法,并结合普适性法律,对企业对外投资行为进行专门规定。我国应借鉴美、法、日、韩等国的立法经验,尽快出台《中国对外投资法》。采取统一立法模式还是分散立法模式,需要从

---

① 参见沈四宝、彭景:《我国对外投资法律制度支持体系的路径探析》,载《社会科学辑刊》2012年第6期,第84—88页。

我国的实际出发。为避免目前低位阶法规或规章协调性、系统性、执行性不足的弊端,高位阶专门立法势在必行。

由于世界政治经济形势不断变化,而且法律的稳定性是其权威性的前提,因而作为基本法律的《中国对外投资法》的内容不宜过于细致。基本法律应确立基本原则,首先,从国家战略的高度以立法的形式促进对外投资。虽然世界经济增速放缓,部分国家和地区主权债务危机加重,扩大出口、加快投资并不是历史机遇,扩大内需、提高创新能力、促进经济发展方式转变是我国目前经济转型的重点。然而,从国家层面而言,对外直接投资法律体系的非经济意义可能大于经济意义,一些非经济因素如国家安全、国家战略以及民族主义等应在考虑之内。[①] 促进和保障包括零售业在内的对外直接投资应是《中国对外投资法》的首要原则。其次,除特别项目以外,应赋予民营企业与国有企业平等的主体地位,给予同样的资金支持与政策支持,推动公平竞争机制的构建。再次,审批时间的过长和效率的低下,往往使零售企业错失对外投资的良机。可参照《公司法》的改革,对一般项目改审批制为备案制,实现有条件的投资自由化。最后,基于我国对外投资集中于资源行业(能源、矿业与公用事业)的现状,应鼓励制造业、服务业(包括零售服务业)等加快和扩大对外投资,为改变我国在全球价值链上的被动地位、构建与我国经济大国地位相称的世界贸易新格局提供有力的法律支撑。

另外,《中国对外投资法》应设立专门的对外投资主管机关和促进机构,如设立单独的海外投资监管机构,并根据服务业类别下设海外投资监管委员会;明确对外投资战略导向;明确知识产权保护;赋予我国法院和涉外仲裁机构在争议解决或战争赔偿方面的管辖权,在我国企业发生国际法律纠纷时,国内司法机关可以依法在我国境内启动司法程序。

政府应主动将对外投资的产业结构和区位结构纳入国家产业政策,根据对外投资的全球经营战略和有利于本国经济发展原则,具体明确优先发展的产业,划分不同的产业类型,如鼓励型、控制型和禁止型等,制定对外投资产业指南和区位指导计划,使对外投资援助和鼓励法规成为调节对外投资流向和优化产业结构的重要杠杆,帮助企业顺利克服跨国直接投资进入壁垒。[②] 在出台基本法律的基础上,制定特别法或扩充税法等普适性法律在对外投资方面的专门性规定,也可以通过授权国务院及其部委配套制定行政法规或规章,对属于优先发展的产业和处于鼓励投资区域的对外投资,提供税收优惠、金融援助等多方面的服

[①] 参见邢玉升:《法经济学视角下日本对外直接投资法律述评》,载《对外经贸》2013年第3期,第43—44页。

[②] 参见杨大楷、李增春、杨晔:《中国企业对外直接投资研究》,立信会计出版社2006年版,第292页。

务,确立包括金融、财税、保险等法律法规支持保障体系。

(三) 考量政治风险,完善零售业海外投资保险制度

作为调整国际投资关系的法律手段,国际投资法对于保护、鼓励和管制国际投资具有极为重要的作用。随着基本法律和专门法律制度的构建,零售企业在海外投资领域将有法可依。我国企业在实施"走出去"战略的过程中,面临着政治风险、收汇风险、经营风险、管理风险和项目风险等各类风险,其中政治风险是国际投资中不确定性最大的风险,而且一旦发生,投资企业将面临不可预估的损失。数年前,我国企业在海外直接投资过程中,工会及利益相关者风险、法律风险和环保风险是最为常见也是强度最大的风险。[①] 近年来,政治风险和主权风险已不容忽视,仅中石化、中石油的海外投资项目在苏丹、叙利亚和利比亚等地就损失了 40 亿美金以上,即可窥见一斑。政治风险包括投资目标国的政府干预、政局更迭、政府征用、政策法规变动、排外思想与恐怖主义等因素,以及外国投资者在社会责任和环境保护方面的行为导致目标国的政策改变等,它不但普遍存在于政治动荡的经济体,也同样存在于欧美等发达经济体,比如,2012 年我国对欧盟投资是对美国投资的两倍,主要原因就是美国政治因素阻挠了我国对美基础设施和高技术领域的投资。此外,从全球商业并购的数据来看,跨国并购的成功率通常在 30% 以下。随着我国企业"走出去"步伐的加快,我国在海外并购的案例越来越多,急需重视对跨国并购所带来的各类风险的防范和管控。

为防范企业面临的投资风险,尤其是政治风险,它是企业和一般商业保险都难以承担的,应建立和完善零售企业海外投资风险防范体系。海外投资保险制度是零售企业国际化法律保障制度体系中的重要内容,一般而言,投资者母国可以通过国内法中的海外投资保险制度,或与东道国的双边协定及参加多边条约来保护本国海外投资的安全。

目前,我国海外投资保险业务由中国出口信用保险公司负责,该公司是我国政府全资拥有的政策性出口信用保险公司,然而至今该公司海外投资保险业务尚未全面展开。对于承保范围所涉事项,中国出口信用保险公司应预先向受损企业支付补偿款项,然后由信用保险公司向东道国代位求偿。但是,中国出口信用保险公司实施代位的依据只能是外交保护权,而外交保护的实施长期存在争议,受"用尽当地救济""国籍继续"和"卡尔沃主义"等基本条件的限制,不利于投

---

① 参见刘宏、汪段泳:《"走出去"战略实施及对外直接投资的国家风险评估:2008—2009》,载《国际贸易》2010 年第 10 期,第 53—56 页。

资母国保险机构理赔后代位求偿权的实际有效行使。① 我国尚未出台海外投资保险法律法规,致使我国与其他东道国签署的双边投资协定缺乏国内法律实施保障。

在海外投资保险制度方面,美国主要把同资本输入国订立的双边投资保护协定作为国内海外投资保险制度适用的法定前提,并立法设立具有独立性的海外私人投资公司,该公司资金来源于联邦财政预算,隶属于联邦政府。日本则制定了比较完备的《输出保险法》,以国内法的形式规定适用海外投资的保险制度。同为亚洲发展中国家的印度,制定和颁布了体系完善的《对外直接投资法》《国际投资法》《海外投资保护法》等对外投资保护法律。相关国家海外投资保险方面的立法模式和法律制度值得我们借鉴。我国应该完善和扩充双边投资保护协定,并制定《海外投资保险法》。

参照世界各资本输出国的通行做法以及中国出口信用保险公司的《投保指南》,我国《海外投资保险法》应该明确规定:其一,海外投资保险的对象限于海外私人直接投资,并且被保险的私人直接投资必须符合特定的条件。《投保指南》对被保险人的资格和承保对象作出了较为合理的规定,可以上升为法律。笔者认为,零售业海外投资符合中国国家政策和经济、战略利益,应属可以享受保障的项目。其二,海外投资保险的范围限于政治风险,不包括一般商业风险。如征用险、战争险以及外汇险等。其三,在我国与东道国已签订双边投资保护协议的情况下,通过立法明确中国出口信用保险公司具有依据协议行使代位求偿权,向东道国索赔的权利等。在《海外投资保险法》的基础上,《投保指南》应作细致规定,使之具有可操作性。例如,投资类型(目前指直接投资,包括股权投资、股东贷款、股东担保等;金融机构贷款;以及其他经批准的投资形式)可以扩充,并列出鼓励清单;可以简化程序和降低保费等,从而真正服务于我国企业,加快实施"走出去"战略。

---

① 参见慕亚平、陈晓燕:《我国海外投资保险制度的构建》,载《法学》2006年第8期,第96—103页。

第六编 市场运行监管法律制度

互联网支付监管问题研究

吕 洁[*]

一、引 言

近年来,我国国民经济平稳运行,消费需求平稳增长,进出口结构优化。利率市场化、人民币资本项目可兑换等目标的提出以及金融改革红利的释放,使创新金融行业获得了积极的发展动力。以云计算、大数据为代表的新一代互联网技术蓬勃发展,形成了互联网金融的新业态,这种新业态正迅速并广泛地渗透到人们经济生活和金融领域的方方面面,掀起了一阵互联网金融变革的浪潮。

在这阵金融变革的浪潮中,互联网支付作为一个朝阳行业,与网络借贷、股权众筹融资、互联网基金销售、互联网保险、互联网信托和互联网消费金融等共同成为推动互联网金融发展、引领金融创新最重要的力量。互联网支付在国家产业结构的调整中承担着重要的使命,在为中小企业提供低成本融资、提升农村支付环境、促进电子商务繁荣发展、满足消费者多层次的消费需求等方面,起到了举足轻重的作用。

---

[*] 吕洁,华东政法大学2014级博士研究生。

二、互联网支付监管问题的提出

（一）近年互联网支付出现的问题

"互联网支付是指通过计算机、手机等设备，依托互联网发起支付指令、转移货币资金的服务。"①相对于其他第三方支付方式，如银行卡收单模式、预付卡发行与受理模式，它最能代表和反映互联网金融的特性，也是诸多理论与实践问题的集中体现。

近期市场上也频发互联网支付公司资金链断裂、高管被捕、企业面临牌照注销和倒闭风险等。如2014年底，上海某支付公司出现资金链断裂问题。② 2015年2月，广东某支付公司5位高管因涉嫌非法吸收公众存款罪被批准逮捕，涉及资金9亿多元。③ 无独有偶，北京一家持牌的支付公司资金链断裂，也岌岌可危。④ 北上广一线城市频发的此类行业及企业危机，不得不引起监管机关及一些学者的重视。

（二）互联网支付的发展现状

随着互联网时代人们日益高涨的网络购物及网络理财需求，互联网支付近年来呈现出迅猛增长的势头，业务规模不断扩大，业务范围向多个行业和领域渗透。根据 Enfodesk 易观智库数据的统计，"2010年中国互联网在线支付市场全年的交易额达到10858亿元，环比增长96%。"⑤ "随着电子商务的快速发展，互联网支付平台应用的日益深入，2012年中国互联网支付业务交易规模达到38412亿元，同比增长70.46%。"⑥2013年，银行共处理互联网支付业务236.74亿笔，金额1060.78万亿元，分别比上年增长23.06%和28.89%；公司共处理互

---

① 《关于促进互联网金融健康发展的指导意见》第2条。
② 参见王金晓：《第三方支付首现倒闭：上海畅购资金链断裂》，http://bank.hexun.com/2015-01-05/172051049.html，2015年2月15日访问。
③ 参见《广东某持牌第三方支付机构，5人已被批捕！支付牌照或面临注销！》，http://mt.sohu.com/20150216/n409061141.shtml，2015年2月25日访问。
④ 参见《传北京某持牌支付公司资金链断裂，或存在倒闭可能》，http://www.baoliaomi.com/3g/html/3576.html，2015年2月26日访问。
⑤ 《行业数据：2010中国互联网在线支付市场发展迅速，全年交易额达到10858亿》，http://www.enfodesk.com/SMinisite/index/articledetail-type_id-1-info_id-5720.html，2014年12月29日访问。
⑥ 《2012年我国互联网支付业务交易规模分析》，http://www.chinairn.com/news/20130130/085832264.html，2014年12月29日。

联网支付业务 150.01 亿笔，金额 8.96 万亿元，分别较上年增长 43.47% 和 30.04%。①

从支付模式的市场占有率看，2013 年，互联网支付模式的市场占有率为 43%，银行卡收单模式的市场占有率为 56%，这两大模式几乎各自占据了整个支付行业的半壁江山，如图 1 所示：

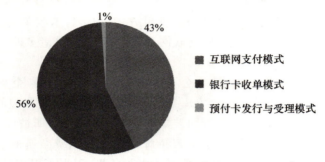

图 1　2013 年第三方支付三种支付模式市场占有率图

国际电信联盟（以下简称"ITU"）发布的《2014 年信息与通信技术》报告称，到 2014 年底，全球互联网用户数量将达到约 30 亿，占全球人口总数的约 40%。用户通过互联网平台支付正日益成为未来的发展趋势。

（三）互联网支付的发展趋势

1. 创新支付方式与创新金融产品层出不穷

互联网支付作为互联网金融的一支重要力量，在金融创新方面起到了巨大的推动作用，引领了互联网创新金融的变革。许多互联网支付公司在开发支付产品时，开辟了多种创新支付渠道，纷纷与不同行业进行业务合作，形成多条产业链，寻求合作共赢的商业模式和盈利模式。

例如，互联网支付公司与各地水、电、煤等事业单位开展合作，在个人用户生活方面，推出了水费、电费、燃气费、电话费等公用事业费用的网上支付通道；在互联网金融市场中，不断开发新的理财产品，在金额起点、产品期限、产品对象、产品收益、信息披露等多方面与传统银行的理财产品形成差异化的竞争。此外，互联网支付公司在基础的"转账还款"之外，不断推出"理财""生活福利""担保交易""充值缴费""教育捐赠"等多种创新支付方式。

2. 支付公司与传统行业形成产业链金融

在互联网金融的背景下，许多传统行业和产业纷纷进行改革创新，与互联

---

① 参见《中国支付清算行业运行报告（2014）》。

支付公司进行广泛的商业合作。互联网支付公司也为传统行业进行改造，将原先固有的线下销售模式拓展为新的线上销售模式，开发新的销售平台和支付产品，吸收新的线上商户和用户，为传统行业提供线上销售和资金结算服务，扩展了大量客户，增强了客户黏性，并形成新的产业链金融。

如表 1 所示，在电子商务、航空旅游、餐饮服务、教育、物流等产业和行业，互联网支付公司提供了高效的支付清算服务，各产业内上下游企业之间的融合更加紧密，各产业间的合作也更频繁了，形成了更多元化的市场格局，产业链金融的特征愈加明显。

表 1 互联网支付公司与不同产业合作案例表

互联网支付公司	产业合作案例
PayPal	工商银行、完美时空、盛大网游运营商……
汇付天下	民生银行、工商银行、华夏、易方达、华安、南方等基金公司
支付宝	建设银行、工商银行、四川航空……
财付通	新浪乐居、京东商城……
易宝支付	IBM、国美电器网上商城……

3. 支付公司积极推动支付金融化趋势

首先，互联网金融作为现代科学技术与经济相结合的产物，促进了市场经济的发展，也为支付创新提供了广阔的空间，推升了支付行业与证券、基金、保险等金融行业的合作，推动了支付金融化趋势。2013 年，多家支付公司纷纷获批为基金销售机构提供支付结算服务。例如，汇付天下、通联支付、银联电子、财付通、支付宝分别与 46 家、37 家、48 家、10 家、37 家基金管理公司合作。①

其次，众多支付公司纷纷为客户提供基金理财等跨界服务。最早、最成功的如支付宝与天弘基金、金证股份推出的余额宝产品，截至 2013 年底，客户规模达到 4303 万人，资产规模达到 1853 亿元。随后，市场上的类余额宝产品纷纷推出，如表 2 所示：

表 2 国内主要类余额宝产品表

序号	发售平台或机构	产品名称	对应的货币基金
1	百度理财	百赚利滚利	嘉实活期宝货币
2	苏宁易付宝	零钱宝	广发天天红货币
3	微信	理财通	华夏财富宝货币

① 资料来源：中国证券监督管理委员会官方网站。

(续表)

序号	发售平台或机构	产品名称	对应的货币基金
4	支付宝	余额宝	天弘增利宝货币
5	网易理财	现金宝	汇添富现金宝货币
6	华夏基金	活期通	华夏现金增利宝货币 A/E
7	广发基金	钱袋子	广发货币 A
8	平安银行	平安盈	南方现金增利货币 A
9	易方达基金	E钱包	易方达天天理财货币 A
10	民生银行	如意宝	民生加银现金宝货币
11	工商银行	薪金宝	工银薪金宝货币

4. 跨境支付业务规模逐步扩大

从2012年起,中国人民银行、国家发改委、商务部等多部门对跨境电子商务予以较大关注。例如,国家发改委、财政部、商务部等8部门共同下发了《关于促进电子商务健康快速发展有关工作的通知》,商务部下发了《关于利用电子商务平台开展对外贸易的若干意见》,国家外汇管理局下发了《支付机构跨境电子商务外汇支付业务试点指导意见》,国家发改委、财政部、商务部等13个部门联合下发了《关于进一步促进电子商务健康快速发展有关工作的通知》等。这些部门下发的法规、规章与政策为支付公司开展跨境支付业务提供了规范和指导,提供了良好的政策环境。

在监管部门的鼓励与良好的政策环境下,互联网支付公司的跨境业务蓬勃发展。2013年,国内支付公司跨境互联网支付交易达1715.83万笔,金额达4838.8亿元。其中,单位客户办理跨境互联网支付业务234.6万笔,金额487.1亿元;个人客户办理跨境互联网支付业务1481.23万笔,金额4351.7亿元。①

三、互联网支付的基础法律关系及监管

(一)互联网支付的基础法律关系

根据互联网支付交易模式在实践中的运用,互联网支付主要包含五大法律关系与交易环节,具体如图2所示。

---

① 参见《中国支付清算行业运行报告(2014年)》。

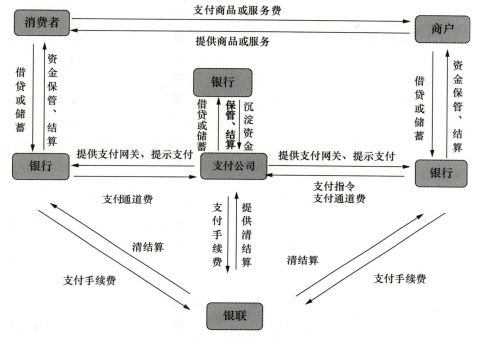

图 2 互联网支付交易模式图

在上述互联网支付模式下,五大法律主体分别是消费者、商户、支付公司、银行、银联,其交易环节与法律关系如下:

消费者与商户均可事先在各自的银行开设账户:开设储蓄卡账户,与银行发生储蓄法律关系;开设信用卡账户,与银行发生借贷法律关系。

消费者通过互联网高效、便捷的平台向商户购买商品或服务,买卖双方均自行在平台上完成信息输入、交换、匹配、定价和交易,无须通过传统的中介或媒介。互联网支付公司为消费者和商户的银行分别提供了支付网关,并承担了向银行发出支付指令,提示银行进行支付的功能。

在我国的互联网支付市场中,互联网支付公司本身并非金融机构,它仅为客户提供一个平台,用以保管和支付交易价款,实际上仍需通过银行间的结算体系,完成客户资金在互联网支付平台账户与客户自有账户之间的划转。在这两个账户的资金划转过程中,中国银联作为我国唯一的银行卡组织,对其成员单位发生的银联卡跨行交易,要求必须通过银联卡完成接转。

虽然互联网支付模式在我国的支付市场中无可避免地遇到了中国银联的垄断,但相比较传统的线下支付模式,互联网支付操作流程标准化、信息透明化,大大降低了消费者和商户的交易成本,提高了交易效率。

此外,在互联网支付模式下,商户在平台上展示的产品往往更具有个性化。商户通过互联网平台,利用各种社交工具,迅速、充分地与客户进行沟通。根据客户的需求,支付公司开发出更具特色、更符合客户要求、具有更好客户体验的产品,推动了整个支付行业的产品创新和服务创新。

总体来看,互联网支付市场集中度高,呈现典型的平台经济特征,随着支付公司的互联网业务向证券、基金、保险等行业渗透,带动了多个行业进行不同领域的合作,引领整个互联网支付行业积极探索互联网金融发展模式和战略,成为第三方支付中最重要的一种支付模式。

(二) 互联网支付的监管历程

从监管机关的角度考察,我国互联网支付的监管主要可以分为以下几个阶段:

第一阶段:2000—2010 年,监管缺失

自 2000 年第一家支付公司环迅支付出现至 2010 年,我国未单独针对支付行业和公司出台相关法律法规、部门规章或行政性规定,导致互联网支付公司几乎处于监管空白的状态。互联网支付行业和公司在此十年间获得了快速发展和迅猛扩张。尤其是 2005 年 9 月财付通的成立,标志着互联网巨头腾讯开始进入支付领域,掀起了一股互联网支付公司设立的浪潮,这一年被业内外称为"支付元年"。2005 年以后,每年市场的扩张增长率都超过了 100%,2009 年的市场规模达到 5051 亿元。[①]监管的缺失对互联网支付行业而言是一把"双刃剑":一方面,互联网支付行业和公司获得了快速迅猛的发展;另一方面,互联网支付行业和公司的法律定位、行业规范、市场准入等均不明晰,行业发展中也出现了许多问题,亟待法律法规的明确和监管的明晰。

第二阶段:2010—2011 年,国家监管体系建立

2010 年 6 月,中国人民银行出台了《非金融机构支付服务管理办法》(以下简称《办法》),标志着互联网支付行业进入了有法可依的阶段。自此,互联网支付行业被纳入国家的正式监管体系,进入了规范发展的阶段。

2011 年 5 月 18 日,中国人民银行开始发放第一批支付牌照,支付宝、环迅支付、财付通、盛付通、快钱等 27 家公司获得首批支付业务许可证。随后,在 2011 年 8 月和 12 月、2012 年 6 月,分别有 13 家、61 家、95 家公司获得支付牌

---

① 参见王硕、兰婷:《论第三方支付的发展及其对商业银行业务发展的影响》,载《南方金融》2012 年第 9 期。

照。2013年全年到2014年7月之前,中国人民银行陆续给54家公司发放了支付牌照。最后一次扩容后,拥有支付牌照的公司增加到269家。

第三阶段:2011—2015年,自律监管发展

2011年5月23日,中国支付清算协会建立,标志着全国性支付清算行业的自律组织正式建立。该协会通过制定自律规范、提供行业培训、指导支付公司进行行业规范检查、协调不同市场主体的矛盾、解决冲突、进行维权等方式,促进了互联网支付行业的规范、有序发展。

2015年7月,十部委颁布《关于促进互联网金融健康发展的指导意见》(以下简称《指导意见》),更明确了互联网支付的监管机关为中国人民银行,同时也明确了加强行业自律,充分发挥行业协会的作用。①

从监管法律法规及规定角度考察,我国互联网支付的相关监管依据主要包含:

1. 电子认证与电子商务领域的立法

2004年8月,全国人大常委会颁布了《电子签名法》。这是我国第一部规范电子商务活动的立法,法律层级较高。这部法律对电子签名的法律效力作了规定,并明确了市场主体在电子商务活动中相互之间法律纠纷解决的责任界定问题。

《电子签名法》虽然在一定程度上促进了我国电子商务的发展,但是它主要移植了1996年联合国国际贸易法委员会的《电子商务示范法》和2001年的《电子签名示范法》,并不是有关互联网支付监管的法律,而是关于数据电文等法律效力的法律,更侧重于证据法规范。

2005年1月,国务院办公厅颁布了《关于加快电子商务发展的若干意见》。这是我国第一个专门指导电子商务发展的政策性文件,从政府与企业、虚拟经济与实体经济、重点发展与协调均衡、加强发展与加强管理等角度提出了我国电子商务发展的方向和要求。但是,该意见的法律层级较低,规定较为笼统,对互联网支付并没有直接的监管规定。

2. 支付领域相关监管规定

2005年6月,中国人民银行出台了《支付清算组织管理办法(征求意见稿)》。该征求意见稿第一次将非金融机构的支付服务纳入支付清算体系中,并对支付行业的风险管理、风控制度、业务范围、注册资本等方面进行了规定,是有针对性的、较为细致的规范。但是,由于该文件仅仅是征求意见,而非正式的法

---

① 《指导意见》提出,中国人民银行会同有关部门,组建中国互联网金融协会,并明确了对该协会的定位、要求及作用,将此作为健全制度、规范互联网金融市场的重要举措。

律文件，故未能起到作为互联网支付相应的法律规范的作用。

2005年10月，中国人民银行出台了《电子支付指引（第一号）》。该指引对银行的电子支付活动提出了指导意见，如电子支付业务的申请、银行的信息披露范围、告知及提醒义务、客户与银行签订的电子支付协议的内容、支付指令的发出和接收、安全控制、差错处理等，并结合国际标准，如巴塞尔委员会在电子支付方面的风险控制等监管规定，对银行从事电子支付的相关责任进行了规范。但是，该指引适用的对象仅限于银行类金融机构，对互联网支付公司及互联网支付均未涉及，故也非针对互联网支付的直接监管规定。

2010年6月，中国人民银行出台的《办法》将支付行业正式纳入监管体系中。该办法共5章、50条，分别从行业准入、业务范围、业务资质及程序、资金安全、高管任命、支付公司的责任、罚则等方面，对互联网支付进行了全面规定。这是对互联网支付行业和公司最重要、最直接的监管依据，对原先行业无序、不规范发展的状态进行了一定的调整，使实践中互联网支付领域暴露的问题，如沉淀资金的归属和使用、支付公司变更事项的监管程序、高管任命资格、支付信息安全、反洗钱职责等问题进行了明确规定。

2010年12月，中国人民银行出台了《非金融机构支付服务管理办法实施细则》（以下简称《实施细则》），对支付公司的高管资质、拥有实际控制权的出资人要求、反洗钱措施、组织机构、业务设施、支付业务许可证的续期、支付服务协议的格式条款等问题作了更加详细的规定，更好地指导了互联网支付公司的实践运作和业务发展。

2012年1月，中国人民银行出台了《支付机构网络支付业务管理办法（征求意见稿）》。相对于《办法》及其《实施细则》，2012年1月的征求意见稿在资质许可、系统安全、业务经营规范、风险管理等方面的规定更详尽。例如，在支付安全方面，客户应建立健全身份识别制度，支付公司发现可疑交易，应及时记录并履行报告义务；在业务经营规范方面，在从事互联网支付业务时，支付公司应签订书面协议，每一笔具体的支付指令必须经过支付公司确认，才能产生支付效力；在风险管理方面，支付公司必须根据自身情况制定风控制度、信息安全制度、内部审计制度等各项内部制度，并建立风险预警机制和应急机制，做好危机处理预案等。

2013年6月，《支付机构客户备付金存管办法》出台，这是中国人民银行针对互联网支付业务发展中风险最大的沉淀资金——备付金进行的专门规定，对备付金的归属、使用、保管机构等进行了规定，为互联网支付业务中与备付金相关的机构——支付公司、银行、客户等市场主体关于备付金的实务处理，提供了明确的监管规定。

3. 互联网金融相关监管规定

2015年7月,中国人民银行等十部门发布的《指导意见》按照"依法监管、适度监管、分类监管、协同监管、创新监管"的原则,确立了互联网支付、网络借贷等互联网金融主要业态的监管职责分工,落实了监管责任,明确了业务边界。

四、互联网支付的监管问题与风险

(一) 监管规定层级低

互联网支付的主要监管规定《办法》及其《实施细则》《支付机构网络支付业务管理办法(征求意见稿)》《支付机构客户备付金存管办法》等多为中国人民银行的部门规章,而非法律,效力层级较低。

2004年全国人大常委会通过的《电子签名法》仅仅是关于数据电文等电子签名的法律效力的法律,并非单独针对互联网支付的法律规定,对于互联网支付行业和公司的监管及实践操作,很难有直接有效的针对性。

即便是2015年出台的《指导意见》,对互联网支付与其他互联网金融业态作了相对详细与明确的监管规定,也仅仅是中国人民银行等十部门的部门规章,效力层级较低。

(二) 监管程序不透明

目前,对互联网支付的监管文件,如《办法》及其《实施细则》,均未规定监管机关就支付公司审批事项的审批时效,监管过程极不透明,导致监管机关在实践中对支付公司上报的审批事项耗时长,效率低。

在审批内容上,对公司内部决策效力,相关文件的规定缺乏灵活性。例如,中国人民银行曾发文要求支付公司拟变更事项需经中国人民银行事先审批的,应在变更前向其提交相关变更材料,并详细规定了具体材料内容,如"董事会或股东会等出具的相关变更事项决议,需载明拟变更事项在人民银行批准后生效等内容"①。从公司治理角度看,董事会与股东会决议是公司内部决策事项,具有对内的效力。硬性规定中国人民银行审批是董事会与股东会决议生效的前提,缺乏合理性。

在审批流程上,同一变更事项需经相关人民银行各地分行审查和总行审批两道审批环节,但每道审批环节未规定审批时限。如股权变更以及董事、监事或

---

① 《中国人民银行上海分行关于进一步规范支付公司变更事项监管工作的通知》第1条第2款。

高级管理人员的变更等,需在变更前向中国人民银行分支行提出变更申请,说明变更事项、原因,并提交相应的申请材料。中国人民银行分支行审查后认为材料符合《办法》规定的,再由支付结算部门以处室发文形式报请总行支付结算司批复。①

在完成中国人民银行的审批流程后,支付公司还需就变更事项进行工商变更登记。如此,一项变更经历央行分支行审查、总行审批、工商变更登记后,实践中往往将耗费大半年的时间,严重滞后于公司实际发展需要与日益变化的市场环境。

同时,支付公司在从递交审批材料到最终拿到批复的时间内,无法及时得到监管机关的意见,也缺乏有效畅通的渠道查询监管机关的审批状态。监管机关审批的信息不公开、程序不透明,监管效率远远落后于支付市场和网络信息的快速发展与支付服务分工的不断细化,无法为新兴的支付行业和公司提供有力的支持与监管。

(三) 法律定位不准确

目前,我国监管机构对互联网支付公司的法律定位为非金融机构,对支付公司承担的功能表述为"非金融机构在收付款人之间作为中介机构提供部分或全部货币资金转移服务"②。

互联网支付公司在实践中承担着货币资金转移服务的职能,具体如接受客户指令、向银行发出支付指令、提供银行支付网关、进行清结算服务等。在很大程度上,互联网支付公司的此种货币转移服务已经高度接近于银行的货币转移与账户清结算的功能。同时,互联网支付公司在近年掀起的互联网金融的浪潮中,由于依托互联网技术,实现了金融脱媒,开启了普惠金融的大门,集中体现了互联网金融高效、低成本、普惠的特征,在互联网金融的发展中发挥了举足轻重的作用。

在行业准入条件上,监管机关对支付公司的注册资本有非常高的要求,申请人拟在全国范围内从事支付业务的,其注册资本最低限额为 1 亿元;拟在省(自治区、直辖市)范围内从事支付业务的,要求注册资本最低限额为 3000 万元。注册资本最低限额为实缴货币资本。③ 对支付公司的风险准备金计提比例

---

① 参见《中国人民银行办公厅关于规范支付机构变更事项监督管理工作的通知》第 3 条。
② 《办法》第 2 条。
③ 参见《办法》第 9 条。

为 10%。①

我国《商业银行法》对银行注册资本及风险准备金方面的监管要求则不同。《商业银行法》第 13 条规定,我国设立全国性商业银行的注册资本最低限额为 10 亿元。设立城市商业银行的注册资本最低限额为 1 亿元,设立农村商业银行的注册资本最低限额为 5000 万元。根据《证券法》第 127 条,我国设立的证券公司需经营证券承销与保荐、证券自营、证券资产管理、其他证券业务中两项以上的,注册资本最低限额为 5 亿元;设立的证券公司需经营上述业务之一的,注册资本最低限额为 1 亿元;设立的证券公司需经营证券经纪、证券投资咨询或与证券交易、证券投资活动有关的财务顾问业务的,注册资本最低限额为 5000 万元。根据《保险法》第 69 条,设立保险公司,注册资本最低限额为人民币 2 亿元。

在注册资本的行业准入上,监管机关对支付公司规定的设立条件类似于银行、证券公司、保险公司等传统金融机构,而地位仅定位于非金融机构。因此,在对支付公司的法律定位与行业准入的监管要求上存在较大差距,与实践中互联网支付公司承担的功能和发挥的作用均不相吻合。

(四)市场环境不公平

我国互联网支付行业离不开众多创新型中小支付公司的贡献,在支付产品的设计与推广、支付理念的革新等方面,众多民营支付公司均在支付市场的培育中发挥了积极的作用。在行业发展初期,国有支付公司——中国银联却有着特殊的地位。它是 2002 年 3 月经中国人民银行批准设立的银行卡联合组织,作为我国唯一的银行卡组织,一方面制定市场规则,另一方面又参与市场交易,收取手续费,同时还通过规则的修订,使自身保持长期享受最大垄断利益的地位。

中国银联在我国支付市场中的特殊地位与作用,也引发了国际关注。根据世贸组织 2012 年 7 月 16 日向成员发布的美国诉中国电子支付世贸争端案专家报告,专家组认为我国要求所有在我国发行的支付卡都必须附带银联标志和要求所有支付终端接入银联网络的做法违反了世贸组织的有关规定。报告认为:"中国指定国有的中国银联作为人民币特定交易结算服务的垄断供应商的做法,构成歧视。"②

中国银联的最大股东中国印钞造币总公司是央行直属的国有独资企业,较具影响力的股东还有五大国有商业银行,其历届董事长和总裁均有深厚的央行

---

① 《办法》第 30 条第 1 款规定:"支付机构的实缴货币资本与客户备付金日均余额的比例,不得低于 10%。"

② 资料来源:http://www.wto.org/english/tratop_e/dispu_e/cases_e/ds413_e.htm,2014 年 1 月 8 日访问。

背景。中国银联特殊的国有背景导致其在互联网支付市场中承担着"裁判员"和"运动员"的双重角色,长期占据垄断地位,享受垄断利益,体现如下:

(1) 中国银联在《银联卡业务运作规章》中要求,银联成员机构的银联卡跨行交易应通过银联网络转接和完成。

(2) 中国银联作为卡组织下发的《关于规范与非金融支付机构银联卡业务合作的函》(银联业管委〔2012〕17号文)号召各成员银行对互联网支付公司的开放接口进行清理整治。

(3) 中国银联在2013年8月召开的四届六次董事会上提出《关于进一步规范非金融支付机构银联卡交易维护成员银行和银联权益的议案》,要求"2013年9月起各成员银行停止向支付公司新增开通银联卡支付接口,存量接口上不再新增无卡取现、转账、代授权等银联卡业务。2013年年底前,非金融机构银联卡线下交易通道,并在2014年7月1日前实现非金融机构互联网银联卡交易全面接入银联"①。

(4) 2014年11月12日,中国银联再发《关于进一步明确违规整改相关要求的通知》,明确规定支付公司不得与银行直连。

按照2013年2月25日实施的央行《特约商户手续费惯例表》规定的手续费分成规则,发卡行、收单机构、银联三方手续费按照7∶2∶1分配。若支付公司绕开银联,则银联将无法享受整个交易环节1/10的手续费收入。实践中,越来越多的支付公司与银行开展合作,进行直连。中国银联的垄断地位受到影响,故近年频发对支付公司的"封杀"风波,也引发了市场的广泛争议。例如,"2013年8月,银联封杀支付宝线下业务并处罚与支付宝开展业务合作的上海银行,则被业界解读为支付领域国进民退的最新信号"②。

中国银联这种长期的国有垄断状况不仅破坏了互联网支付行业的公平竞争环境,而且对我国在世贸组织等国际组织中的地位也造成了不利的影响。

(五) 消费者保护薄弱

互联网支付在前十年迅猛发展的态势下,对消费者的隐私保护和信息披露十分薄弱。监管机构对互联网支付的监管理念不明晰,从《办法》规定的"规范发展与促进创新并重"的指导思想至《指导意见》规定的"鼓励创新、防范风险、趋利避害、健康发展"的总体要求,监管机关未明确将消费者保护作为监管的核心理念。《指导意见》虽包含了一些消费者保护的内容,但规定仍然十分粗略、笼统,

---

① 徐英、王丽娟、刘丹:《银联17号文》,载《财经国家周刊》2013年第12期。
② 周振华:《银联PK第三方支付背后》,载《中国新闻周刊》2013年第36期。

较多为宣示性的规定,且范围包含所有互联网金融领域,并非专门针对互联网支付领域。

近年我国发生了一些因客户信息泄漏而导致客户重大安全隐患的事件。例如,2014年3月,国内最大的在线旅游服务企业同时也是纳斯达克上市公司的携程泄露客户信息,引发支付风险管理隐患。① 携程本无我国支付牌照,作为在美上市的在线支付公司,却违规存储用户银行卡信息并泄露,导致国内互联网支付公司客户对信息安全的担忧。

(六) 沉淀资金的监管风险

在互联网支付模式下,消费者与商家之间的交易并非实时的,双方通过互联网支付平台,实现资金的给付。消费者先付款给互联网支付平台,而后由支付平台与商家进行结算。这两个阶段会因收发货物、在途物流等因素,导致消费者与商家的延时结算,故在支付平台上将产生大量的交易资金,同时客户在支付平台的账户上也留存不少资金,这些资金都形成了沉淀资金。例如,余额宝在2013年6月13日上线后就呈现出惊人的发展态势,至6月30日短短18天时间内,累计用户数达251.6万,累计转入资金规模达66.01亿元,将合作伙伴增利宝货币基金推上了中国用户数最大的货币基金宝座。② 与此同时,市场上出现了众多支付公司与商业银行合作推出的"金融宝宝"理财产品,均以低起点、方便、快捷的特性吸引了众多中小投资者,也满足了金融消费者起点低、操作便捷、服务高效的需求。

实践中,中国人民银行虽在2013年6月出台了《支付机构客户备付金存管办法》,对沉淀资金进行了规定,但可操作性不强,沉淀资金监管仍面临着如下问题:

1. 沉淀资金利息归属不明确

在现实生活中,互联网支付模式大量体现在网络购物上。全国互联网支付平台的沉淀资金总额并无公开数据。从阿里巴巴赴美上市的招股说明书披露的运营数据看,2013年天猫成交额达4410亿元,淘宝成交额为1.1万亿元,两者

---

① 2014年3月22日晚,厂商与安全研究者之间的安全问题反馈平台乌云网发布消息称,携程将用于处理用户支付的服务接口开启了调试功能,使部分向银行验证持卡所有者接口传输的数据包都直接保存在本地服务器,有可能被黑客读取。报告称,漏洞泄露信息包括用户姓名、身份证号、银行卡类别、银行卡卡号、银行卡CVV码等。截至3月23日晚间,确认共有93名用户的支付信息存在潜在风险。参见王凯蕾、华晔迪:《携程泄露客户信息引担忧 第三方支付风险管理有隐患》,http://news.xinhuanet.com/fortune/2014-03/24/c_119915831.htm,2015年1月14日访问。

② 参见贺骏:《余额宝半个月"吸储"66亿元 马云"不差钱"》,载《证券日报》2013年7月3日第8版。

合计交易金额达到 15410 亿元。支付宝平台沉淀下的资金为 295.53 亿元。一年的利息收益会超过 10 亿元。①

2011 年 11 月 4 日，中国人民银行发布的《支付机构客户备付金存管暂行办法（征求意见稿）》第 35 条规定，支付机构可将计提风险准备金后的备付金银行账户利息余额划转至其自有资金账户。但是，在 2013 年 6 月 7 日中国人民银行正式发布并实施的《支付机构客户备付金存管办法》中，关于利息归属的内容却被删除了，也没有其他监管文件就沉淀资金的利息归属问题作出规定。

2. 备付金银行不独立

在实践中，备付金银行是由互联网支付公司自行选择的，双方通过协议约定权利、义务与责任。互联网支付平台获得的巨大的沉淀资金对作为市场主体的备付金银行而言，是非常可观的利润来源，"成功开展支付公司的备付金托管，这些资金就会变成银行稳定而且低成本的存款"②。同时，互联网支付公司的沉淀资金由于数量庞大、稳定，对银行的存款规模、中间业务收入等都将带来有利的影响。在中国人民银行颁发的 20 家③有备付金存管资质的商业银行之间，也存在着激烈的竞争，以最快的速度与沉淀资金量和规模较大的支付公司开展合作。

此外，在互联网金融的浪潮下，商业银行与互联网支付公司的合作正不断趋于深化，不仅仅局限于备付金的存管，而更广泛地深入到业务领域。例如，中国建设银行除了与财付通进行备付金托管合作外，还与腾讯开展了一系列战略合作，如"双方在联名卡、投融资、境外收单、网络监管与风险控制等产品应用与服务创新以及用户运营、资源共享、宣传合作、联合营销共十个方面开展深度合作"④。备付金托管银行因与互联网支付公司有着广泛的业务合作，往往很难超然事外，无法对支付公司的备付金进行有效监管。

3. 违规处罚监管不力

《支付机构客户备付金存管办法》只规定需要援引《办法》的相关规定进行处罚。⑤ 关于备付金的监管，《办法》只笼统地规定了商业银行未按规定报送客户备付金的存管或使用情况等信息资料、未按规定对支付公司调整备付金专用存款账户头寸的行为进行复核、未对支付公司违反规定使用客户备付金的申请或指令予以拒绝的，中国人民银行及其分支机构责令其限期改正，并给予警告或处

---

① 参见于涛：《支付宝一年沉淀资金 300 亿元 利息 10 亿该归谁》，http://www.100ec.cn/detail-6225806.html，2015 年 1 月 20 日访问。
② 参见刘紫昌：《开展第三方支付行业备付金托管业务的思考》，载《金融经济》2012 年第 18 期。
③ 中国人民银行 2014 年 2 月公布了首批 10 家备付金银行，9 月公布了第二批 10 家备付金银行。
④ 参见万敏：《银行打响备付金存管争夺之战 建行"联姻"财付通》，载《每日经济新闻》2011 年 6 月 22 日。
⑤ 参见《支付机构客户备付金存管办法》第 41 条。

一万元以上三万元以下罚款;情节严重的,中国人民银行责令其暂停或终止客户备付金存管业务。① 支付公司未按规定存放或使用客户备付金、未遵守实缴货币与客户备付金比例管理规定的,中国人民银行及其分支机构责令其限期改正,并处三万元罚款;情节严重的,中国人民银行注销其支付业务许可证;涉嫌犯罪的,依法移送公安机关立案侦查;构成犯罪的,依法追究刑事责任。②

目前的立法对支付公司及备付金银行虽规定了一定程度的行政处罚与刑事处罚,但行政处罚的罚款过低,根本起不到威慑作用,且缺少对消费者民事责任的赔偿责任。《支付机构客户备付金存管办法》只原则性地规定了支付公司应当与消费者签订服务协议,存管银行应当与支付公司签订备付金存管协议,以及各方的权利、义务、责任,而未直接规定支付公司的责任及承担形式。实践中,在互联网支付模式下,消费者通过网络平台,收到电子格式合同,并未参与合同的起草、谈判和修订过程,只能被动地接受支付公司起草的格式合同,其权利主张无法在格式合同中实现。因此,支付公司与备付金银行未履行相关备付金管理义务的,违法成本很低,且消费者很难进行维权。

(七)反洗钱的监管风险

洗钱是一种清洗不法钱财来源并披上合法外衣的违法犯罪活动,历来都是各国予以严厉监管和打击的对象。巴塞尔银行监管委员会(Basel Committee on Banking Supervision)在1998年12月通过的《关于防止犯罪分子利用银行系统洗钱的声明》中,对洗钱进行了这样的描述:犯罪分子及其同伙利用金融系统将资金从一个账户向另一个账户进行支付或转移,以掩盖款项的真实来源和收益所有权关系;或者利用金融系统提供的资金保管服务存放款项。③

我国《反洗钱法》与《刑法》将掩饰和隐瞒毒品犯罪、黑社会性质的组织犯罪、恐怖活动犯罪、走私犯罪、贪污贿赂犯罪、破坏金融管理秩序犯罪、金融诈骗犯罪等犯罪所得及其收益的行为认定为洗钱犯罪与洗钱行为。

互联网支付模式在反洗钱方面的监管风险主要如下:

1. 交易模式的隐蔽性

不同于传统的支付方式,互联网支付模式下,交易双方主要依靠网络平台,通过秘钥、验证码、数字签名等方式进行支付。这种加密支付的方式保护了消费者的隐私,却也屏蔽了其真实身份,为犯罪分子通过网络平台,虚构商品交易,掩

---

① 参见《办法》第42条。
② 参见《办法》第43条。
③ 参见李莉莎:《第三方电子支付法律问题研究》,法律出版社2014年版,第185页。

盖洗钱事实提供了条件。同时,互联网支付提供的是新型的支付体系,在交易时间、空间等因素上均具有较大的不确定性,往往会成为受洗钱犯罪分子"青睐"的洗钱手段。

"江苏苏州侦破的一起赌场案中,抓获支付平台快钱公司的高级管理人员。经查,其与境外赌博集团勾结,协助境外赌博集团流转资金30余亿元,并从中获利1700余万元。"①

2. 资金来源的多样性

互联网支付模式下,随着各种金融创新业务的推出,如储蓄卡快捷支付、各类公共事业费用(水费、电费、燃气费、电话费等)的快捷支付、网店充值、代收代付、邮政网汇、各类网上银行等,各类充值业务和缴费业务纷纷出台,方便了消费者。但是,这些丰富的充值和缴费方式也为犯罪分子提供了洗钱的途径,如"用非法所得首先购买储值卡、移动充值卡等,然后再将其转入第三方在线支付业务平台账户,进而将其转入银行账户,即可方便绕开银行的客户身份识别与联网核查,使得非法资金进入正常经济流通领域"②。

3. 潜在的跨境支付洗钱风险

我国是一个外汇管制严格的国家,以前消费者在境外使用人民币,都需要持有外币借记卡或信用卡。现在,通过互联网支付公司的跨境支付业务,可为人民币在境外的使用提供服务。

随着我国互联网支付业务的快速发展,跨境支付成为众多支付公司新的业务方向,互联网的无国界性提供了资金转移出入境的可能性,使互联网电子支付平台极可能成为国内外黑钱、热钱的进出通道。③

"根据中国电子商务研究中心监测数据显示,2012年中国海外代购市场交易规模达483亿元,较2011年增长82.3%;2013年中国海外代购交易规模将有望达744亿元;今年突破1000亿元将无悬念。"④互联网支付公司将通过跨境支付业务开创广阔的海外代购市场。

按照中国人民银行相关的反洗钱规定,支付公司必须遵守反洗钱法律法规,采取符合要求的反洗钱措施,包含反洗钱融资调查、内部控制、客户身份识别、可疑交易报告、客户身份资料和交易记录保存等。从反洗钱的具体规定上看,中国

---

① 杨展鹏:《网上支付产生的沉淀资金问题及其监管研究》,载《时代金融》2011年第6期。
② 吴朝平:《第三方在线支付业务的洗钱风险及反洗钱监管研究》,载《南方金融》2012年第10期。
③ 参见王勇:《探析"捆绑式"客户身份识别制度——基于第三方支付中的反洗钱视角》,载《浙江金融》2009年第11期。
④ 戴蕾蕾:《人民币跨境支付盛宴》,http://www.legalweekly.cn/index.php/Index/article/id/4612,2015年1月13日访问。

人民银行将反洗钱职责主要赋予了互联网支付公司,这将造成两大问题:

1. 互联网支付公司的反洗钱职责与市场主体的企业身份存在内在冲突

由于互联网支付公司是市场主体的企业,并非行政机关,企业在市场中的特性决定了盈利是其最大追求。支付公司若要获得更大的市场份额,就必须充分发挥金融创新能力,利用支付平台扩大交易量、增加活跃客户、简化客户注册账户手续、降低经营成本。但是,多种反洗钱措施均要求严格审核客户的账户注册信息、限制交易量和交易频率、防止短时间内过多的资金转移,而这些措施将会导致企业增加经营成本,降低客户的便捷体验感,减少新增客户数量和交易数量,与支付行业公认的"以客户为导向,重视客户体验,提供便捷高效服务"经营理念相背离。

2. 互联网支付公司的反洗钱职责与非金融机构的定位不匹配

中国人民银行对互联网支付公司通过部门规章及行政性规定设置了诸如可疑交易报告制度、客户身份识别制度、客户身份资料和交易记录保存制度等多项反洗钱制度与措施。这些反洗钱制度与措施基本是参照 2013 年中国人民银行公布的《金融机构反洗钱规定》中规定的金融机构的反洗钱职责设计的。[①]

中国人民银行对支付公司的法律定位为非金融机构,实践中的支付公司也多为互联网企业。支付公司虽在互联网技术方面拥有较大的优势,但在企业整体经济实力、组织架构、人才建设、内部控制、系统建设、风险防范等方面,与金融机构还是有着较大的差距,尤其体现在反洗钱的客户交易信息保存能力、支付系统的建设及完善能力等方面,无法按照金融机构的标准进行监管。

我国现行《反洗钱法》也规定,非金融机构履行反洗钱义务需要另行作出规定。[②] 这也是考虑到了不同性质的机构在履行反洗钱义务中的不同职责。监管机关差异化的监管将更有利于发挥不同机构的反洗钱功能,达到最优的监管效果。

五、互联网支付的监管建议

(一) 完善互联网支付立法

目前,我国在互联网支付方面的法律渊源的效力层级较低,与互联网支付业务最直接相关的电子商务领域的立法严重滞后,针对电子商务的法律为 1999 年

---

① 参见《金融机构反洗钱规定》第 8 条至第 17 条。
② 参见《反洗钱法》第 3、53 条。

3月公布的《合同法》与2004年8月公布的《电子签名法》。

从国际范围看,在互联网支付行业领先的美国,对互联网支付虽无联邦立法,但各州立法十分发达,对行业的规范也十分及时。1998年,美国最大的支付公司 PayPal 建立。2001年,美国统一州法全国委员会发布了《统一货币服务法案》(Uniform Money Services Act),该法案成为支付领域最有代表性的法律。此外,美国还有《电子资金转移法》(Electronic Fund Transfer Act)及其实施细则 E 条例,适用于任何形式的电子资金转移,包含互联网支付以及通过自动取款机和借记卡进行的交易;《诚实借贷法》(Truth in Lending Act)及其实施细则 Z 条例,主要适用于信用卡交易。这些法案均是支付行业相关的州立法,保障了支付行业和业务的合法合规发展。

结合我国的立法状况,首先,我们需要提高支付领域相关法律法规的效力层级,将原先单一的部门规章和行政性规定上升到国家法律高度予以立法确认,提高支付领域法律法规的权威性。

其次,建议完善我国目前电子商务领域的法律法规,将之建立在商业范畴内,而非仅仅局限于证据法范畴。这类法律法规除了要解决电子签名的证据效力问题,更要具有对平等主体行为进行规范和对经营行为进行规制的双重功能,如此方可更有效地解决电子商务发展面临的核心问题。

最后,针对互联网支付公司积极涉足证券、基金、保险等行业,使得支付业务呈现出跨行业、跨市场、交易结构复杂、交易对象广泛的特征,支付公司也推出很多交叉性的产品和服务,组合创新产品的服务和市场已远远走到监管前面,监管部门需要加紧研究针对互联网支付的专项法律制度,以加强对政策空白区的监管。

(二)建立透明的监管程序

目前,中国人民银行对互联网支付公司的监管主要依靠行业准入审批、变更事项审批或报备、现场检查、责令停办业务等方式进行。其中,现场检查包括:询问、查阅、复制、检查客户备付金专用账户,检查支付业务设施及相关设施等。

在对互联网支付公司的日常监管中,最主要的是变更事项审批或报备与现场检查。但是,中国人民银行对自身审核的程序、审批时间等却没有相关规定,也无公开途径可供查询。

在行业快速发展、变更日益频繁的互联网支付行业,监管机构需要改变监管作风,建立程序公开、透明的审批机制,通过网络、电话等形式开设对支付公司监管的审批查询通道和途径,并考虑到互联网行业变化快、变更多的特点,明确监管机关的审批时限或答复时限,以避免因监管审批滞后而影响支付行业和公司的发展。

(三) 重构互联网支付公司的法律地位

在互联网支付公司的法律定位上,美国《统一货币服务法案》第 102 条规定:"支付公司出售或者发行支付工具、储值卡或者以提供转移服务为目的接受货币或货币价值。"该条明确规定了支付公司的功能为提供货币转移(money transmitter)服务,支付公司被归属为货币转移服务商。

欧盟对支付公司的监管是从 20 世纪 90 年代开始的。早期的欧洲货币局曾建议,只有银行才能发行电子货币。但是,欧盟委员会认为,非银行的电子货币机构(包括但不限于 PayPal)也可发行电子货币。在欧盟的支付行业立法上,主要有 1991 年的《防止以洗钱为目的使用金融系统的指令》、2000 年 9 月欧洲议会和欧盟理事会通过的《电子货币指令》,以及欧洲议会和欧盟理事会通过的《内部市场支付服务指令》《关于在个人数据处理及自由流动中保护自然人的指令》《隐私与电子通信指令》等。"欧盟将类似 PayPal 的电子支付公司视为电子货币机构(Electronic Money Institution,ELMI),要求其在电子货币发行、电子货币交易清算、电子货币回赎等方面接受相关法律管辖,受相应监管机构的监管。"①

结合互联网支付公司在我国经济发展中的实际作用,如账户清结算、货币转移支付、代收货币资金、提供 POS 终端服务、提供银行支付网关等服务与功能,应重新明确其法律地位。同时,借鉴国外对支付公司的定位,建议我国改变将支付公司排除于金融机构之外的法律定位,而将支付公司视为非银行的金融机构,并通过立法予以确认。在行业准入标准、企业内部控制、风险控制制度等方面,应将支付行业及企业纳入金融监管的范畴,以更及时、有效地加强对支付行业的监管,同时加强对不同类型的金融机构的监管,使支付行业与银行、证券、保险等传统金融业进行系统监管与分类监管,发挥互联网金融与传统金融各自的优势,取长补短,降低金融系统风险,保障金融秩序的稳定。

(四) 建立公平的市场环境

"我国曾明确政府的经济职能是宏观调控和市场监管,早在 10 年前我国就将政府的职能确定为宏观调节、市场监管、社会管理、公共服务。其中前两项是现代国家的重要经济职能,将其称为宏观调控和市场规制更为合适。在经济领域为市场提供公共物品,这样的定位是正确的。但在实践中,间接的宏观调控与

---

① 李莉莎:《第三方电子支付法律问题研究》,法律出版社 2014 年版,第 64 页。

特定的市场监管,往往被等同于直接的行政干预,这是极大的误解。"[1]

中国银联的国有垄断地位十分明显,留下了深刻的计划经济时代的烙印。在计划经济体制影响下,国有垄断企业依赖政府权力形成垄断管理模式,制定行业标准,影响行业利益分配与市场资源配置,阻碍了正常的市场秩序的建立。

支付行业属于国家经济产业中的一般竞争性领域,在新兴的互联网支付市场,必须调整好政府与市场的关系,让政府成为"有限政府",在政策制定、监管要求、规范适用等方面,为不同所有制企业建立统一的监管标准,提供公平的竞争环境,把原来由市场调整与解决的问题交由市场调整与解决,这样才能真正促进新兴的互联网支付行业得到长足、规范、有序的发展。

(五)加强消费者保护

美国是支付行业的发源地,也是发展最为成熟的国家。在美国,互联网支付的监管核心是消费者保护,包括保障消费者资金的安全、知情权和隐私权等。在立法层面,早在1968年,美国国会便已通过了应用范围广泛的成文法《消费者信贷保护法》(Consumer Credit Protection Act),其中第一编即为《诚实借贷法》。《消费者信贷保护法》这一名称本身即鲜明地表达了对消费者保护的宗旨和原则。此外,国会还授权联邦储备委员会制定有关条例,如 E 条例和 Z 条例,与国会通过的法律相配套,并对法律进行适时解释与补充。

在具体制度上,美国支付监管机构对互联网支付公司的多项制度与措施,如准入审查、保证金与最低资产要求、获许投资限制、检查与报告制度、过桥保险等,均是从充分重视消费者保护的角度进行的制度设计。

在对消费者隐私保护方面,2014年5月,美国总统行政办公室发布2014年全球"大数据"白皮书《大数据:把握机遇,守护价值》(Big Data:Seizing Opportunities,Preserving Values),强调了隐私保护和信息安全。在立法上,金融领域有《金融隐私权法案》(The Right to Financial Privacy Act)与1999年《金融服务现代化法案》(Financial Services Modernization Act of 1999),规定未经消费者同意,金融机构不得将消费者的个人隐私透露给任何第三方。美国联邦储备委员会作出解释,该规定同样适用于支付公司。[2] 在电信领域,有1996年《电讯法》(Telecommunication Act),对电讯经营者规定了保守客户信息秘密的义务。

此外,在消费者信用领域,美国国会还有《公平信用报告法》(The Fair Credit Reporting Act),全称为《公平信用报告法——消费者信用保护法》。该法旨在

---

① 张守文:《政府与市场关系的法律调整》,载《中国法学》2014年第5期。
② 参见丁华明、童宁:《欧美第三方支付监管政策借鉴》,载《互联网金融》2014年第5期。

保护消费者信用,明确了消费者信用调查机构的经营方式、消费者信用报告的制作、信息保留时间、使用传播、违约记录等事项。根据该法,所有金融机构,包括互联网支付公司,都必须尊重消费者的隐私权。这种尊重应当是明确和一贯的,应当充分保障消费者个人非公开信息的安全性,必须进行公平交易,公正地对待消费者。该法对信用调查机构作出了严格的限制和行为要求,[①]同时对信息的使用者也设置了严格的条件。[②]

我国对互联网支付的监管,无论在立法导向还是在行业监督方面,均与美国存在着较大的差距。美国的互联网支付具有鲜明的消费者保护的监管理念与导向,值得我们学习。在我国目前对信息安全和隐私的保护还处于不完善的阶段,亟须强化消费者保护的监管导向,不仅要在互联网支付的相关立法上进行明确,而且在具体制度设计、信用环境建设等配套措施方面,应以消费者保护为出发点,加强对互联网支付公司的管理。

(六)加强沉淀资金监管

在我国,目前互联网支付、移动支付等无卡支付新渠道、新业务的欺诈风险呈积聚状态,同时基于互联网金融边界业务的法律风险、合规风险随着业务的发展也逐渐暴露,尤其是互联网支付面临着沉淀资金与反洗钱的风险。因此,亟须加强对互联网支付沉淀资金的监管。

对于沉淀资金的监管,《支付机构客户备付金存管办法》规定了客户备付金的归属、备付金银行的账户管理、客户备付金的使用与划转、监督管理等内容。其监管的基本思路是,备付金由支付平台占用,存放于有备付金存管资质的商业银行,由商业银行进行监督,支付公司与商业银行共同负责可能存在的备付金风险与责任。中国人民银行作为主管部门,承担对支付公司的管理工作,也对支付业务中产生的沉淀资金及其安全进行管理。

支付公司对备付金存管的义务主要包含:选择备付金银行并与之签署备付

[①] 例如,《公平信用报告法》规定,作为一个消费者信用调查机构,必须同时具备五个特征:(1)消费者信用调查和生产调查报告是日常业务;(2)专事收集消费者信用记录或评价消费者信用价值;(3)从事有偿服务,以盈利为目标;(4)服务的目的是向第三方提供消费者信用调查报告;(5)向全国市场提供公开的服务,不仅仅是向关系企业提供报告服务。

[②] 例如,《公平信用报告法》规定,当事人有权取得自身的信用调查报告和复本,其他合法使用消费者信用调查报告的机构或人必须符合以下条件,否则即使取得当事人的同意,也属违法行为:(1)信用交易的交易对方;(2)以了解岗位应聘者为目的的雇主;(3)承做保险的保险公司;(4)负责颁发各类执照或发放社会福利的政府部门;(5)奉法院的命令或联邦大陪审团的传票;(6)依法催收债务的联邦政府有关部门;(7)出于反间谍目的需要的联邦调查局(FBI)经当事人本人同意,并以书面形式委托的私人代表和机构。

金协议；妥善保管备付金银行账户信息；保障客户信息安全和交易安全；按照协议约定，确保资金划转事项的真实性、合规性；按照单位定期存款、单位通知存款、协定存款或其他中国人民银行认可的形式存放备付金等。[①]

对沉淀资金的监管，需要在以下几方面进行规范：

首先，明确规定备付金利息的归属。从沉淀资金的产生来源看，在互联网支付模式下，互联网支付公司为消费者与商家提供了一个中间的信用平台。消费者在购物网站拍下商品后，先将款项划转到支付平台，由支付平台保管该笔账款。等消费者收到商品并在网站确认后，支付平台再向商家付款。这种方式解决了买卖双方互不信任而又想促成交易的难题，也大大避免了电子商务中的欺诈行为。由于收发货物、物流、延迟确认等因素，消费者对网上商品交易的平均确认时间约为七天，如此便在支付平台沉淀了大量的沉淀资金。对这些沉淀资金，支付公司为保管人，承担的是保管的法律责任，消费者是寄存人。根据我国《合同法》对保管的规定，当事人对保管费没有约定或约定不明确的，保管是无偿的。[②]"保管期间届满或者寄存人提前领取保管物的，保管人应当将原物及其孳息归还寄存人。"[③]因此，沉淀资金应当属于消费者，支付公司对沉淀资金没有所有权，法律对此应当予以明确规定。至于对支付平台上的大量沉淀资金如何监管及使用，中国人民银行可发布实施细则，指导支付公司与备付金监管银行一同进行资金的监管。

其次，需明确备付金银行对支付公司的责任。建议增强备付金银行的独立性，出台备付金监管的操作细则，严格分离支付公司的自有资金与客户备付金、自有账户与客户的备付金账户。在一定范围内，建立各支付公司的沉淀资金定期公布制度，由中国人民银行、备付金银行对支付公司进行定期统计与监测。

最后，应明确对违反备付金存管办法行为的处罚措施。建议监管机关明确处罚措施，增加违法成本，除了目前规定的行政处罚与刑事处罚外，增加支付公司对侵害消费者权益的民事责任的赔偿规定，扩大金融消费者的民事救济途径。

（七）加强反洗钱监管

互联网支付处于快速发展的初级阶段，为了迅速抢占市场，各支付公司的创新业务与服务不断推出，行业的洗钱风险也存在较大隐患。因此，需要在以下几方面加强对互联网支付公司的反洗钱监管：

---

① 参见《支付机构客户备付金存管办法》第 8、9、22、33、16 条。
② 参见《合同法》第 366 条。
③ 《合同法》第 377 条。

1. 确立准确的反洗钱监管理念

要处理好支付行业一致遵循的"方便快捷"的客户体验原则与反洗钱监管要求的关系,既确保诚信、守法的客户能获得便捷高效的支付服务,鼓励互联网支付公司不断推动创新,重视客户体验,保障行业的创新活力,又必须平衡反洗钱监管原则,加强反洗钱内控体系的建设。

2. 完善反洗钱立法监管

应结合未来国家对支付公司的立法定位,[①]在《反洗钱法》中规定支付公司为履行反洗钱职责的金融机构或非金融机构,明确支付公司的反洗钱义务。

同时,应提高《办法》及其《实施细则》的法律层级,建议将其由部门规章上升为行政法规,并细化《支付清算组织反洗钱和反恐怖融资指引》《支付机构反洗钱和反恐怖融资管理办法》等部门规章关于反洗钱制度的规定,增加关于反洗钱的配套制度的自律规定,着力建设以《反洗钱法》为基础,包含行政法规、部门规章、自律规定等多层级的反洗钱法律体系。

3. 规范支付公司的反洗钱职责

第一,严格按照中国银监会和央行联合下发的《关于加强商业银行与第三方支付机构合作业务管理的通知》(银监发〔2014〕10号)的规定,落实支付公司注册实名制原则,完善客户身份识别制度[②],确保客户身份资料的真实性、准确性与完整性。

第二,在互联网支付模式下,支付公司除了审核客户与商户提供的有效的身份证明材料外,还需本着审慎原则,审核与交易有关的商户资质,如特殊的行业准入资质、经营范围、销售产品或服务的合法性、基础产品或服务发票、提货单等票据、凭证等,防止不法经营主体冒充商户,进行信用卡套现或从事违法洗钱活动。

第三,结合互联网支付交易模式存在交易的隐蔽性、资金来源的多样性和跨境支付洗钱风险大等特征,建立客户身份资料与交易信息保存、记录与上报制度,对大额、频发的交易记录予以重点监控,及时上报。

4. 搭建协会及行业风险信息共享平台

支付清算行业协会等支付自律组织应加强自律、协调等功能,促进行业主体加强合作,建立完善的行业风险管理自律制度,构建行业风险信息共享机制,搭

[①] 目前我国立法对支付公司的法律定位为非金融机构,未来立法存在修订的空间,支付公司有成为金融机构的可能。

[②] 客户身份识别制度,也称"了解你的客户"(know your customers,KYC),指金融机构在与客户建立业务关系或进行交易时,根据法定的身份证件,确认客户的真实身份,同时了解客户的职业情况、交易背景、交易性质、资金来源等信息,以保障交易安全。

建行业的风险信息共享平台,提供风险控制、风险事件协调处置等一体化的风险服务。应联合社会各方力量,包含产业内的监管机构、自律组织、市场主体,产业外的行政机关、企业等,形成合力,共同防范风险。

5. 加强跨境支付监管与反洗钱国际交流

在2013年跨境互联网支付的4838.8亿元交易规模中,交易对象已覆盖了全世界,北美洲、亚洲、欧洲、大洋洲、南美洲等交易所在地的交易金额分别占比54.67%、26.58%、16.66%、1%、0.98%。[①] 跨境互联网支付业务大大促进了资金在世界范围内流动,很大程度上刺激了世界经济的复苏与回暖,代表了新兴市场与新兴经济体的发展,同时带来的反洗钱监管的任务也是异常严峻的。

随着反洗钱犯罪出现国际化、复杂化等特点,我们的监管机关需要加强对互联网支付公司跨境支付业务的监管,学习与借鉴西方发达国家在反洗钱监管方面的经验,联合打击反洗钱犯罪。应与跨境支付业务频繁、交易金额较大的国家签署反洗钱合作协议或备忘录等文件,加强各国针对新型经济犯罪的协调机制,如网络赌博、洗钱、恐怖活动融资等违法犯罪活动等,并针对网络洗钱的国际化趋势,强化与国际反洗钱组织的合作。

---

① 参见《中国支付清算行业运行报告(2014)》。

保险监管法制的新趋势

——放松管制与加强监管

寺岛美贵子[*]

2013年,中共十八届三中全会作出了全面深化改革的重大决定。《国务院关于加快发展现代保险服务业的若干意见》明确了保险业要深化体制改革,保险立法有必要与改革决策相衔接。在此背景下,2015年10月14日,国务院法制办公布了《关于修改〈中华人民共和国保险法〉的决定(征求意见稿)》(以下简称"保险法修改征求意见稿"),其中有很多条款涉及保险法的修改。

随着保险环境发生的深刻变化,最近不少国家相继进行了保险法的大修改。比如,韩国2010年6月修改了《保险业法》,德国2012年3月修改了《保险监管法》,日本2014年5月修改了《保险业法》。各国保险法的修改之中有共通的地方,即一方面进一步放松业务管制,扩大保险公司经营自主权;另一方面加强监管,强化保险公司偿付能力。此外,2007年全球经济危机后,英、美等国家进行了包括保险在内的金融监管体系的重要改革。

基于这样的背景,本文拟立足于上述各国修法的最新动向,通过进行比较研究,分析主要发达国家和中国保险监管法制的现状和新趋势,解析本次保险法修改征求意见稿中保险监管部分存在的一些不足之处,在此基础上,为进一步完善保险监管法制提出几点意见和建议。

---

[*] 寺岛美贵子,华东政法大学2015级博士研究生,日本律师。

一、保险法修改的动向

（一）修改的背景

对于最近一些国家的保险法修改,可从放松管制和加强监管的观点分析其背景。

1. 放松管制——扩大保险公司的业务范围等

（1）危险的多样化

俗话说,"无危险无保险",保险作为经济互助的制度,以危险的存在为制度基础,并以分散危险为制度功能。保险所分散的危险,限于可能发生但不确定的危险,是指现实生活中客观存在的、可能发生的且具有偶然性的事件。[①] 当前,保险分散的危险种类繁多,不胜枚举。

在这种情况下,保险业以改革创新为动力,日益拓宽服务领域。比如,在中国,2014 年,阳光产险推出盗刷险,全面保障消费者的账户安全。[②] 同年,富德生命人寿推出移动互联网年金保险,保障孩子未来的生活。[③]

（2）保险跨界创新

在 2015 年 11 月底举办的第十届中国保险创新大奖颁奖盛典上,平安产险诉讼财产保全责任保险获得"最具市场影响力保险产品"这一重要奖项。诉讼财产保全责任保险的推出,对社会有着较大的贡献,产生了积极的社会影响。

首先,诉讼财产保全责任保险的保费水平低,且免除了被保险人后续被追偿的担忧,极大降低了维权"门槛",缓解了执行难的问题,维护了弱势当事人权利,避免出现"赢了官司输了钱"的现象。

其次,诉讼财产保全责任保险有助于提高结案效率。由于查封、扣押被告的现金或资产,客观上会促进被告配合案件的审理及调解,加快结案时效。目前中央层面倡导司法改革,完善司法体系,解决百姓诉讼难问题。诉讼保全难也是司法改革的重中之重,而诉讼财产保全责任保险的出现,有效解决了这一难题。这

---

① 参见常敏:《保险法学》,法律出版社 2012 年版,第 6 页。
② 该产品为消费者存折、存单、银行借记卡、银行信用卡主卡及附属卡、网银账户、手机银行账户、第三方支付账户等提供全面风险保障,解决一人持有多种账户管理复杂和安全隐患分散的问题。参见中国保险监督管理委员会编:《2015 中国保险市场年报》,中国金融出版社 2015 年版,第 59 页。
③ 该产品为少儿年金保险,设计简单、有趣、个性化,投保方便灵活,家长可以随时将零散的小钱存入"手机存钱罐",为孩子的未来作准备。参见中国保险监督管理委员会编:《2015 中国保险市场年报》,中国金融出版社 2015 年版,第 59 页。

对中国司法改革有着重要的推进作用。①

2. 加强监管——强化保险人的偿付能力等

(1) 保险业的特征

保险的产生源于危险的存在,可以说"危险是保险产品的原材料"②。销售此种商品的保险业具有如下特征:第一,商品原价的不确定性,是指危险的发生及其程度不能确定。因此,与一般的商品不一样,保险合同成立之时,销售商品的成本不能确定。第二,债务的未来性,是指合同成立时不清楚什么时候交付保险金。因此,保险公司很容易把保险商品减价大量出售,而且放纵对投保人支付的保费的管理和运用,导致自身倒闭。据此,为了确保保险人的偿付能力,保险业通常受到比银行业和证券业更为严格的国家监管。就发达国家而言,目前也加强了以确保保险人的偿付能力为目的的监督。③

(2) 欧盟偿付能力 SolvencyⅡ的引入

欧盟成员国从2016年1月开始引入了比以前的欧盟偿付能力 SolvencyⅠ更严格的 SolvencyⅡ。SolvencyⅡ的引入当然影响了欧盟成员国,同时也给其他国家带来很大的影响。除欧盟成员国以外,其他发达国家也都在不断完善偿付能力监管制度上下足功夫。与此对应,在强化保险监管的大背景下,最近这些发达国家明显加快了保险法修改的步伐和频率。

3. 放松管制与加强监管

放松管制与加强监管并不矛盾。实际上,放松管制是指放松对市场的限制,具言之,就是放松对保险公司业务范围和保险资金运用的限制等,以实现由市场承担基础的资源配置功能之目的;而加强监管,则是对放松管制的补充。两者是相辅相成、并行不悖的。放松管制并不意味着放任自由,保险市场自由化并非无为而治。许多国家的政策虽然冠以"放松管制"的字样,但实际上是放宽了一些管制,同时又加强了某些监管,或是在微观上放宽了一些管制,而在宏观上又加强了某些监管。完全的金融自由化是不可能的。④

(二) 日本的动向

1. 保险合同法

日本有关保险合同法的相关条文,原来规定于1890年公布的旧《商法典》第

---

① 资料来源:http://www.gdzjdaily.com.cn/finance/2015-11/26/content_2079629.shtml,2016年1月6日访问。

② 〔美〕所罗门·许布纳等:《财产和责任保险》,陈欣等译,中国人民大学出版社2002年版,第1页。

③ 参见〔日〕山下友信、竹濵修、洲崎博史、山本哲生:《保险法(第3版補訂版)》,有斐阁2015年版,第36页。

④ 参见蒋大平:《金融法治保障研究》,法律出版社2012年版,第147页。

二编中。这是以德国人霍曼·娄埃斯勒起草的一部草案为基础而制定的法律，其内容仿效了 1861 年的《德国商法典》等法律。通过部分修改，旧《商法典》于 1893 年 7 月开始施行。1899 年，日本制定了新《商法典》，也就是现行《商法典》。原来的保险合同法内容被纳入新《商法典》第二编第十章中，条文从第 629 条到第 683 条。

百余年中，保险合同法未经大的修改。直至 2008 年 5 月 30 日，日本首次将保险合同法内容从新《商法典》中分离出来，制定了《保险法》。该法于 2008 年 6 月 6 日公布，2010 年 4 月 1 日开始施行。《保险法》[1]对日本沿用多年的保险制度进行了大刀阔斧的改革，其主要目的是保护保险消费者。[2]

2. 保险业法

日本 1900 年制定了《保险业法》，1939 年进行了大规模的修改。在 1995 年以前，日本的保险市场属于集中型保险市场，即保险市场掌握在为数不多的保险公司手中。在这样的情形下，当时的保险管理当局（大藏省）主要奉行所谓的"护航哲学"，即护航船队中的所有船只（保险公司）都必须与最慢的船只（最缺乏竞争性的公司）保持同速。[3] 具体的措施是，对日本保险市场的价格竞争采取严格限制，实行严格的市场准入，外国公司很难进入。

迫于国际环境和美国的压力，日本 1995 年对《保险业法》进行了全面修改，体现了规制缓和这一宗旨，国家不再对保险业提供保护。[4] 主要修改内容如下：第一，监管部门的工作重点由市场准入的严格审批转向对保险人偿付能力的监管。第二，国内保险业从产寿险的分业经营逐渐过渡到允许通过一定方式相互渗透。

其后，随着保险环境发生巨大变化，日本保险市场呈现出两个明显的特点：第一，保险商品越趋复杂化，销售方式越趋多样化。第二，积极拓展海外业务的必要性明显提升。为了适应这样的新环境，日本 2014 年 5 月 23 日对《保险业法》作了部分修改，2016 年 5 月 29 日开始施行。主要修改内容有：第一，加强关于募集保险的规制。第二，放宽有关进入国外市场的规制。对于募集保险的行为，以前《保险业法》只规定了包括虚伪说明和未说明重要事项等（第 300 条第 1

---

[1] 早在 20 世纪初，日本就将保险合同法和保险业法分开规定。1900 年，日本制定了《保险业法》。目前日本制定的《保险法》是"保险合同法"，但被冠以"保险法"之名。

[2] 参见〔日〕山下友信、竹濱修、洲崎博史、山本哲生：《保险法（第 3 版補訂版）》，有斐閣 2015 年版，第 12 页。

[3] 同上书，第 38 页。

[4] 参见任自力：《保险法学》，清华大学出版社 2010 年版，第 379 页。

项第1目)被禁止的行为。这次修改新规定了意向把握义务①(第294条)等积极行为。同时,这次修改强化了对保险代理人的监督管理。

(三) 韩国的动向

朴槿惠2013年2月执掌政权以来,韩国同时制定、修改了几部有关保险的法律,加强了对保险业的监督管理。

1. 保险合同法

韩国的保险合同法也存在于商法之中。有学者曾经主张,韩国应仿效诸国的立法例,最好把保险法从商法中分离出来,使之成为独立的部门法。可是,该主张未被采纳。

韩国现行《商法》第四编"保险法"于2014年3月11日修改,2015年3月12日开始施行。这次修改的目的是:一方面,加强对善良投保人的保护,把保险合同中发生的新的环境变化反映在法条上;另一方面,预设现行的保险制度中有可能发生的各种问题,补充应对处理的具体方法。②

2. 保险业法

在近年来《保险业法》的历次修改中,2010年的修改(2011年1月24日开始施行)引起了最大的关注。在此之前,保险监管行政的争论点包括确保偿付能力、运作资产、规制主要股东等,以保障资产和财务的健全性以及经营的透明度。但是,2010年的修改把重点放在强化保险消费者保护和扩大保险公司经营自主权上。主要修改内容有:第一,强化对保险消费者的保护措施;第二,改变开发保险商品以及审查的手续;第三,完善对于募集投保人组织的规制体系;第四,放宽认可保险业;第五,扩大保险公司的业务范围;第六,扩大保险公司资产运用自主权等。③

3. 今后的研究课题

(1) 金融消费者保护法的制定

2012年,金融委员会决定制定综合性的金融消费者保护法律,并提出了具体的立法案。其主要内容有:第一,规定在保险、银行和证券等业态之下都可以

---

① 所谓的"意向把握义务",是指保险公司进行保险销售时,必须先把握顾客的意向,根据这一意向制作保险产品的预案,然后对该意向与制作的保险产品之间的对应关系加以说明,将该意向与最终形成的顾客意向进行比较,要求确认其间存在的相异点。

② 参见〔韩〕金善政:《韓国における保険関連法の制定・改正状况と今後の課題》,李芝研译,载《保险学雑誌第626号》2014年9月版,第98—99页。

③ 参见〔日〕金亨冀:《韓国における改正保険業法の主要内容と今後の課題》,载《保险学雑誌第613号》2011年6月版,第207页。

适用的原则;第二,建立金融纠纷调解制度。① 但是,其后三年里,国会只是持续讨论这些原则和制度而已,并未见具体的法律出台。

(2) 应对保险欺诈的对策

这些年,保险欺诈问题在韩国保险业界成为一个热门的话题。根据 2015 年 4 月 1 日韩国金融监督院发表的报告,在 2014 年一年中,通过保险欺诈所得的金额为 5997.29 亿韩元(约合人民币 324 亿元),嫌疑犯数为 84385 人,与 2013 年相比,金额增加了 15.6%,嫌疑犯数增加了 9.4%。自 2001 年金融监督院开始收集揭发保险欺诈的统计以来,2014 年的金额和嫌疑犯数都打破了历史最高纪录。

此外,根据 2015 年 9 月韩国金融监督院发表的报告,2015 年上半年通过保险欺诈所得的金额为 3109 亿韩元,与 2014 年上半年相比增加了 8.2%。其中,通过人寿保险及一年以上的长期财产保险欺诈所得的金额为 1500 亿韩元(占比 48.2%),第一次超过了通过车险欺诈所得的 1400 亿韩元(占比 36.8%)。以前韩国的保险欺诈大多发生于车险领域。这些年,滥用医疗保险制度实施保险欺骗的势头明显加剧。

为了应对保险欺诈,早在 2001 年 12 月,韩国金融监督院就设立了反保险欺诈的专门负责机构——保险调查室。2004 年 1 月,金融监督院开发了一套保险诈骗认定系统(Insurance Fraund Analysis System,IFAS)。② 但是,这些对策还不够。因此,对于调查权应否交给保险公司,这些年在韩国国内展开了热烈的讨论。但是,到现在为止,法律也没有规定保险公司拥有调查权。③

(四) 中国的动向

1. 保险法修改的变迁

中国《保险法》在总体结构上与美国各州一样,采取保险合同法与保险业法相结合的单行法模式。《保险法》第三至六章的规定(第 67 条—第 158 条)为保险业法的内容。

《保险法》1995 年颁布后,分别于 2002 年、2009 年作了部分修改。关于保险业规范的修订,2009 年进一步完善了 2002 年已经有所改善的保险业监管的各

---

① 参见〔韩〕金善政:《韓国における保険関连法の制定・改正状況と今後の课题》,李芝研译,载《保険学雑誌第 626 号》2014 年 9 月版,第 100 页。

② 参见李伟群、洪晓芸:《韩国保险诈骗的现状与对策(中)》,载《中国保险报》2014 年 2 月 20 日第 7 版。

③ 参见〔韩〕金善政:《韓国における保険関连法の制定・改正状況と今後の课题》,李芝研译,载《保険学雑誌第 626 号》2014 年 9 月版,第 100 页。

项制度。第一,进一步明确了保险公司的设立条件和审批程序;第二,健全了保险公司的信息披露制度;第三,进一步放宽了保险公司运用资金的限制;第四,对保险业从业人员提出了更加具体的要求;第五,国家监管保险业的方式和措施更加多样化。①

2. 最新修改的主要内容

2015年10月14日,国务院法制办公布了《保险法》修改征求意见稿。该意见稿的主要修法精神为:"贯彻推进简政放权、转变政府职能的要求,放开前端管制,加强事中、事后监管,立足保险业发展和监管实际,集中对保险业法部分进行修改。"

(1) 放松管制,释放市场发展动力

① 进一步放松业务管制,扩大保险公司经营自主权

一是在人身保险业务范围中增加年金保险(修改后的第96条第1款第1项,以下的条文都为拟修改后的条文排序),在保险公司的业务范围中增加年金业务(第96条第1款第3项)。二是拓宽保险资金运用形式,允许保险资金投资股权、保险资产管理产品和以风险管理为目的运用金融衍生品(第109条第2款第4项—第6项)。

② 适度放松资金管制,释放保险资本运作活力

一是取消财产保险公司自留保费限额。二是明确保险公司保证金为"资本保证金",资本保证金按照公司注册资本总额的10%提取,达到2亿元后可以不再提取(第98条)。

③ 明确协会及其他市场组织的作用,发挥保险社团组织的自律和服务功能

增加"保险行业协会及其他市场组织"一章(第六章,第143条—第146条),明确保险行业协会、精算师协会、保险资产管理业协会和保险中介行业协会的性质、章程和基本职责等。

(2) 科学监管,防范风险,推进保险监管现代化

① 完善以"偿二代"为核心的偿付能力监管法律制度

一是将中国保监会自主创新的新一代偿付能力监管体系在《保险法》中确立下来(第102条)。二是将以"偿二代"核心的资本分级制度、测算评价标准、行业资本补充机制写入《保险法》(第103条)。三是建立偿付能力风险的市场约束机制(第151条),增加完善保险公司偿付能力不符合规定的监管处置措施(第153条)。

---

① 参见常敏:《保险法学》,法律出版社2012年版,第28页。

② 加强保险公司治理监管

一是明确保险公司治理监管的总体要求,明确保险公司治理不符合规定、情节严重的监管处置措施(第154条)。二是规定保险公司股东及实际控制人应当配合保险监管部门的调查工作(第169条),增加保险公司股东存在虚假出资、抽逃出资以及其他损害保险公司利益行为时的监管处置措施(第167条第1款)。

除了这些以外,还规定了重大风险处置提前介入和干预机制①、规范重大风险处置的监管权力行使②以及完善保险中介监管③等。

3. 今后的研究课题

随着保险市场的快速发展,这些年来,保险欺诈风险有上升的趋势。2012年上半年,中国共发生保险欺诈案件127起,涉案金额3645万元。其中,假保单案件14起,涉案金额308万元;假赔案件112起,涉案金额2837万元;假机构案件1起,涉案金额500万元。保险欺诈在车险、健康险、政策性农险领域比较普遍。保险欺诈案件不仅侵害了广大保险消费者的权益,也严重破坏了金融市场的秩序。如何构建科学、有效的反欺诈体制机制,已成为保险行业亟须解决的问题。④ 为此,2012年下半年,中国保监会及时颁布了《关于加强反保险欺诈工作的指导意见》。

为了避免出现像韩国那样十分严重的保险欺诈情况,中国需要尽快实施有效的对策。参考韩国的对策,有必要研究欺诈风险防范机制。笔者认为,预防保险犯罪最要紧的是教育。即使通过加大对保险欺诈行为的打击力度,如果国民缺乏守法意识,也难以有效防止保险欺诈行为的发生。为此,笔者建议,可以通过学校、教育机构对青少年进行预防保险犯罪的教育,并通过大众传媒向普通民众宣传,提高其对法律的尊重意识。这一点是非常重要的。当然,这方面的教育工作做起来也是不容易的,需要长时间的坚持才能见效。

---

① 增加规定:保险公司存在重大风险隐患时,国务院保险监督管理机构可以派出工作组,进行专项检查,对其划拨资金、处置资产、履行合同等经营管理重大事项进行管控(第152条)。

② 一是明确规定对保险公司采取整顿、接管措施的启动条件,细化接管组的职责权限(第156条);二是根据实际需要扩大保险保障基金使用范围(第101条第2款第3目)。

③ 一是在放开代理、经纪从业人员资格考试的同时,规定中介从业人员的执业登记制度(第130条);二是规定保险公估人的定义及业务范围,授权国务院保险监督管理机构制定管理办法(第137条)。

④ 参见李伟群、洪晓芸:《韩国保险诈骗的现状与对策(上)》,载《中国保险报》2014年2月17日第5版。

二、保险监管体系的新趋势

(一) 美国金融监管体系的改革

1. 改革前的情况

美国的金融监管体制以银行为主导,银行业与证券业、保险业实行严格的分业管理。此外,还有联邦法和州法的规制。可见,美国采用了一种特殊且复杂的金融监管体制。①

1945年,美国联邦立法《麦卡伦—弗格森法》(McCarran-Ferguson Act)提出通过州法对保险进行监管。② 美国所有50个州、哥伦比亚特区以及美国海外领土(萨摩亚独立国、关岛、波多黎各等)都分别制定保险法,成立了保险监管局,负责保险业的监管工作。③ 这样,州政府对保险业享有绝大部分监管权,联邦层面基本上没有保险监管机构。1871年由各州保险监管局代表组成的全国保险监理协会(National Association of Insurance Commissioners)仅仅是州保险监管局的辅助监管机构。④

2. 改革后的情况

次贷危机爆发前,美国金融监管是全世界学习的模范。但是,次贷危机的爆发揭示了美国金融监管体系的缺点。因此,美国进行了大刀阔斧的改革。

2010年7月21日,美国总统奥巴马正式签署《多德—弗兰克华尔街改革和消费者保护法》(Dodd-Frank Wall Street Reform and Consumer Protection Act,以下简称"法案"),并将其作为美国金融监管改革立法的阶段性成果。法案明确提出了改革目标:通过改进金融系统的透明度和落实责任以提升金融的稳定性,结束"大而不能倒"的信条,通过结束救援以保护美国纳税人、消费者免受泛滥的金融产品损害等。⑤ 法案的核心内容包括:一是加强消费者保护,成立相对独立的金融消费者保护署(Consumer Financial Protection Bureau, CFPB);二是界定系统性风险,成立金融稳定监管委员会(Financial Stability Over-

---

① 参见〔日〕冈田悟:《諸外国における先物市场の監督体制》,载《国立国会図書館 調査と情報 ISSUE BRIEF》第742号(2012年3月),第3页。
② 参见〔美〕肯尼斯·S.亚伯拉罕:《美国保险法原理与实务(原书第四版)》,韩长印等译,中国政法大学出版社2012年版,106页。
③ 参见〔日〕三菱UFJリサーチ&コンサルティング:《諸外国における金融制度の概要》,2014年3月版,第28页。
④ 参见邹昆仑、沈丽:《〈多德—弗兰克华尔街改革和消费者保护法〉的解读》,载《武汉金融》2012年第5期,第46页。
⑤ 同上书,第48页。

sight Council，FSOC）；三是改革美联储（Board of Governors of the Federal Reserve System，FRB）。

CFPB在规划和执行消费者金融产品和服务标准的时候具有广泛的实质性权力。CFPB置于FRB系统之中，但是一把手由参议院提名、总统任命。FRB被禁止干预CFPB的检查和执行行为或者延迟、阻止CFPB的规定和命令。①

由于美国金融市场"多头监管"的传统短期内无法改变，法案重点加强了各部门之间的协调机制。根据法案的规定，由各金融监管部门代表（财政部长、FRB主席、CFPB主任、证券交易委员会主席等9人）组成FSOC。FSOC的职责主要是，对可能威胁到金融稳定的大型、复杂金融机构制定更为严格的资本要求、杠杆水平等，并向FRB提出相关政策与监管建议。②

法案对FRB的监管职权进行了多方面的调整，其职能被大大加强，不仅监管银行，而且监管一些大型、复杂的可能影响到金融体系稳定的金融机构，如大型对冲基金等。但是，FRB自身也将受到更严格的监督。美国国会下属的政府问责局（Government Accountability Office，GAO）将对FRB的政策实施审计。③

金融改革之后，州政府同样对保险业享有监管权。虽然在财政部体系内建立了联邦保险局（Federal Insurance Office，FIO），但其对保险业没有监管权及规制权限。FIO的职责主要是，监视保险业的所有方面，并向财政部长提交改善保险规制等的意见和建议。④

（二）英国金融监管体系的改革

1. 改革前的情况

英国金融业有着自律监管和分业监管的传统，但自1986年"金融大爆炸（Big Bang）"后开始逐步向统一监管转变。1997年5月，英国成立了金融服务管理局（Financial Services Authority，FSA），采用了FSA、英格兰银行（BOE）、财政部"三权分立"的监管模式。⑤ 2001年，《2000年金融服务及市场法》（Financial Services and Markets Act 2000）正式实施。

---

① 参见邹昆仑、沈丽：《〈多德—弗兰克华尔街改革和消费者保护法〉的解读》，载《武汉金融》2012年第5期，第47页。
② 参见蒋大平：《金融法治保障研究》，法律出版社2012年版，第210页。
③ 参见杨利华：《美国〈多德—弗兰克华尔街改革和消费者保护法〉评析》，载《甘肃金融》2012年第11期，第19—20页。
④ 参见〔日〕三菱UFJリサーチ&コンサルティング：《諸外国における金融制度の概要》，2014年3月版，第36页。
⑤ 参见黄志强：《英国金融监管改革新架构及其启示》，载《国际金融研究》2012年第5期，第19页。

FSA对传统的证券业、银行业与保险业进行统一监管。监管目标有四个：(1)确保市场的信赖；(2)稳定金融；(3)保护投资者利益；(4)减少金融犯罪。[①] FSA是一个独立的非政府组织，根据英国《公司法》注册为一个担保有限责任公司，其经费来源于被监管的金融机构所交的费用。[②]

2. 改革后的情况

英国在2007年全球金融危机中受到的冲击极其严重，暴露出其监管体制存在重大缺陷：第一，FSA承担了金融监管的全部职责，但其金融监管职责主要集中在微观审慎监管层面，没有从宏观层面对金融体系进行总体监测，未能对金融业系统性风险进行有效防范。第二，BOE名义上有监管职责，但没有对金融机构的具体监管权力，政府也未赋予其履行监管职责的相应工具，导致BOE的法定权力、履职工具与其承担的维护金融稳定的职责不相匹配。第三，在履行金融监管职责过程中，FSA与BOE之间缺乏必要的协调和沟通。[③] 因此，英国成了金融监管改革最为积极的国家之一。

2010年7月，英国财政部公布了《金融监管新方案：认识、焦点和稳定》白皮书，提出对英国的金融监管体制进行彻底改革，其中包括撤销FSA，金融监管职能由BOE统一行使。白皮书提出，在BOE内部成立金融政策委员会（Financial Policy Committee，FPC），专门负责宏观审慎管理。在FPC下面，设立审慎监管局（Prudential Regulatory Authority，PRA）、消费者保护与市场管理局（Consumer Protection and Markets Authority，CPMA）。其中，PRA主要负责对商业银行、投资机构和保险公司等各类金融机构的审慎监管；CPMA主要负责金融消费者权益保护和维持公众对金融市场的信心。2012年12月，英国颁布了《金融服务法案》（Financial Services Act 2012，FSA 2012）。该法案于2013年4月1日正式生效。FSA 2012对英国金融监管体系进行了全面改革，新设立了FPC、PRA和金融行为局（Financial Conduct Authority，FCA）三个独立机构，已经设立的CPMA被FCA取代。[④]

PRA的监管范围覆盖约1400家金融机构，涵盖约900家揽储机构（包括约330家银行、约50家房屋信贷互助会与约600家信用合作社等）、约500家保险公司以及少数指定的投资公司（投资银行或者经纪商）。PRA的目的是，通过对

---

① See Financial Services and Markets Act 2000 (c. 8), §§.3—6.
② 参见〔日〕河村賢治：《SECとFSA》，载〔日〕上村達男编：《企業法制の現状と課題》（企業社会の変容と法創造 第4巻），日本評論社2009年版。
③ 参见尹继志：《英国金融监管改革与新的金融监管框架》，载《金融发展研究》2013年第9期，第27页。
④ 同上书，第28页。

监管对象金融机构的审慎监管,促进这些金融机构的安全和健全(FSA 2012 第 2B 条(2))。这一目的的实现需要这些金融机构在经营上不给金融系统造成不好的影响,且要把这些金融机构倒闭所引起的破坏性影响降到最低(FSA 2012 第 2B 条(3))。① 此外,FCA 对 PRA 监管的对象进行行为监管,PRA 的审慎监管和 FCA 的行为监管分别进行。②

可见,在英国,PRA 和 FCA 都对保险业享有监管权。

(三)德国金融监管体制的改革

1. 改革前的情况

在金融监管体制改革之前,德国实施的是分业监管体制。银行业、保险业和证券业分别由依据不同的法律设立的银行监督局(BAkred)、保险监督局(BAV)和证券监督局(BAWe)负责监管。但是,其他国家相继设立了综合性的金融监督机构。比如,1997 年 5 月,英国成立了 FSA;1998 年,日本成立了金融监督厅(现金融厅)等。③ 此外,随着金融混业经营的发展,德国出现了越来越多的与其金融业发展不相适应的问题。

2. 改革后的情况

在这样的情况下,德国政府在 2002 年 4 月 22 日通过《统一金融服务监管法》的基础上,于 5 月 1 日合并了原来的银行监督局、保险监督局和证券监督局三家机构,成立了联邦金融监管局(以下简称"BaFin")。BaFin 由财政部直属,对银行业、保险业和证券业实施统一监管。BaFin 履行对金融市场的国家监管职能,成立独立的部门进行银行监管、保险监管和证券监管,跨行业任务则由从传统监管功能分离出来的交叉业务部门执行。④ BaFin 的成立标志着德国混业监管的开始。

2013 年 3 月 18 日,在自同年 1 月 1 日起生效的《金融安定法》的基础上,德国在财政部体系内建立了金融安定委员会,主要负责宏观审慎监管。⑤

在主要的法律框架下,包括《保险监管法》《保险合同法》等在内的具体法律

---

① 参见〔日〕小林襄治:《英国の新金融監督体制と マクロプルーデンス政策手段》,载《証券経済研究》第 82 号(2013 年 6 月),第 26 页。
② 参见〔日〕三菱 UFJリサーチ&コンサルティング:《諸外国における金融制度の概要》,2014 年 3 月版,第 158 页。
③ 参见〔日〕小林雅史:《ドイツの保険監督と市場概況 世界第 6 位の生命保険市場の監督体制》,载《ニッセイ基礎研究所 保険・年金フォーカス》2014 年 10 月版。
④ 参见许闲:《金融危机下德国保险监管的应对与借鉴》,载《中国金融》2010 年第 1 期,第 41 页。
⑤ 参见〔日〕三菱 UFJリサーチ&コンサルティング:《諸外国における金融制度の概要》,2014 年 3 月版,第 203 页。

又为相关领域的监管提供了依据与指引。其中,保险监管部门主要依据1993年颁布的《保险监管法》(以下简称"VAG")对保险市场准入、保险市场行为、财务风险以及保险资金运用等方面进行监管。① 2008年1月,德国修改了VAG,要求保险公司完善适当的防止风险体制,参考把事业组织、内部统制手续和管理风险作为必要条件规定的德国《银行法》。②

在保险监管体系方面,德国主要分为联邦和州两个层次:联邦一级负责监管跨州经营的私营保险公司和竞争性的国有保险公司;州一级监管针对在特定州经营的私营保险公司和竞争性的国有保险公司。③

(四)金融监管体系的改革

1. 中国金融监管体系

中国的金融监管体系以银行为主导,银行业与证券业、保险业实行严格的分业管理。

1995年颁布的《保险法》仅规定国务院金融监督管理部门对保险业实施监督管理。1998年11月14日,国务院决定成立中国保险监督管理委员会(简称"中国保监会")。同年11月18日,中国保监员会正式成立,作为国务院直属事业单位,依照国务院授权履行政府行政管理职能,依法统一监督管理保险业。《保险法》第9条第1款规定:"国务院保险监督管理机构依法对保险业实施监督管理。"中国保监会对保险业的监督管理负有全面的责任。④

2. 最新的动向

由于金融机构现时所从事的是跨界别的产品及服务销售活动,而不再是单一性质的活动,中国采用的分业管理模式(以机构类型为本的监管模式)正面临压力。

从2015年6月15日开始的两个多月时间里,中国股市发生了令世界目瞪口呆的变化。2015年6月15日至8月26日,沪指从5178.19点暴跌到了2850.71点,跌掉了45%。随着股市下跌加剧,在中央政府的直接决策与领导下,展开了"救市"行动,力度可谓史无前例。

2016年1月1日起,熔断机制正式实施。实施之后的四个交易日,A股熔断机制被触发四次,导致两日提前收盘,1月7日更是创造了"史上最快收盘",

---

① 参见史剑:《德国保险监管机制的借鉴与启示》,载《福建金融》2009年第10期,第51页。
② 参见〔日〕三菱UFJリサーチ&コンサルティング:《主要国の保険制度に関する調査(米国、英国、カナダ、ドイツ、フランス)》,2011年2月版,第47页。
③ 参见任自力主编:《保险法学》,清华大学出版社2010年版,第381页。
④ 参见常敏:《保险法学》,法律出版社2012年版,第270—271页。

全天交易仅14分钟,千股跌停。熔断机制不是市场大跌的主因,但权衡利弊,负面影响大于正面效应。因此,为维护市场稳定,中国证监会决定自1月8日起暂停熔断机制。这件事告诉我们,金融监管体系改革是必要的。

3. 对中国改革的启示

在中国,依据金融服务的功能不同,划分为银行、证券和保险,并分别由不同的监管机构负责对其进行监管。虽然每个金融行业都有机构监管,但是对于整个金融系统而言,缺乏一个机构拥有足够的信息和权威预防和处理系统性风险。尤其在经受突发性事件冲击时,不同的金融监管机构难以协调联合行动,以使金融市场在整体上保持稳定。①

如上所述,次贷危机发生以后,由于美国金融市场"多头监管"的传统在短期内无法改变,因此其加强了各部门之间的协调机制,由各金融监管部门代表组成了金融稳定监管委员会。笔者认为,中国可以参考美国的做法。因为中国也跟美国一样,"多头监管"的传统在短期内将无法改变。因此,笔者建议,首先由国务院尽快建立金融稳定委员会,监测金融业的系统性风险,对涉及系统性风险的重大问题进行分析、决策,并促进各监管机构与中央银行之间的信息共享和有效合作。其次,中国需要参考英、美、德等国的模式,研究最合适的金融(保险)监管体系。

三、扩大保险公司业务的范围——放松管制

(一) 保险分业经营

人寿保险与财产保险的业务有着各自不同的特点:第一,经营技术方面的不同。两者在保险费的精算基础、承保的手续、保险金的赔付方法等方面都截然不同。第二,偿付能力方面的考虑。如某一保险人兼营两者,则其业务可能过分庞杂,资金方面可能难以应对自如,偿付能力将因此减弱,损害被保险人的利益。因此,实行分业经营,不仅有利于保险业经营的稳健,也有利于保险监管机构对保险公司进行专业的监督和管理。②

但是,从保险公司来看,这样的经营模式限定了其业务范围。

1. 日本

日本内阁总理大臣是保险业的最高管理者(《保险业法》第3条第1款、第

---

① 参见邹昆仑、沈丽:《〈多德—弗兰克华尔街改革和消费者保护法〉的解读》,载《武汉金融》2012年第5期,第47页。

② 参见任自力主编:《保险法学》,清华大学出版社2010年版,第320页。

123 条—第 134 条)。其下设有金融监督厅,具体负责对保险公司的监管工作。①除了《保险业法》以外,《金融商品交易法》《金融商品贩卖法》也有关于保险业的规定。

日本《保险法》分别规定了人寿保险公司和财产保险公司的业务范围,保险公司只能经营法律明文规定的保险业务,不得经营除此以外的其他业务(有关人寿保险公司的规定是第 3 条第 4 款,有关财产保险公司的规定是第 3 条第 5 款)。但是,1995 年《保险业法》的修正有了新的变化,人寿保险与财产保险之间可互相参入对方的保险业务中去,即允许人寿保险公司将财产保险公司作为其子公司予以持有,财产保险公司把人寿保险公司作为其子公司加以持有。②

此外,在日本,人寿保险公司和财产保险公司都可以销售医疗保险等属于第三领域范围的保险。③

2. 美国(纽约州)

1945 年,美国联邦立法《麦卡伦—弗格森法》提出通过州法对保险进行监管。④ 纽约州通过《纽约保险法》(New York Insurance Law,以下简称"ISC")对保险进行监管。⑤

ISC 分别规定了人寿保险公司和财产保险公司的业务范围,保险公司只能经营法律明文规定的保险业务,不得经营除此以外的其他业务(有关人寿保险公司的规定是第 4205 条,有关财产保险公司的规定是第 4102 条(a))。美国维持保险分业经营制度。其中,人寿保险业务包括人寿保险(ISC 第 1113 条(a)(1))、年金(同条(a)(2))、意外伤害保险和医疗保险(同条(a)(3))、法律服务保险(同条(a)(29))以及再保险(ISC 第 1114 条)等。财产保险业务包括火灾保险(ISC 第 1113 条(a)(4))、失盗保险(同条(a)(7))以及伤害赔偿责任保险(同条(a)(13))等。此外,经营财产保险业务的保险公司符合 ISC 规定的必要条件的,经纽约保险监管局批准,可以经营伤害和健康保险(ISC 第 1113 条(a)(3)(i))、各种财产损失保险(同条(a)(5))以及法律服务保险(同条(a)(29))等。

---

① 参见〔日〕山下友信、竹濱修、洲崎博史、山本哲生:《保险法(第 3 版補訂版)》,有斐閣 2015 年版,第 38 頁。

② 同上书,第 40 頁。

③ 参见〔日〕小林雅史:《ドイツの保険監督と市場概況 世界第 6 位の生命保険市場の監督体制》,載《ニッセイ基礎研究所 保険・年金フォーカス》2014 年 10 月版。

④ 参见〔美〕肯尼斯·S. 亚伯拉罕:《美国保险法原理与实务(原书第四版)》,韩长印等译,中国政法大学出版社 2012 年版,106 頁。

⑤ 参见〔日〕三菱 UFJ リサーチ&コンサルティング:《主要国の保険制度に関する調査(米国、英国、カナダ、ドイツ、フランス)》,2011 年 2 月版,第 1 頁。

3. 德国

VAG规定,保险公司只能经营保险事业和与其有关的事业(第7条第2款)。此条是为了把1975年欧洲指令作为国内法适用而引入。[1]

欧盟第三次人寿保险指令、第三次财产保险指令都规定了禁止保险混业的原则。因此,在德国,保险人不得兼营人寿保险业务和财产保险业务,而且人寿保险公司和财产保险公司都不得销售医疗保险等第三领域范围的保险(VAG第8条1a)。[2] 可见,德国规制得很严格。

4. 法国

在法国,根据《保险法典》的规定,金融审慎监管局(以下简称"ACPR")对保险业进行监管。[3] 2013年7月成立的ACPR是独立行政机构,主要负责对银行和保险公司的审慎监管。[4]

除了《保险法典》以外,《通货金融法典》也有关于保险公司业务范围的规定。在法国,保险人不得兼营人寿保险业务和财产保险业务(《保险法典》L第321-1条第3项)。对于人寿保险公司本身的业务范围,《保险法典》限制"保险业务"和"有关银行或金融的行为"(《保险法典》L第322-2-2条)。[5] 可见,法国跟德国一样,规制得很严格。

(二)保险混业经营

1. 新加坡

新加坡政府在1970年通过《新加坡货币管理局法》(Monetary Authority of Singapore Act,以下简称《货币管理局法》)的基础上,1971年成立了新加坡货币管理局(Monetary Authority of Singapore,MAS)。MAS由财政部直属,对银行业、保险业和证券业实施统一监管。[6]

---

[1] 参见〔日〕三菱UFJリサーチ&コンサルティング:《主要国の保険制度に関する調査(米国、英国、カナダ、ドイツ、フランス)》,2011年2月版,第36页。

[2] 参见〔日〕小林雅史:《ドイツの保険監督と市場概況 世界第6位の生命保険市場の監督体制》,载《ニッセイ基礎研究所 保険・年金フォーカス》2014年10月版。

[3] 参见〔日〕笹本幸佑:《フランス保険法の現状分析》,载《保険学雑誌第615号》2011年12月版,第180页。

[4] 参见〔日〕三菱UFJリサーチ&コンサルティング:《諸外国における金融制度の概要》,2014年3月版,第259页。

[5] 参见〔日〕三菱UFJリサーチ&コンサルティング:《主要国の保険制度に関する調査(米国、英国、カナダ、ドイツ、フランス)》,2011年2月版,第49页。

[6] 参见〔日〕三菱UFJリサーチ&コンサルティング:《諸外国における金融制度の概要》,2014年3月版,第379页。

在新加坡,保险公司可以兼营财产保险业务和人寿保险业务(《保险法》第3条)。①

2. 中国香港地区

《保险公司条例》(Insurance Company Ordinance)规定了相关保险业监管的内容。1990年6月成立的保险监督局(Office of the Commissioner of Insurance),在保险监督官(Commissioner of Insurance)的指导下对保险业实施监管。②

在中国香港地区,保险公司可以兼营财产保险业务和人寿保险业务(《保险公司条例》第7条第1款),这种公司被称为"兼营保险公司"(Composite Insurer)。

(三) 对中国改革的启示

此次保险法修改征求意见稿中,在人身保险业务范围中增加年金保险(第96条第1款第1项),在保险公司的业务范围中增加年金业务(第96条第1款第3项)。但是,保险人不得兼营人身保险业务和财产保险业务(第96条第2款)。此外,保险公司应当在国务院保险监督管理机构依法批准的业务范围内从事保险经营活动(第96条第3款)。可见,中国规制得很严格。

笔者认为,像新加坡那样规模的国家对保险业监管比较容易,可以批准保险混业经营。但是,在一些较大的国家,对很多保险公司的监管则并不容易。其实,如上所述,保险分业经营在世界范围内获得普遍认同。欧盟第三次人寿保险指令、第三次财产保险指令也都禁止保险公司兼营财产保险业务和人身保险业务。此外,中国保险市场总体上仍处于发展的初级阶段,还不是采取混业经营模式的时候。

四、加强偿付能力监管

保险偿付能力(Insurance Solvency),简称"偿付能力",是现代保险监管的核心。在2008年金融危机后,国际偿付能力监管出现了趋同步伐加快的发展趋势。但是,目前偿付能力监管尚未形成类似银行业中《巴塞尔协议》那样的统一监管规则。目前,国际上比较有影响的模式主要是欧盟体系(Solvency I、II)和

---

① 参见〔日〕三菱 UFJ リサーチ&コンサルティング:《諸外国における金融制度の概要》,2014年3月版,第376页。

② 同上书,第426页。

美国风险资本制度(RBC)。其他国家大都借鉴了欧盟或美国的监管模式。还有一些国家在欧美模式的基础上进行了探索和创新。①

(一) 欧盟体系(Solvency I、II)

1. 德国、法国

相对于美国模式,欧盟偿付能力 Solvency I 对保险公司偿付能力的监管比较宽松。欧盟偿付能力 Solvency I 监管主要是以法定最低偿付能力额度为标准进行监管。具体的最低偿付能力额度是在固定比率基础上产生的,保险公司的实际偿付能力或偿付能力保证金不得低于该标准。如果实际偿付能力或偿付能力保证金等于或者大于该标准,就认为其具有足够的偿付能力,可以享有较大的经营自由。否则,监管机构将要求保险公司从事与其实际偿付能力或偿付能力保证金相适应的业务。② 德国引入了欧盟偿付能力 Solvency I(VAG 第 53 条 c 第 1 项第 1 目),法国也引入了这一体系(L334-1 条)。

偿付能力 Solvency I 模式下,监管机构计提的监管资本与保险经营实际需求的经济资本往往不一致,偿付能力额度不能反映保险企业的真实风险状况。同时,偿付能力额度监管过于关注定量指标,而缺乏有关保险人风险管理定性指标的考量。③ 这样,偿付能力 Solvency I 模式不足以实现对保险偿付能力的有效监管。因此,欧盟偿付能力 Solvency II 经过十余年的研究、争论和准备,自 2016 年 1 月 1 日起正式实施。它采用三支柱的整体框架,其监管理念与《巴塞尔协议 II》《巴塞尔协议 III》趋同,贯彻了全面风险管理理念,细致地考虑了不同风险之间的相关性,合理体现了风险分散效应,引入了市场一致性的资产负债评估方法,强调数据的当地化,允许采用内部模型。④

2. 英国

英国适用 1973 年以来的欧盟偿付能力 Solvency I。对应近年欧盟推进的偿付能力规制改革,2005 年 1 月,英国引入独自采用 RBC 的资本规制,实行个别资本适足标准(Individual Capital Adequacy Standards,ICAS)等。ICAS 制度由保险公司自身使用内部模式进行有关必要资本的评价(ICA)与 PRA 审查 ICA 后总结意见的个别资本指标(ICG)组成。⑤

---

① 参见陈文辉:《中国偿付能力监管改革》,载《新金融评论》2014 年第 3 期,第 81 页。
② 参见曾文革、温融:《后金融危机时代保险偿付能力监管模式的创新与发展》,载《保险研究》2010 年第 2 期,第 78 页。
③ 同上书,第 79 页。
④ 参见陈文辉:《中国偿付能力监管改革》,载《新金融评论》2014 年第 3 期,第 81 页。
⑤ 参见〔日〕三菱 UFJリサーチ&コンサルティング:《主要国の保険制度に関する調査(米国、英国、カナダ、ドイツ、フランス)》,2011 年 2 月版,第 34 页。

(二) 美国风险资本制度(RBC)

1. 美国(纽约州)

1871 年成立的全国保险监理官协会(National Association of Insurance Commissioners, NAIC),鼓励州际合作并促进各州监管的趋向统一,最为突出的一项监管任务是确保保险人具有足够的偿付能力。①

NAIC 采用保险监管信息系统(Insurance Regulation Information System, IRIS)对各个保险公司每年提交的财务数据进行诊断性测试。为了对这一监管方法进行补充,NAIC 针对人寿保险、健康保险以及财产保险制定了《风险性资本示范法》(Model Risk-Based Capital Acts)。一些(但并非所有)州已经采纳了该法案。根据该法案,保险公司必须在对涉及公司投资、定价以及其他经营活动的风险进行考量的基础上报告其"风险性资本"(Risk-Based Capital, RBC)。任何一家资本额(考虑其投资风险)低于某一特定水准的公司都要接受额外的监管审查。该法案的目的在于,为监管者提供一个相较于传统会计方法更加真实的图景,以展示其监管对象的实际财务状况。②

纽约州也采用 RBC 规定,如人寿保险公司是根据 ISC 第 1322 条、财产保险公司是根据 ISC 第 1324 条制定 RBC 规定。③

美国模式对于保险业务偿付能力的监管技术和方法是国际一流的。问题在于,美国模式的监管视野和监管理念狭隘,只是简单机械地将保险业务纳入偿付能力监管范畴,而忽视了非保险业务对保险业务可能造成的影响,忽视了非保险业务中的"有毒资产"对整个公司资产的传导性和侵蚀性。④

2. 日本

日本的保险偿付能力监管模式仿效美国,根据保险公司的偿付能力额度比率实施监管。作为日本保险业保险监管的直接实施机构,内阁总理大臣规定作为计算保险公司偿付能力的标准(《保险业法》第 130 条)。偿付能力额度比率是一家保险公司的偿付能力额度与其风险总额的比值。在偿付能力额度比率的计算方法上,日本与美国风险资本评估法有所区别,其计算公式如下:

---

① 参见〔美〕肯尼斯·S.亚伯拉罕:《美国保险法原理与实务(原书第四版)》,韩长印等译,中国政法大学出版社 2012 年版,第 103 页。
② 同上书,第 107—108 页。
③ 参见〔日〕三菱 UFJ リサーチ&コンサルティング:《主要国の保険制度に関する調査(米国、英国、カナダ、ドイツ、フランス)》,2011 年 2 月版,第 15 页。
④ 参见曾文革、温融:《后金融危机时代保险偿付能力监管模式的创新与发展》,载《保险研究》2010 年第 2 期,第 78 页。

$$\text{偿付能力额度比率}(\%) = \frac{\text{偿付能力额度总额}}{1/2 \times \text{风险总额}} \times 100\% \quad ①$$

其中，偿付能力额度总额是保险公司在监管财务报表中的净资产额，可以直接从保险公司的监管财务报表中找到。计算公式中的 1/2 主要是借鉴了美国的风险基础资本制度。计算公式中最难确定的是风险总额的数值，它是根据一套复杂的算法得到的。② 监管机构用该指标来判断保险公司运营的安全性。当偿付能力比率≥200％时，不行使早期监管措施；当偿付能力比率＝100％—200％时，要求保险人提交经营改善计划并予以实施；当偿付能力比率＝0—100％时，要求保险人提交偿付能力加强计划并予以实施；当偿付能力比率＜0％时，监管当局将命令保险人停止部分或全部业务。③

日本模式与美国模式一样，试图依赖于一个或者几个监管指标完成保险偿付能力监管。理论和实践证明，保险偿付能力既可能来自保险业务，也可能来自非保险业务。保险偿付能力监管指标的选取以及偿付能力额度比率的计算都应该综合反映保险偿付能力风险的实际状况。在日本，保险公司偿付能力额度比率每年报告一次，监管当局以此为基础确定保险公司偿付能力的年度监管标准。实际上，影响保险公司偿付能力的因素处于不断变化之中，偿付能力额度比率和偿付能力监管标准也应该随之调整，以年度作为计算单位显然不符合动态性要求。④

（三）其他模式

1. 加拿大

在加拿大，根据《加拿大保险公司法》（Insurance Companies Act of Canada，ICA），由金融机构监管局（Office of the Superintendent of Financial Institutions，OSFI）对保险公司进行监管。⑤

关于偿付能力的比例规制，人寿保险公司从 1992 年引入了作为测定资本充分性的标准——最低继续资本及盈余要求（Minimum Continuing Capital and Surplus Requirement，MCCSR），这是 OSFI 判断人寿保险公司的经营健全性时

---

① 参见〔日〕冈田丰基：《现代保险法》，中央经济社 2010 年版，第 54 页。
② 参见李晓翾：《日本保险业偿付能力标准及其对我国的借鉴意义》，载《保险职业学院学报》2013 年第 4 期，第 71 页。
③ 参见〔日〕冈田丰基：《现代保险法》，中央经济社 2010 年版，第 54—55 页。
④ 参见曾文革、温融：《后金融危机时代保险偿付能力监管模式的创新与发展》，载《保险研究》2010 年第 2 期，第 79 页。
⑤ 参见〔日〕三菱 UFJリサーチ＆コンサルティング：《主要国の保険制度に関する調査（米国、英国、カナダ、ドイツ、フランス）》，2011 年 2 月版，第 58 页。

使用的一个指标。此外,财产保险公司 2003 年将最低资本标准(Minimum Capital Test,MCT)作为同样的标准引入。MCT 是 OSFI 测量财产保险公司的资本充分性,评价其财务状况时使用的一个指标。[1]

2. 中国

(1) 中国第一代偿付能力监管制度

自从 1998 年中国保监会成立以来,中国不断加强和完善偿付能力监管,于 2003—2007 年逐渐形成了现行比较完善的偿付能力监管制度体系(以下简称"偿一代")。"偿一代"监管框架借鉴了欧盟偿付能力 SolvencyⅠ和美国 RBC,建立了以监管流程为主线的监管框架,主要由公司内部风险管理、偿付能力报告、财务分析和财务检查、适时监管干预、破产救济五部分内容组成。[2] 2008 年之后,中国保监会在积极应对世界金融危机的同时,结合中国保险监督管理现状,不断丰富、完善偿付能力监管制度。

(2) 中国第二代偿付能力监管制度

2012 年 3 月 29 日,中国保监会发布了《中国第二代偿付能力监管制度体系建设规划》(保监发〔2012〕24 号),明确用三到五年时间,形成一套既与国际接轨,又与中国保险业发展阶段相适应的偿付能力监管制度。

此次保险法修改征求意见稿中,以法律形式确认了以"偿二代"为核心的偿付能力监管法律制度。"偿二代"采用了国际通行的"三支柱"框架。三个支柱是一个有机整体,同时在防范风险方面各有侧重:第一支柱通过定量监管手段,防范能够量化的偿付能力风险;第二支柱通过定性监管手段,防范难以量化的偿付能力风险;第三支柱通过信息披露等手段,发挥市场的约束力量,可以强化第一支柱和第二支柱的效果,并且更加全面地防范保险公司的各类偿付能力风险。[3]

(四) 对中国改革的启示

1. 监管内容

(1) 具有中国特色

如上所述,无论是欧盟模式、美国模式还是日本模式,都不足以实现对保险偿付能力的有效监管。此外,中国保险市场总体上仍处于发展的初级阶段,具有新兴市场的特征,与欧美等成熟保险市场相比,在产品形态、风险特征等各个方面都不同。中国偿付能力监管改革不能照搬欧美监管制度,而是要与中国保险

---

[1] 参见〔日〕三菱 UFJ リサーチ&コンサルティング:《主要国の保険制度に関する調査(米国、英国、カナダ、ドイツ、フランス)》,2011 年 2 月版,第 73 页。
[2] 参见陈文辉:《中国偿付能力监管改革》,载《新金融评论》2014 年第 3 期,第 83 页。
[3] 同上书,第 87 页。

行业发展水平、保险市场发育程度和保险监管能力相适应。①

(2) 实现国际可比

在保险业国际化的当下,中国保险偿付能力监管要充分吸收国际公认有效的监管经验和做法,从框架设计到具体技术标准,都要做到有国际可比性。在理念和原则上,要尽可能与国际主流保持一致;在结构和参数上,要充分反映新兴市场的特征和要求,体现中国与成熟市场的差异。② 如上所述,国际偿付能力监管主要模式的内涵也不断扩大,因此中国需要经常关注其发展趋势。中国应与国际保险监督官协会(IAIS)等国际组织交流与合作,参与亚洲保险监督官论坛(AFIR),这样的对外合作交流也非常重要。

2. 建立保险偿付能力教育培训制度

目前,中国保监会教育培训的内容主要涉及保险法制教育、保险营销员和保险中介从业人员继续教育、保险消费者教育等,必须将保险偿付能力教育培训纳入保监会教育培训体系,对保险公司及其相关从业人员进行定期的偿付能力警示教育、偿付能力宏观形势分析培训,以倡导理性和负责任的偿付能力观。③ 即使通过修改《保险法》加强偿付能力监管,如果保险人缺乏对偿付能力的尊重意识,也难以实现其目的。因此,保险偿付能力教育培训非常重要。

五、结　　语

保险作为经济互助的制度,以危险的存在为制度基础,并以分散危险为制度功能。在危险多样化的现代社会,保险制度越来越重要。为了进一步发挥保险的功能,需要放宽一些管制,比如扩大保险公司经营自主权。但是,管制越放松,带来的风险也越大。因此,加强保险偿付能力监管特别重要。《中国第二代偿付能力监管制度体系建设规划》是有别于欧盟偿付能力 Solvency II 和美国风险资本制度(RBC)、由中国独创的风险管理制度。这是一种创新,颇值得称道,相信这一制度将来会对发展中国家建立保险风险监管制度具有很好的借鉴和启示作用。

此外,2015 年股市异常波动告诉我们,中国银监会、中国保监会以及中国证监会之间缺乏必要的协调和沟通。笔者认为,中国需要改革金融监管体系,由国务院尽快建立金融稳定委员会,促进各监管机构与中央银行之间的信息共享和有效合作。

---

① 参见陈文辉:《中国偿付能力监管改革》,载《新金融评论》2014 年第 3 期,第 89 页。
② 同上书,第 89—90 页。
③ 参见曾文革、温融:《后金融危机时代保险偿付能力监管模式的创新与发展》,载《保险研究》2010 年第 2 期,第 81 页。

销售衍生性金融商品之监管

——以我国台湾地区法制为例

王冠玮*

一、引　　言

（一）研究动机

衍生性金融商品的出现，提供了一个分散风险、转移信用风险的管道，但是接受信用风险的投资人却未必知悉在高获利背后所隐藏的风险。我国台湾地区因金融自由化、国际化，已解除大部分金融管制，开放金融市场，引进国外之衍生性金融商品。随着"个人资料保护法"与"金融消费者保护法"出台，金融业与消费者间之法律关系更显重要。然而，近年来衍生性金融商品发展日新月异，其中风险的复杂程度，亦难由一般投资者清楚了解。在发生纠纷时，传统监理法规已无法适用现今衍生性金融商品所生之法律纠纷。各国和地区亦纷纷着手进行双边或多边沟通，期待未来金融监管信息于各国和地区监管单位能相互联系合作，以避免再次发生金融危机。

无论是衍生性金融商品还是结构债，确实是造成金融风暴的主要原因。但是，金融创新并非一定就是一种错误，创新的商品本身仅是一个工具，并不会带来伤害，而是使用商品的机构或个人未尽风险告知义务、消费者不当使用金融商品造成问题。金融风暴爆发前，各国和地区金融业前仆后继地研发金融创新商品，为金融业创造了可观的投资收益，同时美化公司财务报表，亦间接解决了金融业法令的限制与金融资金流动性不足的问题。在金融机构不断合并壮大的同

---

* 王冠玮，华东政法大学2015级博士研究生，大成台湾律师事务所高级合伙人。

时，殊不知金融风暴未爆发之前的宁静竟是如此可怕。各国和地区发现，原来在金融创新商品经过美化的财务报表下，所掩饰的风险是无远弗届、深不可测的，重创了全球经济。这场金融风暴透露出各国和地区的监管法规已不适用于这个时代衍生而出的金融商品。

金融创新涵盖的范围很广，如贷款、信用卡、存款、外汇、信托基金与保险等，将其整合的财务工程，是流程创新。再将该传统金融商品衍生成衍生性金融商品，如期货、选择权、远期契约及交换等，透过流程创新组合设计或人为操作财务工程技术，是商品创新。这些错综复杂的金融创新工具虽成为金融风暴的"要角"，但却未因金融风暴而消失，是因为是创新工程为金融业带来了更多样化的金融商品与可观的投资收益，而探究其深层次原因，还是在于法律监管制度的缺失。

从过去的金融危机起，各国和地区就检讨其金融监管模式，以及立法与执行层面的问题。然而，这些复杂的理财工具往往使信评机构、法人团体、一般投资者、消费者无法清楚了解其中所隐含风险的复杂程度及法律争议。金融业于销售衍生性金融商品时，亦时有未善尽风险告知、信息揭露等责任，导致发生消费者权益的损失，产生纠纷不断。故本文就我国台湾地区现行法规实务概况与各国和地区立法之分析，并对金融业与消费者之间所产生的法律问题进行探讨，期许金融业未来在商品上更透明化，金融业与消费者在法律关系上能取得平衡。

（二）研究范围

本文着重于银行贩卖商品之法律监管面的探讨与评析，限定于衍生性金融商品在金融业者与消费者之间的法律问题，研究范围主要如下：

第一，以 2008 年"金融海啸"为主，探讨近年来金融创新下的新世代产品所带来的新危机与新监管改革制度。

第二，台湾地区参研各国和地区立法所制定的"金融消费者保护法"，在台湾地区创下金融消费者保护新页，探讨该法出台后金融机构对于消费者所应尽之义务。

第三，由于金融自由化与国际化之影响，传统的金融监管机制不断遭到金融创新商品的挑战，为促进金融监管之专业化与效能化，藉由英、美、日金融立法规范研析，进行与台湾地区告知义务、适合性原则等规范的比较研讨与分析。

二、衍生性金融商品概述

大多数人认为衍生性金融商品源自于 1679 年日本 Dojima 稻米市场，当时所记载的稻米期货被认为是第一个期货契约。① 至 17 世纪,因荷兰郁金香热潮,生产者购买"卖权"以保障权益,虽于 1673 年瓦解,但却是买入"卖权"的开始,也就是现在所谓的"选择权交易"。② 美国于 1970 年遭遇停滞型通货膨胀,期间长达十年之久,美元利率随着市场供需变化,使得市场变动加速,因此让经济情势极不稳定,使得金融市场的避险需求增加,各式衍生性金融商品也就因此而生。③ 随着国际交易日益频繁,美国于 1848 年由 82 位谷物交易商发起,组建了芝加哥期货交易所(Chicago Board of Trade,CBOT)。该交易所成立后,对交易规则不断加以完善,于 1865 年用标准的期货合约取代了远期合同,并实行了保证金制度,让其国际交易集中市场有标准化契约作为准则。我国台湾地区于 1993 年 1 月,由"行政院"公告期货交易正式合法化,也使得金融商品愈来愈多样化。

然而,"金融消费者保护法"主要探究有效解决金融纷争之问题,以促进我国台湾地区金融持续与健全发展。因此,谨先探讨金融市场发生问题之本质,进而了解法律规范制度与执行方向。首先了解衍生性金融商品之形态与种类,其次了解衍生性金融商品之风险,最后剖析其创新工程,藉由研析衍生性金融商品之产生,了解其风险性导致金融纠纷事件,提出金融消费者保护与金融监管之建议。

(一)衍生性金融商品之形态与种类

美国金融管理局(Financial Industry Regulatory Authority)将衍生性金融商品大致分为远期性交易衍生性商品(Forward-Based Derivatives)与以选择权交易为基础的衍生性商品(Option-Based Derivatives)两大类型。前者属于"风险与报酬对称"产品,即契约届期结算,一方获利金额等于相对人损失之金额,也就是"零和赛局"。后者则是"风险与报酬不对称"产品,即契约届期结算,一方可能损失金额有限,但是可以得到很大的获利;另一方如果获利仅能得到有限的金额,却可能受到无限大的损失。④ 获利金额等于相对人损失之金额,分类衍生性金融商品是一把启动金融市场、带动经济之钥匙,可有效将其风险转移于金融市场上之能承受者,并提高其市场之流动性,带给金融市场价格上无可取代之地

---

① 参见王义云:《内部控制原则与方法》,五南图书出版公司 2009 年版,第 60—72 页。
② 参见刘孟哲:《论控制股东持有股权连结型衍生性金融商品之公开揭露义务》,东吴大学法学院 2013 年硕士论文。
③ 参见陈威光:《衍生性商品选择权、期货、交换与风险管理》,智胜文化事业有限公司 2010 年版,第 26—50 页。
④ 参见许诚洲:《衍生性金融商品理论与实务》,财团法人金融研训院 2010 年版,第 4—5 页。

位。更进一步来说,衍生性金融商品乃是一种财务工具或契约。然而,近几年衍生性金融商品透过层层华丽包装,如各种名目之金融债券、证券、信托基金等,导致风险无形中递增并且无限扩大,致使全球经济遭受重创。①

所谓衍生性金融商品,是指依附于其他资产标的物上的金融商品,其价值之高低乃取决于所依附之资产标的物,系由利率、汇率、股价、指数、商品或其他利益与其组合等所衍生之交易形态合同。具体来说,衍生性金融商品是根据双方藉由标的物之利益价值、股价指数或物价指数来决定。因此,对于衍生性金融商品进行交易之消费者,必须十分谨慎并控管风险,以避免导致巨大损失甚至倾家荡产。随着衍生性金融商品不断创新,种类繁多,令人眼花缭乱,因此金融市场将其分类,包括远期合同、期货契约、选择权、交换合同,②详述如下:

1. 远期合同(forward-type contract)

远期合同于中古世纪,系主要提供农产避险之用,为衍生性金融商品之"鼻祖"。所谓远期合同,乃指交易买卖双方自行协议于某一特定日子,买方同意于未来约定时日支付一定之金额,以交换卖方之商品、通货或利息的一种资产合同,以此满足双方之需求。由于远期合同之买卖数量、交割日期等方式,皆为交易买卖双方当事人进行协议,因此非一定之模式可行,性质上属顾客化契约即非标准化合同。远期合同的特色在于:

(1) 远期合同之交易通常于店头市场(over the counter, OTC)为买卖,属非标准化合同,合同乃采自由方式,其交易条件、数量、方式、履约日等,皆由买卖交易当事人双方自行协议订之。

(2) 买卖交易当事人双方皆为一般营利事业与专业投资人(如金融机构)。

(3) 买卖交易当事人双方须自行负担交易对手不履行契约之信用风险。

(4) 因双方自行协议交易之合同条件不一定会被其他投资人接受,故流动性的风险较高。

目前于金融市场上常见之远期合同又分为远期利率合同与远期外汇合同两种。③

---

① 参见黄得丰:《金融海啸前、后欧美金融改革之检讨》,http://www.npf.org.tw/post/2/9255,2015 年 11 月 30 日访问。

② 参见洪樱芬:《衍生性金融商品之问题及监理改革建议》,载《全球金融危机专辑》,2009 年 12 月,第 188 页。

③ 远期利率合同又称为"远期利率协议",系指一种以利率为交易标的之远期约,由交易买卖双方于未来一定时间后,以名目本金为计算基础,于到期时,依约定利率与实际市场利率之差额,由一方支付此差额给另一方之合约。远期外汇合同,系指交易双方约定于未来某特定时日或特定期间内,依照事先约定之汇率进行外汇买卖之契约。参见陈静慧:《论衍生性金融商品之法律关系》,载《司法新声》,2005 年,第 973—997 页。

2. 期货合同（futures contracts）

期货合同，系指交易买卖双方约定于未来某一特定时点，以约定之价格买卖一定数量标的资产。期货合同之商品规格、价值、交易方式皆有固定之模式，是一种远期契约标准化合同。通常，期货集中在期货交易所进行买卖交易，亦有部分期货合同可透过柜台交易进行买卖，又称为"场外交易合同"。期货按现货标的种类，亦可分为商品期货与金融期货两大类。期货交易者透过买卖期货，锁定利润，减少时间所带来的价格波动风险。

（1）期货合同可将风险移转，将买卖双方当事人之交易风险降低至可控制之范围内。

（2）期货合同于价格系为公开化，因同一月份期约仅有一个价格，并且由期货交易所公开之，对于金融市场投资者而言乃为一种指针性功能。

（3）信息的搜集与传播使得影响价格的信息被充分揭露与公开，交易双方当事人可在公平条件下相互竞争。

（4）高杠杆操作吸引了大批投机者进入期货市场，大量的投机者承担了避险者的风险，同时也活络了市场的流动性，使市场能正常发挥它的作用。

目前于我国台湾地区金融市场上常见之期货合同，分为外汇期货、利率期货与股价指数期货。外汇期货又称为"外币期货"，系指外汇性衍生合同，合同之买卖双方交易约定于未来某个到期日进行交割汇率，买卖一定数量之某一外国货币。即标的资产为外汇之金融期货，买卖双方约定在未来某一时间，依据目前约定之汇率，以一种货币交换另一种货币。利率期货，系指以利率相关的存款或固定收益证券为交易标的之期货合同，为规避利率波动风险的重要工具，也就是期货市场上成交量最大之商品。股价指数期货，系指交易双方约定在某一到期日，以某一约定价格与到期股价指数，以现金结算差价之期货合同，即以股价指数为标的资产之金融期货。①

3. 选择权（option contracts）

远期合同与期货合同是在买卖双方合同成立之后，皆负有应买或应卖的权利或义务，是一种风险对称的财务模式，但是选择权是风险不对称的金融商品，选择权买方支付权利金（premium）后，对于卖方有买进或卖出的权利。

我国台湾地区于 2001 年 12 月正式开放台指选择权与股票选择权之交易。于现行衍生性金融商品中，选择权系为最广泛之应用。回顾选择权之发展，早于四百多年前希腊、罗马时代就已存在。更进一步，1973 年，标准化之选择权合同

---

① 参见《股价指数期货》，http://www.rsc.com.tw/newweb/content/Ferris-Wheel-Page(M-Futures-1).htm，2015 年 11 月 30 日访问。

于芝加哥选择权交易所产生。依前所述,当交易合同成立时,双方均负有应买与应卖之权利与义务,这又称为"风险对称"。选择权契约乃是交易双方之一种协议,买方具有选择是否履约之权利,其权利又可分为买权与卖权两种样态,买权之一方赋予持有人买入标的资产之权利;卖权之一方则赋予该持有人卖出标的资产之权利。依买方执行权利的时间之不同,选择权可分为下列三种:①

(1) 欧式选择权(European option),系指买方买入选择权后,必须于契约到期时方可行使权利。

(2) 美式选择权(American option),系指买方买入选择权后,于到期日前的任一时点皆可行使权利。

(3) 百慕达式选择权(Bermudan option),系介于欧式选择权与美式选择权之间,可于契约到期日前之某些特定时点行使权利。

目前我国台湾地区金融市场上常见选择权,分为现货选择权与期货选择权。②

4. 交换合同(swap contracts)

交换合同是一种以物易物之互利行为,也可是一种合同,常见于金融市场上之操作。申言之,交换合同是买卖双方在未来一定期间内于约定之条件下,将所持有之资产或负债与对方交换之合同。按资产标的不同,交换合同可分为通货交换、利率交换、商品交换等多种。金融交换交易与远期交易相同,在店头市场上进行,以签订合同完成。金融交换达成之基本原因是各个交换参与者皆能因交换而获利,换言之,交换的结果能使交换参与者均获得部分利益,而使借贷的成本降低,资产收益提高,或减少财务风险。虽然它在店头市场交易较易产生信用风险,但是唯交换交易较能符合交易者对特定风险管理之需求。

透过交换合同,可为投资人或企业经营者提供避险工具,使得资金来源可以交换之方式达到多样化之功能。交换目前多以银行为中介机构,对于需求者提供中介角色,并从中收取手续费。由此可知,交换系极为个别化之衍生性金融商品而难以形成发达之次级市场。不过,已有国际组织 ISDA(International Swap and Derivatives Association)进行标准合同之制定,对于交换之次级市场的建立增加了可能性。③

---

① 参见江弥修、王祥帆:《百慕达式利率交换选择权》,载《集保结算所月刊》第157期,2006年12月,第31—54页。

② 若选择权之标的资产为现货,即称之为"现货选择权";若选择权之标的资产为期货,即称之为"期货选择权"。参见陈静慧:《论衍生性金融商品之法律关系》,载《司法新声》,2005年,第973—997页。

③ 参见王文宇:《从衍生性金融商品论现代契约法之新议题》,载《法令月刊》第53卷第8期,2002年8月,第36页。

一般而言,交换市场最常见的交易形式包括下列几种:

(1) 基本利率交换(plain vanilla swap),系指交易双方交换同种货币下不同的利息支付方式,即浮动利率与固定利率的交换。

(2) 基差利率交换(basis swap),系指同种货币下同为浮动利率的交换。

(3) 货币交换(currency swap),系指不同货币下固定利率之交换。交换双方等于互相贷放给对方一笔不同币别的贷款,双方在交换期间必须每期支付事先约定的固定利息。

(4) 货币利率交换(cross currency interest rate swap),或称"换汇换利",系指不同货币下浮动利率之交换,除交换不同货币外,亦交换不同的计息方式,包括固定利率对浮动利率与浮动利率对浮动利率两种。

我国台湾地区目前开放的金融交换包括利率交换、货币交换与商品交换。综上所述,衍生性金融商品种类繁多,因经济市场之需求增加,致使衍生性金融商品包装再创新。近年来,在金融持续创新下,出现了结合传统证券与衍生性金融商品特质的结构性证券,其种类繁多,涵盖货币、债券与股票市场。因此,若需进一步探讨研析衍生性金融商品与消费者之法律关系,则必须先了解及分析衍生性金融商品之特性与风险。

(二) 衍生性金融商品之风险

近年来,全球衍生性金融商品的交易量快速增长,新产品的种类愈来愈多。除了传统的与股票、利率、外汇、商品等有关的衍生性金融商品外,陆续出现如信用、股价指数波动度等相关的衍生性金融商品,其复杂化实难以让投资者轻松了解商品内容,亦增加了如下之风险:

1. 可量化之风险[①]

(1) 市场风险,又称"价格风险",系指未来市场价格之波动而使得与原先预期或投资组合之价格发生变动。申言之,市场风险系指整个金融市场大环境影响所有投资标的报酬率之风险,所以亦为最难掌控之风险。

(2) 信用风险,又称"违约风险",系指契约任一方不执行约定内容之义务,而导致另一方权益受损之风险。

(3) 流动性风险,又称"现金流动风险",系指当某资产因市场流动性不足或其持有流动性高之金融资产不足,无法于约定时间内进行交割,此资产将面临流动性风险。

(4) 利率风险,系指因金融市场利率之变动而导致其预期所投资报酬率变

---

① 参见余适安:《衍生性金融商品百问》,智胜文化事业有限公司2010年版,第109—126页。

动之风险。

（5）汇率风险，系指因当地国家币值有所变动，因而导致报酬之不确定性而产生风险。

（6）交割风险，系指每笔交易进行结算交割时，其交割金额、货币种类、净额或总额交割等，于进行交割程序之时，一方已支付应付之现金，另一方却不履行款项之风险。

2. 无法量化之风险

此系指风险无法数量化计算，或该项风险无法替代者：

（1）政治风险，系指因政治环境及执行者之不稳定与不连续性，因而影响造成市场之风险变动。

（2）作业风险，系指因内部制度缺失或人为疏失，而导致无法如期交割或结算金融收付错误造成损失。

（3）法律风险，系指因交易双方契约内容欠缺完备、交易双方授权不时或跨国契约涉及法律制度不同等因素，而产生损失之风险。

（4）会计、税务风险，系指因特定跨国交易契约，其涉及会计准则与税法规范并不统一，或因新规定之制定，使得损益之处理程序会因作业流程发生改变导致产生风险。

三、销售衍生性金融商品之监管

2008年全球性金融风暴引发之衍生性金融商品投资争议，对于金融业者在销售时未尽善良管理人注意义务与说明义务等程序瑕疵，导致投资人损失惨重的问题逐渐浮出水面。但是，投资人确实已在商品买卖合同上签字表达购买意愿，是否可视为投资人已同意合同规范的权利义务并放弃一切抗辩权利，仅能默默承受所失？又因金融产业之特性不同于一般产业，尤其是针对衍生性金融商品之交易，金融业不仅为最终用户，也是交易商，或者又可称之为"市场创造者"。然而，衍生性金融商品之操作具复杂性、风险程度高，为给予双方交易当事人对等之地位，金融业者应将金融商品信息透明化，并将信息揭露，以提供对消费者有益之信息。那么，前揭之义务须达到何种程度？标准又是如何？本文藉由分析国际上对于衍生性金融商品契约之监督管理必须注意之原则与以法源探讨金融业之合同、信息揭露义务与消费者间之关联性，以期提供金融业者在后续销售衍生性金融商品时的义务判断标准，减少金融消费争议。

(一) 揭露风险与说明义务

信息不对称是衍生性金融商品交易当事人间最常出现之问题,且交易本身即是一种内含风险,故投资人是否接受营销人员要约与说明并能知悉与理解,选择适合自己理财规划的金融商品,需有完整且充足的信息作为判断基础。美国大法官路易斯·D. 布兰迪斯曾言:"阳光是最好的防腐剂,灯光是最有效率的警察。"[1]如何使投资人在充分告知情形下决定是否投资,提升信息透明度,应是销售者应尽之基本义务。

1. 揭露风险

衍生性金融商品具有以小博大、高风险、高报酬的特性,风险移转次数愈多,风险愈大,投资人可能在短时间内赚得丰厚的利润,也有可能损失惨重。但是,衍生性金融商品透过层层设计与包装,以金融创新为名,金融商品结构具有复杂性与获利不确定性。近二十多年来,"财务工程"(financial engineering)这个名词在金融界非常流行,就是结合证券或新金融商品的开发、设计、定价、包装及营销的一连串过程,目的是迎合投资者或企业理财的需求。揭露风险的目的系提升信息透明度以降低信息不对等,投资人可以在信息充分的情形下决定是否投资。

(1) 美国立法例

相较于英国所实行的一元监理模式,美国则采用功能性监理之模式,对金融控股公司之监理并未采用一元监理之理念,并建构功能性监理之架构,以管理金融机构。因此,美国之金融监理法制架构倾向于确保由银行之监理机构管理银行业务、证券之监理机构管理证券业务、保险之监理机构管理保险业务,且美国亦无计划成立单一之金融监理机构,或制定单一之金融法规以监理、规范全部之金融服务。[2]

衍生性金融商品交易信息管理机构系协助监理机构降低系统性风险,并将美国交易所及店头交易衍生性金融商品之交易信息全数纳入衍生性金融商品交易信息管理机构。其金融改革法案对店头衍生性金融商品市场有很大的影响,在衍生性金融商品交易信息管理机构之金融市场有极大的影响力。未来信息管理机构依法有权要求中介机构保存管理衍生性金融商品事务历史记录及申报事

---

[1] Cf. Aaron Rubinstein, Common Law Theories of Liability in Derivative Litigation, Tordham Law Review, 1997, 66(3): 743—745.

[2] 参见蔡朝安、谢文钦:《试论我国金融服务法规范之整合与革新》,载《证券暨期货月刊》第24卷第8期,2006年8月,第4—14页;李智仁:《近年来日本金融法制发展变革之观察》,载《台湾金融财务季刊》第7辑第2期,2006年6月,第101—118页。

项,使其得以掌握有关店头衍生性金融商品市场的充分信息。同时,更明确规范所有业者将受到如资本规范及企业经营准则等"实质性监督管理"。① 《美国证券法》第 1933 条规定,证券监理的两个基本主旨是:"当对外公开发售与营销时,确保投资人可以获得正确的数据与信息。禁止任何欺骗、诈欺、歪曲不实的证券销售的手法与行为。"这清楚指出可以从字义上了解到以人为本的美国精神,在实行自由经济贸易的国家和地区中体现了以消费者为主、保护投资人基本权利的行动,就是由立法实现该法律目的。美国证券管理委员会(SEC)亦要求金融商品必须揭露与金融商品有关之信息,该信息有助于投资人更易了解金融商品,且说明书必须在销售前或销售时提供给投资人。

(2) 英国立法例

英国的金融监理机构——金融服务管理局(Financial Services Authority, FSA),于 1997 年 10 月由证券投资委员会(Securities and Investments Board, SIB)改制而成,为独立的非政府组织,成为英国金融市场统一的监管机构,行使其法定职责,直接向财政部负责。第一阶段改革于 1998 年 6 月完成,银行监管职能由英格兰银行转向 FSA。

2000 年 6 月,英国皇室批准《金融服务和市场法》,并于 2001 年执行,证券期货局(Securities and Futures Authority)、投资管理监管组织(Investment Management Regulatory Organization)、个人投资局(Personal Investment Authority)、抵押贷款协会委员会(Building Societies Commission)、互助协会委员会(Friendly Societies Commission)以及互助协会注册局(Register of Friendly Societies)等机构并入 FSA。②

关于信息揭露之部分,FSA 所规范之信息揭露,系要求金融服务业者采取合理的方式以确保消费者可获得充足的信息,而信息范围包括金融服务业者之名称、金融服务业者之法律资格(是否经 FSA 授权得从事金融服务业务)、与消费者接触人员的姓名与职等、金融商品特色等。其中,关于金融商品的揭露,除要求金融服务业者向消费者揭露商品之主要特色外,FSA 还应通过提供"比较表"(comparative tables)措施,使消费者可从比较表中查询并比较各家金融服务业者提供的金融商品。此外,对于提供消费者特定投资标的之金融服务业者,则

---

① 参见邱正仁等:《从财务报表揭露探讨我国金融机构衍生性金融商品之操作》,载《中华管理评论》第 6 卷第 2 期,2003 年 4 月,第 94—117 页。
② 参见谢巧君:《结构型债券不当销售争议与投资人保护之法律问题》,政治大学法学院 2008 年硕士论文,第 128—139 页。

要求其于交付前以书面方式提供消费者其费用收取之项目与总金额。①

（3）日本立法例

近年来，日本亦从事金融监理之改革，其主要改革有两项重大方向：整合资本市场法令与采用原则基础监理制度。整合资本市场法令主要是将监理由纵向之机构管理，逐步转化为横向之业务管理，以达成功能性监理之目标。② 其金融改革主要系从1996年时任首相桥本龙太郎发表所谓的"日本版金融改革（Big Bang）"，期盼透过行政、财政、金融体系等改革，并且在金融市场自由化、建立透明公平的市场、全球化的原则下，企图能于未来建构有效能的金融市场，以跳脱金融空洞化之现况，使得日本金融市场能与纽约、伦敦市场并驾齐驱。③ 其中所提改革项目包括促进银行业、证券业、保险业的互相兼营，以及实行信息透明化和各种手续费率的自由化等。

金融审议会于平成十二年（2000年）5月通过立法，并于翌年施行，以作为销售金融商品之根本法规。④《金融商品贩卖法》的制定虽然仅就交易规则完成部分的整合，但是此立法系日本版金融服务法制的革新踏出的第一步。金融审议会于《金融商品贩卖法》实施后，仍持续研议各业法整合的可能性。因此，金融审议会参照英国的《金融服务和市场法》和美国GLB的原则后，于2005年7月提出制定《投资服务法》的基本架构与内容的规划。该法的规范架构上，将不再有传统的银行、证券、保险、信托等金融行业的区别，所有具备服务资格的企业都得作为投资服务的主体，为投资者提供服务及负责。⑤ 2006年3月，在整合各方意见的基础上，日本政府提出以英国《金融服务和市场法》为蓝本，制定《金融商品交易法》，其中对于信息揭露之要求为：依据投资商品特质制定不同揭露要件，如股票、债券、基金等，因应不同性质金融商品而有差异的信息揭露要求。公开收购制度，亦修订现行规范，包含提供给投资人更多信息、延长公开收购期间等。另外，在大股东报告规范上，加强机构投资人持有企业股票之公开要求；单一投资者大量持有同一公司股票时，提出报告的期限为三个星期。

---

① See An Introduction to the Financial Ombudsman Service, http://www.financial-ombudsman.org.uk/publications/intro-for-firms.htm, last visited on Dec. 30th, 2015.

② 参见吴琮璠：《金融商品审查与监理制度——原则（principle based）VS. 细则（rule based）》，载《证交资料》第563期，2009年3月，第4—7页。

③ 参见李智仁：《近年来日本金融法制发展变革之观察》，载《金融财务季刊》第7辑第2期，2006年6月，第101—118页。

④ 参见蔡朝安、谢文钦：《金融服务法制整合之发展趋势》，载《全国律师月刊》第87期，2006年4月，第83—90页。

⑤ 参见陈茵琦：《日本金融管理法制改革新趋势——日本商品交易法简介与启发》，载《证券暨期货月刊》第24卷第8期，2006年8月，第44—54页。

2. 说明义务

随着衍生性金融商品发展日趋成熟,其交易形态及所涉风险也更复杂,由于信息不对等,金融业等销售机构更应遵循主管机关规范,以保障投资人权益,[①] 故仅有揭露原则尚不足以保障投资人。规定金融商品说明义务的目的是,揭露类型不同商品涉及各种风险,使投资人能充分了解,避免因商品之复杂度与投资经验及专业知识背景不足下,金融机构所为不当销售行为。衍生性金融商品之交易场所主要可分为集中交易市场与店头市场。集中交易市场之衍生性金融商品皆采用标准化契约,透过认可会员资格并建立交易规则,规范交易行为并解决纷争,其中标准化契约又包括标的物之种类、数量、质量、到期日有固定之标准等,属于较具有安全性的交易环境;店头市场又称为"场外交易",采用非标准化契约,较少有交易规模,其交易双方可自行协议,但通常也带来缺乏透明度之问题与流动性之风险。[②] 两者相较而言,集中交易市场参与人较多,因规范较为严谨,相对风险性也就降低;而对于店头市场而言,存在之风险性极高,尤其为信用与违约性二者。[③] 故销售者将信息充分告知,而投资人以充足信息为基础,选择自己理财规划的金融商品,可避免产生纠纷,建立公平交易制度。

(1) 美国立法例

自20世纪末以来,在美国金融业提供多样化服务成为主流,银行业涉足保险、信托,证券业也提供理财服务与投资银行的业务,而传统之金融服务区分为银行、保险、证券,仅提供所属业务单一形态服务,已不复已往,银行业、保险业、证券业之金融商品或服务市场区隔日益模糊,大型金融控股公司也应运而生。金融控股公司透过旗下不同类型之关系企业,同时经营商业银行业务、保险业务、证券承销与代理业务及与金融相关之业务。在金融服务市场整合的背景下,且随着信息科技进步,金融商品创新的速度一日千里,金融商品复杂程度更是令人赞叹,金融服务亦因通信技术进步而具有全球化的功能。金融商品具有高度专业性与复杂程度,金融业者于销售金融商品时应明确告知产品性质、负担之风险、各项费用、提前回赎产生之损失、交易规则等,保护投资人以符合其最大利益。

美国消费者金融保护局监管一切提供给消费者的金融商品或服务相关的风

[①] 参见姚志明:《诚信原则与随附义务之研究》,元照出版公司2003年版,第179—183页。

[②] 参见刘孟哲:《论控制股东持有股权连结型衍生金融商品之公开揭露义务》,东吴大学法学院2013年硕士论文,第31—32页;洪樱芬:《衍生性金融商品之问题及监理改革建议》,载《全球金融危机专辑》,2009年12月;刘邦海:《店头衍生性商品集中交易对手结算之研究》,载《"中央银行"季刊》第32期,2010年12月,第17—42页。

[③] 参见谢剑平:《金融创新——财务工程的实务奥秘》,智胜文化事业有限公司2010年版,第38页。

险,包括尚在发展阶段的金融商品或服务,使消费者对于使用或购买金融商品或服务所存在之风险与成本及产生之风险能够充分理解,确保消费者取得可理解的、透明化的金融商品或服务之信息,①避免消费者受到不公平或诈欺性的对待。应使消费者可及时获取并可理解相关信息,使消费者能决定其可承受之金融交易风险,保护消费者不受歧视且免于受不公平、诈欺与权利滥用之侵害,促进公平竞争,如此可促使金融商品或服务市场更有效率且更透明,有助于市场之进入与创新。②

(2) 英国立法例

英国 FSA 所规范之说明义务,主要是规定金融服务业特定投资业务之提供,包括提供投资交易之推荐、投资管理、安排或执行委托书或衍生性金融商品之交易、证券借贷业务。金融服务业者应采取合理措施,确保消费者了解该等业务所涉之风险。此外,关于委托书或衍生性金融商品之交易,更是要求金融服务业者给予消费者风险预警告知通知书,并且要求消费者以书面回函方式告知金融服务业者,已收到此通知书并了解该通知书之内容。③ FSA 基于《金融服务和市场法》的授权,订定商业行为准则(Conduct of Business Sourcebook, COBS)。COBS 要求金融机构必须识别投资人系一般客户抑或为专业客户;对于向投资人提供该投资之风险的一般性说明,说明内容应至少已足够阐明该金融商品之本质及所涉之风险,使投资人评估是否投资。同时,应考虑投资人之知识程度,解释风险属性、价格波动程度、所从事之投资可能承担法律上之义务及保证金义务事项。

(3) 日本立法例

日本《金融商品交易法》对于说明义务之要求如下④:金融服务业者于销售因利息、通货价格、证券价格或其他指针而将导致发生本金亏损可能性之金融商品,必须向消费者提供风险与指标之说明;对于因从事金融商品交易之销售者或其他人之业务或财产状况有变化,可能导致本金发生亏损时,必须向该当事人说明该内容。除前述情形外,关于金融商品销售时影响消费者判断之重要事项,系因政府法令规定之原因导致可能发生本金亏损的,应说明该事由及内容。对于得行使该金融商品销售时所定权利期间之限制或得解除该金融商品交易契约之期间限制,必须说明限制内容。

---

① See Id. Sec. 1032.
② See Id. Sec. 1021.
③ See An Introduction to the Financial Ombudsman Service, http://www.financial-ombudsman.org.uk/publications/intro-for-firms.htm, last visited on Nov. 30th, 2015.
④ 参见日本《金融商品交易法》第 3 条。

有关前述之说明内容,必须依照消费者之知识、经验、财产状况及所订立之金融商品交易合同之目的,并以消费者可理解之方法为之。即系以消费者主观理解程度作为金融机构是否已履行告知义务之标准,而不以普通人可理解程度为标准,故消费者之知识、经验不同,纵使是相同之说明,亦有被视为未善尽说明义务之可能。

(二) 适合性原则

近几年,金融业为追求商机,不断创新研发金融商品,再加上参与者多样的操作化与客制化所提供之商品,因适合客户之需求,使得店头市场衍生性金融商品规模快速增长,①其中又以利率与汇率相关的衍生性金融商品为主力市场。国际交换暨衍生性金融商品协会(International Swaps and Derivatives Association,ISDA)针对全球 26 个国家 500 个大企业进行的调查结果显示,92%的企业使用衍生性金融商品避险,有 85%及 78%的企业使用规避利率及汇率风险,仅有 24%及 11%的企业使用规避商品及股票风险,衍生性金融商品的使用并无地区性之明显差异。因金融自由化、国际化政策之下,各项衍生性金融商品的限制放宽,而企业与投资大众因避险需求不断增加,使得衍生性金融商品也不断上升,并推出组合商品。适合性原则因衍生性金融商品多样化在销售上愈加重要,对于专业投资人与非专业投资人应加以区别。就非专业投资人而言,应考虑有无独立评估风险及独立判断商品内容之能力,推介者应对投资人之知识、经验、财力与市场状况、风险及产品状况等作出评估,以确认投资人是否具有独立评估风险之能力。如果投资人自愿为专业投资人,而欲投资复杂之金融商品,则应认为非金融业者主动推介;即使违反适合性原则,亦可免责。但是,金融业者仍应基于善良管理人之义务,主动评估并告知该项金融商品是否适合该投资人。

(1) 美国立法例

适合性原则源自美国证券交易法,主要系为规范证券交易业者之销售行为。该原则系指金融业者应依照投资人之知识、经验、财力及投资目的,进行合同之劝诱销售,亦即要求金融业者调查及了解客户之知识与风险承担能力;倘若金融业者销售超出消费者所能承受风险之金融商品,则构成不当销售行为。美国于 2007 年 7 月成立金融业监管局(Financial Industry Regulatory Authority,FINRA)后,对于适合性原则亦有所规范。其中,Rule 2090 规定了"认识客户原则" (Know Your Customer,KYC),即要求证券商对于所有客户之必要事实应有所

---

① 参见李文正:《影响我国银行衍生性金融商品创新之因素》,"中央大学"企业管理研究所 2000 年硕士论文。

理解并保障个人隐私。所谓必要事实,是指客户财务状况、投资目的及投资策略等;而所谓认识客户,是指由顾客关系开始,并对于消费者投资产品、服务及策略给予建议。纽约证交所对于适合性原则也进行了规范,① 要求证券商会员对于消费者之委托、现金状况、可支配现金等均有所了解。若系从事选择权之自然人消费者,对其投资标的、职业状况、年龄、投资经验、年所得、资产等信息,皆须清楚知悉,② 进而销售适合之金融商品。

（2）英国立法例

英国FSA所制定的指导手册中的"顾客利益"（customers interests）,系指金融业者必须重视消费者权益并公正对待消费者;"顾客间信赖关系"（customers relationship of trust）,系指金融业者应尽善良管理人之注意义务,确认所销售之金融商品或消费者所作之决定,适合于该消费者所能承担的风险范围,即所谓适合性原则。③ 金融业者必须遵守适合性原则,于销售金融商品前应先知悉投资人之需求、知识、经验、财力及投资目的等状况。金融业者应要求消费者提供足够信息,以便评估消费者之能力及条件,为消费者找寻适合之金融商品。倘金融业者尚未取得消费者相关信息,则不得为消费者提供投资顾问或找寻金融商品,但消费者是专业投资人的不在此限。FSA于投资商品销售上特别规定,金融业者应先"认识客户",金融业者于销售金融商品时应先采取合理方式,以确定知悉关于消费者个人与财务信息,以利于向消费者提供建议及适合之需求。

（3）日本立法例

日本《金融商品交易法》第7条至第9条针对适合性原则作了规定。第7条规定,金融业者于营销金融商品业务时,必须确保其销售行为之适当性,并应对消费者之知识、经验、资产及缔约目的一并评估。第8条系规范营销方针。其中第1项规定,金融业者于营销金融商品前,必须就其营销制定准则;但政府法令规定之中央政府、地方政府、地方性团体或其他自然人金融商品业者等,并无不当营销风险发生之可能者,或金融业者之客户是特定对象者,不在此限。第2项明确了该营销方针所必须规定之内容:必须依据营销客户之知识、经验与财务状态之事项进行考量;应考量关于营销客户之劝诱方法与时间;其他针对确保营销适当性之事项者。第3项规定,当金融业者依据第1项制定营销准则时,应立即

---

① See Rule 405（"Diligence as to Accounts"）.
② 参见林婉婷:《金融商品推介销售之法律规范》,中正大学财经法律研究所2008年硕士论文,第33—35页。
③ See FSA Handbook,PRIN 2.1.

按照政府法令之方式公布该营销方针,修改该准则时亦同。① 第9条规定了行政罚锾(administrative fine),如金融业者违反上述规定,应处以50万日圆之行政罚锾。另外,第40条第1款对于适合性原则之判断增加"以缔结金融商品交易契约为目的"之判断因素,故于考虑是否符合适合性原则时,除视消费者之知识、经验、财产状况外,尚需考虑缔结合同之目的,予以综合判断。

(三) 结论

风险揭露、说明义务与适合性原则皆起源于信息不对等之因素,而要求拥有信息优势之金融业者于销售金融商品时,对于不具有信息优势之消费者负特定义务。② 法律之目的在于建立一个公平、安全的交易环境,金融业者于合法范围内获取其应有之利润,消费者在信息公开并充分告知的情形下,选择适合自己属性之金融商品投资理财,创造双赢的金融市场。

四、我国台湾地区对于销售衍生性金融商品之规范

契约信息之揭露对于消费者极为重要,因衍生性金融商品之特性是为消费者分散风险或创利,若金融业销售人员有故意隐匿或不实之信息,易造成消费者面临失利或产生破产之危机。例如,吉普生公司诉信孚银行(Gibson Greetings v. Bankers Trust)、美国宝洁公司诉信孚银行③(Proctor & Gamble v. Bankers Trust)两大著名司法事件,皆因金融销售人员将信息封闭而不揭露,造成公司损失,因而请求法院裁断。我国台湾地区金融产业为便于让消费者充分了解其衍生性金融商品各项业务之契约,于"行政院"金管会之规定下,将合同内容及信息于专属网站上揭露,并于嗣后新增、修正时刊载在网站上。④ 政府虽有相关之规定,但由于衍生性金融商品种类众多,金融业者与消费者于缔结合同前,须对于合同可能涉及之风险充分了解,且金融业者于提供服务前,对于消费者之信息,就所有权利义务事项,须逐一巨细靡遗以明文妥适规定,此缔结之合同,对于双方于法律程序上具有实质之效力。

---

① 参见杜怡静:《日本金融商品交易法中关于金融业者行为规范》,载《台北大学法学论丛》第64期,2007年12月,第136页。

② 参见杜怡静:《金融商品交易上关于说明义务之理论与实务上之运用——对连动债纷争之省思》,载《月旦民商法杂志》第26期,2009年12月,第54页。

③ 参见王文宇:《论衍生性金融商品之基本法律问题》,载《经社法制论丛》第19期,1997年1月,第177—215页。

④ 同上。

(一) 金融业者提供金融商品或服务前说明契约重要内容及揭露风险办法

金融业者与金融消费者订立提供金融商品或服务之契约前,应依规定向金融消费者充分说明该金融商品、服务及契约之重要内容及揭露风险。说明与揭露须以诚实信用方式及金融消费者能充分了解之文字进行,所揭露之数据均须正确,所有陈述或图表均应公平表达,并不得有虚伪不实、诈欺、隐匿或足致他人误信之情事。上述信息或数据应注记日期,档之用语应以中文表达,并力求浅显易懂,必要时得附注原文。金融服务业提供金融商品或服务,应按金融商品或服务之性质于公开说明书、投资说明书、商品说明书、风险预告书、客户须知、约定书、申请书或契约等说明文件,或经由双方同意之因特网或其他约定方式,说明及揭露重要内容,并以显著字体或方式表达,①务必使消费者充分知悉。

同时,金融服务业提供之金融商品或服务属投资型商品或服务者,应向金融消费者揭露可能涉及之风险信息,其中投资风险应包含最大可能损失、商品所涉汇率风险。金融服务业依规定向金融消费者说明重要内容及揭露风险时,应留存相关数据,录音或录像内容至少应保存该商品存续期间加计三个月之期间;如未满五年,应至少保存五年以上。但是,发生金融消费争议时,应保存至该争议终结为止。②

(二) 金融服务业确保金融商品或服务适合金融消费者办法

金融服务业与金融消费者订立提供金融商品或服务之契约前,应规定充分了解金融消费者之相关数据及依不同金融商品或服务之特性,以确保该商品或服务对金融消费者之适合度。同时,须有适当之人员审核签约程序及金融消费者所提供信息之完整性。银行业及证券期货业提供投资型金融商品或服务,于订立契约前,应充分了解金融消费者之相关数据,其内容至少应包括:第一,接受金融消费者原则:应订定金融消费者往来之条件。第二,了解金融消费者原则:应订定了解金融消费者作业程序,及留存之基本数据,包括金融消费者之身份、财务背景、所得与资金、风险偏好、过往投资经验及订立契约目的与需求等。该资料之内容及分析结果,应经金融消费者以签名、盖用原留印鉴或其他双方同意之方式确认;修正时,亦同。第三,金融消费者投资能力:除前述资料外,并应结合下列资料,以评估金融消费者之投资能力:(1)金融消费者资金操作状况及专

---

① 参见"金融服务业提供金融商品或服务前说明契约重要内容及揭露风险办法"第3、6条。
② 参见"金融服务业提供金融商品或服务前说明契约重要内容及揭露风险办法"第7、9条。

业能力。(2)金融消费者之投资属性、对风险之了解及风险承受度。①

同时,银行业及证券期货业提供投资型金融商品或服务前,应依各类金融商品或服务之特性评估金融商品或服务对金融消费者之适合度;银行业并应设立商品审查小组,对所提供投资型金融商品进行上架前审查。前述金融商品或服务适合度之内容,至少应包括金融消费者风险承受等级及金融商品或服务风险等级之分类,以确认金融消费者足以承担该金融商品或服务之相关风险。

(三)银行办理衍生性金融商品业务内部作业制度及程序管理办法

银行办理衍生性金融商品业务时,应建立风险管理制度,对于风险之辨识、衡量、监控及报告等程序落实管理,并应遵循下列规定办理:第一,银行办理衍生性金融商品,应经适当程序检核,并由高阶管理阶层及相关业务主管共同参考订定风险管理制度。对风险容忍度及业务承作限额,应定期检讨提报董(理)事会审定。第二,办理衍生性金融商品业务之交易及交割人员不得互相兼任,银行应设立独立于交易部门以外之风险管理单位,执行风险辨识、衡量及监控等作业,并定期向高阶管理阶层报告部门风险及评价损益。第三,关于衍生性金融商品部门之评价频率,银行应依照部门性质分别订定:其为交易部门者,应以实时或每日市价评估为原则;其为银行本身业务需要办理之避险性交易者,至少每月评估一次。第四,银行须订定新种衍生性金融商品之内部审查作业规范,包括各相关部门之权责,并应由财务会计、法令遵循、风险控管、产品或业务单位等主管人员组成商品审查小组。于办理新种衍生性金融商品前,商品审查小组应依上述规范审查之。

银行应订定衍生性金融商品业务人员之酬金制度及考核原则,应避免直接与特定金融商品销售业绩连接,并应纳入非财务指标,包括是否有违反相关法令、自律规范或作业规定、稽核缺失、客户纷争及确实执行认识客户作业(KYC)等项目,且应经董(理)事会通过。办理衍生性金融商品业务,应依相关法规及内部规定防范利益冲突及内线交易行为。银行不得利用衍生性金融商品递延、隐藏损失或虚报、提前认列收入,或帮助客户递延、隐藏损失或虚报、提前认列收入等粉饰或操纵财务报表之行为。

银行办理衍生性金融商品业务之人员应具备专业能力,并应订定专业资格条件、训练及考评制度。银行办理衍生性金融商品业务之经办及相关管理人员,应具备下列资格条件之一:第一,参加金融训练机构举办之衍生性金融商品及风险管理课程时数达60小时以上且取得合格证书,课程内容须包括衍生性金融商

---

① 参见"金融服务业确保金融商品或服务适合金融消费者办法"。

品交易理论与实务、相关法规、会计处理及风险管理。第二，在国内外金融机构相关衍生性金融商品业务部门实习一年。第三，曾在国内外金融机构有半年以上衍生性金融商品业务部门之实际经验。银行向客户提供衍生性金融商品交易服务，应以善良管理人之注意义务及忠实义务，本诚实信用原则为之。银行向非属专业机构投资人之客户提供衍生性金融商品交易服务，应建立商品适合度制度，其内容至少应包括衍生性金融商品属性评估、了解客户程序及客户属性评估，以确实了解客户之投资经验、财产状况、交易目的、商品理解等特性及交易该项衍生性金融商品之适当性。银行向属自然人之一般客户提供衍生性金融商品交易服务，在完成交易前，至少应提供产品说明书及风险预告书，派专人解说并请客户确认。银行向一般客户提供衍生性金融商品交易服务，应订定向客户交付产品说明书及风险预告书之内部作业程序，并依该作业程序办理。银行与一般客户完成衍生性金融商品交易后，应提供交易确认书（应包含交易确认书编号）予客户。风险预告书应充分揭露各种风险，并应将最大风险或损失以粗黑字体标示。

银行就结构型商品之交易服务，应向客户充分揭露并明确告知各项费用与其收取方式、交易架构及可能涉及之风险等相关信息，其中风险包含最大损失金额。不得有下列情形：第一，藉主管机关对金融商品之核准、核备或备查，作为证实申请事项或保证结构型商品价值之陈述或推介。第二，使人误信能保证本金之安全或保证获利。第三，结构型商品使用可能误导客户之名称。第四，提供赠品或以其他利益劝诱他人购买结构型商品。第五，为虚伪、欺罔或其他显著有违事实或故意使他人误信之行为。第六，内容违反法令、契约、产品说明书内容。第七，为结构型商品绩效之臆测。第八，违反银行公会订定广告及促销活动之自律规范。第九，其他影响投资人权益之事项。结构型商品限于专业客户交易者，不得为一般性广告或公开劝诱之行为。

银行不得向一般客户提供超过其适合等级之衍生性金融商品交易服务或限专业客户交易之衍生性金融商品。但是，一般客户基于避险目的，与银行进行非属结构型商品之衍生性金融商品交易，不在此限。银行向一般客户提供结构型商品交易服务，应进行客户属性评估，确认客户属专业客户或一般客户；就一般客户之年龄、知识、投资经验、财产状况、交易目的及商品理解等要素，综合评估其风险承受程度，且至少区分为三个等级，并请一般客户以签名、盖用原留印鉴或其他双方同意之方式确认；修正时，亦同。应评估及确认提供予客户之商品信息及营销文件，揭露之正确性及充分性，确认该结构型商品是否限由专业客户投资。

(四)"金融消费者保护法"

受"金融海啸"影响,全球金融市场皆遭重创,我国台湾地区也遭受波及,金融市场纠纷层出不穷。为达到消弭金融消费争议事件之纷争与冲突,增加金融消费者对市场之信心,2011年制定了"金融消费者保护法"。

"金融消费者保护法"第7条即明定:金融服务业与金融消费者订立提供金融商品或服务之契约,应本公平合理、平等互惠及诚信原则。金融服务业与金融消费者订立之契约条款显失公平者,该部分条款无效;契约条款如有疑义时,应为有利于金融消费者之解释。

金融服务业刊登、播放广告及进行业务招揽或营业促销活动时,不得有虚伪、诈欺、隐匿或其他足致他人误信之情事,并应确保其广告内容之真实,其对金融消费者所负担之义务不得低于前述广告之内容及进行业务招揽或营业促销活动时对金融消费者所提示之资料或说明。金融服务业与金融消费者订立提供金融商品或服务之契约前,应充分了解金融消费者之相关数据,以确保该商品或服务对金融消费者之适合度,并应向金融消费者充分说明该金融商品、服务及契约之重要内容,并充分揭露其风险。

金融服务业对金融消费者进行之说明及揭露,应以金融消费者能充分了解之文字或其他方式为之,其内容应包括但不限于交易成本、可能之收益及风险等有关金融消费者权益之重要内容。说明及揭露,除以非临柜之自动化通路交易或金融消费者不予同意之情形外,应录音或录像。金融服务业违反规定,致金融消费者受有损害者,应负损害赔偿责任。但金融服务业能证明损害之发生非因其未充分了解金融消费者之商品或服务适合度或非因其未说明、说明不实、错误或未充分揭露风险之事项所致者,不在此限。

"金融消费者保护法"提供了说明义务及适合性原则的法源依据,使说明义务及适合性原则不再仅是行政规则及自律规范。

(五) 小结

完整的金融监管机制应涵盖三个层次:(1)金融机构内部监管;(2)市场力量之监管;(3)政府主管机关之监管。从衍生性金融商品操作亏损的国际案例可以发现,导致金融机构或企业重大亏损的原因主要包括市场信息不明、内控问题、交易员舞弊滥权、高层对风险管理了解不足以致出现监管漏洞等。概括其原因,除无法掌控的市场因素外,衍生性金融商品操作行为所引发的亏损与弊案,最主要可归因于人与制度两方面的问题。因此,提升规范操作衍生性金融商品之机构、增进专业知识及建立健全内部风险控管制度,由制度设计规范与限制交易员的内控行为,进而消弭衍生性金融商品交易可能的潜在危机,方能发挥衍生性金融商品所具有之低成本、高灵活避险与投资工具等优点。在财务工程、全球资讯工程及通信设备紧密结合的21世纪,衍生性金融商品成为银行投资标的"新宠"。尽管历经多次的金融风暴,衍生性金融商品的创新工程不断改变,但是市场上新形态金融商品有增无减,故焦点不是杜绝该财务工具,而是要不断在监管上创新与规范,以保有其灵活财务之优点。

衍生性金融商品的法律纠纷不断,金融业与消费者之间的法律定义为何?"金融消费者保护法"对二者法律关系有了全新的定义与规范,皆影响金融监理适用甚巨。在销售衍生性金融商品过程中,除应要求金融机构主动揭露、风险告知及遵守适合性原则外,本文认为,监管机关尚应强化下列规范事项:

(1) 提高衍生性金融商品交易信息透明度:衍生性金融商品之交易信息无法透明化,在全球e化之信息时代下,跨部门、国家或地区,建立监理信息交换、搜集平台,加强国际信息合作,交换商品信息,且提供各国和地区金融市场相关信息,满足各国和地区监管机关的需求,以防止有心人士操作商品之跨境风险。

(2) 加强"影子影行"监管:"影子银行"已成为各国和地区金融监管机关之监理重点。我国台湾地区"影子银行"的规模不大,目前尚未造成重大影响,但应未雨绸缪,评估可能之风险及适时研拟因应措施。

(3) 信评机构之信评问题:对于信评机构,应持续要求通过信用评估等方法揭露之透明度、加强信评人员的在职训练及道德教育,更明确地订定营销流程与加强投资者之专业知识倡导,并妥当设计减少利益冲突之规范。

五、结　　语

由于"金融海啸"的惨痛经验,归因于失败的监管机制,寻找现今更符合金融创新下的新监管规范,本文谨汇整美、日、英等国家金融机构改革方向之研究,就后续金融监管可以进行借鉴与改善,强化信息透明度、公开市场操作事务数据与未来各国和地区监管信息相互提供之可能性。各国和地区情况不同,其监管制度亦因应风俗与管理概念有所不同,单一监管制度难以适合世界各国和地区应用。故虽在各国和地区皆有加强信息揭露之规范,但衍生性金融商品往往皆是经过层层包装,需要仰赖各国和地区在交易信息上互相提供。一些国际组织如巴塞尔委员会、G20亦提出跨国监理合作之问题,在监管跨界资本流动时加强相互协作,监管机构应优先考虑在危机预防、管理和解决领域的合作。在金融消费者保护方面,美国提出建立新的消费者金融保护机构(CFPA)。在英国的新改革方案中则是提出成立金融行为监理总署(FCA),负责金融消费者保护,并以更严谨的标准规范金融服务业信息透明度,以提高消费者信心。日本修正原法案,提出新的《金融商品交易法》第37条之6规定,更是首创于金融商品交易后赋予顾客无条件解约权。可参酌日本该改革制度,建立金融商品审阅期间权利,消费者得享于一定期间之解约权利。

  2008年雷曼兄弟倒闭,在我国台湾地区引发了一连串连动债投资争议。由于金融自由化下,各金融业得跨业销售金融商品,如连动债,除银行可以销售外,证券业、保险业亦可以销售,因此引发了究竟该由何种权责单位主导解决金融纷争的问题。有鉴于历年来金融保险商品的消费者争议日益增多,目前的金融争议处理方式,或者依靠行政手段,或者通过道德说服等非正规管道在处理,已不符合时代需要。美国总统奥巴马倡议金融改革,亦将金融保险消费者纳入专法处理,足见立法保护金融保险消费者已是现实所需。我国台湾地区于2011年12月30日施行"金融消费者保护法",计42条条文,并于2015年2月4日修正,增订金融服务业初次销售之复杂性高风险商品应报经董(理)事会或常务董(理)事会通过等相关规范。因一般消费者购买金融业所提供之金融商品及服务已日益普遍,而金融业所提供之金融商品及服务形态亦日趋复杂化与专业化,消费者与金融业者在财力、信息及专业面皆实质不对等的情形下,在进行业务招揽或营业促销活动时,不应有虚伪、诈欺、隐匿或其他足致他人误信之情事,并应确保其广告内容之真实,其对金融消费者所负担之义务不得低于前述广告之内容以及进行业务招揽或营业促销活动时对金融消费者所提示之资料或说明。由于金融商品极易发生交易纠纷,一旦发生相关争议,若循司法途径救济往往旷日费时,所耗费之成本亦不符经济效益,因此有必要于诉讼途径外,提供金融消费者一具金融专业且能公平合理、迅速有效处理相关争议之机制。美联储前主席格林斯潘曾说:"监管体系应适应被监管对象的变化而变化。"法律之目的在于建立一个公平、安全的交易环境,金融业者于合法范围内获取其应有之利润,消费者在信息公开并充分告知的情形下,选择适合自己属性之金融商品投资理财,监管机制亦应随市场变化而调整,创造双赢的金融市场。

食品安全社会共治模式研究

胡文韬*

一、问题的提出

"民以食为天,食以安为先",食品安全和每个人的生活息息相关,关系到每个人的身心健康和社会稳定。近年来,我国重大食品安全事故频发,如"三鹿奶粉"事件、"瘦肉精"事件、"苏丹红"事件等,严重危害了消费者的身体健康和生命财产安全,扰乱了正常的市场秩序,引发了人们对于食品安全问题的空前担忧和关注。

我国政府始终把食品安全视为最重要的民生问题,专门成立了国务院食品安全委员会,并通过修改《食品安全法》强化源头治理、全程监管,推动食品安全监管体系的建立和完善。通过十多年的努力,食品安全治理虽然取得了一些成就,但是总体而言不尽如人意,食品安全事件仍处于多发状态。据有关部门统计,2015年,各地共检查食品经营主体2184.7万家次,监督抽检食品116.3万批次,发现问题经营主体74.7万家;查处食品经营违法案件21万件,涉案食品总值2.63亿元,捣毁制假售假窝点443个,移送司法机关的违法案件1055件。[①]

我国政府对食品安全问题不可谓不关心,2009年、2015年两次修改《食品安全法》,通过严格的法律规定建立了以预防为主、全程控制的监管体系。在部门设置方面,2013年,政府将除农业之外的食品安全职能集中至国家食品药品监管总局,实行职能集中,以期提高监管效率。然而,食品安全仍成为社会大众最为担忧的问题。百度联合中国质量万里行促进会发布的《3.15质量大数据报

---

* 胡文韬,华东政法大学2015级博士研究生。
① 数据来源:http://sda.gov.cn/WS01/CL0103/142640.html,2016年1月22日访问。

告》显示,食品安全是消费者最为关注的问题。① 党和政府作出一系列的努力,为何仍无法有效实现食品安全？其原因是多方面的,笔者认为,最为重要的原因在于我国在进行食品安全治理时,所坚持的仍是"行政万能"理念,治理方向是通过整合机构加强监管力度、提高监管效率。这一举措,一方面由于行政监管难以克服的缺陷而使得食品安全在实践层面无法得到有效保障；另一方面使得其他社会力量无法发挥其有效的作用,致使食品安全无法实现全方位、多维度、深层次的治理。

食品安全不仅关系到我国市场经济的稳定与可持续发展,更关系到广大人民群众的身心健康。正如中共十八届五中全会公报所说,食品安全是一项重要的民生工程。在诸多努力无法改变食品安全现状的背景下,我们有必要认真探讨当前的食品安全治理存在的缺陷与不足,并进行有针对性的改进,为实现"十三五"规划中的食品安全战略寻找一条具有可操作性的实践路径。

二、食品安全政府监管的缺陷与不足

我国食品安全监管体制历经几次改革之后,基本形成了国务院食品安全委员会统筹、国家食品药品监管总局统一监管、各级政府部门相互配合的监管模式。虽然相较于改革之前的"九龙治水"模式,如今的"一龙治水"模式大大提高了监管效率和监管力度,但是从根本上讲仍是单一的政府监管模式。在这一监管模式下,政府监管部门与食品生产经营企业的关系定格为"管"与"被管"的对立关系,②忽视和违背了食品安全问题首先是生产出来的,主要依靠生产经营者自身的质量安全控制加以解决的基本规律。③ 在这一监管模式下,食品安全治理主要依靠政府监管实现,具有低效率、高成本的特点。单一的政府监管对于第三方监管主体的培育缺失,致使消费者、经营者、媒体等难以有效发挥其应有的监管作用,成为食品安全监管不力的最主要原因。另外,行政管理部门总揽监管职权,忽视了市场应有的作用,致使市场规律难以有效发挥,对于防范食品安全风险大为不利。

由于行政监管固有的缺陷,食品安全监管体制对于防范食品安全风险、提高

---

① 参见《百度 3.15 质量大数据报告:食品安全问题最受关注》,http://mt.sohu.com/20150316/n409822829.shtml,2015 年 12 月 2 日访问。

② 参见丁煌、孙文:《从行政监管到社会共治:食品安全监管的体制突破——基于网络分析的视角》,载《江苏行政学院学报》2014 年第 1 期。

③ 参见邓刚宏:《构建食品安全社会共治模式的法治逻辑与路径》,载《南京社会科学》2015 年第 2 期。

监管水平等缺乏有效手段,主要表现为:

(一)政府总揽监管职权,第三方监管机制缺失

在现有的食品安全监管体制中,政府是食品安全的唯一监管者,从"田间"到"餐桌"的整个食品链,包括生产、运输、销售、消费阶段的所有食品安全,都有着政府监管的身影。虽然《食品安全法》明确规定了政府部门对我国食品安全负责,但是这并不意味着食品安全监管成为政府部门的"专属领地"。

政府总揽监管职权,虽然在一定程度上能够保证监管力度和监管标准的统一,但是政府监管本身存在着一些无法克服的缺陷,严重制约了监管的效率和质量。

1. 政府本位制约第三方监管力量发育

我国是一个有着两千多年封建传统的国家,"官本位"思想深入人心。新中国成立以后,我国又曾长期实施高度集中的计划经济,"政府至上"和"政府万能"理念得到了广泛的推崇和发展,因而政府本位在当前仍得到广泛认同。

政府本位可以归结为两种形态,即权力本位和制度本位。无论是哪一种政府本位,都必然导致行政傲慢。或者说,政府本位就是一切行政傲慢的根源。[①]行政傲慢主要表现为政府在进行社会治理时将行政手段视为唯一手段,不愿意接纳其他社会主体共同参与。

食品安全治理是一项系统性的社会工程,我国食品企业数量繁多,食品产业链条复杂,仅仅依靠政府监管难以取得实效。在当前的食品安全监管体制中,政府作为唯一的监管主体,几乎包揽了所有的监管职责,拒绝其他社会主体参与,致使如民营食品检测机构等本可以分担一部分监管职责的第三方监管力量缺乏成长土壤,导致其发育严重不足。这种行政傲慢行为大大提高了政府的监管难度,降低了监管力度,同时也制约了我国食品安全监管模式的转型,成为食品安全事故频发的一大体制原因。

2. 政府失灵影响监管力度

所谓政府失灵,就是政府为克服市场失灵所导致的效率损失超过了市场失灵本身会导致的效率损失。[②]政府由于具有自利性等特点,容易在干预市场机制运行过程中产生政府失灵,难以发挥"看得见的手"的作用。

在食品安全监管体制中,由于行政傲慢,政府总揽所有的监管职权,其他监管主体难以发挥作用,也难以对政府权力进行有效限制。政府失灵导致的政府

---

① 参见张康之:《论主体多元化条件下的社会治理》,载《中国人民大学学报》2014年第2期。
② 参见陈婉玲:《经济法原理》,北京大学出版社2011年版,第51页。

干预越位、干预错位和干预缺位对食品安全监管产生的负面效应尤为明显。

政府干预越位表现为政府过度干预市场,甚至与市场之间的关系暧昧不清。① 在食品安全监管中,一些政府部门对地方食品企业的违法行为视而不见,甚至在事发时还加以隐瞒和保护,纵容食品企业制假、售假。

政府干预错位表现为政府在食品安全监管过程中,由于任务重、人手不足等原因,对于食品企业的监管采用简单粗暴的以罚代管方式,"抓三四个当事人,关五六天厂子,罚七八万块钱,八九不离十,这样的事卷土还会重来",成为食品安全监管的常态。②

政府干预缺位表现为政府对食品企业缺乏有效的监管,为了本地区的经济发展,放任食品企业的不法行为。对于本地区的食品安全,政府部门缺乏足够监管,不但不进行风险预警,甚至在食品安全事故发生之后也持消极态度,放任事态发展。

政府失灵是政府监管过程中由于一些特有因素引起的政府监管缺失。政府行政权力缺乏限制是政府失灵的重要诱因。我国政府单一监管的食品安全监管体制不但严重抑制了第三方监管主体力量的发育,同时也不可避免地导致食品安全监管不力,成为食品安全事故频发的主要体制障碍。

(二)政府监管压力与日俱增,监管成效成疑

如上所述,在当前,政府承担了食品安全监管的所有职责。在我国,食品生产企业、销售企业众多,食品供应链复杂多变,食品标准制定、食品认证、食品检测等不但专业性极强,而且数量极大。因此,各级政府及相关行政部门在食品安全领域投入了大量的人力、物力、财力,但是所取得的成果却相当有限。政府在食品安全监管过程中面临着任务重、执法人数少的突出矛盾,主要表现为:

1. 食品企业众多,监管难度大

我国食品企业数量庞大,以上海市为例,2015年食品生产企业多达1530家,食品流通经营主体达到172043家。③ 仅靠政府行政部门对如此众多的企业进行全方位监管,不但要耗费巨大的人力、物力,而且监管成效如何令人质疑。因此,我国政府行政部门多采取事前监管措施,通过发放许可证等方式对食品企业的经营进行管控。

此外,小型、作坊式的食品生产企业在我国普遍存在,而且由于其规模小、实

---

① 参见韩丹:《中国食品安全治理中的国家、市场与社会关系》,载《社会科学战线》2013年第8期。
② 参见文晓巍、温思美:《食品安全信用档案的构建与完善》,载《管理世界》2012年第7期。
③ 数据来源:http://sh.xinhuanet.com/2016-02/03/c_135071137.html,2016年2月4日访问。

力弱,生产条件不达标,企业经营者缺乏诚信意识,再加上生产地点隐蔽,难以被监管部门发现等因素,其生产的食品往往质量堪忧。全国质监系统每年对70万家食品生产企业的产品进行监督抽查,食品生产加工小企业、小作坊的合格率仅为20—30%。① 由于小作坊式生产企业分布范围广、所处位置偏僻,仅仅依靠政府行政部门,将其全部纳入监管体系中所需的工作量无疑是巨大的,而且对其进行全方位的监管目前也不现实。

2."外援"式食品供给模式加大了食品安全监管难度

目前,随着城市化进程的加快,城市的食品供给模式发生了巨大的改变。仅仅依靠城市自身的生产很难满足日益增长的市民食品消费需求,城市食品供给的对外依赖程度逐年提高。

以上海市为例,2015年全市食用农产品总消费量为2300万吨左右,其中七成要靠外省市供应才能满足;全市消费猪肉约为350万吨,其中75%来自外省市。同时,上海口岸进口的食品多达14.5万批次,重396.42万吨。②

"外援"式食品供给模式使得食品链加长,一旦某个环节的信息缺失,食品的来源就会成为无解之谜,使得政府监管难度大大增加。

3. 食品安全风险监测压力巨大

食品安全风险监测是食品安全监管的重要手段之一,也是将食品安全事故遏制在萌芽阶段的重要保障。按照《食品安全法》的规定,我国食品安全工作实行预防为主、风险管理的监管制度,国务院卫生行政部门组织开展食品安全风险监测和风险评估,县级以上人民政府确定本级卫生行政部门的职责。③

目前,我国各地方政府均开展了食品安全风险监测工作。仍以上海市为例,2015年在全市16个区县设置了5000个固定监测采样点和若干临时监测采样点,风险监测在食品供应主渠道的覆盖面达到95%,主要食品种类覆盖率达到95%以上,共监测24类12742件食品,涉及427项指标、36.9万批次。④

如此繁重的食品安全风险监测任务,已经大大超出了政府监管部门所能承受的范围。政府监管部门人手不足、任务繁重已经成为当前最为突出的矛盾之一,严重影响了食品安全监管的效果。

综上所述,随着社会经济的发展,人们对于食品的需求与日俱增,食品安全监管任务日益繁重,而且愈加要求监管专业化。在此背景下,仅仅依靠单一的政

---

① 参见国家质量监督检验检疫总局产品质量监督司编:《食品生产加工企业质量安全监督管理办法条文释义》,中国标准出版社2003年版,第4页。
② 数据来源:http://sh.xinhuanet.com/2016-02/03/c_135071137.html,2016年2月4日访问。
③ 参见《食品安全法》第3、5、6条。
④ 数据来源:http://sh.xinhuanet.com/2016-02/03/c_135071137.html,2016年2月4日访问。

府监管,不但极大增加了监管部门的压力,而且监管效果难以得到保证。因此,笔者认为,有必要对食品安全监管模式进行改革,通过引入第三方监管主体,实现食品安全社会共治。一方面,通过对政府权力的限制,防范政府失灵对食品安全行业造成的不利影响;另一方面,通过食品安全社会共治,减轻政府监管压力,提高监管效率,加强监管力度,确保食品消费者能够"吃得放心,吃得开心"。

三、食品安全社会共治模式的价值与功效

单一的政府食品安全监管模式已被实践证明,无法有效解决当前食品安全困境,甚至成为食品安全事故频发的制度障碍。在此背景下,食品安全社会共治模式应运而生。

所谓食品安全社会共治,是指食品安全治理的主体不仅仅是政府监管部门,还应该包括食品的生产者、食品的消费者及消费者运动、企业和政府行为的监督者——媒体、其他社会力量,如第三方认证和检测机构、中立的科学力量等。[①] 其中,政府是食品安全的主要监管者,起总管、协调作用;食品生产企业是食品安全的主要责任主体;消费者、媒体、其他社会力量等是政府和企业的主要监督主体,独立于政府和企业之外。在社会共治的框架下,各主体独立行使职权,建立一个完整的食品安全监管网络,是确保食品安全的重要保障。

社会共治模式最主要的特点是,一改以往政府单一主导的监管体制,通过调动社会各方力量,在政府的统一协调下通力合作,发挥各自所长,既能减少政府监管压力,又能进行有效监管,从而确保监管的效率和力度。

(一)食品安全社会共治有利于提高政府监管效率

食品安全是一项重要的民生工程,关系到广大人民群众的身心健康,因而保障食品安全是政府的重要责任。政府在食品安全治理体系中占据着最为重要的位置,是社会共治模式中最为重要的监管主体。

在单一政府监管模式下,政府总揽监管职权,面对繁重的监管任务,往往需要付出极大的人力、物力和财力,但监管效果却不尽如人意。食品安全社会共治模式要求政府改变一直秉持的"监管中心主义"理念,实现食品安全监管从传统的政府管制模式向现代社会治理模式转变。在食品安全社会共治模式下,政府监管效率能够得到明显提升,主要有以下几方面原因:

---

① 参见彭亚拉:《论食品安全的社会共治》,载《食品工业科技》2014年第2期。

1. 政府监管职责减轻

在单一政府监管模式中,政府几乎承担了食品安全治理的全部责任,不仅要承担行政审批、执法检查以及标准制定等基本职能,而且要承担食品安全风险监测、评估以及食品认证、监测等可以委托给第三方的职能。① 因此,面对繁重的食品安全治理任务,各级政府部门疲于奔命,严重影响了监管效率。

在食品安全社会共治模式中,政府的角色发生了极大的转变,已经从大包大揽的全能监管主体转变为以完善相关法律体系、建立相关监管体系为主,通过协调社会监管力量以及承担对食品生产领域、流通领域企业的监督职责以实现监管职能的食品安全监管统筹者及协调者。如此,政府的食品安全治理职责大为减轻。面对纷繁复杂的食品安全治理工作,上层政府集中精力在法律及制度设计层面进行顶层设计,各级地方政府则履行行政审批、执法检查等职能,将食品认证、监测等工作移交给社会第三方力量,从而节省了大量的人力、物力、财力,有利于实现政府监管职权的集中,提高政府监管效率。

2. 通过社会监督力量防范政府失灵

从自利的动机出发,政府及其公职人员在面对权利义务选择时,最优的理性行为是努力实现自身公共权力的最大化,同时尽力将承担的公共义务最小化,即尽可能逃避和推卸公共义务。② 在食品安全治理体制中,缺乏对政府实现有效监督的第三方力量是出现政府失灵的重要诱因。

食品安全社会共治模式赋予消费者、社会组织、媒体等第三方力量监管权,用以监督政府和企业的行为。社会监管力量的引入能够在食品安全监管体系中对政府的监管行为进行有力监督,一旦发现政府失灵如寻租行为、包庇行为等,及时予以曝光。这一方面可以有效威慑政府,使其在以后的行政执法过程中谨慎、依法;另一方面能够通过上级政府干预及时对已发生的食品安全隐患进行整治和消除,防止食品安全事故的爆发。

因此,在食品安全社会共治模式中,第三方监管力量通过对政府的有力监督,可以督促政府在治理过程中始终以实现社会公共利益为目标,忠实、认真地履行公共义务,防范行政越位、错位、缺位现象的出现,从而提高政府的食品安全监管效率。

(二)食品安全社会共治有利于加强企业自律

食品生产企业和销售企业作为市场主体,是食品安全的直接责任者。食品

---

① 参见邓刚宏:《构建食品安全社会共治模式的法治逻辑与路径》,载《南京社会科学》2015 年第 2 期。

② 参见陈国权等:《责任政府:从权力本位到责任本位》,浙江大学出版社 2009 年版,第 22 页。

安全事故频发,主要原因在于企业由于过分追逐私利,罔顾社会公共利益和道德,制假卖假。另外,由于政府监管不力,企业的违法成本较低,部分企业有恃无恐,无视法律和道德,扰乱正常的社会经济秩序,危害人民群众的身心健康。

在食品安全社会共治模式中,企业作为直接责任主体,接受政府和社会力量的监管,有利于督促企业诚信经营,加强自律。

1. 明确企业责任,加强企业自律

自2015年10月1日起正式施行的《食品安全法》第148条第1款规定,消费者因不符合食品安全标准的食品受到损害的,可以向经营者要求赔偿损失,也可以向生产者要求赔偿损失。接到消费者赔偿要求的生产经营者,应当实行首负责任制。除此之外,《食品安全法》还规定了惩罚性赔偿责任。通过明确食品安全事故发生后的企业责任,有利于约束企业的日常生产经营行为,提高企业的违法成本。但是,这样还略显不够,更为重要的是建立食品质量安全的责任追究制度,真正做到"谁生产谁负责,谁销售谁负责",无论在食品链的哪个环节出现食品质量问题,都能够及时追踪,查清事故缘由,并对其中的违法主体进行追责。

通过完善责任追究机制,一方面,可以约束企业合法生产经营,确保食品源头安全可靠;另一方面,通过食品下游企业对上游企业的监督,真正加强食品监管力度,并以此督促食品上游企业规范自身经营行为,减小安全事故发生概率。

2. 加强社会监督,规范企业行为

食品安全监管难度大,主要原因在于信息的高度不对称。企业在生产经营过程中的失信违法行为往往很难被监管机构和消费者发现,一方面加大了政府监管的压力,另一方面也容易让消费者对整个食品市场的产品产生高度不信任感,从而影响到整个食品行业的健康发展。此外,下游企业对上游企业产品的具体信息不够了解,也为整个食品链带来了不小的安全隐患。

通过建立食品安全社会共治模式,引入消费者、社会组织、媒体等第三方监管力量,在日常生活中对食品市场进行监督,其力度和效率均优于政府。消费者是食品的最终使用者,也是与食品安全关系最密切的市场主体。因此,消费者一方面有足够的动力对食品企业生产、销售的食品进行监督;另一方面,通过消费者的监督,发现食品企业的违法行为,能够有效防止其他市场主体购买该产品,对食品企业的市场地位产生极大的影响,从而迫使企业诚信经营,加强自律。除此之外,通过社会组织、媒体等的监督,一旦发现问题,及时曝光,可以有效解决信息不对称问题,确保消费者在进行消费选择时能够及时获取足够的有效信息,并通过消费者的选择进行"优胜劣汰",让失信违法的食品企业在市场中丧失立足之根本,从而实现食品市场的有序竞争。因此,在第三方主体"无孔不入"的全方位监督之下,食品企业的失信违法行为无所遁形。要想在激烈的市场竞争中取得一定的优势地位,食品企业必须诚信经营,遵纪守法,提高自律性。

(三) 食品安全社会共治有利于培养消费者的安全意识与维权意识

消费者是纷繁复杂的食品链中的最后一环,也是其中最大的群体,对食品安全与否最为关心,也往往是食品安全事故的直接受害者。在单一的政府监管模式中,政府关注的焦点往往是对食品企业进行监管,缺乏对消费者权益的保护和教育。一方面,消费者缺乏足够的食品安全知识和经验,难以辨别食品好坏、优劣,是导致食品安全事故频发的直接原因;另一方面,由于追责程序复杂且成本较高,一旦出了食品安全事故,消费者往往选择忍气吞声,如此就纵容了违法食品企业,加大了政府监管难度。

在食品安全社会共治模式中,消费者是社会监管力量的重要组成部门,也是其中的主力军。消费者并非只是单纯的权利享用者,其承担的食品安全监督义务对于构建食品安全治理体系具有极为重要的作用,是食品安全监管网络中不可或缺的一部分。因此,明确消费者的重要地位,可以促使其履行食品安全监督义务,提高监管效率。另外,加强对消费者的食品安全意识教育,可以有效提高消费者的鉴别能力,树立正确的消费观,从而实现消费者的自我保护。

首先,《食品安全法》第12条、第13条[①]明确了消费者的食品安全监督主体地位,并通过奖励激励措施鼓励消费者积极行使监督权。消费者在食品链中一直是弱势群体,原因在于:一方面,消费者缺乏维权意识;另一方面,当前体制下,消费者维权渠道少,维权所得收益远小于维权成本,从而在遇到食品侵权事件时往往选择忍气吞声。在食品安全社会共治模式中,消费者的食品安全监督主体地位得到确认,消费者对于食品安全的监督不仅仅是一种权利,更是一种义务。政府为了使消费者的监督权得以顺利实施,有必要对消费者的监督意识加以培养,并通过奖励激励、拓宽投诉渠道等方式调动消费者监督的积极性。在此过程中,使消费者的维权意识和维权能力得到提高,真正成为重要的市场力量,有能力通过自身的选择行为影响市场,进而影响企业的生产行为。[②]

其次,食品安全问题关系到消费者的身心健康甚至生命安全。然而,一方面,由于当前"监管主义中心"理念的盛行,政府在进行食品安全监管制度设计时,将着重点放在对食品企业的监管上,缺乏对消费者安全意识和消费观点的教育和宣传;另一方面,由于信息不对称的普遍存在,消费者对市场上的食品缺乏

---

① 《食品安全法》第12条规定:"任何组织或者个人有权举报食品安全违法行为,依法向有关部门了解食品安全信息,对食品安全监督管理工作提出意见和建议。"第13条规定:"对在食品安全工作中做出突出贡献的单位和个人,按照国家有关规定给予表彰、奖励。"

② 参见徐协:《试论食品安全的社会共治》,载《江南论坛》2014年第9期。

足够的了解和认识,消费经验严重欠缺。

食品安全社会共治模式中,消费者的主体地位得到确认,这就要求必须把消费者的教育放在重要位置,这也是西方发达国家多年来一直所作的努力。政府和社会组织通过宣传、教育和引导,可以丰富消费者的食品安全消费知识,提高其食品安全卫生意识,增强其自我保护和参与监督的能力,从而使消费者在食品安全社会共治框架下,通过自我鉴别能力、自我保护能力的提升,自觉拒绝有害食品,迫使违法企业在市场中失去立足之地;同时,通过消费者的口耳相传,减少食品企业与消费者之间的信息不对称,提高市场上销售食品的信息透明度,防止其他消费者购买有害食品而侵犯其合法权益。

综上,要确立消费者在食品安全社会共治模式中的主体地位,一方面需要政府培养消费者的维权意识,畅通维权渠道,为消费者履行其监督权提供可能性;另一方面,政府和有关社会组织还应当加强对消费者消费能力和消费意识的教育和培养,提高消费者的辨别能力和消费经验,从而提高其自我保护能力,切实确保其合法权益不受侵害。只有如此,才能真正发挥消费者的主体作用,确保食品安全社会共治真正发挥实效。

四、经济法范畴内食品安全社会共治模式的构建

当前,我国进入了全面深化改革的攻坚阶段,面对前所未有的矛盾和挑战,党中央大力弘扬社会主义法治精神,提倡依法治国。这要求所有的社会治理制度都有完善的配套法律作为支撑,真正做到"有法可依,有法必依"。食品安全社会共治模式是政府应对食品安全问题频发的重要制度设计,所以其构建与完善也必须在法律框架内进行。

《食品安全法》自出台以来,学界对其法律部门的归属一直存在分歧。明确部门法的法律归属,可以正确地把握所立法律的特征,确定其法律原则,正确处理与其他部门法的相互关系,从而防止立法冲突和重叠,提高立法质量。部门法的划分标准主要有两个:调整对象和调整方式。依据这两个标准的评判,《食品安全法》应当属于经济法范畴。食品安全社会共治模式作为食品安全治理的一项重要制度,是《食品安全法》的重要组成部分。因此,构建食品安全社会共治模式,必须在《食品安全法》的法律框架内进行。有鉴于此,我国在构建食品安全社会共治模式时,应当综合考察其具有的经济法属性,使其制度设计始终在经济法范畴内进行,确保其调整对象、基本原则取向、调整方法与经济法保持一致。食品安全社会共治模式的调整对象与《食品安全法》保持一致,也当然属于经济法范畴,笔者在此不再赘述。

(一) 食品安全社会共治模式的构建原则应与经济法保持一致

经济法的基本原则,是指效力贯穿经济立法、执法、司法始终的根本准则,是对作为经济法主要调整对象的国家履行现代经济管理职能所发生的经济关系的本质和规律以及立法者在经济领域所施行政策的集中反映,是克服法律局限的工具。[①] 经济法的基本原则主要有:经济民主原则,效率优先、兼顾公平原则,可持续发展原则,以及倾斜保护弱者原则。在《食品安全法》体系内构建具体的食品安全社会共治模式时,也一定要坚持上述原则,方能保证其与其他制度之间保持协调一致。

1. 食品安全社会共治模式应体现经济民主原则

经济民主原则的内涵是给予经济主体更多的经济自由和尽可能多的经济平等。具体来说,经济自由是指在市场经济社会中,市场机制在资源配置中起主导作用,充分发挥价值规律的作用。经济平等是指由政府对竞争机制遭到破坏的市场进行调节,使其恢复到正常状态,保护市场主体的平等竞争权。

所以,在构建具体的食品安全社会共治模式时,要充分体现经济民主原则,必须做到:

首先,充分相信市场的资源配置作用,改变政府对市场过多干预的不良局面,明确权力边界,减少政府监管对于市场正常竞争秩序的破坏,鼓励食品企业运用正当竞争手段,自由参与市场竞争。

其次,政府要对市场上的不正当竞争行为进行遏制,恢复遭到破坏的市场竞争秩序。所以,在食品安全监管领域,政府应该加大对不正当竞争企业的监管力度,通过严厉的惩罚性措施使其违法成本远大于收益成本,从而保护其他食品企业的合法权益,维护正常的竞争秩序。

2. 食品安全社会共治模式应体现效率优先、兼顾公平原则

效率优先、兼顾公平原则是与我国生产力水平较低相适应的一种经济法原则,表现为在对市场经济进行调整时,优先考虑促进效率,同时对市场弱势主体予以扶持,以实现公平。

在设计食品安全社会共治模式时,效率优先、兼顾公平原则也应当有所体现,主要有以下内容:

首先,政府应改变监管方式,减少事前监管,简化审批手续,切实实现政府监管职能的转变。当前,政府对食品企业的事前监管过多,行政审批程序复杂,加大了市场主体进入食品市场参与竞争的难度和成本。虽然食品安全关系到广大

---

① 参见顾功耘主编:《经济法教程(第三版)》,上海人民出版社 2013 年版,第 66 页。

人民群众的身体健康和生命安全,但是这并不能以损害食品市场竞争效率为代价。因此,在构建食品安全社会共治模式时,应该减少政府的事前监管职能,简化审批手续和流程,吸纳更多食品企业参与到市场竞争中,提高竞争效率,促进食品行业的发展。

其次,在提高竞争效率的同时,还要注意公平的实现。这就要求政府联合其他市场监管主体,切实履行监管职责,通过制度设计加强事中、事后监管力度,对生产经营中的违法食品企业予以严格监管,对竞争弱势主体予以倾斜性保护,确保整个食品市场竞争有序、健康。

3. 食品安全社会共治模式应体现可持续发展原则

在经济法范畴内讨论可持续发展的含义,应该从经济发展的角度进行分析。经济法与民法、商法等最大的不同在于,民法、商法关注的是个体效益,而经济法统揽总局,对经济格局作出统筹安排,对国民经济运行进行调控,对经济机制的有害因素进行剔除。因此,经济法关注的效益是更高层次的宏观上的效益,即社会整体效益。[1] 在关注社会整体效益的基础上,经济法更为推崇的是实现一种可持续性的效益,即实现社会经济稳步发展,维护经济发展安全。

因此,食品安全社会共治模式在关注食品安全监管时,应该把提高社会整体生活质量作为立足点。

具体来说,食品安全社会共治应把安全作为其最核心的价值取向予以确立。食品安全关系到人民群众的身体健康,同样关系到社会主义市场经济的可持续发展,所以制度设计应该把安全摆在最突出的核心位置予以保护,明确政府、企业的责任范围,加大消费者、社会组织、媒体等第三方监管力量的监管义务,制定严厉的惩罚措施,确保食品企业诚信、合法生产与经营,降低食品安全事故发生概率,减少不法食品企业对正常的市场竞争秩序造成的动荡,切实维护经济发展秩序与安全。

4. 食品安全社会共治模式应体现倾斜保护弱者原则

经济法是社会法,强调经济上的实质公平,着眼于社会利益的整体保护和经济秩序的整体协调,促进经济安全、全面发展的各种制度设计体现了社会法"弱者救助、反歧视与倾斜保护"的宗旨[2]。因此,倾斜保护弱者成为经济法的重要原则,在实现社会整体利益、促进市场经济发展方面发挥了巨大的作用。

食品安全社会共治目的是规范食品企业的不法行为,提高食品质量控制,从而保护消费者的合法权益,与倾斜保护弱者原则相契合。因此,在进行具体制度

---

[1] 参见顾功耘主编:《经济法教程(第三版)》,上海人民出版社 2013 年版,第 34 页。
[2] 参见郑尚元:《社会法的存在与社会法理论探索》,载《法律科学》2003 年第 3 期。

设计时,应该始终坚持倾斜保护弱者原则。这就要求:

首先,消费者是食品安全事故的直接受害者,由于信息不对称等因素,难以知晓所购买食品的真实信息,因而在整个食品链中处于明显的弱势地位。所以,在构建具体的食品安全社会共治制度时,应该把保护消费者作为一切制度设计的出发点和立足点,通过教育、宣传等措施提高消费者的自我保护能力,通过拓宽维权渠道、加大对违法企业的惩罚力度等方式切实确保消费者受到损害的利益得到恢复和补偿。

其次,在食品行业中,实力较弱的食品企业容易因为自身条件所限而在激烈的市场竞争中处于弱势地位,难以发展。所以,构建食品安全社会共治模式时,应当注意对弱势食品企业的扶持,通过政策支持、财政支持等措施,帮助其在市场竞争中取得一席之地,并防止大型企业对食品市场的垄断,加大食品行业的竞争激烈程度,从而迫使企业为了应对市场竞争而加强自律,减小监管难度,提高监管成效。

(二)食品安全社会共治模式的调整方法应与经济法保持一致

法的调整方法,是指法借以对社会关系进行规范、引导和纠正的方法或途径。[①] 当前,许多学者为了论证经济法的独立性,转而对经济法的调整方法进行论证,认为经济法具有其特殊的调整方法,用以区别于行政法、民法等,并借此为经济法的独立性提供理论支撑。如有学者认为,经济法的调整方法不仅关系到经济法自身的地位,关系到与行政法、民法的划分,更关系到如何建立完备的经济法体系。[②] 但是,这种做法遭到了许多学者的反对和质疑。如顾功耘教授认为,不少经济法学者曾花费笔墨论证经济法的调整方法是"弹性的""间接性的""经济性的""遵循客观经济规律的""补充性的""宏观性的"等等,从而区别行政手段的"刚性""直接性""非经济性""命令性"云云。笔者认为,这种论证在法理上难有支持。原因在于,目前的法律实践中,法的调整方法只有民事、行政、刑事三种,行政手段已不再是"刚性""命令与服从"了,"一些间接的、非强制性的,甚至带有平等性质的管理手段开始得到应用和推广"。所以,从根本意义上讲,论证经济法具备独立的调整方法是徒劳的。[③] 然而,这并不意味着经济法的调整手段与其他部门法完全相同,因为各部门法的调整对象及调整目标不同,必然会导致调整方法存在差异性。

---

① 参见史际春、邓峰:《经济法总论(第二版)》,法律出版社 2008 年版,第 36 页。
② 参见曹平、高桂林、侯佳儒:《中国经济法基础理论新探索》,中国法制出版社 2005 年版,第 124 页。
③ 参见顾功耘、刘哲昕:《论经济法的调整对象》,载《法学》2001年第 2 期。

在研究经济法的调整方法时,首先需要摈除传统的"部门法"思想。特别是在学术界对部门法争议倾于止息的今天,我们应该用包容、开放的心态研究经济法的调整方法,并尝试找出在经济法体系内具有特殊内涵的法律调整方法。在目前的经济法体系内,经济法的具体调整方法有两类:一类是对传统调整方法的承继,另一类是对传统调整方法的超越。① 由于经济法的特殊性,通过超越传统的调整方法调整经济关系,对于实现经济法的目标,即维护经济稳定、发展与安全具有重要作用。因此,在构建食品安全社会共治模式时,应当吸收其作为重要的调整手段,用以保证《食品安全法》与整个经济法体系的内在一致性。

具体来说,经济法特殊的调整方法主要有:

1. 对弱者倾斜保护手段

经济法赋予市场主体"经济人"的属性,使市场主体从抽象的人格变为具体的人格。在经济生活中,由于资源分配的不均衡,市场主体在竞争起点、竞争过程、竞争结果等方面都存在实质不公平,从而导致不同利益主体相互冲突,造成社会资源的浪费和市场竞争秩序的破坏。为了对这种失衡局面进行调整,经济法广泛运用对弱者倾斜保护手段,通过形式上的不公平实现实质公平,保护社会公共利益。典型的如《消费者权益保护法》,对消费者只赋予了权利而未施加义务,对经营者却施加了十项义务而未赋予权利。

所以,在构建食品安全社会共治模式时,立法者应该充分考虑到消费者在市场中的弱势地位,借鉴《消费者权益保护法》的规定,赋予消费者更多的权利,如生命健康权、知情权等。除此之外,考虑到消费者的监督主体地位,还应该赋予其较大的监督权,不仅仅是对市场主体如企业的监督,还应包括对政府、媒体、第三方检测机构等其他监管主体的监督,以切实保护消费者的合法权益。

2. 惩罚性赔偿手段

惩罚性责任的功能有四个:一是赔偿功能,使被害人的损失获得完全补偿。二是制裁功能,通过给违法行为人强加更重的经济负担以制裁不法行为。三是遏制功能,通过加重的经济负担对违法者及社会产生震慑力,即确定一个样板,使他人从该样板中吸取教训而不再从事此种行为。四是鼓励功能,鼓励受害人同违反经济法的行为作斗争,以平衡强势主体与弱势主体的实力差别,进而促进社会和谐发展。② 经济法的目标是维护社会公共利益,而非私人利益。在经济生活中,市场主体的违法行为会使正常的社会秩序遭到破坏,从而提升社会成本。所以,为了规范市场主体的市场参与行为,通过惩罚性赔偿手段的运用,对

---

① 参见甘强、尹亚军:《论经济法调整方法的研究进路》,载《经济法研究》2015 年第 1 期。
② 参见王利明:《惩罚性赔偿研究》,载《中国社会科学》2000 年第 4 期。

其违法行为予以较重的惩罚,可以使其承担较大的违法成本,一方面用以补偿社会成本的损失,另一方面震慑其与其他市场主体,使他们因违法成本高于收益而诚信合法经营,以达到预防作用。

《食品安全法》第148条①等明确规定了惩罚性赔偿手段,但是对照美国等西方国家的巨额赔偿制度,我国的惩罚性赔偿的力度仍有所欠缺。如2007年,美国菜单食品公司销售的宠物食品因被三聚氰胺工业化学物质污染而导致14只猫和狗死亡。虽然菜单食品公司召回了大约6000万件宠物食品,但是仍无法阻止大量动物死亡。2009年,菜单食品公司在支付给受害者800万美元之后,再度支出约2400万美元用以和解,受害者均领到了巨额医疗赔偿金。相比较而言,我国现行的惩罚性赔偿手段力度明显不够,一方面无法有效震慑食品企业,另一方面也无法起到鼓励消费者维权的作用。

因此,在构建食品安全社会共治模式时,立法者应该综合考虑当前的经济发展水平,在综合衡量、充分考证的前提下,对惩罚性赔偿标准进行适当修改,以改变当前违法食品企业的违法成本过低以及消费者权益无法得到有效补偿的不利局面。

3. 信用评级手段

我国社会信用体系建设已经进入高速发展阶段。截至2015年11月,央行征信系统已经收录了8.7亿自然人和2102万户企业的信用数据。②信用评级一方面通过激励手段鼓励企业诚信合法经营,另一方面通过惩罚方式对失信企业进行限制,是经济法发展属性的表现,而且有利于保护竞争秩序,提高竞争效率,所以在经济法范畴内被广泛运用。

《食品安全法》第113条、第114条规定了食品生产经营者安全信用档案制度,县级以上人民政府食品药品监督管理部门为信用档案的记录主体,信用档案内容包括许可颁发、日常监督检查、违法查处情况、责任约谈情况和整改情况。

在《食品安全法》框架内构建食品安全社会共治模式,对于信用评级手段的运用应有所改变,以体现"社会共治"的内涵。一方面,由于信用档案涉及信用评级等专业性较强的工作,所以应把信用档案的建立和评级职能转交给具有专业评级资质的社会第三方评级机构,政府则对评级机构的评级行为进行监督,以转

---

① 《食品安全法》第148条第2款:"生产不符合食品安全标准的食品或者经营明知是不符合食品安全标准的食品,消费者除要求赔偿损失外,还可以向生产者或者经营者要求支付价款十倍或者损失三倍的赔偿金;增加赔偿的金额不足一千元的,为一千元。但是,食品的标签、说明书存在不影响食品安全且不会对消费者造成误导的瑕疵除外。"

② 参见姜琳:《信用社会临近 央行征信系统已收录8.7亿人数据》,http://finance.sina.com.cn/china/20151101/102923644533.shtml,2015年11月6日访问。

变政府职能,培育第三方监管主体,提高监管效率。另一方面,对信用档案的应用应更为广泛。对于诚信合法经营的食品生产经营主体,应该提高其信用评级,通过"红名单"予以褒奖,并给予其他奖励措施,以实现激励。对于违法经营主体,通过降低其信用评级,实现信用减等惩罚,并通过约谈、整改、罚款乃至吊销许可证等方式对其实行严厉制裁,以达到震慑目的。

五、食品安全社会共治模式构建设想

食品安全事关基本民生,关系到人民群众的身心健康和我国社会主义市场经济的可持续发展。近年来,政府推行了一系列强有力的措施,对不法分子进行严厉打击,食品安全形势有所好转。但是,我们应该注意到,食品安全问题在一些领域仍存在着较为突出的问题和潜在隐患,食品安全治理形势依然严峻。在此背景下,以《食品安全法》作为法律保障,以道德作为支持,通过激发社会力量共同参与食品安全治理工作,方能构筑食品安全的坚固防线,确保人民群众吃得放心。

《食品安全法》第3条明确提出,食品安全工作实行预防为主、风险管理、全程控制、社会共治,建立科学、严格的监督管理制度。除此之外,食品行业协会正式成为监管主体,新闻媒体的食品安全宣传和舆论监督权、组织和个人的监督举报权首次以法律的形式被确定下来。

社会共治是现代政府应对公共性问题所采取的较有成效的新举措。通过社会共治,可以充分发挥政府、企业、消费者和媒体等的监管力量,减轻政府压力,通力合作,提高监管效率和监管成效。如气候治理、转基因食品市场化等问题,西方国家都通过社会共治取得了不错的治理成效。

我国食品安全社会共治模式仍处于起步阶段,虽然《食品安全法》已经率先迈出坚实的一步,进行了大量的有益尝试,但是由于缺乏系统性的制度构想,在法律规定方面仍存在三个缺陷:一是缺乏系统性的制度设计,条文规定分散,有仅喊口号之嫌;二是法律规定的内容匮乏,仅仅进行了权利宣示,缺乏可操作性;三是政府监管权仍较为集中,许多第三方监管主体仍被忽视,第三方监管主体培育的土壤仍然缺失。

有鉴于此,笔者认为,有必要结合我国国情,依照经济发展的实际需要和食品安全治理工作的现状,有针对性地对食品安全社会共治模式进行完善和充实。

(一)明确政府监管权限,改革政府监管方式

食品安全是一个公共问题和民生问题,保障食品安全是政府的当然职责,所

以政府是食品安全监管体系中最为重要的主体。食品安全工作不仅关系到广大人民群众的身心健康,更关系到市场经济秩序和社会秩序的稳定。作为经济法的当然主体之一,政府必须切实履行监管职权,维护食品市场安全,促进食品市场实现可持续发展。

但是,正如前文所述,这并不意味着政府应该总揽所有的食品安全监管职权,成为事事皆亲力亲为的低效率监管者。构建食品安全社会共治模式,首要的任务就是对政府的监管职权进行明确,划分政府与其他监管主体之间的职责界限。其次,行政监管由于政府失灵等因素的影响,往往导致低效率和监管无效。所以,在具体的制度设计中,应该通过监管方式改革,提高政府的监管效率。

1. 明确政府监管权限,划定监管界限

"政府万能论"已经破产,在现代经济法理论中,"有限政府"理论因为符合经济发展规律而被广泛应用。有限政府具有两方面的含义:首先,政府应当摒弃"全能主义"理念,在进行食品安全监管职能划分时,明确政府、市场与第三方监管主体之间的权力边界。能由市场规律调整的,将权力交还给市场。能够被第三方主体监管的事项,应通过大力为第三方主体提供良好的培育土壤等方式,扶植其迅速成长,并将职权下放。如此,才能真正释放权力空间,调动各方主体的积极性,降低政府的治理负荷,提高监管效率。其次,在合作治理的背景下,理想的行政机关应成为权力的驯服者、公众能力的建设者、敞开大门的倾听者和实现合意的推动者。[①] 政府监管低效主要是由于政府的"经济人"特性,在利益机制的驱动下出现政府失灵。政府失灵缘于在行政监管体制中,政府所拥有的监管权力过大,而且缺乏有效的监督机制。为解决这一难题,在食品安全社会共治模式下,必须对政府的权力进行限制,并通过第三方监管主体对其行政行为进行监督,以防止政府之手伸得过长,影响正常的市场竞争秩序。

2. 改革政府监管方式,提高监管效率

诺思曾提出一个悖论:经济发展没有政府是万万不行的,但是政府又往往成为经济发展的祸害。[②] 解决诺思悖论,核心在于构建有限政府。除了要对政府的监管权限进行明确划分之外,还应该改革传统的监管方式,减少政府对正常市场运行规律的干预,提高监管效率。

具体来说,在食品安全监管领域,我国政府对食品行业注重事前监管,事中、事后监管由于存在工作任务重与执法人手不足的突出矛盾,显得心有余而力不

---

① 参见戚建刚、郭永良:《合作治理背景下行政机关法律角色之定位》,载《江汉论坛》2014年第5期。

② 参见刘仁春:《"诺思悖论"与政府的角色冲突》,载《行政论坛》2012年第5期。

足。这一监管模式虽然能够有效将自身条件欠缺的食品企业拒于市场之外,但是也造成了极大的隐患。一方面,这一监管模式不利于在食品市场引入充分竞争,无法实现竞争效率优化,违背了经济法的效率优先原则;另一方面,事中、事后监管欠缺力度,食品企业的违法成本明显降低,造成了食品市场乱象丛生。因此,笔者认为,在构建食品安全社会共治模式时,应当对政府提出新的要求,即在减少事前监管的前提下,加强事中、事后监管。

我国政府在食品领域监管不力的另一原因在于,当前中央—地方的监管机制存在缺陷。中央层面主抓食品安全监管的政策制定,地方政府履行对食品安全监管的主要职责。由于利益驱动,导致政府权力寻租现象频发。此外,我国对食品安全高度重视,引入了一票否决制。这种强大的问责机制的本意是对地方政府进行监督,督促其认真履行监管职责。但是,一旦问题出现,地方政府出于对政绩的关心,往往采取瞒报、少报甚至不报的态度,致使食品安全隐患难以得到消除,食品安全事故危害进一步加大。在此背景下,笔者认为,中央政府、上级政府应当采取必要措施,如巡视制度、抽查制度、激励制度等,加强对地方政府、下级政府的监督,解决"中央大力抓,地方随便抓"的畸形监管问题。

(二) 加强企业自律,推行责任保险

食品企业是食品市场的重要主体,也是食品安全问题产生的源头。食品安全问题频发,主要原因在于食品企业缺乏责任意识,太过追逐私利而忽视公共利益,制假售假,违规使用添加剂,罔顾食品消费者的身体健康和生命安全。

要彻底解决食品安全问题,除了完善相关的监管制度之外,还应该培养食品企业的责任意识,加强企业的行为自律,通过其自身的行为规范将食品安全隐患扼杀在摇篮之中。因此,在构建具体的食品安全社会共治制度时,对企业的行为加以规范十分必要。

1. 建立惩罚制度,促使企业自律

惩罚性赔偿制度作为经济法中较有特色的一种调整手段,被广泛使用。当前,食品企业之所以罔顾法律与道德,制假售假,扰乱正常的食品市场秩序,主要原因在于我国对违法企业的处罚力度明显不够,食品企业从违法行为中获取的收益远大于其成本。违法成本过低,一方面会吸引企业违法经营,另一方面使得违法企业通过其违法行为在市场上获取更多利益,迫使合法经营企业丧失立足之地,大量企业因而转变经营策略,把违法的不正当竞争作为其首要选择。

为了改变这种局面,有必要在《食品安全法》中引入惩罚性赔偿制度,并大幅度提高惩罚性赔偿金额,提高企业的违法成本,使其不敢轻易以身试法,选择改变经营策略,通过合法经营提升产品质量,以谋取在市场竞争中的优势地位。

另外,《食品安全法》第 148 条规定的首负责任制应当继续贯彻执行。食品企业与消费者之间存在着严重的信息不对称,而同样身为食品企业的上游企业与下游企业之间的信息不对称则大大减少。因此,通过建立首负责任制,一方面要求下游企业谨慎选择上游企业,确保整个食品链的安全;另一方面,通过这种选择模式,迫使上游企业加强行为自律,并加大其食品生产信息的公开透明度。正如 2013 年国务院副总理汪洋所说,要加快建立食品生产经营者首负责任制和食品质量安全责任追究制度,做到谁生产的谁负责,谁销售的谁负责,防止扯皮;谁和消费者直接发生关系,谁就负责。① 建立完善的惩罚性赔偿制度和责任追究制度,可以大大提高企业的违法成本,迫使其放弃违法经营策略,为了在激烈的市场竞争中取得一席之地而提高其行为的自律性。

2. 推行食品安全责任保险,提高企业赔付能力

食品安全责任保险,是指以被保险人对其因生产经营的食品存在缺陷造成第三者人身伤亡和财产损失时依法应负的经济赔偿责任为保险标的的保险。食品安全责任保险的推行,有利于发挥保险的风险管理和经济补偿功能,保护消费者的合法权益。对于食品企业而言,这有利于转移经营风险,提高产品质量。这一制度是食品安全社会共治的重要内容,可以加快政府职能转变,优化食品安全监管方式,实现社会协同。

2015 年,中国保监会与国务院食品安全委员会办公室、国家食品药品监管总局联合印发了《关于开展食品安全责任保险试点工作的指导意见》(以下简称"意见"),各地也相继开始了试点工作。但是,食品安全责任保险制度要发挥作用,还存在很多不足。

首先,食品安全责任保险缺乏与其他制度之间的联动机制。食品安全责任保险制度设立的初衷不仅仅在于通过分担企业风险,保障消费者的赔偿请求权能够得到及时满足,而且寄希望于通过强制高风险的食品企业缴纳保费,督促其合法经营,加强自律。但是,从试点情况来看,这一立法初衷并未得到实现。因此,建立食品安全责任保险制度,应当在社会共治框架下,加强与其他制度之间的联动。例如,通过与食品企业信用评级制度的联动,根据食品企业的信用等级,确定其风险程度,并依此确定其每年应交保费,以激励食品企业加强自律,提高生产经营的诚信度,切实发挥食品安全责任保险制度对食品企业的约束与激励作用。

其次,食品安全责任保险应参考交通强制险,设立强制制度与费率浮动机

---

① 参见张曼等:《食品安全社会共治:企业、政府与第三方监管力量》,载《食品安全》2014 年第 13 期。

制。意见中指明的投保范围主要集中于关系民生的重要领域、风险等级较高的行业以及已明确的投保食品安全责任保险的企业。笔者认为，这一规定过于狭隘。一方面，所有的食品企业都是食品链的一环，都是食品安全事故发生的隐患源头。因此，应当对所有的食品企业建立强制保险制度，以减少社会利益受损几率，并确保受损社会利益得到补偿。另外，意见将投保主体限定为企业，与我国的国情不符。我国食品生产主体除了企业之外，还存在大量的个体工商户、个人。因此，应当扩大投保范围，所有在市场中参与竞争的市场主体都应成为食品安全责任险的投保主体。另一方面，食品安全责任保险的费率应当采取浮动机制。其一，要针对不同的投保主体设定不同的投保费率，以实现实质公平。其二，对于发生了食品安全事故的主体，下一年度应该提升其投保费率，以达到惩罚目的；对于连续多年食品生产经营状况良好的投保主体，应采取财政补贴等方式降低其投保费率，以鼓励食品企业合法经营。如此，方能真正发挥设立食品安全责任保险制度的初衷。

（三）培育第三方监管主体，实现社会协同监管

第三方监管主体，是食品安全社会共治的核心组成部门。第三方监管主体在食品安全监管体系中发挥着重要作用，主要表现为：第一，通过行使监督权，弥补政府监管不足，降低政府监管成本和难度，提高监管效率。第二，改变政府一权独揽的现状，为政府职能的现代化转型提供可能性。第三，行使对政府的监督权，降低政府失灵概率。

在我国当前的食品安全单一政府监管体制中，第三方监管主体力量薄弱，相关制度很不完善，发育土壤欠缺，因而无法发挥其强大的协同监管作用。有鉴于此，笔者认为，在构建食品社会安全共治模式时，对于第三方监管主体的培育工作应加以足够重视，并通过完善有关制度为其行使监督权提供良好的环境和空间。

1. 提高消费者的安全意识，鼓励消费者行使监督权

为了充分发挥消费者的监督作用，保护消费者的合法权益，应当做到：

首先，政府、媒体、消费者协会等应该充分发挥教育、引导作用，通过形式多样、通俗易懂的宣传方式，提高消费者的食品安全知识，使其掌握必要的食品鉴别技能。

其次，政府应该拓宽消费者维权渠道，降低维权成本，建立一个完善的消费者投诉系统，并通过限时处置、公开信息、投诉反馈等为消费者维权提供制度保障。

最后，建立消费者举报奖励制度。从法律实施角度而言，由于信息不对称，

食品企业违法成本低,政府存在执法成本和执法能力等多方面的约束,因此鼓励消费者参与监督,可以增加潜在违法者的防御成本,提高政府的执法能力。① 通过有奖举报制度,可以确保消费者的维权收益大于维权成本,提高其监督积极性,充分发挥其监督主体作用。

2. 发挥媒体的舆论监督作用,提高食品安全监管成效

被称为"无冕之王"的媒体在我国食品安全监管体系中发挥着重要作用,许多食品安全事故都是被媒体曝光之后才受到广泛关注的,如"三鹿奶粉"事件等。媒体具有传播速度快、覆盖面广等特点,食品安全事故一经媒体曝光,便能迅速引发社会公众关注,从而防止食品安全事故扩散。另外,通过媒体对食品安全事故的曝光,能够对消费者产生良好的教育作用,提高其风险意识。

但是,在当前的体制中,媒体监督仍然存在着许多不足。因此,要充分发挥媒体的舆论监督作用,实现食品安全社会共治,应当做到:

首先,提高媒体特别是新媒体的职业道德教育。要充分发挥媒体的舆论监督作用,首要任务是确保媒体的中立性与独立性。在"三鹿奶粉"事件中,三鹿集团与百度签订协议,删去了网络上的负面新闻,严重影响了社会公众的知情权。因此,应当通过社会共治,加大对媒体的监督力度,特别是加强媒体之间的互相监督,真正使其成为独立、中立的群众"喉舌",充分发挥监督作用。

其次,鼓励新闻媒体对政府进行监督。构建有限政府,是实现政府职能转变,构建食品安全社会共治模式的重要内容,其关键在于加强对政府行政行为的监督力度。一般的社会主体由于自身素质、成本等原因,对政府进行监督的难度较大。因此,应该充分发挥新闻媒体的作用,鼓励其加强对政府的监督,督促政府忠实、依法履行监管职权,避免政府失灵。

3. 培育其他第三方监管主体,完善食品安全社会共治模式

其他第三方监管主体,如消费者协会、食品行业协会等中介组织,食品认证企业、食品企业信用评级机构等社会民间企业,在食品安全社会共治体系中同样发挥着不可替代的重要作用。首先,要在《食品安全法》中明确第三方监管主体的地位。其次,应该通过制度设计为第三方监管主体提供发育土壤,引导其发挥食品安全监管作用。

所谓中介组织,是指在经济法实现机制中,介于国家和市场主体之间的辅助管理主体。② 食品行业协会处于国家与市场主体管理与被管理链条的中间环节,相对于国家而言,它与食品企业的信息不对称程度偏弱,而且能够通过行业

---

① 参见应飞虎:《食品安全有奖举报制度研究》,载《社会科学》2013年第3期。
② 参见顾功耘主编:《经济法教程(第三版)》,上海人民出版社2013年版,第56页。

自律对企业进行有效监管。消费者协会作为消费者的"保护伞",能够为消费者提供消费指引,并为消费者维权提供全方位支持。因此,要实现食品安全社会共治,必须承认中介组织的重要监管作用,并赋予其一定的监管权限。

对于食品认证、食品信用评级等专业性较强的监管任务,政府应该通过鼓励社会资本参与的方式,培养一批具有较高职业操守、较强业务水平、较大社会影响力的专业机构与企业,承担由政府履行的食品安全监管职能。通过社会企业参与的方式,一方面,能够减轻政府的监管压力,减少监管成本;另一方面,由于社会企业具有更强的经济实力和专业性,其监管效果较之政府更为有效。因此,政府应该鼓励民营企业进入食品安全专业认证领域,并参考美国的国家认可评级机构制度,对部分实力较强的企业进行认证,确定其食品安全监管主体地位。

论我国碳交易市场监管制度的完善

宋 婧[*]

一、引 言

(一) 碳交易机制是发挥市场作用、推动节能减排、应对气候变化的新机制

人类活动被认为是造成全球气候变暖的主要原因。2014年11月,联合国政府间气候变化专门委员会(IPCC)在第五次评估报告中将这种可能性由之前的90%提高到了95%。[①] 气候变暖、极端天气、海平面上升、生物多样性锐减、雾霾事件,越来越影响着人类的生活以及未来的发展。在后京都[②]时代,即2012年之后,国际社会关于气候变化的谈判愈发焦灼。发达国家中,美国的次贷危机、欧洲的债务危机接踵而至,导致欧美国家在严格限制温室气体排放的政策方面面临巨大压力,而发展中国家更是在大力发展经济和推动节能减排的博弈中偏向前者。气候变化问题涉及公平与效率,更关乎发展与责任,需要统筹各国的发展阶段与水平,以及全面贯彻共同但有区别责任和各自能力原则,是全球协调可持续发展所面临的重大问题。气候变化不只是当代的发展问题,更关系和影

---

[*] 宋婧,华东政法大学2015级博士研究生。
[①] See Working Group I Contribution to the IPCC Fifth Assessment Report Climate Change 2013: The Physical Science Basis Summary for Policymakers: Human influence has been detected in warming of the atmosphere and the ocean, in changes in the global water cycle, in reductions in snow and ice, in global mean sea level rise, and in changes in some climate extremes (Figure SPM. 6 and Table SPM. 1). This evidence for human influence has grown since AR4. It is extremely likely that human influence has been the dominant cause of the observed warming since the mid-20th century.
[②] 联合国多次举行关于气候变化的谈判,其中最具里程碑意义的成果当属1997年制定、2005年生效的《京都议定书》,这是目前唯一一个具有法律效力的气候变化国际协定。但是,由于其效力只到2012年,对2012年之后的减排义务,各国还在焦灼谈判和博弈着。

响到代际公平。

2006年,我国就已经超过美国,成为全球二氧化碳第一大排放国(参见表1)。针对国际气候变化的严峻形势和国内环境污染的日益恶劣,我国采用国家立法的方式规范市场主体的行为,试图倒逼市场主体低碳生产经营,减少温室气体排放。我国相继颁布或修改了《清洁生产法》《循环经济促进法》《大气污染防治法》《环境保护法》《水污染防治法》等相关立法,出台年度《中国应对气候变化国家方案》。同时,我国积极推动气候变化国际合作。例如,2014年11月,中美两国联合发布了《中美气候变化联合声明》。面向国际社会,2015年,我国向联合国提交了《国家自主贡献方案》①,表明了应对气候变化的坚定决心。

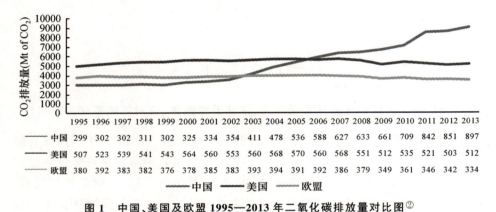

图1 中国、美国及欧盟1995—2013年二氧化碳排放量对比图②

在综合利用各种政策措施开展减排降碳的过程中,我国引进了碳排放权交易机制,于2012—2014年先后在北京、上海、深圳、重庆、湖北、广东等五省二市展开碳排放权交易的试点,并计划于2017年启动全国范围内的碳排放交易体系。③ 将温室气体排放权视作一种商品在市场上赋予价值并进行交易,将碳排放定位为一种负价值,这样的政策设计将激励市场主体的减排积极性,可以灵活地发挥市场机制的作用推动减排,从源头上减少碳排放,亦有助于降低气候变化引发的生态、环境与健康的风险。

---

① 我国在《国家自主贡献方案》中提出于2030年左右二氧化碳排放达到峰值,2030年单位国内生产总值二氧化碳排放比2005年下降60%—65%的目标,同时承诺非化石能源消费比重在一次能源消费结构中达到约20%。

② 数据来源:国际能源署(IEA)。

③ 中国国家主席习近平2015年9月25日在华盛顿同美国总统奥巴马再次发表关于气候变化的联合声明中表示,中国计划于2017年启动全国碳排放交易体系,将覆盖钢铁、电力、化工、建材、造纸和有色金属等重点工业行业。参见《中国将于2017年启动全国碳排放交易体系》,http://qhs.ndrc.gov.cn/qjfzjz/201509/t20150930_753474.html,2015年11月27日访问。

（二）碳排放权交易是一种特殊的市场交易机制

碳交易（Carbon Trading/Emission Trading）是指碳排放权交易，[①]是为促进全球温室气体减排，而将碳排放权纳入市场，允许进行交易的一种政策机制。从狭义上讲，碳交易仅指针对二氧化碳排放权的交易。从广义上看，排放权的气体范围涵盖主要的温室气体，即国际公认的六种温室气体[②]。目前国际实践中运行着的碳交易大多遵循的原理是"总量—贸易"[③]，以此设计的碳交易机制类型属于"自上而下"型。[④] 以欧盟碳排放权交易为例，在该交易机制下，欧盟委员会根据环境容量与减排目标进行核算后确定温室气体的排放限额总量，据此再分阶段分解减排目标与配额，在这个框架下进行针对配额的交易。这种交易机制是强制性参与[⑤]，而非自愿参与。因此，欧盟碳排放权交易机制被认为是强制性碳交易的典型。

碳排放权是碳交易的客体，碳交易的主体主要是产生、排放二氧化碳的组织。在运用市场手段进行减排的制度设计中，碳交易主体除了包括碳排放主体之外，还包括以获利为目的的投资交易人。碳交易的整个过程包括碳排放权经过初始分配之后的现货交易与之后相关碳排放衍生品的期货/期权交易，前者对应的市场为碳交易的现货市场，而后者对应的市场为期货市场。在现货市场中，在碳排放主体的配额不足以履约的情况下，该主体需要向其他碳排放富裕的主体购买碳配额，否则履约不能要受到相应的处罚。相对应地，碳排放配额富裕的主体会将自己因升级技术或减少产量而获得的富余配额放到市场上去交易，按照市场价格将这部分碳排放权出售而获利。在期货市场中，碳排放权交易的买卖双方已经不再仅仅局限于最初被分配碳配额的排放主体。在更多的情况下，投资人进入碳交易的期货市场，根据自身对碳交易市场行情的判断以及对碳价的预计，进行买进卖出的投机交易。在这个过程中，交易的客体可能是最初的碳排放权配额，也可能是远期碳排放的配额合约，还可能是碳排放配额的预期收益期货或期权以及与之相关的衍生交易产品。

从将碳排放视为一种负面行为，由政府直接进行行政规制，到将其视为一种

[①] 参见郑玲丽：《低碳经济下碳交易法律体系的构建》，载《华东政法大学学报》2011年第1期，59页。
[②] 包括二氧化碳、甲烷、氧化亚氮、氢氟碳化物、全氟碳、六氟化硫。
[③] 主要指欧盟 ETS 采用的 Cap and Trade。
[④] 国际实践中还有"自下而上"型的碳交易机制，芝加哥环境交易所即推行该种交易机制。
[⑤] 这指的是纳入控排企业名单（由欧盟根据相关参数，如历史排放量、年排放量、单位产品碳排放强度等指标，核算后确定）的企业必须参加，而并不是全部的企业必须参加。

"权利",可以放在市场上进行自由交易,①是一种制度理念的转变,也是追求制度绩效的尝试。在这种转变过程中,政府的角色有了重大的变化。在前种情景下,政府是控制碳排放的启动者和绝对主角,此刻的市场并未被纳入这个过程。在后种情景下,也就是碳排放交易机制中,政府则走到了市场的背后,不再担当绝对主角,而是让市场在碳交易中遵循规律并发挥作用。具有推动绿色发展的产生背景与实施目的,承载着应对气候变化背景下低碳减排的使命,碳排放权交易是一种特殊而重要的市场机制;同样,由于能源工业生产工艺与排放核算方法的复杂性,碳交易市场更是一种具有较强专业性、多样化的政策性市场;碳交易市场的设立伴随着近几年气候变化问题而引起人们的重视,因此是一个新兴的市场;碳交易不仅仅包括现货交易,更涉及大范围甚至跨国期货交易,碳交易市场还是一个信用市场。②

(三)碳交易机制与排污权交易机制

将市场机制引入环境保护领域,我国在20世纪八九十年代就开始进行尝试。当时我国设立了排污权交易制度,以期针对二氧化硫进行减排激励。然而,这一制度在我国开展得并不顺利。一方面,由于我国的环保行政执法不严,企业排污守法成本高,违法成本低,排污权交易制度并不能真正对排污企业产生激励。另一方面,更重要的原因是,未能形成统一的市场,缺乏了市场环境,交易即如无源之水。排污权交易并没有按照期望的市场机制运行,这样不能达到激励更多主体参与交易的目的,更反过来限制了主体参与交易的热情,对污染物减排的间接作用就越发显现不出来。同时,由于排污权交易的管理部门主要是环保行政主管部门,在同样的人员配置情况下,环保行政主管部门在承担包括全国范围内环境执法等主要任务之外,增加排污权交易管理的任务,人力上明显不足,再加上没有配套的政策和资金支持,也导致了排污权交易进展不顺利的局面。对照排污权交易制度的发展历程,碳排放权交易的起点更具现实意义。其一,我国的国际承诺已经倒逼国内必须进行切实的节能减排实践,事关我国的大国形象和人类发展的重大福祉。另外,市场化改革在国内已经进行得如火如荼,更多的行业已经迈上了全面市场化的变革进程,市场环境也更为规范。国内雾霾事

---

① 利用市场机制将排放权作为可以交易的对象,这种制度设计源于美国于20世纪70年代针对二氧化硫排放权的交易制度。后来英国将这种制度应用于致力于减少二氧化碳的排放中,再由欧盟发扬光大,成为对减排成效显著的欧洲碳排放权交易制度(EU ETS),在履行《京都议定书》指定的二氧化碳减排目标以及欧盟自身的减排目标实现过程中发挥了举足轻重的作用。

② 参见李挚萍:《碳交易市场的监管机制研究》,载《江苏大学学报(社会科学版)》2012年第1期,第56页。

件频发,公众的环境意识不断增强,环保行政机关进行环境执法的力度不断增强,企业违法偷排、超排污染物的行为将导致更高的代价和成本,从另一个角度敦促市场主体寻求更多节能减排且具有可行性的项目和机会。因此,在气候变化的大背景下,我国目前推进碳排放权交易,建立碳排放权市场,规范碳排放权市场主体的交易,促进市场主体利用市场规律,降低节能减排成本,将自身的节能、减排、增效行为转变成市场收益,既繁荣了交易市场,更实现了经济、环境、社会效益的多方面协调,推动了可持续的低碳发展。

碳交易紧密伴随着气候变化的国内外进程,最开始由《京都议定书》所确定,而后经过欧盟、美国等的实践加以充实与丰富。事实证明,碳交易市场的规模庞大,所影响的市场主体范围广阔,可交易的碳排放额占世界整体碳排放额的绝大部分。① 因此,如果有效运行和恰当发展,碳交易市场必将会成为调控温室气体减排的重要平台。碳交易市场并不是传统意义上因经济形态发展到了一定程度而自发形成的市场状态,而是通过政策创设出来的"特殊"的市场类型。通过政策设计,启动碳交易市场,之后在市场的框架下自由运行。碳市场具有环保市场、能源市场和金融市场的交叉特点,又与这三类成熟的市场不尽相同。因此,现有的市场监管法律制度并不能完全适用于碳交易的市场监管。针对碳交易市场的特殊性,我国需要建立、完善碳交易市场监管的法律规范。

碳交易市场的监管,是指监管主体运用法律、经济及行政手段,对碳排放权的初始分配、权利行使、权利交易等行为及其他与碳排放权交易相关的问题进行的监督和管理。② 由于碳交易市场的信用市场属性,"碳信用产生及交易的正当性"都"来源于各个环节严格公正的监管"③。"中国这样一个尚处在市场经济发展初期的发展中国家,在极度缺乏市场意识的经济土壤上培育各类市场",本身就"更需要国家的理性监管,在市场监管的过程中,促进市场体系的完善、市场效率的提高和市场的开放和发展"。④

二、我国碳交易市场监管机制存在的问题

市场监管法是调整在市场运行过程中,监管主体对市场活动主体及其行为

---

① See World Bank,ECOFYS:Carbon Pricing Watch 2015:An Advance Brief from the State and the Trends of Carbon Pricing 2015 Report.
② 参见李挚萍:《碳交易市场的监管机制研究》,载《江苏大学学报(社会科学版)》2012 年第 1 期,第 56 页。
③ 同上。
④ 参见顾功耘主编:《经济法教程(第三版)》,上海人民出版社 2013 年版,第 699 页。

进行制约所产生的经济关系的法律规范的总称。① 作为市场经济土壤上培育出来的碳交易市场,受市场监管法律法规所调整是其应然之义。市场监管法的原则包括公正监管、审慎监管、有效监管和协调监管四个方面。针对碳交易市场的监管,审慎监管与有效监管这两条原则更为重要。首先,基于碳交易市场的高风险性以及相关法律法规的不健全,碳交易市场的投机性较大,因此对市场风险的把握和控制需要更加关注。碳交易的最终目的是,通过市场化的运作,在配额总量的框架内做到温室气体排放权的有效配置,以更少的温室气体排放量产生更有性价比的价值。因此,一旦在市场监管中未能做到审慎,很可能不仅仅是导致市场秩序紊乱,危害交易参与人的合法权益,或者引发其他市场连锁反应,危及整个经济体或引起经济危机,更严重的是,会威胁碳排放交易制度的初衷,影响温室气体排放量,进而危害我们生活的生态环境甚至子孙后代的生存。从这个意义上说,审慎监管原则在碳交易的市场监管中发挥的作用尤为关键。其次,由于碳交易的技术性和专业性较强,在很多环节和阶段都会存在信息不对称的问题,比如碳产品的设计、发行、上市、交易以及相关的政策变动等。如何既有效力又有效率地进行市场监管,这是监管主体面临的主要挑战。同时,监管不是万能的,不能代替市场本身发挥作用。因此,也要充分尊重市场机制,不能过分强调刚性,要刚柔相济、因势利导。充分发挥碳交易市场本身的调节作用,适时监管,适度监管,以最小的监管成本获得最大的监管效果。② 同其他市场的监管一样,碳交易的市场监管覆盖碳交易市场的整个过程,内容涉及市场监管体制、市场准入与禁入、市场运行风险控制、危机处理与市场退出、交易场所监管、中介机构监管以及对监管者的监管。为了保证碳交易市场的稳定和有效运行,碳报告、测量和核查制度③应当是重点和核心。

1. 现有的碳交易法律法规欠缺市场监管的具体内容

如上文所述,碳交易市场本身就是一个新兴的、特殊的市场类型,以规范这个市场为目标的碳交易市场监管法律法规更是一种新兴的、前沿的法律部门。目前,我国出台的专门针对碳排放权交易市场的政策为国家发改委于2014年底出台的《碳排放权交易管理暂行办法》以及七个试点省市出台的碳排放权交易的相关文件④。从位阶上看,国家发改委出台的《全国碳交易管理办法》是以"发改

---

① 参见顾功耘主编:《经济法教程(第三版)》,上海人民出版社2013年版,第701页。
② 同上书,第703页。
③ 也就是MRV制度,在《联合国气候变化框架公约》下的《巴黎协定》中,将这一制度更新解释为"盘点制度"。
④ 包括《天津市碳排放权交易管理暂行办法》《上海市碳排放管理试行办法》《北京市碳排放权交易管理办法(试行)》《深圳市碳排放权交易管理暂行办法》《重庆市碳排放权交易管理暂行办法》《湖北省碳排放权管理和交易暂行办法》《广东省碳排放管理试行办法》。

委令"形式颁布的部门规章,深圳市颁布的《深圳经济特区碳排放管理若干规定》为地方性法规,而其他地区颁布的政策文件均位阶较低,效力有限。从内容上看,这些规定的大部分篇幅都在说明碳排放权交易的规制主体,排放权交易的配额如何确定,怎么分发,有偿还是无偿,有偿是否采用拍卖形式,规制主体怎样安排自身的碳排放,如何履约,履约不能的后果,是罚款还是交易等,都仅仅限于碳排放权交易市场的前端,也就是市场建立的内容。对于如何开展交易,只有交易主体和交易程序的部分有较少涉及,如是否允许非控排企业进行交易,是否允许个人投资者进行交易。规范到这部分内容时,大多戛然而止,缺乏就交易之中或者交易之后可能出现的各种异常情况进行规范和监管的内容。另外,对监管主体、监管内容、监管方式、对监管者监管、准入与退出机制等方面均未涉及。在这个意义上,目前的碳排放权交易法律法规不能说是全面系统的法律规范,只能称之为"关于建立碳排放权交易市场的初始规则"。

  碳交易市场的规则设计与市场监管相互关联。优良的市场交易规则制定与有效的市场监管相协调,共同构建碳交易市场的整体架构。市场建立是市场监管的前提和基础,而市场监管则是市场建立的保障和支持。从我国目前的碳交易试点运行情况来看,交易市场的建立规则的比重明显大于市场监管的制度设计,对碳交易监管的内容甚少涉及。这一方面是因为碳交易市场是新兴市场,与其相关的法律规范都是新建立的,立法者还没有考虑到监管等后续问题;另一方面是由于碳交易市场是特殊的政策市场,与政策的导向密切相关,可变性较强,在交易监管的范围还没有清晰界定的当下很难作出明确的市场监管规定。

  然而,距在全国范围内开展碳排放权交易的2017年仅有一年时间的当前,在缺乏全面有效的市场监管之下盲目开展全国性碳排放交易将引发一系列不利后果:

  其一,缺乏对碳排放权交易市场监管立法,定会造成无法可依的局面。碳排放权交易市场不能简单引用如环保、能源或金融市场监管的立法规定,这样会形成立法真空地带,容易被市场投机者伺机钻空子,进行有损市场正常运行的恶意投机,扰乱市场秩序,损害市场主体利益,更严重的是,无法间接达到节能减排的公共目的。

  其二,对碳排放权交易市场监管问题没有明确的法律规定,对市场监管主体未能明确赋权,"无授权即不能为"。在上述情况下,即使监管主体了解市场的异常情况,也不能采取任何行动阻止和纠正,导致碳市场的发展不能沿着有序、有效的轨迹持续运行。

  其三,对碳市场的监管程序没有明确规定,也对执法效力和效率提出了巨大挑战。

表1 我国及试点地区碳排放交易管理办法对照表①

名称	发布机关	颁布时间	监管机构	碳排放管控和配额管理	碳排放权交易	监管管理与激励措施	法律责任
北京市碳排放权交易管理办法(试行)	北京市人民政府	2014.5.28	市发改委;市统计、金融、财政等行业主管部门	配额管理范围;设立碳排放权注册登记簿系统;报告单位碳排放报告和监测计划;第三方核查机构目录库	交易主体包括重点排放单位及自愿交易单位;交易场所监督管理;交易及披露信息,向发改委和金融局报告交易情况	价格监管,可通过拍卖、回购方式调节价格;财政局安排专项资金以回购及交易管理	交易所工作人员的民事与刑事责任;承担监管职责的行政部门及工作人员,依法追究法律责任
上海市碳排放管理试行办法	上海市人民政府	2013.11.18	市发改委;行政处罚职责委托上海市节能监察中心履行	配额控制;总量控制、配额确定、分配与承继、碳排放核查与配额清缴、第三方机构监管;年度排放量审定、配额清缴与抵消	交易平台设在上海环境能源交易所;交易参与方为纳入配额管理的单位以及符合本办法规定的其他组织和个人;交易所制定交易规则和报告制度;发改委审批准或备案;交易所建立交易信息管理制度;交易通过登记注册系统注册登记,对碳排放配额统一登记、转让、变更、清缴、注销,登记应当依法自登记日起生效;交易需缴纳手续费	风险管理制度;发改总体监管,交易所具体监管,配额最大持有量限制度、风险准备金制度;示范性报告制度等;异常情况处理(调整涨跌幅限制、调整交易参与方的配额最大持有量限额、暂时停止交易等);监管重点:纳入配额管理单位的MRV及第三方核查活动、资金结算及配额交割等活动;监管措施:现场检查、询问、查阅,复制资料和文件,交易所加强交易活动风险控制和内部监管职责	未履行报告义务的处罚;未按规定接受核查的处罚;未履行配额清缴义务的第三方机构责任;交易所责任;行政处理方式及行政责任

① 整理自《天津市碳排放权交易管理暂行办法》《上海市碳排放管理试行办法》《北京市碳排放权交易管理办法(试行)》《深圳市碳排放权交易管理暂行办法》《广东省碳排放管理试行办法》《湖北省碳排放权交易管理暂行办法》《重庆市碳排放权交易管理暂行办法》。

(续表)

名称	发布机关	颁布时间	监管机构	碳排放管控和配额管理	监督管理与激励措施	法律责任
深圳市碳排放权交易管理暂行办法	深圳市人民政府	2014.3.19	市发改委是主管部门；市住房建设、交通运输等部门受委托负责碳排放交易的管理，监督检查与行政处罚	总量控制；配额分类；配额分配频度——每三年一次；量化、报告、核查与履约；抽查检查制度不少于10%；重点检查制度，对碳排放风险等级评估高的单位；信息公开制度；建立碳排放注册登记簿与登记制度	交易参与人：管控单位以及符合本市碳排放权交易规定的其他组织和个人；深圳排放权交易机构，交易所制定交易规则报主管部门和相关机构备案；交易所建立信息公开制度；会员管理规则；缴纳交易手续费	交易所建立大额交易监管、风险警示、涨跌幅限制等必要的风险控制制度；监管措施：现场检查并调查取证、询问，查阅、复制交易记录，资料，文件、查询账户、冻结有关账户	管控单位的法律责任；核查机构的法律责任；交易所的法律责任；主管机构相关职能部门的行政责任、民事赔偿责任、刑事责任
天津市碳排放权交易管理暂行办法	天津市人民政府办公厅	2013.12.20	市发改委	总量控制；配额分配以免费发放为主，以拍卖或固定价格出售等有偿发放为辅；登记注册系统予以确认为依据，依登记生效；碳排放监测，报告与核查制度	交易参与者：纳入企业、国内外机构、企业、社会团体、其他组织和个人；天津排放权交易所为本市指定交易机构；收取交易手续费（按物价部门制定交易手续费收取标准），主管部门批准；建立信息披露制度，且其他单位，个人不得交易；限制异常交易	监管内容：纳入企业、交易所、第三方核查、交易主体活动；监管措施：现场检查、复制交易记录，询问、查阅文件、资料；建立碳调控机制、通过市场价格回购等方式进行投放或回购	纳入企业责任；交易主体操纵交易价格的民事及刑事责任；第三方核查机构的民事及刑事责任；交易机构的民事责任；相关行政管理部门的行政、民事及刑事责任

（续表）

名称	发布机关	颁布时间	监管机构	碳排放管控制与配额管理	碳排放权交易	监督管理与激励措施	法律责任
重庆市碳排放权交易管理暂行办法	重庆市人民政府	2014.4.26	市发改委负责组织实施及综合协调；市金融办负责碳排放权交易的日常监管；统计监测及牵头处置风险	总量控制与配额管理制度；建立碳排放交易登记簿，配额的取得和结转、变更、注销和登记应当登记，并自登记日起生效，碳排放核算、报告和核查制度	碳排放权交易平台设立：重庆联合产权交易所集团股份有限公司；交易参与方：配额管理单位、其他符合条件的市场主体及自然人；建立信息公开制度，披露信息；建立涨跌幅限制，风险警示、违规违约处理、交易争议处理等风险管理制度；实时监控，对重大交易异常行使监管职，报有关部门备案；收取交易手续费（市价格部门核定）	监管内容：配额管理单位、第三方核查机构、交易所、市场参与主体活动。监管措施：现场检查并采取相关措施：调问、查询、复制交易凭证、资料、文件，查询账户；建立碳排放调控机制，通过市场价格调控机构回购等方式进行投放或回购	核查机构的民事及刑事责任；交易机构的民事及刑事责任；相关行政、民事及刑事责任
湖北省碳排放权交易管理暂行办法	湖北省人民政府	2014.4.4	省发改委	总量控制；配额分类（初始配额、企业新增预留配额、政府预留配额<10%），企业初始配额和新增配额实行无偿分配	交易参与人：纳入碳排放配额管理的企业、自愿参与碳排放权交易活动的法人机构、其他组织和个人；碳排放权交易机构由省政府确定；交易机构应建立交易系统，制订并建立交易规则；收取交易手续费（收费标准由物价部门核定）；建立碳排放权交易市场风险监管机制；建立碳排放监测、报告与核查制度	建立碳排放黑名单制度；未履行配额缴纳义务的企业是国有企业的，主管部门应当将其通报所属国资监管机构，国资监管机构应当将人国有企业碳减排及核查情况纳人国有办法执行机关及工作人员的行政考核评价体系企业绩效考核	企业违反规定义务的行政处罚；交易主体违反本规定的处罚；第三方核查机构的行政处罚；相关行政机关及工作人员的行政与刑事责任

（续表）

名称	发布机关	颁布时间	监管机构	碳排放管控和配额管理	碳排放权交易	监督管理与激励措施	法律责任
广东省碳排放管理试行办法	广东省人民政府	2014.1.15	省发改委	配额管理制度;配额分类(控排企业配额+储备配额(控排新建企业配额),配额与市场调节配额实行配额免费和部门有偿发放	交易主体:控排企业和单位、新建项目企业,符合规定的其他组织和个人;交易平台为省人民政府指定的碳排放交易所,履行结算职责,建立交易资金结算制度;建立交易风险管理制度与交易手续费管理制度等职责;收取交易手续费,由交易所提出报省价格主管部门核定	信息公开制度(公布控排企业和单位公布及履行情况、核查机构和单位名录);建立企业碳排放信息报告与核查系统、碳排放配额交易系统	企业违反规定义务的行政处罚;交易主体违反本规定的行政处罚;第三方核查机构违反规定的行政处罚;行政机关及工作人员的行政处罚与刑事责任;交易所未按照规定公布交易信息,或未建立并执行风险管理制度的行政处罚
碳排放权交易管理暂行办法	国家发改委	2014.12		排放配额分配初期以免费分配为主,适时引入有偿分配,并逐步提高有偿分配的比例;配额总量预留;建立和管理碳排放权交易注册登记系统,用于记录排放配额的持有、转移、清缴、注销等相关信息,注册登记系统中的信息是判断排放配额归属的最终依据	交易主体:重点排放单位及符合交易规则规定的机构和个人;建立碳排放权交易市场调节机制	信息公开制度(主管部门向社会公布规定纳入温室气体种类、纳入行业、纳入排放重点排放单位名单、排放配额分配方法、存储重点排放单位各年度清缴情况、推荐的核查机构名单、经确定的交易机构名单等);交易机构建立碳交易信息披露制度;国务院碳交易主管部门建立"黑名单"制度	重点排放单位违反规定的行政处罚;核查机构违反规定的行政处罚、民事责任与刑事责任;交易机构违反规定的行政处罚、民事责任及刑事责任;交易主管部门及工作人员的行政处罚及刑事责任;交易参与方的民事责任及刑事责任

欧盟和美国碳排放权交易的立法实践具有共同特点：一是对碳排放权交易市场都有具体详细的位阶较高的法律规范，比如《欧盟温室气体排放交易指令》(The Directive on Emission Trading in EU)[①]和美国加州的《全球变暖解决方案法》(Global Warming Solutions Act)[②]。二是立法的内容都涵盖碳排放交易的整个过程链，同时将市场监管部分作为碳交易立法的重点进行规定。具体内容包括从碳排放权配额的分发到碳排放权的交易主体类型，从交易程序到交易范围，再到监测排放的核查报告制度、信息披露制度等。相关立法既涉及市场建立的内容，又涵盖了市场监管的规范；既规范市场交易参与者，也规范市场监管者和社会公众。在这样的法律规范下，碳市场能够按照制度设计循序发展，遇到问题可以启动监管加以解决，排除了对市场正常运行秩序的干扰，为碳排放权交易的启动和发展提供了规范的平台与保障。欧盟和美国的此种立法实践可以为我国在碳排放交易法律规范中强化市场监管内容提供有益借鉴。

我国提出在 2017 年建立全国性的碳交易市场。然而，在目前七个试点省市的碳排放权交易法律规范和全国性的管理办法中，缺乏对监管方面的具体安排，将成为阻碍全国性碳交易市场建立和运行的巨大掣肘。为了建立全国性的碳排放权交易市场，我国必须在目标年度之前建立一套严谨有效的碳市场监管制度，充实、完善现有的碳交易法律规定，作为碳交易市场建立与运行的有力保障。

2. 监管制度亟待作为全国性碳交易市场建立的基础制度

首先，没有严谨有效的监管法律制度，碳交易市场犹如空中楼阁，缺乏现实意义。市场监管在经济发展运行中的作用，在我国几十年的市场经济发展历程中已有明显的体现。对碳交易市场这种新兴的市场类型，监管的作用除了避免交易风险、保护市场主体利益以及稳定市场秩序之外，还具备有效传导和促进减排的作用。因此，缺乏严谨有效的监管制度的碳交易市场并不完整。只有以有效监管做保障，碳排放权的交易才能顺利运行。作为基础的碳交易市场监管制度，需要考虑到碳交易市场监管的法律规定必须属高位阶，同时提高监管法律的效力。关于监管的原则规定可以在气候变化立法等法律中设计，关于监管的具体规定则可以在碳排放权交易的法律规章或部门规章中注明。同时，要避免目前各试点地区颁布的笼统而缺乏可操作性的规定。既然碳交易始于科学计量的碳总量配额，那么在监管的过程中也需要重视量化的作用。其次，对碳市场的监

---

① See Directive 2003/87/EC of the European Parliament and of the Council of 13 October 2003 Establishing a Scheme for Greenhouse Gas Emission Allowance Trading within the Community and Amending Council Directive 96/61/EC.

② 该法于 2006 年通过。

管一部分基于行政许可,要与现行行政法和行政许可法[①]以及市场监管法律协调一致,避免法条相互冲突,在原则上和主要规则上保持协同。具体设权要根据法律规定采取措施,如听证。最后,要关注碳交易市场监管的特殊性,即"定量"性和"稀缺"性。碳交易市场的初设是有"总量控制"的,它与一般的金融市场,比如证券市场,最大的不同是碳配额并不能没有限制地增长,因为交易中的碳配额是与工业活动中实体企业排放的温室气体相对应的。如果允许交易中的碳配额无限制地增长,则碳交易的市场设立就丧失了其意义。在碳交易的期货市场,这一点更加明显,不能因为碳金融衍生产品的多样化而无限扩大作为交易基础的碳排放权。碳交易的最终目的是减少排放,而不是增加排放。

三、完善我国碳交易市场监管制度的建议
——基于效力与效率的考量

1. 强化综合监管模式,推进监管主体多元化与专业化的统一

(1) 监管主体之一:政府监管部门

根据我国目前的政策和文件,各个试点的碳排放权市场交易监管的职能部门大多设在各地发改委,由发改委的环资处具体进行监管,融碳排放权市场的三大重要功能——规则制定、配额分发以及市场监管为一体。至于三位一体的综合模式是否有益于发挥碳交易市场监管,现在看来值得商榷。如上文所述,碳交易市场兼具环保市场、能源市场和金融市场的特性,又超越了单独的环保、能源与金融市场的特点,与其相比更为专业。从一个层面看,既然在市场上进行交易,就必然具备市场流通商品的一般属性。对于这一点的掌控,发改委一定不如专门以市场监管为己任的行业监管机构(比如金融监管机构)专业。从另一个层面——环保、能源市场看,当然是发改委及环保机关较金融监管机构更为熟悉。笔者认为,碳交易市场涉及众多环节,可按照对应的环节区分或对相关监管机构进行赋权。应区分碳交易市场的不同阶段,期货市场涉及碳排放权的期货期权,金融市场的属性更强,应交由金融监管部门(如证监会)进行监管。现货市场只涉及碳排放权的现货交易,可以考虑由环保监管部门(环保机构)和能源监管部门(发改委)共同组成监管委员会。这是因为,原来的排污权交易的监管权设在环保行政机关,它具备了一定的能力和专业基础,且碳交易市场的相关工作都属

---

① 国家发改委气候司于2015年7月29日组织召开了"《全国碳排放权交易管理条例(草案)》涉及行政许可问题听证会",就涉及的碳排放配额分配管理制度和碳交易核查机构资质认定两项新设行政许可进行听证。

于发改委的工作范围,也具备一定条件。这样,以环保行政机关的监管为主、发改委的监管为辅,可以进一步相互配合与制衡,也具有可操作性。

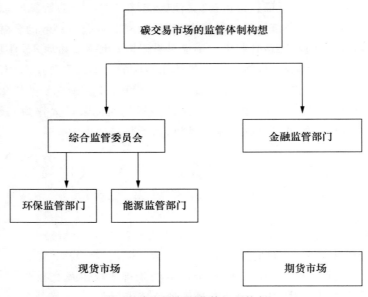

图 2　碳交易市场监管机制构想

(2) 监管主体之二:碳排放权交易所①

作为提供竞价交易碳排放权的交易平台,碳排放权交易所担当的角色取决于其是否参与交易。当交易所仅仅作为独立为市场上的交易者提供服务平台的角色时,不参与碳排放的实际交易,运营资金来源于交易的佣金,可以保持完全中立的地位;同时,对市场的异常情况进行监察与报告,保持市场的有序秩序和健康运行。如果碳排放交易所本身参与交易,一种模式是参照欧盟的经验,作为全部买方的卖方和全部卖方的买方,其运营资金来源于全部交易的净利润。还有一种模式是有选择地进行交易,由交易赚取的利润来弥补交易所的日常开支。与其他市场参与者相比,这样的模式会造成交易所由于拥有充分的信息资源和专业能力而更容易获利,有不公平竞争的嫌疑。但是,其获利的用途是交易所的日常开支,同时又免除了交易者的部分佣金,交易者也是交易所本身参与交易的间接获益者。我国碳排放权交易的七个试点采用的模式大多倾向于最后一种情况,这是与当前碳排放权交易市场不活跃,交易所无法通过完全参与市场交易或者完全收取交易者佣金的途径独立运营的惨淡状况紧密相关的。

---

① 各试点地区的碳排放权交易场所的名称各不相同,参见表 2。

碳排放权交易所时刻发布、监测排放权的交易情况与政府机关的监管作用截然不同。另外,由于碳排放权交易所是法定碳排放权交易平台,能获得大量、准确、真实、即时的交易信息,为了在市场监管中发挥作用,应该强化其进行信息披露的职责。这不仅为监管机关采取市场监管措施提供了依据和素材,更为社会及媒体监督打开了渠道,有利于形成立体化、多元化的监管氛围,保障碳交易市场的稳定运行。然而,在现实中,交易所往往不能及时履行信息披露的义务,如天津排放权交易所就因信息披露不充分而被全国企业信用信息公示系统(天津)列为经营异常名录,①这就需要在监管中强调对监管者自身的监管。

表2 碳排放权交易试点地区交易平台②

试点地区	交易平台	平台类型
广东省	省人民政府确定的碳排放交易所	
湖北省	碳排放权交易机构由省政府确定	
上海市	上海环境能源交易所	股份有限公司(国有控股)
深圳市	深圳排放权交易所	股份有限公司(国有)
天津市	天津排放权交易所	有限责任公司
重庆市	重庆联合产权交易所集团股份有限公司	股份有限公司
北京市	市人民政府确定承担碳排放权交易的场所	

(3)强化监管协调机制,加强各监管主体的配合与联动

上述监管主体共同承担着碳交易市场的监管职能,但是在监管权限和职能划分上各有侧重。碳排放权交易所虽然具备监管功能,但是也受政府机构的监管。同样,作为对监管者的社会监督者,碳排放权交易所也应该对政府机构进行监督。另外,在协调各监管主体履行监管职能的过程中,相关联动协调和纠纷解决机制也应在碳交易市场监管法规中予以明确,权责的边界明确了,才能有效发挥监管的作用。然而,在试点的实践中,正是由于缺乏对监管联动机制的明确和具体规定,导致金融监管机构和碳排放权交易所的规定产生冲突。比如,2014年下半年,证监会依据国务院下发的《关于清理整顿各类交易场所的实施意见》对五家碳排放权交易所进行了检查。检查发现,部分交易场所存在违反文件的

---

① 该交易所被列入经营异常名录的原因是未按规定公示2013、2014两个年度的年度报告。资料来源:http://tjcredit.gov.cn/platform/saic/viewBase.ftl?entId=c50b23cb53ee8a1438e35bcfd4a64611,2015年12月2日访问。

② 资料来源:http://www.cneeex.com/sub.jsp?main_colid=242&top_id=241,http://www.cerx.cn/,http://www.chinatcx.com.cn/tcxweb/pages/gywm/wm_exchange_resume.jsp,http://www.cquae.com/,2015年12月2日访问。

规定,实行连续交易、集中交易等违规问题,证监会要求交易所自行整改。[①] 根据该实施意见,碳排放权交易所不得集中交易、连续交易,亦不得进行标准化合约的交易。在该实施意见生效之前,发改委系统颁布的关于碳交易的文件中并未涉及此项禁止规定。在该实施意见生效之后,发改委系统也未出台相关规范文件与该实施意见保持一致。可见,在监管立法的过程中,各监管主体各自为政,缺乏联动和协调。另外,虽然证监会有权对碳排放权交易所进行监管,但是判断连续交易与集中交易等事项是否违规是否考虑了碳交易市场的特殊性,还是只是将碳交易纳入一般金融市场,不得而知。证监会对此的官方回应为:"目前碳交易试点的主要定位是碳交易制度建设和能力建设,为全国统一市场建设积累经验。由于控排企业对碳交易认识还不够,准备也不足,主要是持有到期履约,目前出现交易不活跃现象是正常的。"[②]这种考虑和观点显然与国家发改委积极推动碳交易市场建设,提高碳交易市场活跃度并没有站在统一的纬度内。可见,监管机构的联动与互相协调问题已经成为碳交易市场监管的障碍,解决好该问题,才能够真正达到碳市场监管多元化和各自专业化的有机统一。

2. 探索碳价调控机制,厘清市场与政府在碳交易监管中的边界

"碳价对碳交易机制的存在和运行具有特殊的重要意义。"[③]碳价的初始设置取决于原始碳配额的分配以及分配是否有偿,后续会受市场波动及其他因素(如政策)的影响。价格是市场的信号和导向,如果是以购买配额用以抵消自身排放义务的交易者身份进入市场,碳价会是他们用以与自行节能减排的成本相比较的支出对价。如果拟购买排放额的价格低于自行节能减排的成本,他们会进入市场购买碳配额。但是,如果拟购买的碳价高于自行节能减排的成本,则他们会离开市场,转向自行通过各种途径节能减排,以履行排放义务。在交易者完全是以投资为目的进入碳交易市场时,交易者是否购买碳配额或碳产品取决于对未来碳价的预测,投资者以预测的碳价的未来波动决定是否购买当期碳产品以及购买哪种碳产品。

源于碳交易客体的特殊性,以及碳排放的不可逆性,不能允许碳交易市场像股票交易市场那样大涨大落,因此不仅仅需要在宏观上对碳价进行调控,而且需要在微观上对碳交易市场进行审慎监管。第一,需要设定价格波动异常对应措施,规定一个当日碳价波动区间限额,超过该限额即启动限制措施。虽然各试点

---

① 资料来源:http://stock.jrj.com.cn/2014/09/26205818088953.shtml,2015 年 12 月 30 日访问。
② 资料来源:http://money.163.com/14/0927/07/A74QFS0E00253B0H.html,2015 年 12 月 30 日访问。
③ 陈惠珍:《论中国碳价调控的法律路径——主要以欧盟排放交易体系为借鉴》,载《暨南学报(哲学社会科学版)》2014 年第 5 期,第 36 页。

政策中都提到了对碳价波动的风险警示制度，但是对什么是合理的波动区间还未有明确定义，缺乏操作性。第二，启动调查程序分析造成异常碳价的原因并决定是否进行干预，避免对市场秩序的扰乱和交易者利益的损失。如果是由交易违规造成的，则对违规者进行处罚；如果是市场自身的原因造成的，则应启动应急预案，如闭市一段时间，避免产生系统性风险，维护碳交易市场的稳定。第三，引入涨跌停限制价格制度，为碳价设定一个合理区间作为"安全阀"，过高或过低都将启动对市场交易的限制。当市场上的碳价明显偏低，市场活跃度不高时，可以适当进行市场回购。这时，碳排放权交易所可以作为回购主体进行操作，减少市场中流动的碳排放权，提升市场活跃度，充分发挥碳交易市场对促进减排的作用。

对碳价的调控和监管，影响着碳排放权交易市场的稳定和利益相关者的权益，再加上它具有高度的专业性，就对科学性和审慎性提出了更高的要求。近期欧盟碳排放权交易的低迷表现，即可以通过碳价的跌落窥探一二。从2008年每公吨碳价的40欧元，到现在3—4欧元的价格，就与欧盟碳市场未能做到科学审慎监管有关。虽然碳排放交易是一种市场机制，突出市场在配置碳排放权中的自发作用是其初衷，但为避免"市场失灵"这种市场自身难以回避的问题，政府必然要对碳交易市场的日常交易与异常交易进行监管。市场和政府在经济发展中相互制衡又相互依托的特殊关系决定了在碳交易市场监管中厘清市场与政府的边界具有十分重要的意义，而碳价则成为厘清二者的边界需要借助的关键因素。首先，在形成初始碳价的阶段，政府需要主动发挥作用，对碳配额总量进行科学测算，然后对碳配额的各种分配方式予以比较分析，进而决定控排主体范围①，以期形成较能反映客观现状的碳价。在这个过程中，由于完全没有市场发挥作用的空间，需要政府对自身的配额计算与分配行为开展自我监管，同时严格执行信息公开，让社会公众对政府进行监督。其次，以碳排放权纳入市场开始交易为起点，市场就开始通过碳价的表现逐渐发挥作用。此时，碳价处于正常区间，政府逐渐淡出，但仍保持对碳交易市场主体及交易行为的日常监管。此时的监管主要体现在交易主体准入、排放信息核查审定、碳核查机构准入考核及退出等方面。最后，当碳价出现异常波动，触动风险预警或"安全阀"等监管红线时，政府会再次在碳交易市场的舞台上亮相，组织对交易异常情况的特殊处理和监管，直到预警解除，碳价恢复到正常水平，碳市场秩序恢复平稳，政府再一次淡出，回归日常监管的状态。

碳价与很多因素相关，因此是相对动态且不能预先判断的，对监管机构而

---

① 即年排放量达到多少吨的企业将纳入到碳排放交易机制中。

言,这就大大增加了依据碳价进行异常监管的难度。另外,由于国情、经济发展水平以及节能减排政策措施不一致,我国不能完全参照欧盟和美国等运行碳排放权交易机制的国家的碳价水平。掌握碳价的发展规律和变化幅度,需要不断积累碳交易的实践和监管经验。建议通过先试先行的方式,就碳价异常波动预警和"安全阀"等情况先进行程序上的制度设置,待实践经验成熟后再填补关于实体的规定。

3. 对碳核查机构进行严格的日常监管,发挥监测、报告与核查制度的切实作用

监测、报告与核查制度(下称"MRV 制度")是碳排放权交易的核心制度之一,涵盖监测阶段、报告阶段与核查阶段的系统全流程。对温室气体排放的监测、报告与核查不仅仅是了解排放情况的保障,更是碳排放权交易的基础。没有准确客观的监测、报告与核查,就不能科学地衡量碳排放权总量与配额,不能了解减排潜力在哪里,更不能动态衡量碳市场的交易对温室气体减排的整体贡献,而这是开展一切气候变化应对活动以及设定节能减排目标的重要考量依据。我国现在试行的各地排放权交易规则都明确了 MRV 制度,规定监测和报告义务属于纳入碳排放权交易的控排企业,即对自身碳排放进行监测和报告,撰写监测报告和定期向主管机构进行报告,都需要控排企业自身主动参与。这就要对企业在监测和报告自身的碳排放时进行适时适当监管。因为涉及的工艺环节众多且计算复杂,笔者建议在监管时着重进行程序上的监管,通过明确监测和报告的期限、频度以及报告内容等方式进行。在监测和报告阶段,被监管者是履行监测和报告义务的控排企业,监管过程涉及监管者与被监管者双方。在核查阶段,由于技术性和追求客观中立的要求,加入了一个特殊的主体——第三方核查机构。针对控排企业提交的监测计划和定期报告,由具有资质的碳核查机构予以核查,对控排企业依据监测计划和定期报告进行书面核查和现场核查,对其真实性出具核查报告,该核查报告将作为监管机构是否认可该控排企业履约的直接依据。在这个过程中,核查机构的作用异常关键,因此必须是第三方的、客观中立的。如果说 MRV 制度是碳交易的核心制度,那么对核查机构的监管就是碳交易监管的关键。为发挥 MRV 制度在碳交易中的切实作用,必须对核查机构进行严格的日常监管。

第一,严格核查机构的市场准入

这应从核查机构的征选阶段开始。首先,对征选条件进行严格把控,强调核查机构具备专业资质和相当数量的专业核查人员,健全的组织机构、内部管理和风险控制制度,丰富的从业经验及良好信誉,还有注册资本金的要求。其次,主管机构在批准核查机构入市时,需考虑利益冲突和独立性原则。比如,2014 年,

国家发改委在批准三家CCER(中国经核证的减排量)审核机构时,就曾因其中两家机构先前的咨询与现在的审核存在明显利益冲突而受到质疑。[①] 再次,只有被列入核查机构名单之中的机构才有资格参与核查。未被列为主管机构批准确定的核查机构开展核查业务的,不予认可,同时对其违法违规行为进行查处。最后,如果经批准的核查机构有业务或专业人员的变动,需报主管机构备案。影响到核查机构的专业资质的,要采取相应处理,或者调整核查机构核查的范围;如已经不能满足核查机构的初始条件,即不再允许该核查机构入市开展核查工作。

第二,对核查机构进行审查委员会年度审查

要针对年度核查业绩进行审查,尤其是对于排放量大、履约表现异常的控排企业核查意见的出具机构进行重点年度审查。如果不能对全部核查机构的业绩进行全面审查,可每年度抽查一定比例,如80%。审查委员会除了应包括监管机构人员外,还应邀请行业专家参与。

第三,对核查机构的违法违规行为进行严厉惩处

应制定相关行为准则,对违法违规出具核查报告的情况予以严厉处罚,有恶劣情节的,予以免除核查机构相关业务资质的惩处。在对机构主体进行严格惩处的同时,对核查机构从业人员,尤其是对核查员个人的违法违规行为,也应作出严格的惩处,比如撤销核查员资质,几年内不得从事相关工作等。这样严格规定,可以避免核查机构(或个人)受到业主(被核查方)的利益影响,与其勾结,影响核查结果的中立性和客观性。

第四,设立核查基金,在核查费用的来源上进行规制

应避免以往核查机构费用由业主(控排企业)承担,易导致核查报告不完全客观的影响,将核查费用改由核查基金承担。核查基金的资金应源于全部需要进行核查报告的控排企业,统一由主要监管机构收取。在核查需求提出时,由监管机构指定或在核查机构名单中随机抽出核查机构进行核查,然后由监管机构统一付费。当然,这首先需要明确监管机构的职能,如此才能予以推行。

四、结　语

在我国建立和运行有效的碳交易市场,必须以审慎和科学监管为统领,突破当前碳交易办法局限于市场建立规则的单一框架,强调市场监管法律与市场建

[①] 资料来源:http://www.tanpaifang.com/CCER/201406/2033959.html,2015年12月30日访问。

立规范同等重要,以碳交易市场的整个生命周期为监管对象,着重碳交易市场的特殊性。具体而言,应主要完善以下几点:

首先,提高碳交易市场监管法律法规的位阶,补充细化具有可操作性的监管规定。以国家层面设立高位阶监管法律为引领,同时在试点地区开展现有碳排放管理法律的补充、修正和完善,增加和细化具有可操作性的具体监管规定,解决碳交易市场监管无法可依或无可操作性指引的问题。同时,增加与其他市场监管法律法规的综合协调,避免法律冲突。这既包括自上而下纵向的国家与试点地区的同类碳交易市场监管法律规则的整体一致,也包括各试点地区颁布施行的碳交易市场监管法律规范的协调统一,还包括碳交易市场监管法律与其他监管法律规范的横向协调,有助于形成全面立体的、覆盖碳排放市场监管全过程的碳交易法律构架。

其次,强化碳交易综合监管模式,形成以政府监管为主,以碳排放交易所为专业监管主体,结合媒体监督与社会监督的立体协调监管方式。碳交易市场是新兴的、特殊的政策性市场,对其进行监管的制度设计并没有成熟的经验可以借鉴。因此,在刚设立市场且缺乏完备市场监管规则的当下,不能完全依赖政府监管,需要调动全社会的力量,形成立体监管体系,避免监管真空。

再次,以碳价调控为载体,突出碳交易市场监管中政府与市场的互动与相互制约。在碳交易监管中,政府作为启动者与实践者,与作为客观调节者的市场既相互协调又相互约束。在政府初始分配的配额纳入市场进行交易的过程中,当配额数量或控排范围界定得不科学时,市场自然会通过碳价作出负面反应;若碳交易市场失灵,则政府需要发挥"有形之手"的作用介入,对市场的异常情况进行清除,通过监管市场主体行为等方式,使碳价恢复至正常水平。根据这个原理,若强调碳价在市场监管中的信号作用,则要通过明确监管量化指标的方式,使碳交易过程中市场与政府可以完成正向的互动与制约。

最后,由于碳核查机构在 MRV 中的重要作用,对核查机构的监管成为碳市场监管的重要内容。可以说,监管碳核查机构,使其恰当表现,是 MRV 发挥切实作用的基础。因此,应对碳核查机构资质严格把握,对其行为进行严格规范,对其异常情况开展严格审核与严厉处罚,并设计明确的退出机制。

碳交易市场作为一个新兴的政策性市场,具有极强的特殊性,这也造成了很难对其开展市场监管制度设计和研究。然而,碳交易也是发挥市场作用,进行低碳减排的重要尝试,对应对气候变化、保护人类健康、推进可持续发展具有不可估量的重要意义。因此,建设碳交易市场又是相当重要的。作为碳交易市场建设中的薄弱环节,市场监管亟待凝聚重视,实现从立法到执法、司法的全面完善,尤其在发生市场化变革的当下,尤其在 2017 年建设全国范围的碳交易市场前夕。